CONTABILIDADE GERENCIAL

Novas práticas contábeis para a gestão de negócios

Pearson Education

EMPRESA CIDADÃ

HONG YUH CHING

CONTABILIDADE GERENCIAL

Novas práticas contábeis para a gestão de negócios

PEARSON

abdr ASSOCIAÇÃO BRASILEIRA DE DIREITOS REPROGRÁFICOS
Respeite o direito autoral

Gerente editorial: Roger Trimer
Editora de desenvolvimento: Marileide Gomes
Editora de texto: Sheila Fabre
Preparação: Márcio Della Rosa
Revisão: Maria Luíza Favret e Angélica Freitas
Capa: Marcelo da Silva Françozo
Editoração eletrônica: Laser House

Dados Internacionais de Catalogação na Publicação (CIP)
(Câmara Brasileira do Livro, SP, Brasil)

Hong, Yuh Ching
Contabilidade gerencial / Hong Yuh Ching. —
São Paulo : Pearson Prentice Hall, 2006.

Bibliografia.
ISBN 978-85-7605-048-3

1. Contabilidade 2. Contabilidade gerencial
I. Título.

05-7771 CDD-657

Índices para catálogo sistemático:

1. Contabilidade gerencial 657

4ª reimpressão – setembro 2013
Direitos exclusivos para a língua portuguesa cedidos à
Pearson Education do Brasil Ltda.,
uma empresa do grupo Pearson Education
Rua Nelson Francisco, 26
CEP 02712-100 – São Paulo – SP – Brasil
Fone: (11) 2178-8686 – Fax: (11) 2178-8688
vendas@pearson.com

Prefácio

O uso das novas tecnologias da informação e das comunicações na gestão dos negócios tem provocado contínua renovação das práticas contábeis.

As formas emergentes de organização, indispensáveis para adaptar as empresas ao seu meio ambiente em constante mutação, exigem uma contabilidade analítica bem mais avançada do que a contabilidade financeira e gerencial tradicionais.

Nos últimos anos, vem se afirmando a contabilidade gerencial como um sistema de mensuração e informação, útil na tomada de decisão, focalizado no funcionamento das atividades dos processos produtivos. Ela rompe os limites dos modelos clássicos de custos ao identificar a dinâmica dos direcionadores das atividades necessárias para a produção dos bens e serviços. Proporciona uma base de informações preciosa para a transição das organizações à gestão por processos, integrando a cadeia de valor.

É nesse contexto de modernidade que está sendo publicado o livro do professor Hong Yuh Ching sobre a contabilidade gerencial. É uma obra que se inicia com a apresentação didática dos conceitos renovados da contabilidade e o uso combinado de medidas financeiras e não financeiras nas decisões relativas à gestão da cadeia de valor. Termina com a proposta avançada de um novo modelo de mensuração do desempenho dos negócios alinhado ao alcance dos objetivos estratégicos da empresa, que foi objeto de seu doutoramento na Universidade Estadual de Campinas.

Nos capítulos intermediários, o leitor tem a oportunidade de afirmar e ampliar conhecimentos a respeito de questões fundamentais. A evolução dos sistemas tradicionais de custo para o custeio por atividades (ABC) é apresentada numa interessante correlação com os novos métodos de formação dos preços e orientada aos clientes ao longo do ciclo de vida dos produtos. Na gestão baseada em atividades, há o resgate do orçamento como importante ferramenta de planejamento e controle, ao associá-lo a um plano mestre de resultados estratégicos. O autor propõe ainda um modelo genérico de gestão de negócio para a efetiva geração e manutenção de valor, com base na otimização de processos, nas perspectivas de curto, médio e longo prazos.

Hong Yuh Ching é autor consagrado em nosso país. Seus diversos livros sobre contabilidade e finanças para não especialistas, gestão por atividades, cadeia de logística integrada, dentre outros, têm sido muito úteis para a disseminação dos novos conceitos contábeis em programas de graduação e pós-graduação de diversos cursos voltados à mensuração à melhoria da performance dos negócios.

O autor tem o mérito de ilustrar diversos capítulos com exemplos práticos e tópicos para discussão formulados a partir da experiência brasileira. Ele os selecionou de sua bem-sucedida prática de consultor em diversas organizações empresariais nas áreas de governo, indústria e serviços. A organização metódica desta obra se deve à condição acadêmica de seu magistério.

A contabilidade gerencial transcende o restrito espaço da contabilidade financeira. O caráter multifuncional de seus instrumentos de análise congrega, num trabalho sistêmico, contadores, engenheiros, economistas, administradores, bem como outros profissionais responsáveis pela elaboração, planejamento, implantação e controle da estratégias de negócios e dos sistemas de informação e gestão por processos. A todos esses profissionais recomenda-se a leitura deste livro.

Florianópolis, novembro de 2005.

ANTÔNIO DIOMÁRIO DE QUEIROZ
Professor em gestão de negócios do Programa de Pós-Graduação em Engenharia de Produção da Universidade Federal de Santa Catarina.
Doutor pela Université de Paris I — Sorbonne, França.
Secretário de Estado da Educação, Ciência e Tecnologia de Santa Catarina.

Sumário

PARTE I

FUNDAMENTOS DA CONTABILIDADE GERENCIAL

CAPÍTULO 1

Entendendo a contabilidade gerencial e o uso de medidas não financeiras

Após a leitura deste capítulo, você deverá ser capaz de:

- *Entender a importância do papel da contabilidade gerencial nas diferentes organizações.*
- *Explicar as diferenças entre contabilidade financeira e contabilidade gerencial.*
- *Apreciar como diferentes pessoas na organização têm diferentes demandas de informações gerenciais.*
- *Discutir por que contabilidade gerencial deve incluir informações financeiras e não financeiras.*

1.1 Necessidade de informação contábil gerencial

Considere as seguintes perguntas em suas respectivas situações:

- Vários bancos no Brasil oferecem serviços aos seus clientes para que eles não precisem deslocar-se fisicamente até as agências, tais como coleta de depósitos em cheques, entrega de talão de cheque, atendimento pessoal e exclusivo etc., tudo sem custo adicional desde que o cliente tenha uma renda mínima e/ou mantenha um saldo mínimo em conta. Quanto custa ao banco oferecer esses serviços gratuitos?
- Um gerente de produto considera a idéia de distribuir amostras grátis em diversos pontos promocionais na expectativa de aumentar as vendas. Como o custo dessas amostras grátis mais seu custo de distribuição se comparam com o lucro incremental?

- Uma editora que publica revistas e as vende em bancas de jornal decide quantos exemplares devem ser distribuídos nas bancas de uma região da cidade, isto é, se deixa um 'encalhe' (sobra) ou assume o risco de faltar exemplares. Qual é o custo desse 'exemplar a mais' *versus* a margem que a editora deixará de ganhar, caso o produto venha a faltar?
- Um restaurante que serve comida por quilo no almoço considera a possibilidade de abrir o local à noite para servir refeições à la carte, para diluir o custo do investimento feito no local e a despesa do seu aluguel. Vale a pena incorrer em custos adicionais, como luz, água, funcionários, limpeza e alimentação diante da receita incremental ou se deve ficar como está? Qual o ponto de equilíbrio a ser atingido para compensar os custos?
- Uma empresa de autopeças preparou três especificações de manufatura possíveis para uma peça de um cliente. Qual delas é a que tem melhor custo–benefício para o cliente?

O objetivo básico da informação contábil é ajudar as pessoas, dentro e fora das organizações, a tomar decisões; é o caso de executivos em nível sênior, gerentes de nível médio ou colaboradores de 'linha de frente' em qualquer tipo de organização (manufatura, serviço, comércio) e/ou em qualquer função organizacional (comercial, financeiro, recursos humanos ou produção). Também pode haver investidores, credores e clientes que se utilizam de tais informações.

A expansão de uma empresa para outras regiões deve ser planejada com extremo cuidado pela administração. Devem ser pesadas as oportunidades com a necessidade de recursos a serem investidos pela empresa. Devem ser levados em conta o tamanho do mercado da região, as projeções de vendas, os investimentos, os custos e as margens de lucro. Os planos da administração devem ser detalhados em orçamentos para cada uma das áreas funcionais da empresa e regularmente controlados. Nesta etapa, a administração procura assegurar que os planos estejam sendo seguidos, mediante, por exemplo, sistemas de mensuração de desempenho nos quais as informações financeiras e operacionais são consideradas de forma harmônica.

As etapas de planejamento e controle acima descritas são necessárias às empresas em expansão, às que buscam promover a manutenção do negócio e às em retração, bem como aos seus gestores. Para que estes possam realizar suas atividades adequadamente, a informação contábil gerencial exerce um papel vital.

É esse o arcabouço do que passaremos a chamar de *contabilidade gerencial*.

Segundo Garrison & Noreen (2001), a contabilidade gerencial fornece informações essenciais segundo as quais as empresas são efetivamente geridas; ela destina essas informações a pessoas dentro das organizações. Para Horngren et al (2002), trata-se do processo de identificar, medir, acumular, analisar, preparar, interpretar e comunicar informação que ajude os gerentes a cumprir os objetivos organizacionais. O Instituto de Contadores Gerenciais dos Estados Unidos, (IMA, www.inamet.org) define contabilidade gerencial como um processo contínuo de melhoria de planejamento, desenho, mensuração e operação de sistemas de informação financeiro e não-financeiro. Tal processo direciona a ação gerencial, motiva comportamentos, suporta e cria valores culturais necessários para uma empresa alcançar seus objetivos estratégicos, táticos e operacionais.

Enquanto Garrison & Noreen e Horngren et al discorrem sobre informação de forma generalizada e ampla, o IMA a enfatiza como processo financeiro e não financeiro. Relacionam-se a este último as informações físicas ou operacionais provenientes de diversas áreas funcionais da empresa. Assim, na área comercial, os objetivos concentram-se nas informações sobre a satisfação do cliente, no recebimento dos produtos no prazo combinado e na participação no mercado. Na área de manufatura, na qualidade dos produtos, no índice de rejeição, no retrabalho, no tempo de processo. Na área de desenvolvimento, *time-to-market* (tempo de introdução do produto no mercado) e performance do produto. Na área de recursos humanos, *turnover* dos colaboradores, satisfação e qualidade no trabalho. Esse conjunto de informações não financeiras alavanca a maneira como os gerentes irão atingir seus objetivos.

1.2 Diferença entre contabilidade gerencial e contabilidade financeira

A contabilidade financeira refere-se à informação contábil desenvolvida para o uso de pessoas e entidades fora da organização, tais como acionistas, investidores, bancos, governo, clientes e fornecedores e a sociedade (Horngren et al, 2002). É o processo de produzir relatórios financeiros para constituintes externos, delimitado por padrões, convenções, autoridades fiscais e exigências dos auditores independentes (Atkinson et al, 2001).[1]

A Tabela 1.1 ilustra as principais diferenças entre a contabilidade gerencial e a financeira.

Usuários

As informações da contabilidade financeira são destinadas ao uso do público externo, conforme mencionado. No entanto, também servem para o consumo do público interno da organização, notadamente seus colaboradores. É desse modo que são obtidas informações sobre o faturamento da empresa em que trabalham, se ela tem lucro ou prejuízo, quanto custam as mercadorias que são vendidas, qual é a despesa com marketing e vendas e ainda quanto ela tem de ativo imobilizado. O interesse aumenta ainda mais se os executivos têm seus bônus atrelados aos resultados.

Em contraste, as informações da contabilidade gerencial são voltadas exclusivamente ao público interno da organização, porque a contabilidade gerencial é desenvolvida para atender às necessidades de planejamento, controle e avaliação de desempenho. O público externo não iria compreender tais informações, pois não há uniformidade de comparação entre empresas e não são seguidas regras definidas.

[1] Os interessados em saber mais sobre contabilidade financeira podem recorrer a CHING, Yuh Hong, *Contabilidade e finanças para não especialistas*. São Paulo: Pearson Education, 2003.

Tabela 1.1 Diferenças entre a contabilidade financeira e a gerencial

	Contabilidade financeira	Contabilidade gerencial
Usuários	Primordialmente o público externo	Pessoas dentro da organização
Tipo de informação	Somente medidas financeiras	Medidas financeiras mais informações operacionais e físicas
Foco do tempo	Avaliação de desempenho voltado ao passado	O que ocorre no momento e orientada para o futuro
Natureza da informação	Objetividade dos dados, confiável e auditável	Ênfase na relevância dos dados, subjetiva e flexível
Restrição	Regras definidas por princípios contábeis e autoridades governamentais	Sistemas e informações para atender às necessidades dos usuários
Escopo	Informações agregadas e resumidas sobre a organização como um todo	Informações desagregadas, relatórios sobre produtos, clientes e em qualquer nível
Comportamento	Preocupação com o modo como os números da empresa irão afetar o comportamento externo	Preocupação com o modo como as medidas e os relatórios irão influenciar o comportamento dos gerentes

Tipo de informação

Outra característica que distingue as duas contabilidades são as informações produzidas. A gerencial não se prende apenas a números e medidas financeiras; ela se complementa com informações físicas e operacionais. Isso ocorre porque usuários internos da organização percebem que as informações são essenciais para a tomada de decisões corretas.

Assim, por exemplo, o gerente de uma loja necessita de dados operacionais para gerir sua unidade adequadamente. São informações que contemplam a satisfação dos clientes, o tempo de espera para atendimento, o nível de reclamação e/ou de devolução de mercadorias, o padrão de atendimento dos clientes por dia da semana e por período dentro de cada dia da semana, o tempo de reposição das mercadorias pela matriz, o giro do estoque por item, preços comparativos com a concorrência na região, sem mencionar as informações financeiras relativas a vendas em valor por produto/item, lucro da loja etc.

Foco do tempo

Por ser baseada em informações contábeis, a ênfase da contabilidade financeira está centrada no que já ocorreu, nas conseqüências financeiras passadas. Já a contabilidade gerencial tem orientação para o futuro, para o planejamento de eventos e atividades e para as decisões que afetam o futuro da empresa. O gerente foca as previsões, e não somente no que se passou. Um bom sistema de mensuração de desempenho é uma ferramenta útil para designar com precisão o foco no tempo.

Restrição

Os demonstrativos contábeis financeiros das empresas, por serem destinados aos usuários externos, têm de ser comparáveis entre si para serem compreendidos. É preciso haver segurança de que as informações foram preparadas segundo regras básicas comuns que ajudam a evitar fraudes. Essas regras são os princípios contábeis geralmente aceitos e representam as premissas básicas sobre fatores econômico-financeiros conforme os quais a contabilidade financeira deve operar.

Dependendo do setor em que a empresa opera, autoridades governamentais estabelecem seus regulamentos específicos. Dessa forma, todas as sociedades anônimas (fechadas ou de capital aberto) seguem normas ditadas pela CVM (Comissão de Valores Mobiliários). O Banco Central também estabelece normas e diretrizes para as instituições financeiras.

> A ênfase da contabilidade gerencial é outra. Por ela não estar 'amarrada' a regras e convenções básicas comuns, seus usuários internos estabelecem regras próprias no tocante ao conteúdo, forma e freqüência das informações. Os sistemas permanecem à disposição, conforme suas necessidades de informação.

A contabilidade financeira é obrigatória — autoridades fiscais como a Secretaria da Receita Federal exigem demonstrações contábeis anualmente — o mesmo não acontece com a gerencial. Não há organismos reguladores que determinem o que deve ser feito nas empresas. Portanto, a decisão é inteiramente de cada empresa. *Em vez de perguntar quanto custa para obter informações pertinentes para tomar decisões, a pergunta correta é: quanto se está perdendo por não obtê-las.*

Natureza da informação

Por causa dessas regras e normas, as informações contábeis devem ser objetivas, confiáveis e sujeitas à auditoria externa. Por outro lado, os usuários da contabilidade gerencial preocupam-se menos com a precisão do que com a relevância, a flexibilidade e a rapidez das informações.

Quando o gestor tiver nas mãos uma oportunidade de negócio que envolva milhões de reais, ele preferirá, em vez de precisão, informações relevantes e rápidas para fechar o negócio.

Escopo da informação

A contabilidade financeira preocupa-se com a elaboração de demonstrativos financeiros da empresa como um todo, de forma agregada. Ela poderá ter desdobramentos parciais das suas unidades de negócio ou filiais, como receitas e custos, posições de estoques e contas a receber, mas dificilmente conseguirá elaborar um balanço ou um demonstrativo de resultados que não seja da empresa.

A contabilidade gerencial, ao contrário, concentra-se nos níveis inferiores, isto é, nos setores da empresa, suas linhas de produto, divisões, departamentos, unidades de atendimento, clientes e fornecedores.

Comportamento

Os executivos podem ficar equivocados ao preocupar-se em demasia em como os números financeiros da empresa irão afetar o comportamento do público externo. Eles a gerenciam tendo em vista o curto prazo, o lucro e as vendas do trimestre, por exemplo, e se esquecem de olhar para o futuro e para a geração de valor a longo prazo para os acionistas. Outra preocupação é com o valor do bônus que irão receber, baseado no lucro que a empresa gerou no ano.

A contabilidade gerencial preocupa-se com a influência das medidas e relatórios sobre o comportamento dos gerentes em planejar o futuro sem descuidar do presente. É ter um olho no futuro sem deixar de considerar o presente.

1.3 Mudança do ambiente empresarial

A intensificação da competição num mercado globalizado obriga as empresas a desdobrar-se para manterem-se competitivas e sobreviver. Temos convivido com vários fenômenos nas duas últimas décadas, tais como a invasão de produtos asiáticos no Ocidente; a aceleração de transformações tecnológicas na engenharia e na manufatura com o CAD/CAM e avanços da eletrônica; a consolidação do tema qualidade na gestão das empresas, com o TQM e o Seis Sigma; o declínio da capacidade competitiva da manufatura norte-americana desde meados da década de 1980; ciclos de vida mais curtos dos produtos; e a exigência dos clientes de maior variedade de produtos, para citar apenas alguns.

As empresas respondem de diversas maneiras a essa crescente competitividade: mediante a valorização de pessoas e equipes nas organizações, o chamado *empowerment*, para tomar decisões mais rapidamente; fusões, aquisições e *joint ventures* que visam à sinergia nos negócios, ao aumento da produtividade e à redução dos custos; sistemas de manufatura mais flexíveis e de menor custo, e ainda mediante a adoção de novas ferramentas gerenciais como os ERPs (sistemas de gestão empresarial).

A globalização promoveu diversas modificações em praticamente todos os segmentos de negócio, industriais, serviços ou bancários, sobretudo na forma de as empresas realizarem seus negócios.

Segundo Kotler (1999), uma empresa obtém intimidade com o consumidor quando é capaz de customizar seus produtos ou serviços de acordo com as exigências do cliente. Algumas empresas exploram uma oportunidade denominada customização em massa. Isso significa capacidade de preparar, em bases de produção em massa, produtos, serviços e comunicações individualizados. Graças a bancos de dados computadorizados e a linhas de produção flexíveis, muitas empresas podem oferecer produtos exclusivos a milhares de clientes. A National Bicycle Industrial Company, do Japão, fabrica bicicletas sob medida para atender às preferências e à anatomia de compradores específicos, e é capaz de produzir 11.231.862 combinações de 18 modelos de bicicletas em 199 cores diferentes.[2]

Para Groover (1987), as seguintes tendências podem ser observadas na manufatura como decorrência de pressões externas: ciclos de vida de produtos menores, maior ênfase na qualidade e na confiabilidade, produtos mais dedicados aos clientes, utilização de novos materiais, uso crescente de eletrônica, pressão para reduzir estoques, terceirização, produção *just in time*, entre outras.

De acordo com Ching (2001), pressões resultantes da globalização e da modificação do mercado consumidor, cada vez mais bem informado e exigente na hora de adquirir bens e serviços, levam as empresas a repensar o modo como operam os elementos de sua cadeia logística. Essas empresas têm sido obrigadas a mudar seu papel e suas atividades a fim de adaptar-se aos fatores externos que exercem pressões sobre elas. Alguns dos fatores externos mencionados por ele são:

- Ciclo de vida do produto mais curto: devido ao rápido avanço tecnológico e às constantes e crescentes mudanças dos produtos, seu ciclo de vida diminuiu muito, principalmente na área de equipamentos eletroeletrônicos, na de máquinas e na de informática; produtos lançados hoje dispõem de uma nova versão ou de novo *upgrade* um ano depois, ou então são substituídos por produtos inteiramente novos. As empresas, conseqüentemente, são obrigadas a inovar sua linha de produtos para manter-se atualizadas no mercado. O mercado tornou-se muito mais competitivo, e os clientes, mais exigentes.
- Clientes exigentes e bem informados: devido à grande quantidade de informações e opções de que os clientes dispõem, torna-se cada vez mais criteriosa a análise das opções existentes. A empresa, por sua vez, é obrigada a adotar uma postura que cative o cliente, em que os produtos e os serviços oferecidos satisfaçam plenamente a suas necessidades e a seus desejos. Ela tem de esforçar-se para criar com eles um vínculo de confiança. Essa postura é coerente com o que Kotler afirma a respeito de a empresa customizar seus produtos ou serviços conforme as exigências do cliente.
- Competição externa: diferentes fatores competitivos implicam diferentes objetivos de desempenho para a empresa. Assim, se os clientes valorizam...

estes fatores competitivos....	os objetivos de desempenho são....
preço baixo	custo
alta qualidade	qualidade
entrega rápida	rapidez
entrega confiável	confiabilidade
produtos e serviços inovadores	flexibilidade de produto/serviço
alteração de quantidade ou prazo de entrega	flexibilidade de volume e entrega

[2] Segundo Kotler, o termo 'customização em massa' foi originalmente usado por Stanley Davis em 1987 e mais tarde, em 1993, por Joseph Pine.

As conseqüências que as tendências acima trazem para qualquer empresa são mais flexibilidade tanto na oferta de maior variedade como na resposta a mudanças de volume e mix; maior velocidade no desenvolvimento de novos produtos e serviços que atendam às exigências dos clientes, bem como nas entregas; qualidade cada vez melhor; confiabilidade quanto à entrega da mercadoria na data exigida e, por fim, menor custo.

1.4 Papel da contabilidade gerencial neste novo ambiente

Afinal, quais são as conseqüências dessas tendências e da competição globalizada para a contabilidade? Os contadores financeiros preocupavam-se muito em atender a pressões vindas de fora da empresa, dos credores, dos mercados de capital, das autoridades fiscais que solicitavam relatórios e demonstrativos acurados e, muitas vezes, auditados. Isso ocorria quando a ajuda do computador era incipiente e lenta. Uma enorme estrutura era montada nas empresas para elaborar relatórios.

Tradicionalmente, a informação contábil gerencial é de natureza financeira, isto é, tudo o que se traduz numa moeda como o real (R$) ou o dólar (US$). Os gerentes elaboravam relatórios, ditos gerenciais, em que adaptavam os números da contabilidade para servir a seus propósitos de relato de informações. A base de dados, porém, era financeira. Era um viés do que ocorria na contabilidade financeira.

À medida que os produtos se expandiam, as empresas penetravam em novas regiões geográficas e as operações se tornavam complexas, os executivos sentiram necessidade de informações e relatórios, distintos daqueles de ordem financeira, que subsidiassem suas decisões.

Inúmeras críticas surgiram: as informações geradas não eram relevantes e estavam longe da realidade; referiam-se ao negócio como um todo em vez de fornecer dados para o controle gerencial e baseavam-se em normas ou padrões (Hill, 1994). Para Hayes et al (1988), no que diz respeito à mensuração do desempenho da manufatura, os sistemas contábeis preocupam-se com variações contra padrões internos e orçamentos, obscurecem a importância da melhoria contínua e tornam-se um impedimento para a vantagem competitiva. Nunca o nível e a pressão de resposta rápida foram tão grandes como neste momento. No entanto, os sistemas contábeis ficaram parados no tempo e são, no máximo, reativos.

Uma pesquisa realizada no Reino Unido em 1991 e citada por Hill em seu livro mostra que, nos cinco anos anteriores, 68% dos entrevistados efetuaram revisões significativas nos sistemas de custos. Contudo, a pesquisa também mostra que muitas dessas revisões foram 'tradicionais', sem a implementação de 'novas' técnicas e práticas contábeis (U.K. Survey, Davies et al, p. 16).

Kaplan (1984) constata que muitas empresas ainda usam para o ambiente competitivo de hoje, radicalmente diferente, os mesmos sistemas contábeis de custo e controle gerencial que foram desenvolvidos décadas atrás. Talvez elas não tenham percebido que os custos indiretos, chamados *overheads,* representam hoje entre 25% e 50% dos custos totais e crescem tanto no valor absoluto como no tamanho relativo. Isso é confirmado pela pesquisa citada. Os contadores continuam a usar predominantemente uma única taxa de absorção do *overhead* para as diversas partes do negócio envolvido, o que não reflete a natureza do negócio e a relevância da informação gerada.

É muito difícil que uma empresa passe a outro patamar se ela planeja e controla suas operações e negócios, bem como toma decisões com base em informações contábeis gerenciais inadequadas, que não atendem às necessidades dos seus executivos. Por outro lado, uma contabilidade gerencial bem planejada pode suportar o bom desempenho de uma empresa. Isso, no entanto, não garante por si só um bom desempenho, mas seguramente um sistema contábil gerencial deficiente pode prejudicar os esforços dos seus executivos no sentido de torná-la eficiente e competitiva.

1.5 Importância do uso de medidas não-financeiras

Algumas empresas mensuram seu desempenho com o enfoque em medidas financeiras que, além de ser inadequadas, encorajam decisões disfuncionais. Assim, por exemplo:

Variações de custo padrão: institucionalizam os níveis de perda, além de não haver incentivo para melhoria contínua;

Controle orçamentário: tem um forte viés por utilizar base histórica, não reflete o nível de atividade da empresa e não mede a eficiência do custo;

Relatórios gerenciais: foco excessivo nos itens de receita e despesa de curto prazo, além de não refletir a perspectiva do cliente no negócio a longo prazo.

As medidas financeiras fornecem análises históricas, mostram sempre o resultado final, têm pouca conexão com as causas-raiz, são centradas nos aspectos internos do negócio, além de ser direcionadas por ciclos mensais de relato de informações. São denominadas *lagging indicators*. No entanto, muitas empresas continuam a utilizá-las de modo bastante expressivo. Uma possível explicação é a pressão dos investidores e acionistas por resultados imediatistas e sempre financeiros. O que se prega é uma combinação e o balanço adequado entre medidas financeiras e não financeiras.

Copeland et al (1996) propõem em seu enfoque VBM (Value Based Management — Gestão Baseada em Valor) algo nesse sentido. VBM é um processo integrador, projetado para melhorar a tomada de decisão estratégica e operacional por toda a empresa, ao focar os direcionadores-chave de valor. Esses autores, assim como outros de livros de administração financeira, sustentam que o propósito de uma empresa é maximizar o valor do acionista e o uso efetivo do capital, e ele deve refletir-se em toda decisão, em qualquer nível.

Uma parte importante do VBM é compreender quais variáveis de desempenho vão de fato direcionar o valor da empresa. Essa compreensão é essencial porque ela não consegue agir diretamente no valor; tem de agir em fatores influentes, como satisfação do cliente, custo, gastos com capital. Um direcionador de valor é simplesmente qualquer variável que afete o valor da empresa. Para serem úteis, tais direcionadores precisam ser organizados em diversos níveis sob o controle do pessoal operacional.

A Figura 1.1 mostra o desdobramento dos direcionadores em três níveis: o nível genérico, em que a margem operacional e o capital investido são combinados para calcular o ROI (Retorno sobre o Investimento); o nível da unidade de negócio, em que variáveis como o mix de clientes são relevantes; e o nível da raiz, em que é necessário maior detalhe para vincular os direcionadores de valor a decisões específicas que os gerentes operacionais têm sob seu controle.

A figura permite verificar que esse enfoque tem um viés mais financeiro, pois auxilia as empresas a focar os direcionadores de valor que maximizam a riqueza dos acionistas.

Dois comentários podem ser feitos a respeito do enfoque VBM. O primeiro é existirem outros objetivos a ser considerados na empresa que atendem aos interesses e às necessidades de outros interessados e que têm a mesma relevância do objetivo financeiro de maximizar o valor da empresa. O segundo é decorrência do primeiro: há carência de medidas não financeiras, conforme atesta a Figura 1.1.

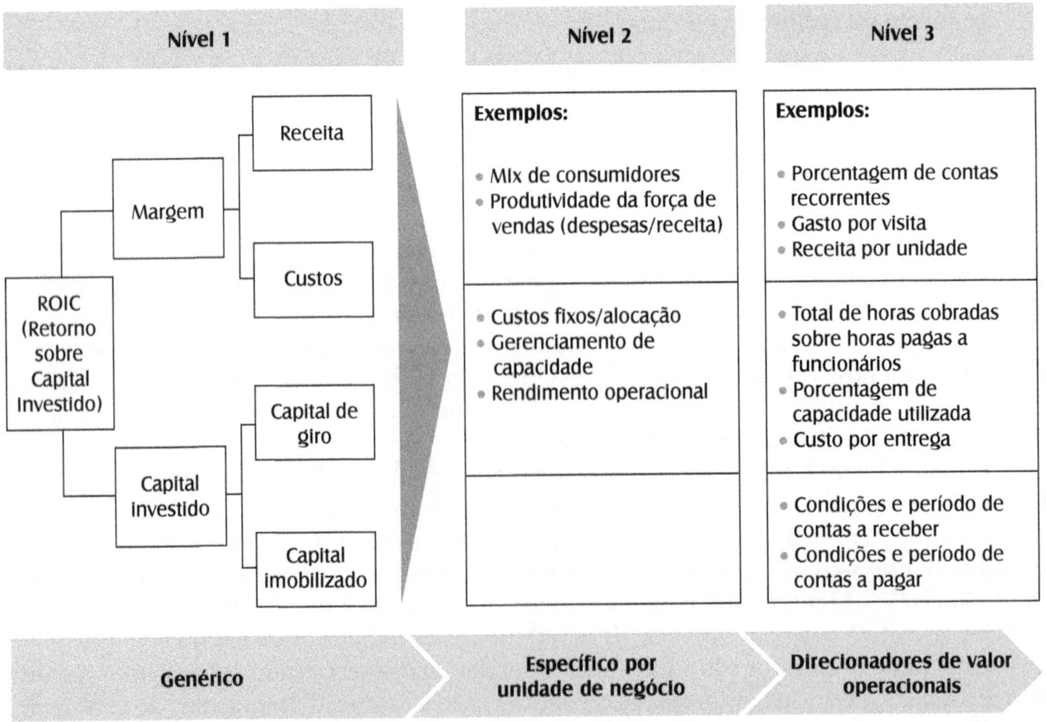

Fonte: Copeland, 2002.

Figura 1.1 Desdobramento dos direcionadores de valor

Dessa forma, caso o executivo queira saber por que a receita não tem evoluído, ele poderia fazer uma pesquisa para descobrir em que produtos e/ou regiões isso ocorre. Para obter uma compreensão mais ampla da situação, certamente seria preciso tomar medidas a respeito da satisfação do cliente, com reação por exemplo, ao percentual de reclamações sobre qualidade, ao percentual de entregas no tempo, à freqüência de entregas, ao nível de preços comparativos etc. Se os clientes estiverem insatisfeitos com a empresa, irão comprar de outros fornecedores. Clientes satisfeitos trarão mais vendas à empresa.

Quanto aos custos, o executivo pode tomar conhecimento da evolução de cada grupo de custos sobre as vendas para acompanhar mais detalhadamente o processo. As medidas não financeiras, como o nível de defeitos internos e externos (recebidos dos seus fornecedores), o nível de retrabalho, a devolução de produtos etc., vão ajudá-lo a entender o que ocorre.

Da mesma forma, no capital de giro, seus componentes poderiam ser desdobrados em contas a receber, estoque e contas a pagar. Seria necessário tomar medidas relativas ao giro de estoques, dias de contas a receber e dias de contas a pagar, percentual de capital de giro sobre vendas, para controlar a evolução do capital de giro. Por fim, no capital imobilizado, uma medida de utilização do imobilizado — máquinas e edifícios — para assegurar que o capital investido seja mínimo.

Enquanto as medidas financeiras são denominadas *lagging indicators*, boa parte das medidas físicas e operacionais são chamadas de *leading indicators*. As primeiras mostram apenas os resultado, as últimas tratam de apontar as causas. Daí a importância do uso de medidas não financeiras.

Faz-se uma pergunta final, ao concluir este capítulo: a quem a contabilidade gerencial deve subordinar-se na hierarquia de uma organização? Ao pessoal da Controladoria, por ser o fiel depositário da contabilidade financeira? Ao pessoal de Marketing, que é responsável por uma base relevante de dados não financeiros? Ao pessoal de Tecnologia de Informação, que provê a solução tecnológica de um banco de dados flexível em que todas as informações são mantidas? À presidência da empresa diretamente?

Antes de responder a essa pergunta, visualize como funciona a internet, a *world wide web* (www). Quem detém seu controle? Quem cobra *royalty* por seu uso? Ninguém! É de domínio publico! As pessoas que se utilizam de um site buscador de informações, como Google, Yahoo, MSN, ficam maravilhadas com a quantidade de informações que obtêm. Afinal, quem alimenta as informações que aparecem na tela do computador? Todos nós! Se todos pararem de alimentar as informações, nossas pesquisas se tornarão desatualizadas, sem utilidade.

A contabilidade gerencial não deve ser vista como uma área funcional na empresa, portanto não deve ficar subordinada a ninguém. Todos os colaboradores, em qualquer nível, têm interesse em extrair informações para tomar suas decisões, e em troca têm a responsabilidade de acrescentar periodicamente informações relativas a suas áreas. Cabe à área de TI a responsabilidade de encontrar uma solução tecnológica para acomodar todas as informações e responder rapidamente às consultas e acessos.

Regras de 'trânsito' devem ser estabelecidas para seu uso. Assim, pessoas da empresa de nível hierárquico inferior só conseguiriam acessar informações do seu nível e de modo horizontal, isto é, que se restringissem apenas à sua área. Pessoas de níveis superiores conseguiriam acessar informações de níveis abaixo do seu e também do próprio nível. À medida que se sobe na hierarquia, os gestores enxergam as informações de maneira agregada, macro. E, caso tenham interesse em saber como anda o comportamento de vendas de uma linha de produtos ou a satisfação dos clientes numa determinada região, possam criar condições de 'mergulhar' e apanhar os dados de que necessitam.

Regras de sigilo e de confidencialidade das informações devem estar claras para todos os usuários internos da contabilidade gerencial.

Exercícios

1. Considere uma empresa de artigos de vestuário com atuação em todo o país e com várias lojas espalhadas. Identifique as necessidades de informação contábil gerencial para os seguintes níveis da organização:
   a) o gerente de uma loja que atende os clientes e efetua a venda;
   b) o gerente regional que supervisiona as operações de todas as lojas de uma determinada região do país;
   c) a gerência sênior localizada no escritório da matriz, especialmente o presidente e os diretores de operações e marketing.

   Para cada um desses níveis, qual seria o conteúdo e a freqüência das informações necessárias?

2. O controller de uma clínica de saúde especializada em radioterapia acreditava que o custo histórico de depreciação estava inadequado para atribuir o custo das máquinas de alto valor ao custo dos serviços da clínica. Todo ano, ele obtinha do mercado uma estimativa da vida útil de cada máquina e do valor de reposição de cada uma e calculava a depreciação, com base nesse novo custo e tempo, para ser incluída na taxa hora-máquina usada para atribuir as despesas das máquinas ao valor dos serviços de cada aplicação de radioterapia efetuada. Além disso, ele incluía um custo de oportunidade, baseado em 50% do custo de reposição da máquina, na taxa hora-máquina. Esse custo de oportunidade representava o custo do dinheiro no mercado.

   Como conseqüência dessas decisões, o custo usado internamente pelos gerentes da clínica era inconsistente com os números gerados pela contabilidade para fins fiscais e contábeis. O pessoal da contabilidade tinha de fazer anualmente um processo tedioso de reconciliação a fim de retirar do custo dos serviços prestados os custos de capital e de reposição antes de preparar os demonstrativos financeiros.

   Responda:
   a) Por que o controller introduziria complicações adicionais no sistema de custeio da empresa, atribuindo custos de depreciação do valor de reposição e custos de capital ao valor dos produtos?
   b) Por que os contadores gerenciais deveriam criar trabalho adicional para a empresa, adotando políticas de custeio que violam os princípios contábeis que devem ser usados nos relatórios externos?

CAPÍTULO 2

Conceito de cadeia de valor e o foco em processos e atividades

Após a leitura deste capítulo, você deverá ser capaz de:

- *Pensar a empresa como uma seqüência de atividades e processos em uma cadeia de valor.*
- *Entender a empresa como parte de uma cadeia de valor estendida.*
- *Enxergar a empresa de forma horizontal (processos), e não de forma funcional.*
- *Estabelecer objetivos e medidas de desempenho para gerenciar a cadeia de valor.*

2.1 Organização vista como seqüência de atividades

Como uma empresa cria seus produtos e/ou serviços e, depois, como ela os vende aos clientes? Que etapas ou atividades são percorridas até que o produto seja criado, posteriormente transformado e por fim vendido? Não importa o porte da empresa, o setor de negócio em que ela atua ou para que grupo de clientes ela irá vender; muitas atividades são realizadas para criar os produtos/serviços valorizados pelos clientes. Um furgão que vende cachorro-quente na rua, um pronto-socorro que atende seus pacientes, uma escola que fornece educação e conhecimento aos alunos, uma agência bancária que presta serviços, ou ainda uma grande corporação que vende produtos multivariados: todos têm de entregar um produto ou serviço ao final.

Tomemos o caso de um pronto-socorro. Um paciente chega com suspeita de fratura óssea ocorrida num jogo de futebol, outro com febre de dois dias. O que ambos querem? Um rápido atendimento, em primeiro lugar, e uma solução para o seu problema. No entanto, não é sempre isso que encontramos, infelizmente. O tempo de espera é enorme, há um fluxo descoordenado, pessoal malpreparado e a solução nem sempre é satisfatória. Mesmo que a solução seja adequada, nossa insatisfação ficará marcada em nós. E obviamente iremos falar mal desse pronto-socorro aos nossos conhecidos.

Uma organização diferencia-se de outra pela maneira como organiza e gerencia a seqüência de atividades e processos que cria, e também como faz e entrega um produto ou serviço a seus clientes. Para Atkinson et al (2001), essa seqüência de atividades é conhecida como cadeia de valor, porque cada etapa na cadeia deve contribuir com valor, e não com custo. Segundo Horngren et al (2002), cadeia de valor é um conjunto de funções empresariais que adicionam valor aos produtos e serviços da organização. Para os autores, essas funções são pesquisa e desenvolvimento, produção, marketing, distribuição, serviço ao cliente e funções de suporte.

Para Womack & Jones (1998), cadeia de valor é o conjunto de todas as atividades específicas necessárias para levar um dado produto a passar pelas seguintes fases críticas em qualquer projeto:

1. Criação: do desenvolvimento de novos projetos até o seu lançamento.
2. Gerenciamento de informações: do recebimento do pedido até a entrega.
3. Transformação física: da matéria-prima ao produto acabado para o cliente.

O que existe de comum nessas definições é o fato de que uma organização deve ser vista e entendida como uma seqüência de atividades dispostas em diferentes processos que correm horizontalmente e cruzam as barreiras funcionais. Tudo isso para agregar valor ao cliente final, e não para agregar custo. A diferença é que a abordagem de Womack & Jones estende a idéia de cadeia de valor para fora da empresa, englobando outros parceiros. Isso será tratado na próxima seção.

O que são processos de negócio e atividades?

Processo é um conjunto de atividades interligadas e interdependentes que cruzam as barreiras funcionais da organização para produzir um *output* de valor ao cliente (Ching, 2000). Por sua vez, atividade é um conjunto de tarefas e operações que produz um *output* ao seu final. Ela é importante porque acarreta custos. Portanto, entender a natureza e a razão de uma atividade é fundamental para agregar valor ou adicionar custo ao cliente.

Ilustremos com um exemplo de abastecimento de uma empresa farmacêutica cujo desafio é implementar soluções que melhorem o nível de serviço aos clientes e reduzir custos de abastecimento. Isso significa atender às entregas de produto na data, no horário e no local prometidos aos clientes; entregar produtos sem danos nem perda de performance; antecipar aos clientes os atrasos de entrega no tempo hábil, propondo soluções; fornecer informações confiáveis para subsidiar as tomadas de decisão na área de operações, tudo ao menor custo possível. Veja a Figura 2.1 a seguir.

A Figura 2.2 mostra o processo de abastecimento dessa empresa, que abrange diversas áreas internas e externas, como suprimentos, importação, fornecedor, alfândega, armazém alfandegário, produção, operação logística e, finalmente, o cliente.

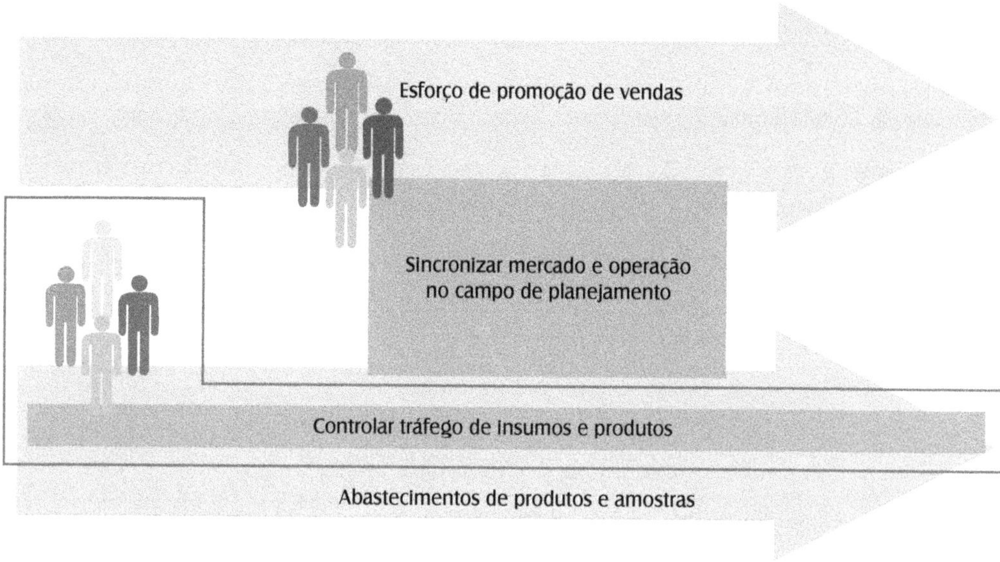

Figura 2.1 Desafio de abastecimento de uma indústria

A adoção de uma visão horizontal da empresa (por processo), e não por função, possibilita uma visão completa do tráfego de insumos e produtos, melhor integração entre as áreas e entre sistemas internos e externos, além de disciplina no cumprimento dos prazos nos ciclos para disponibilização dos materiais promocionais e amostras grátis, e faturamento de pedidos com priorização dos clientes, em caso de estoques insuficientes.

2.2 Focando a cadeia de valor

Segundo Womack & Jones, a cadeia de valor precisa fluir de tal maneira que forneça aos clientes menores *lead times*, custos mais baixos, melhor qualidade e entregas mais confiáveis. Uma ilustração de uma cadeia de valor pode ser vista na Figura 2.3.

Desenvolver essa cadeia expõe as fontes de desperdício de todos os participantes, porém seus benefícios se apresentam de diversas formas:

- aumento na competitividade;
- melhor ambiente de trabalho;
- maior confiança entre os colaboradores;
- senso de realização em servir o cliente.

Supply Chain – importação, compras, produção, armazenamento e entrega dos produtos acabados

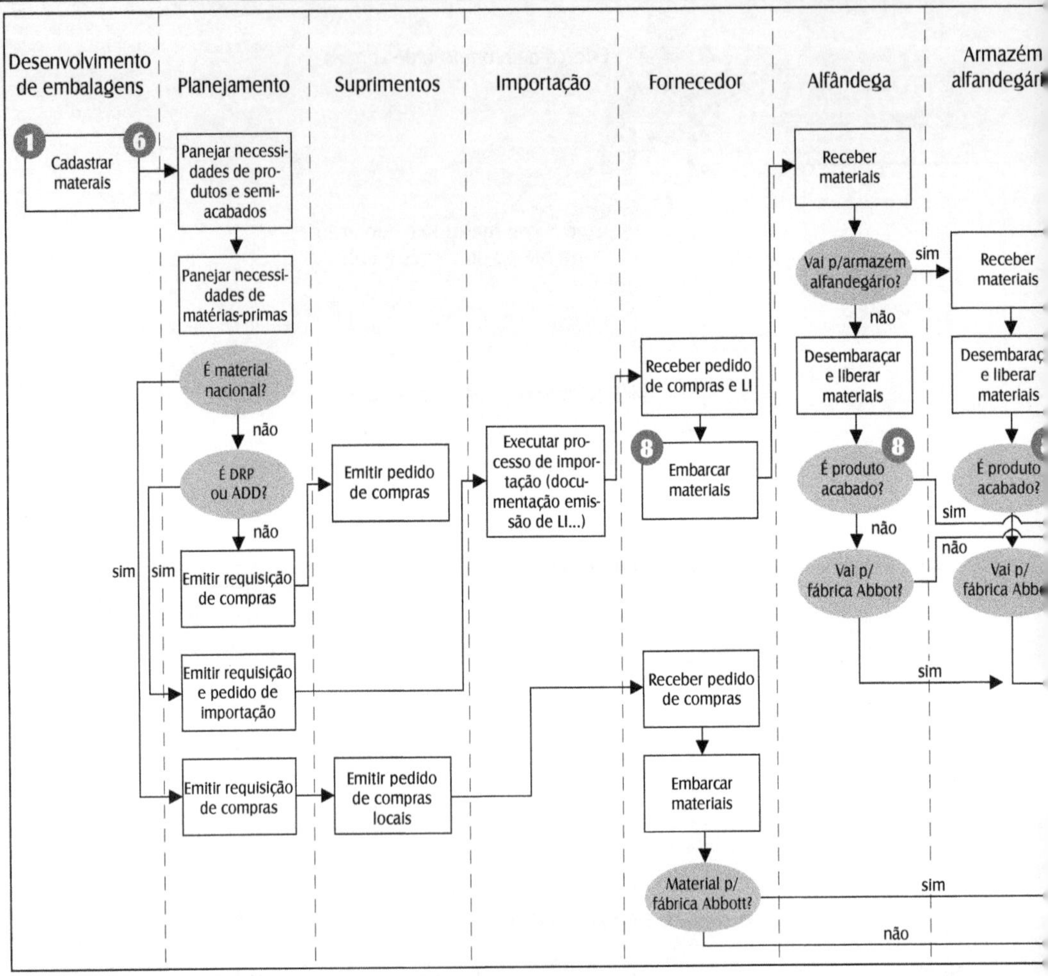

Devem-se analisar todas as ações necessárias para produzir produtos específicos, interagindo umas com as outras e otimizando valor para o cliente. O estudo da cadeia de valor é útil para:

- decompor os diferentes processos da empresa em atividades distintas, desde a aquisição da matéria-prima até o pós-venda, e analisar suas inter-relações;
- identificar as fontes de desperdício;
- calcular os geradores de custo em cada elo.

A Figura 2.3 tem como objetivo apenas dar uma idéia da cadeia de valor. Ela insere-se num conceito maior, desenvolvido por Womack & Jones em seu livro, sobre mentalidade

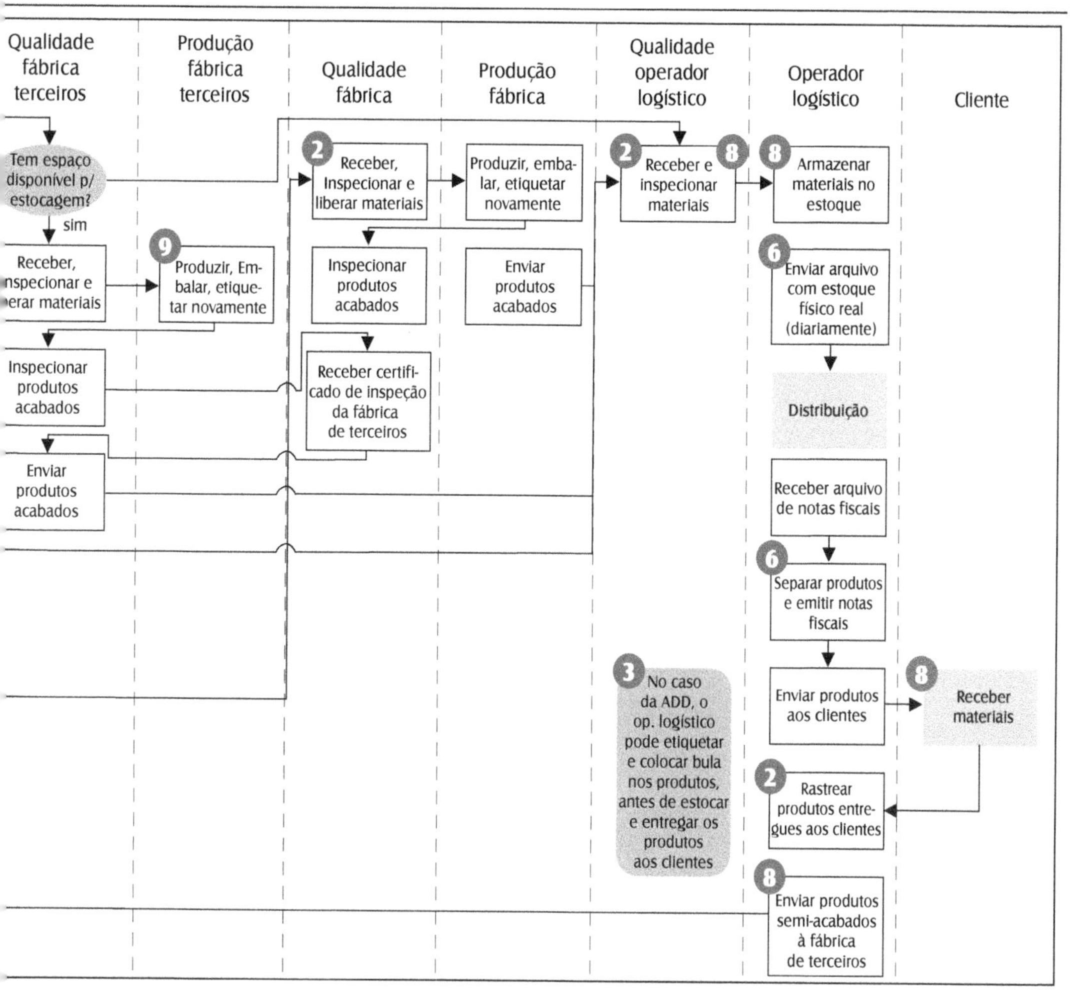

enxuta. Os autores defendem a aplicação de cinco princípios para obter a mentalidade enxuta:

- especificar **valor**, do ponto de vista do consumidor final;
- identificar o **fluxo de valor** para cada família de produto;
- fazer o produto **fluir**;
- proporcionar ao cliente a possibilidade de **puxar o produto** sem gargalos;
- administrar visando à **perfeição**.

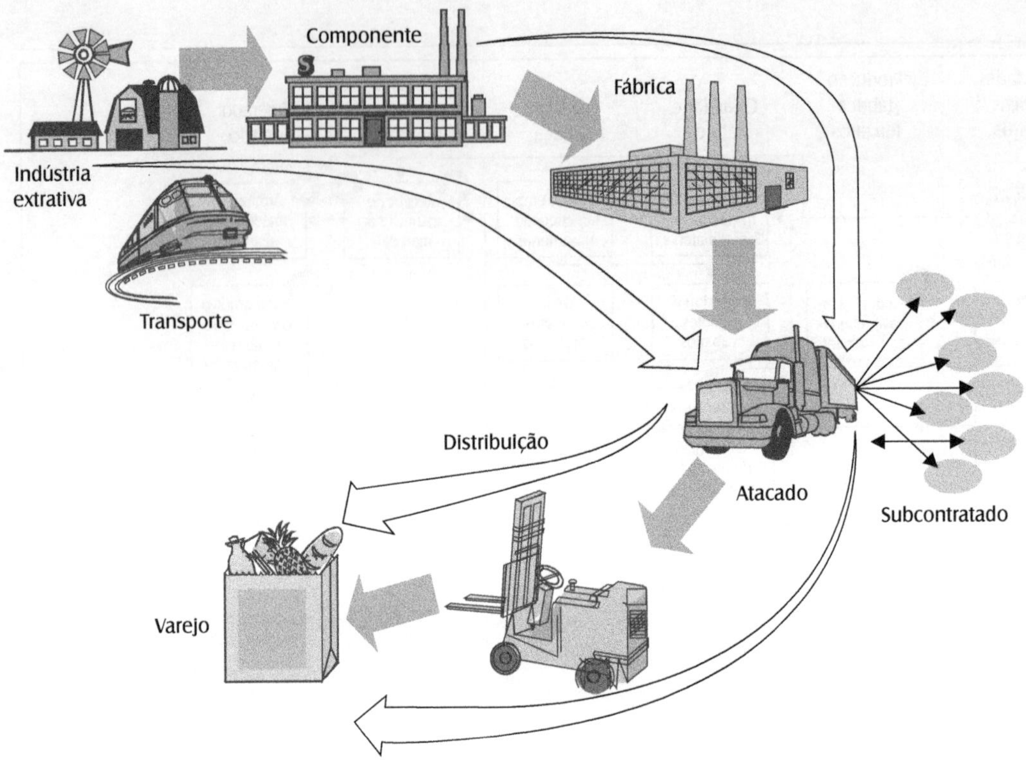

Figura 2.3 Cadeia de valor

As empresas têm dificuldade em definir corretamente o **valor**, do ponto de vista do cliente, porque:

- cada uma tende a defini-lo de forma mais adequada às próprias necessidades;
- os consumidores só sabem pedir alguma variação do que já estão obtendo: custo baixo, maior variedade, entrega imediata etc.

Tomemos o exemplo do que acontece quando se vai a um clínico geral. Inicialmente marca-se uma consulta com o médico, o que pode demorar pelo menos uma semana. Mesmo quando se chega na hora marcada, é grande o tempo de espera para uma consulta, que leva 20 minutos. Certamente, o médico irá pedir exames clínicos (sangue, raios X etc). Ao ligar para o laboratório para agendar o exame, novamente haverá demora de mais alguns dias. Ao chegar ao laboratório, mais um tempo de espera e finalmente realiza-se o exame, que dura meia hora. Os resultados ficam prontos em cinco dias e, com o resultado em mãos, marca-se nova consulta com o clínico para levar os exames. Há nova demora para marcar a consulta, e nova espera no consultório. Caso se tenha sorte, o médico faz o diagnóstico, prescreve a medicação e o problema estará resolvido. Caso contrário, o paciente será encaminhado a um especialista, para tratar do seu problema. E, mais uma vez, recomeça a peregrinação.

Quantos já não viveram situação semelhante? Quem está olhando para o cliente através dos olhos dele? Ninguém! O tempo dedicado ao tratamento foi uma pequena fração do tempo total gasto durante todo o processo. Esse é o tempo que agrega valor ao paciente; é o somatório do tempo da primeira consulta mais o tempo de realização dos exames mais o tempo da consulta de retorno ao clínico, o que não levaria mais que 90 minutos. A contagem do tempo total gasto inicia-se quando se liga para marcar a primeira consulta e termina quando o paciente sai da consulta de retorno. Isso pode levar mais de três semanas. O que são 90 minutos em comparação com três semanas? É um tempo insignificante! Isso quer dizer que a maior parte do tempo despendido é puro desperdício.

O foco deve ser desviado para o todo, com todas as etapas essenciais e necessárias à satisfação do cliente alinhadas num *fluxo* estável e contínuo. Identifique todos os passos e atividades atuais para levar produtos do pedido até a entrega e para sua manutenção. Questione cada passo e atividade: por que é necessário? Agrega valor ao cliente? Elimine passos e atividades desnecessárias. Muitos deles podem ser 'necessários' pela maneira como as empresas são organizadas e se tomam decisões prévias a respeito dos ativos e das tecnologias.

Alinhe todos os passos que agregam valor, de modo que ocorram numa rápida seqüência e sem gargalos, para fazer o produto *fluir*. Exija que todo passo e toda atividade no processo estejam:

- corretos a todo momento;
- sempre disponíveis para ser executados (o uso da técnica de TPM — Manutenção Produtiva Total — é um bom exemplo disso);
- com capacidade adequada, sem gargalos e/ou excessos.

Organizar o trabalho em células pode ser uma boa maneira de fazer o produto fluir, a exemplo do que ocorre com as células de manufatura.

Mediante a compressão do *lead time* e a correta especificação do valor, deixe os clientes **puxarem** o produto, isto é, obterem exatamente o que é solicitado, quando for solicitado.

- suavize os *loops* de puxada dos clientes quando o fluxo não for possível e se o processo anterior ainda opera com base em lotes;
- introduza cartões kanban de retirada e kanban de produção. Isso significa que o processo posterior (cliente) vai ao estoque *buffer* (chamado de supermercado) e retira aquilo que é necessário, quando necessário, mediante o kanban de retirada. Um kanban de produção é disparado para o processo anterior (fornecedor) para produzir com tempo de resposta rápido aquilo que foi retirado do supermercado. Veja a Figura 2.4 a seguir;
- por fim, estabeleça uma relação estável para eliminar surpresas para os clientes e os fabricantes.

Por fim, administre visando à *perfeição*. Isso significa que a empresa precisa constantemente visualizar seu estado futuro, isto é, não acomodar-se com a situação presente, por melhor que ela seja. Desperdícios sempre ocorrem; as necessidades e os desejos dos clientes mudam, por isso a empresa precisa estar alerta.

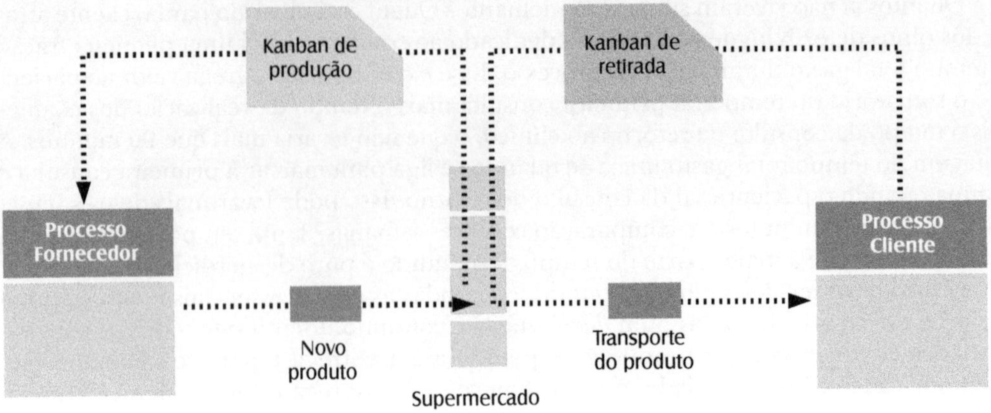

Figura 2.4 Sistema puxado

O que ocorre tipicamente

Mentalidade enxuta é um estado de espírito e deve ser sempre o alvo. No entanto, o que encontramos, e o que ocorre tipicamente nas empresas, é a seguinte situação:

- todos os fluxos de suprimento passam por muitos locais e pontos de processamento, pertencentes a várias empresas.
- de 80 a 90% dos passos/atividades são desperdícios, do ponto de vista do cliente. O exemplo antes descrito ilustra bem esse ponto.
- noventa e nove por cento do *throughput time*, do tempo total, é tempo desperdiçado.
- a demanda torna-se cada vez mais errática à medida que se move ao longo da cadeia, impondo inventário, capacidade e custos de administração maiores a cada nível. Isso é chamado de efeito chicote (*bullwhip effect*) e demonstra a falta de sincronização entre os membros da cadeia de suprimentos, em que o padrão de suprimento não se 'casa' com o padrão de demanda. Assim, uma pequena mudança na demanda do consumidor provoca alterações ampliadas para cima e para baixo ao longo da cadeia, como o movimento de um chicote.
- o comportamento dos clientes de níveis inferiores da cadeia determina o custo, a qualidade e a confiança dos níveis superiores; por exemplo, programações erráticas de demanda, entrega de grandes lotes.
- a qualidade deteriora, o que impõe maior custo, e a maioria dos gerentes está apagando incêndios.
- ocorre concorrência predatória em cada nível do fluxo de suprimento, com a coleta de muitas cotações e o aumento do poder de barganha.
- há demanda contínua de redução de preços nos contratos de longo prazo, independentemente do volume.

- As margens se estreitam, em vez de ocorrer a redução do custo verdadeiro.
- há um colapso do modelo de 'parcerias' e 'confiança', que é substituído pela 'sobrevivência do mais saudável e forte'.

Como podemos fazer melhor?

Fazemos aqui duas sugestões:

- Otimizar toda a cadeia do fluxo de valor para criar a situação de ganha-ganha para todos os participantes. Devemos mudar o enfoque de o *que-é-bom-para-mim-é-ruim-para-você* para um enfoque de o *que-é-bom-para-nós*.
- Em vez de defender nossa própria margem e focar a margem do outro, devemos começar focando os desperdícios de cada um e, em conjunto, desenhar cadeias de valor integradas. No lugar de ficarmos brigando com os clientes pela manutenção das estreitas margens, olhar para a parte maior que compõe o resultado da empresa, isto é, os custos. Cliente e fornecedor devem gastar energia e aumentar juntos a margem na busca de desperdícios na parcela dos custos.

À medida que as empresas entenderem como criam custos, poderão começar a pensar em como ajudar a reduzir seus custos de forma coletiva. Vamos considerar duas situações:

1. Uma empresa-cliente tem como atribuição conferir fisicamente a documentação da empresa fornecedora, processar e preparar seu pagamento. O que aconteceria se essa papelada pudesse ser processada eletronicamente, reduzida ou nem exigida?
2. O cliente gasta tempo e esforço verificando a qualidade de todo o lote recebido do fornecedor, analisando amostras no laboratório e conferindo contra a especificação. O que ocorreria se os lotes tivessem qualidade assegurada pelo fornecedor?

Em ambas as situações, tanto o comprador como o fornecedor economizariam tempo, esforço e dinheiro.

Não olhe somente para dentro da empresa; considere a cadeia de valor completa da sua indústria. Uma forma de encorajar a colaboração é cada participante entender e perceber como afeta a estrutura de custo do outro.

Exemplo da cadeia de valor de uma lata de refrigerante

Uma rede de supermercado inglesa, Tesco, mapeou a cadeia de valor de uma caixa de refrigerante e concentrou a análise no fluxo do alumínio da lata, por ser o item mais complexo, de maior valor e *lead time* mais longo. Acompanhe pela Figura 2.5.

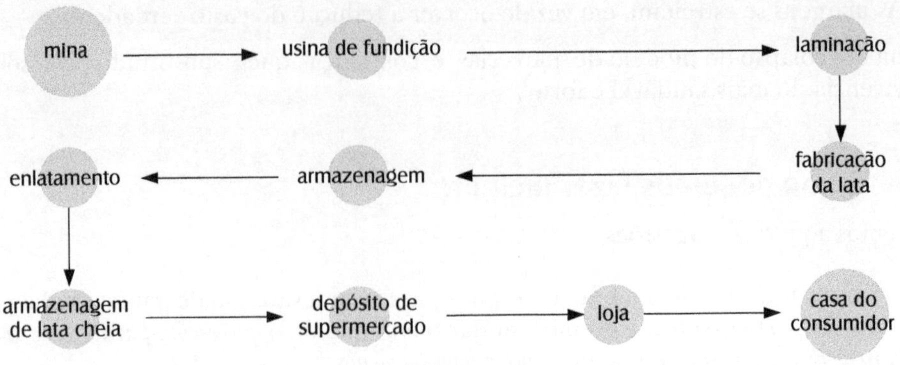

Fonte: Womack, 2004.

Figura 2.5 Cadeia de valor de uma lata de refrigerante

O fluxo inicia-se na extração do minério de bauxita na Austrália. O processo envolve a extração de milhões de toneladas de uma só vez, e o minério é transferido até uma usina de redução química próxima, onde a bauxita é reduzida a alumina em pó. Quando se acumula alumina suficiente para encher um contêiner enorme (mais de duas semanas, suficiente para fabricar 10 milhões de latas), a carga é enviada pelo mar, numa viagem de quatro semanas, até a Noruega ou a Suécia, onde o minério será fundido.

Depois de uma espera de dois meses na usina de fundição, reduzem-se duas toneladas de alumina a uma tonelada de alumínio em cerca de duas horas. Os lingotes são esfriados e armazenados por cerca de duas semanas, antes de serem enviados a uma usina de laminação. Após duas semanas de armazenamento na usina de laminação a quente, a espessura do lingote é reduzida de um metro para três milímetros. As bobinas são armazenadas por cerca de quatro semanas e então expedidas para uma usina de laminação a frio, onde são armazenadas durante outras duas semanas. Esse processo reduz a espessura de três milímetros para 0,3 milímetros, a espessura de uma lata. As folhas de alumínio são então armazenadas durante um mês.

Essas bobinas são enviadas pelo mar até o fabricante de latas na Inglaterra, onde são armazenadas por duas semanas. As latas já fabricadas são instaladas num enorme armazém por mais quatro semanas e dali são levadas para o depósito do enlatador. É nessa fábrica onde os demais componentes são misturados para fabricar o refrigerante. Depois que o produto é enlatado, as latas são conduzidas até o depósito central do enlatador, onde permanecem durante cinco semanas.

Ao chegar ao depósito da Tesco, os estrados são armazenados durante três dias, até que as caixas são retiradas dos estrados e enviadas às lojas. Elas vão diretamente para as prateleiras, onde o refrigerante é vendido em cerca de dois dias. Na casa do consumidor, o refrigerante não dura mais do que três dias e seu consumo se dá em cinco minutos.

Os tempos de armazenamento no início e no final de cada etapa do processo, bem como os respectivos tempos de processamento, estão dispostos na Tabela 2.1 a seguir.

Tabela 2.1 Tempo de armazenamento e processamento da lata de refrigerante

	Armazenamento inicial (tempo)	Tempo de processamento	Armazenamento final (tempo)	Dias acumulados	Velocidade de processamento
Mina	0	20 minutos	2 semanas	14	1000 t/hora
Usina de redução	2 semanas	30 minutos	2 semanas	42	
Fundição	3 meses	2 horas	2 semanas	146	
Laminação a quente e a frio	1 semana 2 semanas	1 minuto menos de 1 minuto	4 semanas 4 semanas	188 230	1 m/min. 600 m/min.
Fabricante de lata	2 semanas	1 minuto	4 semanas	272	2.000 latas/min.
Enlatador	4 dias	1 minuto	5 semanas	311	1.500 latas/min.
Depósito do supermercado	0	0	3 dias	314	
Loja do supermercado	0	0	2 dias	316	
Casa do consumidor	3 dias	5 minutos	0	319	
Total	5 meses	3 horas	6 meses	319	

É assombroso verificar que, da extração da bauxita na mina até o consumo do refrigerante na casa do consumidor, foram utilizados 319 dias! E o tempo total de processamento é de apenas três horas! É muito desperdício! Eis as conclusões:

1. O tempo necessário de criação de valor (três horas) é infinitamente pequeno em relação ao tempo total (319 dias) do processo que se inicia com a bauxita e se conclui na casa do consumidor. Em mais de 99% do tempo, a cadeia de valor não está fluindo. É o desperdício da espera.
2. A lata e o alumínio que entram no processo são separados e armazenados trinta vezes. É o desperdício do transporte. Ambos os itens passam por 14 locais de armazenamento e as latas são colocadas e retiradas de estrados quatro vezes. É o desperdício do estoque e do processamento excessivo.

O principal objetivo dos técnicos é aumentar a escala de produção e a velocidade dos equipamentos e, ao mesmo tempo, reduzir o custo de preenchimento por lata (conceito de produção em massa). São deixados de lado os custos de mão-de-obra indireta, estoques em excesso em todas as etapas, despesas com manuseio e armazenamento e o espaço desnecessário.

Uma forma de diminuir o tempo total é a reciclagem da lata na etapa da fundição. Minifundidores, com miniusinas de laminação, poderiam localizar-se próximo aos fabricantes de lata. Estes, por sua vez, poderiam instalar-se perto dos depósitos centrais dos supermercados. Isso eliminaria a maior parte do tempo despendido no armazenamento e no transporte.

Mensagem final

É preciso parar de olhar as atividades e etapas isoladamente; é hora de enxergar o todo, entender como cada atividade e cada etapa interagem umas com as outras. A cadeia de valor é essencial para aumentar o valor que a empresa entrega e que o cliente percebe. Os benefícios que ela traz para as empresas são:

- eliminação dos custos desnecessários ou excessivos;
- oportunidades de melhoria por elo;
- vantagens divididas com fornecedores e distribuidores;
- melhoria nas propostas de valor aos clientes.

A criação de uma cadeia de valor agrega valor para o cliente, ao exceder suas necessidades e expectativas. Assim, ele se manterá fiel aos seus fornecedores e fará com que cresçam de forma sustentável e rentável. Veja a Figura 2.6.

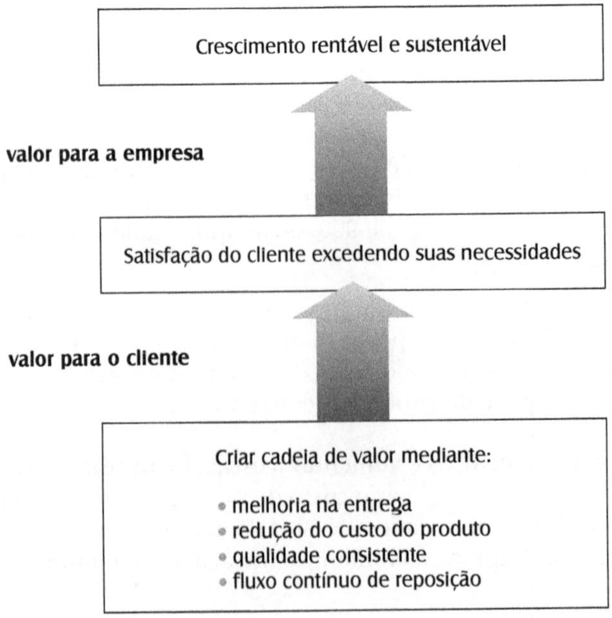

Figura 2.6 Círculo virtuoso da cadeia de valor

A empresa deve criar sua visão da cadeia de valor. Ser um agente na criação de valor ao cliente é colocar em prática ações para reposicionar a empresa e influenciar a cadeia na direção dessa visão. Seja um dos transformadores de toda a sua cadeia, o tempo todo.

2.3 Alguns desenhos de cadeia de valor e suas estratégias

Na seção anterior, destacamos dois aspectos:

1. A cadeia de valor ultrapassa o limite da nossa relação com nossos fornecedores e nossos clientes imediatos para considerar todos os seus participantes, desde os fornecedores dos nossos fornecedores até o usuário final.
2. A aliança entre todos os participantes pode trazer vantagens competitivas significativas.

Nesta seção, iremos abordar alguns desenhos de cadeia de valor, cujo objetivo é reduzir o tempo de ciclo de todo o processo a partir da expedição das mercadorias pelos fornecedores até a entrega dos produtos acabados aos clientes.

O primeiro desenho a ser examinado é o das empresas automobilísticas. Por muito tempo essas empresas atuaram como montadoras de automóveis, comprando dezenas de milhares de peças e produtos de numerosos fornecedores espalhados em várias partes do país e distantes da fábrica. A montadora fabricava o automóvel a partir de cada peça adquirida dos fornecedores. O tempo de montagem do carro levava alguns dias, e o estoque de matéria-prima e produto em processo era bastante elevado, dado a distância entre o fornecedor e a montadora e do estoque em trânsito. Do outro lado, havia a rede de concessionárias, também espalhada pelo país, mas com uma quantidade de empresas muito inferior em comparação com seus fornecedores.

Onde está localizada a complexidade dessa cadeia de valor? Do lado dos fornecedores ou do lado das concessionárias? Onde a empresa gastava maior energia administrando sua cadeia de valor? Onde estavam as maiores possibilidades de ganho? Obviamente do lado dos fornecedores.

A primeira empresa no Brasil a perceber essa possibilidade de ganho foi a Fiat Automóveis, quando se instalou em Betim (MG), em meados da década de 1970. Ela escolheu fornecedores e ofereceu exclusividade de fornecimento. Em troca, solicitou que eles se instalassem ao redor da sua fábrica, com empresas dimensionadas para atender apenas a sua demanda.

Esse é um modelo ganha-ganha. Ambos, os fornecedores e a Fiat, ganham no dinheiro empatado em estoque (na fábrica e em trânsito), na agilidade de fornecimento de acordo com a demanda da Fiat e na exclusividade de fornecimento. O capital empatado na fábrica e sua capacidade são adequados ao retorno desse investimento.

Tal modelo evoluiu para o conceito de consórcio modular adotado pela Volks Caminhões, em Resende (RJ), na metade da década de 1990. Duas inovações foram então introduzidas:

1. A Volks visualizou a fabricação do caminhão em vários módulos seqüenciais. Cada um foi entregue a uma empresa encarregada de fazer a montagem daquele

módulo do caminhão. Eis a primeira inovação. A Volks organizou seus fornecedores em *tiers* ou níveis. Assim, a empresa encarregada do módulo era o fornecedor de primeiro *tier*. A ele respondiam outras empresas fornecedoras que, juntas, ajudavam a montar aquele módulo. Para efeito de ilustração, um submódulo de um módulo maior é a montagem da cabine. Nela, entram fornecedores de bancos, painel, tapeçaria, direção e de toda a parte elétrica. Estes são os fornecedores de segundo *tier*. Esse grupo de empresas passou a chamar-se consórcio, daí o nome de consórcio modular. A gestão dos fornecedores ficou mais simples e fácil, à medida que a Volks começou a relacionar-se diretamente com os fornecedores de primeiro *tier*.

2. A segunda inovação foi a montagem desses módulos dentro da fábrica da Volks pelos funcionários das empresas consorciadas, e não pelos funcionários da Volks. Isso foi uma quebra significativa de paradigma. As empresas imaginam que a transformação física de um produto ou serviço deve ser uma responsabilidade interna, executada pelos próprios funcionários. A Volks entendeu que a montagem de um caminhão se trata de um conjunto de atividades rotineiras, embora especializadas e muitas vezes realizadas manualmente e que, portanto, poderia ser repassada aos funcionários dos fornecedores consorciados.

A Volks remunerava seus consorciados com base num valor fixo por caminhão produzido, independentemente de ela vender ou não o produto. Economizava-se em todo o processo, desde o custo com estocagem da matéria-prima e o espaço de armazenagem até com a estrutura administrativa para gerenciar funcionários. Os fornecedores ganhavam na exclusividade de fornecimento (sem constantes concorrências de preço) e no volume.

Notem-se os exemplos da Nike e da Reebok. Essas empresas nunca tiveram uma fábrica ou funcionários fabris; toda sua produção é desviada para países do Terceiro Mundo, onde o custo da mão-de-obra é barato e o custo do frete compensa para expedir os produtos até os países consumidores. Onde essas empresas — Nike, Reebok e Volks — agregam valor na cadeia para o cliente?

Resposta: onde ninguém mais poderia. Na sua inteligência! Para essas empresas, a inteligência reside na engenharia do produto, com o desenho e a concepção de um produto que atenda às expectativas dos seus clientes e, melhor ainda, com a antecipação de futuras tendências. Outro fator agregador de valor está na gestão do processo produtivo, incluindo a qualidade. Enganam-se aqueles que dizem que a empresa agrega valor no marketing e na promoção. Isso serve para suportar a vantagem competitiva alcançada com a cadeia de valor. O marketing visa divulgar aquilo que a empresa tem de melhor, apresentando os produtos corretos para os segmentos corretos de clientes.

Esse modelo evoluiu para o estágio atual, em que encontramos fábricas grandes e centralizadas com fornecedores dentro da planta e ao redor da sua planta. Exemplos acabados desse modelo são as fábricas do automóvel Celta, da GM, em Gravataí (RS), e do Ford Fiesta, em Camaçari (BA). São fábricas grandes, especializadas em produzir poucos modelos de carros (embora com variações de motor e opcionais). Elas conseguem economias de escala e redução de custos.

Uma variante dessa situação é o modelo de fábricas pequenas e dedicadas instaladas perto do mercado onde se localizam seus principais clientes. A distribuição dos seus produtos é mais rápida, a empresa atende melhor às necessidades dos clientes e, com isso, melhora o nível de serviço.

O segundo desenho a ser examinado é oposto ao anterior, em que as plantas ficam localizadas perto dos fornecedores. Vamos denominá-lo 'modelo genérico de indústria'. Em vez de existir uma grande fábrica centralizada, com os fornecedores ao redor, neste modelo existem fábricas descentralizadas que se localizam perto dos seus fornecedores. Por que uma empresa iria para perto dos seus fornecedores? As possíveis razões são:

- o custo do transporte do local de fornecimento para a fábrica;
- a matéria-prima principal concentra-se numa única região do país. É o caso dos pólos petroquímicos de Camaçari (BA), Triunfo (RS) e de outros em que a principal matéria-prima é fornecida exclusivamente por uma só empresa para todas as que compõem o pólo. É o caso também de outros pólos industriais, como o de Franca (SP), Novo Hamburgo (RS) e do Vale do Silício nos Estados Unidos;
- os fornecedores podem ser também de outros insumos, como mão-de-obra. Algumas fábricas do setor de calçados transferiram-se para o Nordeste, onde a mão-de-obra barata é um fator competitivo num mercado com margens apertadas;
- fábricas dedicadas (descentralizadas) a uma linha de produtos, que requerem baixo valor de investimento de capital, são mais fáceis de se instalarem perto dos seus fornecedores mais significativos do que fábricas grandes e centralizadas com uma variedade enorme de matéria-prima. Pode ser o caso de indústrias de laticínios, que se localizam perto das fazendas de gado. O leite extraído das vacas é transformado, por exemplo, em leite tipo A, transportado para as lojas e supermercados e consumido; tudo isso em poucos dias. Após a transformação em leite tipo A, o prazo de validade é muito curto, de alguns dias apenas. Logo, a fábrica precisa estar próximo da fonte fornecedora.

O terceiro desenho foi utilizado maciçamente por fabricantes de hardware na década de 1980 e em meados de 1990. Neste modelo, existe uma fábrica centralizada, automatizada, verticalmente integrada, em que métodos CAM (Computer Aided Manufacturing), isto é, de manufatura com a ajuda de computador, são empregados. A chave disso é a integração vertical, em que os componentes principais são fabricados internamente, daí uma baixa dependência dos fornecedores.

Por um lado, as operações de montagem, peças e componentes conferem superioridade sobre os fornecedores, por serem de propriedade da empresa, mas, por outro, limitam a flexibilidade da operação.

O quarto desenho foi criado por uma unidade da Digital Equipment Corporation (incorporada depois pela Compaq), a DSM (Distributed Systems Manufacturing) (Garvin, 1997). Essa unidade manufaturava quinhentos itens de linha, incluindo produtos de comunicação e LAN (Local Area Network), modems, controladores de energia e cabos. Ela empregava, em 1986, 1.100 funcionários em quatro centros de desenho e em três plantas localizadas no Maine (Estados Unidos), na Irlanda e em Porto Rico. Seus produtos eram vendidos para fabricantes OEMs (Original Equipment Manufacturer), usuários finais e distribuidores. O sucesso futuro dependia da habilidade de suprir rapidamente produtos de alta qualidade que atendessem às exigências de desempenho dos clientes. Para isso, era imprescindível reduzir seu tempo de ciclo, na ocasião em 40 semanas em média.

O modelo foi denominado 'integração virtual', um sistema de manufatura multiplanta integrado por computadores e conectado por redes com clientes e fornecedores. Sistemas em rede buscariam, rastreariam e repassariam informações entre os colaboradores das áreas de vendas, compras, marketing, finanças, desenho e manufatura. Clientes e fornecedores estariam conectados on-line com as plantas, trocando informações dos pedidos, planos e programação de produção (Figura 2.7).

O tempo de ciclo de 40 semanas consistia de quatro estágios:

1. **Teste de componentes:** os componentes eram entregues a uma unidade de testes centralizada para 100% de inspeção. O tempo despendido no inventário e nos testes totalizava sete semanas.
2. **Montagem do módulo:** os componentes são então enviados para uma das três plantas da DSM para a montagem do circuito impresso. O inventário e montagem tomavam 20 semanas.
3. **Integração de sistemas:** os circuitos impressos não incorporados às unidades eram enviados para uma das duas fábricas para o teste de sistemas com um sistema principal (CPU). Essa fase adicionava outras sete semanas.
4. **Distribuição:** os pedidos dos clientes eram consolidados num dos três depósitos de distribuição que continham em média seis semanas de inventário.

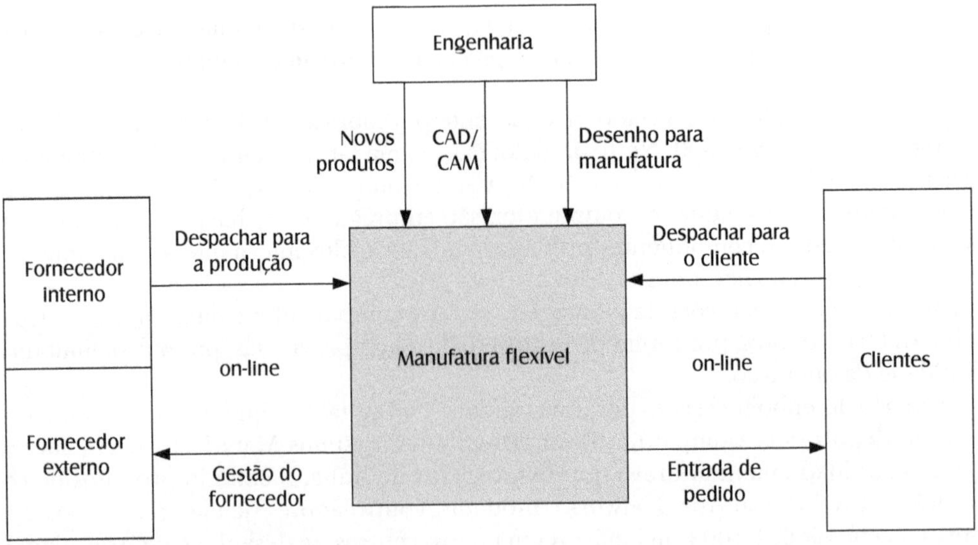

Figura 2.7 Modelo de integração virtual

Com a redução de inventário, a automação, a integração das tarefas funcionais via rede, a aliança com fornecedores e com programas no nível da fábrica, como JIT, MRP II e TQC, a DSM estimava que o tempo de ciclo poderia ser reduzido, ao final de 1990, para 15 dias! A chave para isso está na velocidade e na exatidão das informações — o cuidado e a velocidade com que as informações são trocadas.

Quando comparado com os outros modelos descritos anteriormente, algumas diferenças se fazem notar:

- Seria difícil adotar o modelo de montadoras de automóvel pelo fato de a DSM ter três plantas dispersas geograficamente e dois mil fornecedores. Além disso, esse modelo oferece acesso mais fácil aos clientes e uma seleção mais ampla de fornecedores, segundo a qual eles podem ser admitidos ou retirados sem realocação física.
- Produtos crescentemente complexos e uma preocupação com qualidade demandam uma seleção maior de fornecedores do que é proposto no modelo genérico de indústria. A DSM também não necessita de plantas descentralizadas localizadas perto dos seus clientes.
- Quanto ao modelo de fabricantes de hardware, o modelo da DSM fornece as vantagens de integração vertical sem o comprometimento dos recursos físicos. Contudo, existe um comprometimento com os fornecedores, enquanto no outro modelo o poder da empresa sobre os seus fornecedores é maior.
- Esse modelo é incomum por causa da alta confiança e dependência nos sistemas de informação e nas redes de computador. Engenheiros, fornecedores e clientes estão ligados diretamente à manufatura mediante esses sistemas. O intercâmbio de informações sensíveis encoraja um relacionamento de longo prazo entre os grupos. A velocidade da informação é que determina o sucesso, e não a velocidade dos fluxos de material.
- O objetivo passa a ser gerir uma rede e não mais gerir uma planta. A tomada de decisão deve ser colaborativa, e não mais individual; silos dentro da empresa são destruídos, e a manufatura não pode trabalhar mais isolada porque o desempenho superior requer o alinhamento das atividades ao longo de toda a cadeia de valor.

2.4 Objetivos de desempenho da cadeia de valor

Uma vez desenhada e implementada a cadeia de valor de uma indústria, o próximo passo será medir o seu desempenho. Um efetivo sistema de mensuração de desempenho deve abranger medidas críticas que considerem as perspectivas do cliente e da organização:

1. A perspectiva do cliente: ajuda a empresa e seus colaboradores a focar seus processos e atividades no que interessa aos clientes. Se os colaboradores de uma empresa de aviação sabem que os passageiros (seus clientes) desejam um rápido atendimento no check-in, vôos que não atrasam, um tempo curto do avião no solo, preço competitivo e um ambiente limpo, podem gerenciar suas atividades e esforços para atender a esses requisitos. É uma cadeia de valor que começa com a compra da pas-

sagem e prossegue com a chegada do passageiro ao aeroporto, a espera no saguão, o vôo e o seu desembarque.

Com a adoção dessa perspectiva, as companhias aéreas já inovaram com serviços como e-ticket, guichês de atendimento para passageiros sem bagagem, pontos de rede e internet nas salas de espera e transporte de passageiros para pontos centrais da cidade. Outras empresas instalaram guichês em alguns hotéis para realizar o check-in do vôo de seus passageiros. Assim, o passageiro, ao chegar ao aeroporto, irá diretamente à sala de espera.

As medidas de desempenho, que devem refletir a proposta de valor da empresa aos seus clientes, podem ser divididas em medidas de *output* e *outcome*. Atkinson et al (2001) definem *output* como uma medida física da atividade, enquanto *outcome* seria o que o cliente valoriza como o resultado da atividade, e isso é o que de fato agrega valor. Parece ser uma diferença semântica, mas na verdade é significativa na sua essência.

Assim, as medidas de *output* num laboratório de pesquisas podem ser número de horas trabalhadas num período de tempo, número de projetos realizados etc. São medidas de produtividade que associam um volume de saída a um volume de entrada.

Uma medida de *outcome* poderia ser o número de projetos que se tornaram patentes ou o número de projetos comercialmente viáveis.

2. A perspectiva da empresa: não obstante a empresa deve trabalhar com o foco voltado para atender às necessidades do cliente, ela também deve desenvolver medidas que mensurem a eficiência da organização internamente. Entre elas, podem ser destacadas as seguintes:

   - tempo de ciclo: período compreendido entre a saída dos produtos do fornecedor, passando pela transformação física até a entrega do produto final ao cliente. O modelo de integração virtual da DSM mostra bem essa medida, pois o tempo foi reduzido de 40 semanas para 15 dias;
   - tempo de criação de valor: divisão entre o tempo das atividades que agregam valor pelo tempo de ciclo. Quanto mais próximo de 100% esse tempo estiver, menos desperdícios existirão ao longo do processo;
   - giro de estoque: a eficiência da cadeia pode ser medida com base no nível de estoque em cada estágio; quanto mais sincronizadas forem as operações em cada estágio, menor será o volume de estoque. Seu cálculo é feito com a divisão do custo de mercadorias vendidas pelo nível médio de estoque (que compreende estoque de matéria-prima, em processo e acabados). Uma maneira alternativa de medir o estoque é mediante os dias de estoque, cujo cálculo é:

     $$= (12 / \text{giro de estoque}) \times 30 \text{ dias}$$

Nível esperado de desempenho

Uma vez que a empresa decidiu quais medidas críticas adotar, deve passar a avaliar o seu desempenho. Isso significa comparar o resultado atual contra um nível *target* (esperado); uma diferença entre esses dois resultados pode significar um problema potencial. A discussão aqui está em como estabelecer os níveis esperados de desempenho.

As empresas podem estabelecer seus *targets* com base na melhoria do desempenho passado, isto é, estabelecer desafios incrementais contínuos ao processo para melhorar o desempenho passado. Isso é chamado de melhoria continua. De acordo com Atkinson et al (2001), o problema reside no fato de que tais padrões não requerem senso de urgência e não refletem o que ocorre fora da organização. Os padrões internos encorajam as pessoas a trabalhar mais intensa ou rapidamente em vez de mais eficientemente.

Outro enfoque é estabelecer padrões com base 'no melhor da classe', em um processo chamado *benchmarking*. Para assegurar comparabilidade, as medidas precisam ser normatizadas, colocadas numa base unitária comum, a fim de reduzir questões de escala operacional e a interpretação errônea dos resultados. Tão importante quanto obter os resultados é analisar os fatos por trás dos resultados. Apenas saber que a receita por funcionário é maior que a média da indústria não ajuda uma empresa a melhorar seu desempenho. É essencial descobrir e analisar os fatores que contribuem para essa diferença de performance e, em conjunto com a estrutura comercial, as práticas administrativas e comerciais, os sistemas etc. Em seguida, devem-se identificar as práticas-chave para a melhoria.

A maioria das medidas ocorre no nível de processo, onde a transformação do *input* em *output* ocorre. De acordo com Emma Skogstad, da APQC (American Productivity & Quality Center — Centro Americano de Produtividade e Qualidade), existem quatro categorias de métricas para avaliar o desempenho no nível de processo:

1. **Eficácia do custo:** essa medida informa como a empresa gerencia os custos. Usualmente incluem custo por unidade, custo como porcentagem da receita ou do orçamento, custo atual *versus* custo orçado etc.

2. **Produtividade dos colaboradores:** medida que indica quanto *output* cada colaborador produziu ou com quanto dele contribuiu. Incluem unidades de *output* por colaborador (exemplo: faturas ou ordens de compra), carga de trabalho por colaborador, horas de treinamento e tempo médio de casa por colaborador.

3. **Eficiência de processo:** indica como os procedimentos e sistemas estão suportando a operação. Exemplos: taxa de processamento de faturas; *turnover* de colaboradores; taxa de problemas resolvidos; percentual de entregas no prazo combinado.

4. **Tempo de ciclo:** medida que lida com a duração requerida para completar uma tarefa. É expressa em unidades de tempo e inclui tempo de processamento, tempo para resolver dúvidas, tempo de espera na fila etc.

Essas quatro categorias de medidas representam o que se convencionou chamar de medidas-chave de performance (Key Performance Indicators, KPIs, em inglês).

Estudo de caso: Cia. Farmacêutica

A Cia. Farmacêutica é uma empresa de médio porte do ramo farmacêutico e fabrica produtos sob prescrição médica.

A linha de produtos consiste de 30 produtos que se dividem em 107 apresentações ao público, das quais 22 representam 80% das vendas da empresa.

São quatro linhas de formulação: injetáveis (terceirizado), líquida, comprimido e cremes.

O diretor financeiro não está contente com o nível de estoques da empresa, mas não tem idéia definida de onde se concentram os problemas nem de como atacá-los.

Ele apresenta a seguir todas as informações relativas aos estoques, à área de compras e à área do PCP.

Estoques

A situação de estoques está abaixo discriminada, com os valores em reais.

Descrição	Dez./19X0	Mar./19X1	Abr./19X1
Prod. acabados	10.623	5.671	4.612
Mat.-prima import.	3.226	3.468	2.994
Prod. interm. import.	3.660	5.018	4.884
Outros materiais	2.775	4.991	4.020
Amostras acabadas	2.683	1.540	1.450
Prod. em processo	1.779	1.265	2.635
Total no estoque	24.746	21.953	20.595
Número de meses em estoque	5,16	4,78/3,95	4,48/3,7*

* O primeiro número foi calculado com base no CPV médio de 19X0, e o segundo com base no CPV médio do primeiro trimestre de 19X1 — sem considerar o valor das amostras acabadas.

Eis algumas conclusões preliminares da situação de estoques:

- alto nível de estoques: embora tenha atingido o pico em dezembro de 19X0 por causa das coletivas, ainda assim manter 3,7 meses em estoque demanda um custo significativo — em torno de R$ 320 mil/mês, considerando 1,5% a.m.
- alto nível das amostras grátis em relação aos produtos acabados: 25%, 27% e 31% para dezembro, março e abril, respectivamente.
- alto nível de produtos em processo, que subiu vertiginosamente em abril de 19X1. Com mais detalhes, notamos:

	Fev.	Mar.	Abr.
Ordens em processo	64	103	112
Abertos há +30 dias	9	16	30

Trata-se de produtos injetáveis, na maioria. Esse alto nível é decorrente de mau planejamento, material parado desnecessariamente e fabricado antes da real demanda.

Observando em detalhe cada grupo de estoques, temos a análise a seguir.

1. Estoques de produtos acabados

A previsão de vendas é feita com base no histórico de vendas/sazonalidade/campanhas promocionais. Sua periodicidade é trimestral (início do trimestre), feita para 12 meses *rolling* e enviada à matriz. Para efeitos internos, é realizada uma revisão mensal no final de cada mês.

O sistema de gestão de estoque utilizado pela empresa é o *fluxo descontínuo de material*, também conhecido como *push*, no qual o início é a previsão de vendas. Nesse sistema, o fluxo de material é empurrado ao longo do processo pela produção até a distribuição, para suprir clientes. À medida que os pedidos dos clientes chegam, são atendidos com os produtos acabados estocados nos depósitos. Para repor os estoques, a fábrica produz contra a previsão de vendas, e não contra a demanda atual. Essa programação de produção é convertida em planos de compras. A ferramenta utilizada nesse sistema é o MRP II.

A demanda é capturada diariamente dos distribuidores e de algumas redes de farmácias por uma empresa externa chamada Server. Ela é historicamente concentrada no final do mês.

O estoque de produto acabado é transferido para um depósito terceirizado nas cercanias da cidade. Esse depósito se encarrega de entregar os pedidos aos distribuidores e redes de farmácia conforme eles chegam à empresa.

Treze itens representativos de estoque e vendas do período de fevereiro a abril foram selecionados, e calculados quantos meses permaneceram em estoque, de acordo com a tabela a seguir.

	Meses em estoque		
Porcentagem do estoque total	36	31	29
Porcentagem da venda total (107 apresentações)	46	44	41

Era natural que estoques em fevereiro estivessem elevados, devido às coletivas, porém quatro produtos já estavam com menos de metade de um mês em estoque.

O estoque de todos os 13 itens caiu ao longo dos três meses. Isso mostra que não houve cuidado, diante da política estabelecida pela empresa, em manter estoque de um mês para os itens representativos.

Não há uma relação lógica segundo a qual os itens mais representativos de venda fossem também os de estoque. Assim, enquanto a participação das vendas dos 13 itens escolhidos caiu 5% (de 46 para 41), a participação dos estoques caiu 7% (de 36 para 29).

Para sustentar essa afirmação, três itens que têm alto peso no estoque (em valor e número de meses) provaram ser pouco representativos em vendas.

Porcentagem de total de estoque	11	10	11
Porcentagem de total de vendas	3	4	4

A variabilidade do nível de estoques poderia ser decorrente da previsão de vendas inexata. No entanto, isso é mais exceção do que regra, conforme pode ser visto na análise a seguir. A variabilidade geral da previsão de vendas *versus* real situa-se em torno de ± 15%. Essa faixa acomodaria a maior parte dos itens, e o estoque de segurança amorteceria um erro para baixo em 15%. Existem algumas coberturas fora dessa amplitude, porém são pontuais. Apenas dois itens apresentaram variações de cobertura grandes e consistentes. Não há padrão determinante de erro ou acerto quando os meses reais se afastam da previsão original. Isto é, a exatidão da previsão não melhora nem piora, quando comparada com o primeiro mês de previsão *versus* real.

É interessante notar que a produção está desalinhada do volume previsto de vendas. Quando o percentual de cobertura cai, isto é, quando a venda real é menor que a prevista, espera-se aumento nos estoques, uma vez que se planeja produzir o que irá ser vendido. Não foi o que ocorreu, contudo, em vários itens em março. Um problema grave se apresenta nas amostras grátis, em que a precisão da previsão é sistematicamente baixa para a maioria dos itens. Isso explica por que o nível de estoque de amostras grátis é proporcionalmente muito alto em relação aos produtos acabados.

Os gerentes de produto fazem um *forecast* para três meses, de acordo com a campanha promocional de cada produto. No entanto, alteram mensalmente essa previsão, acarretando problemas na produção e nos estoques.

2. Estoque de matéria-prima e produtos intermediários

A situação de estoques desse grupo está abaixo demonstrada:

	Valor × R$ 1.000			Meses em estoque		
	Fev.	Mar.	Abr.	Fev.	Mar.	Abr.
Matéria-prima nacional	576	625	592	2,17	2,46	2,63
Matéria-prima import.	3.223	3.464	2.821	2,77	3,41	2,75
Matéria embal. nac.	942	1.309	1.054	3,19	4,1	3,14
Prod. intermed. import.	3.685	5.017	4.864	3,04	4,13	4,55
Demais materiais	472	453	465	5,5	4,9	6,1
Total geral	8.898	10.868	9.796	2,94	3,75	3,58

Da posição de fevereiro, 50 itens representavam 82% do valor total dos estoques de matéria-prima/materiais (com mais de 400 itens), concentrados basicamente em itens importados, sendo:

- 16 produtos intermediários importados (todos);
- 15 matérias-primas importadas (total de 46);
- 7 matérias-primas nacionais; 6 materiais para embalagem importados; 6 materiais para embalagem nacionais.

Contrariamente ao estoque de produtos acabados, o nível de matéria-prima/materiais subiu de fevereiro para abril. Isso evidencia um desalinhamento entre o nível de vendas e nível de compras.

O *lead time* dos produtos importados é de 90 dias a partir da colocação do pedido até a chegada ao Brasil. Com relação à matéria-prima local, o *lead time* é de 30 dias.

Os 50 itens mais representativos do estoque não refletem as necessidades dos itens mais representativos de vendas. Assim, dos 16 produtos intermediários importados, apenas três estão na lista dos 13 itens de vendas: o XXX gel (com 4,1 meses de estoque); o YYY 100 mg (com 2,11 meses) e com o ZZZ cx 5 × 5 (com 1,27 meses).

Outros itens têm níveis de venda que não condizem com o alto volume em estoque.

Área de compras

Os produtos intermediários já chegam importados em estado *bulk* de produto acabado, faltando apenas embalar para a apresentação final.

Tanto esses produtos como a matéria-prima importada vêm de fornecedores licenciados, que detêm a patente do produto, ou da matriz.

A matéria-prima nacional provém normalmente de um único fornecedor qualificado pela fábrica, mas sem contrato de fornecimento; quanto aos demais fornecedores, faz-se cotação.

O material para embalagem nacional é fabricado por três gráficas qualificadas para o fornecimento de cartuchos; a exceção está nas bulas, que têm um único fornecedor.

Para os demais itens, como material promocional, manutenção e improdutivos, efetuam-se cotações. Os valores dos pedidos não são insignificantes:

	Jan.	Fev.	Mar.
Manutenção	544.069	110.996	108.138
Promocional	107.108	466.999	367.384
Improdutivos	2.415.713	120.778	232.950

Analisando as atividades da área de compras, temos que:

- O custo da atividade diversos está muito alto ($ 12.11, ou 25% do total). Parte é explicada como tempo despendido na gestão das pessoas, *follow-up* (no caso do supervisor); porém parte é capacidade improdutiva dos recursos humanos dessa área.
- Algumas atividades não agregam valor, ou seja, poderiam ser eliminadas/reduzidas se outra, anterior, fosse feita de forma diferente ou correta. É o caso da análise do plano, da administração do plano e da elaboração de MRP, que totalizam $ 8.688. Essas atividades são realizadas pela área de compras porque não se confia no sistema do PCP da empresa.
- Outras são passíveis de racionalização e revisão do processo, como a análise de requisições, a aprovação de pedidos, a liberação de processos para contabilidade ($ 4.022).
- O custo das atividades de negociação, cotação e compra de material ($ 6.541) pode ser reduzido, conforme a estratégia de suprimento adotada.

Área de PCP

Algumas da constatações a respeito desta área estão abaixo descritas:

Uso de *time buckets* (períodos de planejamento) mensais. Isso significa que as necessidades de materiais são calculadas de modo que todos os materiais estejam disponíveis no final do mês anterior ao uso (demanda ou reposição do estoque de segurança), mesmo que fossem requeridos apenas na quarta semana. Essa periodicidade mensal num processo de *cycle time* curto de manufatura acarreta dois outros problemas. Primeiro, o grosso do trabalho de programação e análise de materiais tem de ser feito manualmente, o que gera incertezas. Ainda assim, os estoques altos encontram-se desbalanceados, além de gerar atividades que não agregam valor em PCP e Suprimentos; e segundo, o cálculo da capacidade de produção (CRP) não é feita pelo SAP. Isso faz com que o encarregado calcule manualmente a capacidade após rodar o MRP.

Os *lead times*, essenciais para o cálculo do MRP-II, não se encontram levantados, cadastrados e mantidos de forma confiável. O sistema apóia hoje *o que* e *quanto* comprar/produzir, deixando de responder a *quando* e *com que recursos*.

Parametrização da variável *estoque de segurança* incorreta: primeiro, definido como média de consumo/cobertura de demanda, e não segundo a variabilidade esperada da demanda real *versus* previsão; e segundo, seu período de cobertura é padrão para todos os itens de estoque, independentemente do nível de incertezas envolvido.

Essa falta de adequação na definição dos parâmetros diminuiu a confiança dos usuários no sistema, suscitando o desenvolvimento de sistemas paralelos em Excel.

Conhecimento no que diz respeito aos conceitos da lógica da estrutura de cálculo, do papel dos vários módulos do sistema SAP, do processo de planejamento, das convenções adotadas, das variáveis que influenciam os parâmetros de operação etc. não são comuns aos gestores do PCP.

O tempo médio de controle de qualidade dos materiais adquiridos é elevado — entre 8 a 20 dias. Considerando que o material esteja disponível no mês anterior, já aprovado pelo Controle de Qualidade, os estoques ficam superiores aos desejados.

Como informação final sobre o processo de planejamento das necessidades dessa empresa, ocorre no final de cada mês uma reunião multifuncional, da qual participam o presidente, diretores de manufatura e de vendas, os gerentes de vendas, compras e PCP. O horizonte de discussão é muito curto, e cada setor trata do seu problema segmentadamente, transformando essa reunião em uma 'caça às bruxas', em que se discutem os problemas ocorridos e as justificativas.

A diretoria financeira bem como a de manufatura não sabem como conduzir uma possível solução para os problemas listados. É fato que o nível de estoques está elevado; porém, isso é conseqüência de outros fatores. Solicita-se, então, que se proponha uma solução em que se utilizem os conceitos da cadeia de logística integrada.

PARTE II

GESTÃO DE CUSTOS E PREÇO

CAPÍTULO 3

Conceitos de custos e sistemas de custeio

Ao final deste capítulo, você deverá estar apto a:

- *Identificar as diferenças entre os sistemas de custeio por absorção e variável.*
- *Entender como os custos se comportam e conhecer sua classificação.*
- *Identificar as situações em que cada um desses sistemas de custeio é utilizado.*
- *Calcular o ponto de equilíbrio e a margem de contribuição em sua empresa e em seus produtos.*

Lembro-me do primeiro estágio que fiz quando ainda era estudante de administração. Foi no setor de custos de uma grande empresa de fogões domésticos na época. Era um tempo em que se usavam calculadoras manuais e havia muita gente trabalhando no setor. Passei um período aprendendo sobre os produtos e suas variedades e só depois fui transferido para a área de custos. O chefe do setor explicou-me o significado de custos diretos e indiretos aos produtos, custos fixos e variáveis, como os custos indiretos da fábrica eram rateados aos produtos. Eram planilhas enormes, e qualquer erro de cálculo implicava apagar tudo que já tinha sido feito e começar de novo.

Aprendi muito nesse meu *début* profissional. No entanto, o que me intrigava, naquela época, era o destino final do nosso serviço. Tinha a ilusão de que a empresa iria tomar 'grandes' decisões em relação aos produtos com base em nossos cálculos de custos. Os produtos que davam prejuízo, de acordo com nossos cálculos, continuavam em linha, e novos produtos entravam em fase comercial sem que tivéssemos a chance de calcular seus custos nem de comparar com o preço pretendido de venda. Não tardei a perceber que o destino final era valorizar os estoques para efeitos do balanço. Acreditava que nosso trabalho teria uma finalidade mais gerencial.

Muita coisa mudou nas últimas décadas. Os conceitos de custos se solidificaram. Muitas pessoas passaram a ter a noção de que o controle de custo é essencial para a gestão da empresa, de que é vital conhecer a rentabilidade dos produtos. A realidade, porém, tem se distanciado do que se preconiza nos livros. Boa parcela de empresas ainda está amarrada a certas verdades antigas:

- As vendas não são suficientes para a empresa ser rentável, isto é, a estrutura de custos da empresa está adequada, as vendas é que precisam ser maiores para cobrir os custos, e elas não crescem devido à concorrência.
- Os tempos são mais difíceis agora. A concorrência está mais feroz. Os clientes, mais exigentes, demandam mais serviços, e se torna difícil a empresa ser rentável.
- Os produtos são vendidos a um preço baixo. Todos brigam por preço e roubam mercado dos demais.

A realidade dos fatos é completamente distinta:

- Um aumento nas vendas não faz aumentar necessariamente o lucro. Se a empresa não controla seus custos, o aumento nas vendas pode ser comprometido pelo aumento nos custos.
- Alguns produtos são *money makers* (fazem caixa) e outros são *money losers* (fazem prejuízo). Isso é um fato. Uma empresa sempre tem produtos que vendem bem, que são lucrativos e a sustentam.
- No entanto, existem muitos *money losers*. Isso também é fato conhecido. Muitas empresas, porém, sequer sabem quais são esses produtos. E, pior, os produtos que vendem bem podem estar causando prejuízo.
- Ninguém tem certeza de onde o dinheiro é criado e onde é perdido.
- Em suma, falta gestão dos recursos adequada.

3.1 Custos no cenário presente

Os consumidores atuais esperam serviços de alta qualidade, entrega rápida, flexibilidade em trocar a composição de seu pedido e confiabilidade. Tudo isso a preços baixos. Para oferecer preços baixos e continuar sobrevivendo, a empresa deve ter uma estrutura de custos enxuta.

Todas as organizações, quer se trate de indústrias, prestadoras de serviços, empresas do governo quer de instituições não-lucrativas, possuem recursos limitados. O uso eficiente e eficaz desses recursos irá determinar quais organizações sobreviverão nos próximos anos. Para isso, elas precisam ampliar constantemente a funcionalidade de seus serviços, aprimorar a produtividade, entender as necessidades e os desejos de seus clientes e reduzir seus custos. Tarefa difícil, sem dúvida!

As empresas que perseguem estrutura de custo enxuta têm lançado mão das inevitáveis estratégias de redução dos custos em curto prazo:

- suspender novas contratações;
- suspender horas extras e aumentos salariais;

- suspender viagens desnecessárias;
- programar demissão voluntária de funcionários;
- reduzir os serviços aos clientes;
- reduzir planos de expansão;
- efetuar reestruturação organizacional.

Qual é o problema dessas estratégias de curto prazo? Elas podem melhorar problemas de fluxo de caixa em curto prazo e funcionam quando a empresa enfrenta dificuldades financeiras sérias. Mas, quando o objetivo é perseguir e manter uma estrutura de custo enxuta, não funcionam. Em longo prazo, comprometem o desempenho da empresa, afetam o moral dos colaboradores e alienam os consumidores.

As empresas precisam adotar estratégias de longo prazo como:

- entender e focar seus problemas fundamentais e estruturais, além de eliminar custos não-produtivos estruturados;
- aprimorar enormemente a eficiência e a eficácia, isto é, a execução das atividades e dos processos, bem como a maneira como o trabalho é realizado;
- projetar os custos a partir dos serviços, atividades e processos;
- efetuar a gestão dos processos de negócio da empresa (assunto principal do Capítulo 2 deste livro).

A empresa norte-americana Best Management, LLC conduziu uma pesquisa em 2004 com várias organizações sobre a gestão de processo de negócio. Constatou que 70% delas classificaram os seguintes processos como as maiores oportunidades de redução de custo, melhoria da receita ou do desempenho corporativo:

- serviço ao cliente,
- vendas e marketing;
- cadeia de suprimentos.

3.2 Terminologia e conceitos de custos

Alguns dos termos comumente usados na contabilidade de custos aparecem definidos a seguir.

- **Gasto:** sacrifício financeiro com que a entidade arca para obter um produto ou serviço qualquer, representado por entrega ou promessa de entrega de ativos (normalmente, dinheiro).

- **Investimento:** gasto ativado conforme sua vida útil ou benefícios atribuíveis a períodos futuros.
- **Custo:** gasto relativo a bem ou serviço utilizado na produção de outros bens ou serviços.
- **Despesa:** bem ou serviço consumido direta ou indiretamente para obter receitas.
- **Desembolso:** pagamento resultante da aquisição do bem ou serviço.

Atkinson et al (2001) definem custo como o valor monetário dos bens e serviços despendidos para obter benefícios correntes ou futuros. Despesas são o custo dos produtos e serviços que expiraram, isto é, que já foram usados no processo de criar bens ou serviços.

Assim, custo é todo item utilizado na transformação de um produto ou serviço, usado de forma direta ou indireta. É tudo aquilo que é gasto até os limites de uma fábrica. Alguns exemplos de custo são: matéria-prima, mão-de-obra, energia, depreciação das máquinas utilizadas, pessoal da engenharia, da manutenção, controle de qualidade e o gerente da fábrica.

Despesa é tudo o que permite suportar o negócio e não guarda nenhuma relação com a transformação física do produto ou serviço. É tudo que ocorre além dos limites da fábrica. Esses gastos, em uma organização, podem ser classificados em grupos:

- **Distribuição:** envolve a entrega do produto acabado até os clientes.
- **Vendas:** incluem salário e comissão do pessoal de vendas, verba de representação, combustível etc.
- **Marketing:** considera propaganda, promoção, incentivo e salário do pessoal de marketing.
- **Pós-venda:** envolve lidar com os clientes após a venda e inclui garantia nos reparos e *call center* para atender às reclamações.
- **Pesquisa e desenvolvimento:** envolve gastos para desenhar, testar e trazer os produtos ao mercado.
- **Administrativo e geral:** envolvem salário do pessoal administrativo, jurídico e financeiro da empresa.

Os custos têm diferenças em relação à maior ou menor facilidade de apuração contábil de seus valores e/ou sua apropriação ou não aos produtos ou objetos de custo. Eles podem ser:

- **Custos diretos:** são aqueles que podem ser associados diretamente a um objeto de custo (produto ou serviço), desde que haja uma medida objetiva de consumo. Os mais comuns são o material utilizado (tendo como medida de consumo o quilo, o litro ou a quantidade de material) e a mão-de-obra direta (horas de mão-de-obra utilizadas). Em geral, os custos diretos podem ser expressos por uma equação de custo, conforme exposto por Atkinson et al. (2001):

$$C = P \times Q$$

onde:

C = *custo do recurso*
P = *preço unitário do recurso*
Q = *quantidade do recurso*

- **Custos indiretos:** são os custos que não podem ser diretamente apropriados ou associados a um objeto de custo, senão mediante rateios estimados e arbitrários para avaliar quanto cada produto ou serviço absorveu do custo. Os mais comuns são os custos de suporte de manufatura, tais como engenharia da fábrica, controle de qualidade, manutenção, recebimento de material, expedição, movimentação de material. Esses custos são incorridos para fornecer recursos requeridos para o desempenho de várias atividades que suportam a produção de diferentes objetos de custo. Em conseqüência, é muito difícil encontrar uma medida quantificável direta para atribuir individualmente custos aos produtos.

Segundo Martins (1998, p. 53), "o rol dos custos indiretos inclui custos indiretos propriamente ditos e custos diretos (por natureza), mas que são tratados como indiretos em função de sua irrelevância ou da dificuldade de sua medição, ou até do interesse da empresa em ser mais ou menos rigorosa em suas informações. Custos, como a depreciação, podem ser apropriados de maneira mais direta, porém, pela sua própria natureza, na maior parte das vezes tal procedimento não é considerado adequado. Custo de energia elétrica é relevante, mas não tratado como direto, já que para tanto seria necessária a existência de um sistema de mensuração do quanto é aplicado a cada produto. Por ser caro ou de difícil aplicação, é preferível fazer a apropriação de forma indireta".

A Figura 3.1 a seguir exemplifica a relação entre custo e despesa, e entre custos diretos e indiretos.

Os custos também podem ser classificados de acordo com seu comportamento, que indica como eles se alteram, conforme as mudanças no nível da atividade ou no volume de produção.

- **Custos variáveis:** variam na mesma proporção das alterações no nível de atividades da empresa em determinado período (dia, semana ou mês). Representam recursos cujo fornecimento pode ser ajustado para igualar a demanda solicitada. Alguns exemplos são: matéria-prima, salários da mão-de-obra direta, energia elétrica etc. Quanto maior for o volume fabricado, maior será o consumo. Assim, dentro de um horizonte de tempo (mês, trimestre), o custo com tais recursos varia de acordo com o volume de produção.

- **Custos fixos:** são os custos que permanecem inalterados, dentro de certas faixas de atividades. Eles não são correlacionados com mudanças no volume de produção ou no nível de atividade.

Essa classificação também pode ser utilizada para as despesas. Por exemplo, a despesa de comissão de vendas e com frete tem comportamento variável. Quanto maiores

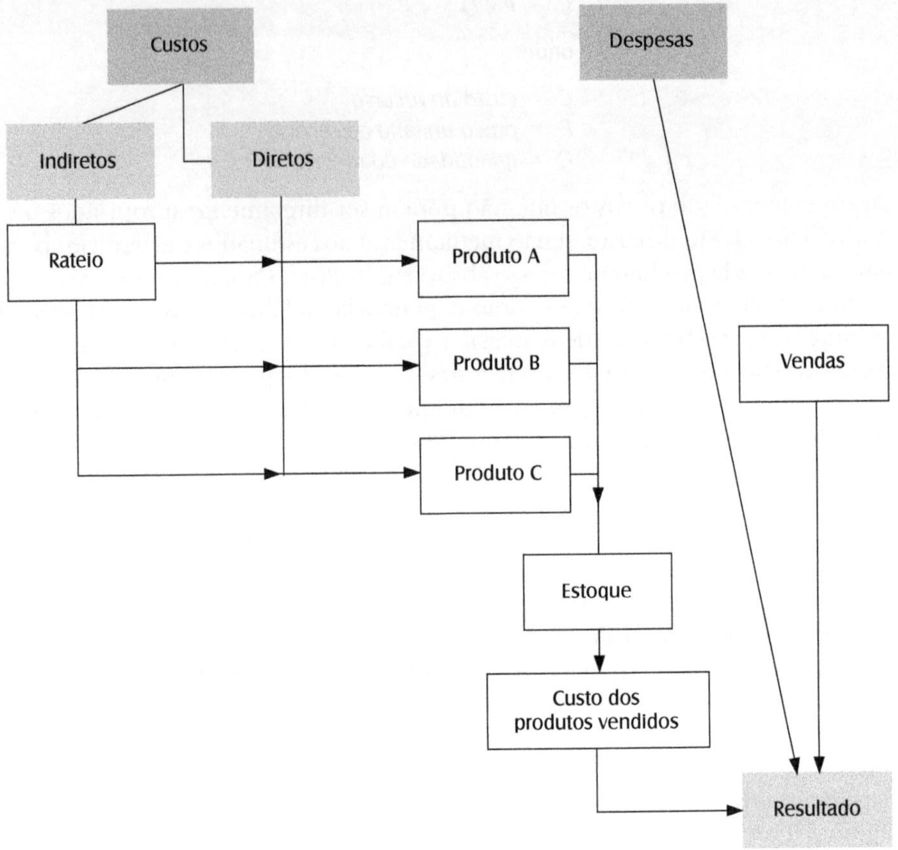

Fonte: Martins (1998, p. 62).

Figura 3.1 Relação entre custo e despesa

forem as vendas, maiores serão essas despesas. Por outro lado, as despesas com salário dos vendedores e do pessoal administrativo são classificadas como fixas em uma faixa de atividade.

Os custos fixos permanecem como tal dentro de uma faixa de atividade, revelando-se uma linha reta horizontal. Isso significa o mesmo nível de custo para diferentes níveis de atividade ou de produção dentro dessa faixa. Por exemplo, uma escola que inicia seu negócio necessita de espaço físico para as salas de aula, recepção dos alunos, secretaria, recepcionista, contador etc. Tudo isso representa custo/despesa fixa necessário para determinado nível de atividade ou demanda de alunos. Quando essa demanda ultrapassa o limite do espaço físico, a escola terá de aumentar seu custo/despesa fixa, alugando um espaço maior ou construindo mais salas. Para outra faixa de atividade, o custo fixo sobe e permanece como tal até que a demanda se altere novamente, para cima ou para baixo. Veja a Figura 3.2 a seguir, que representa o custo fixo.

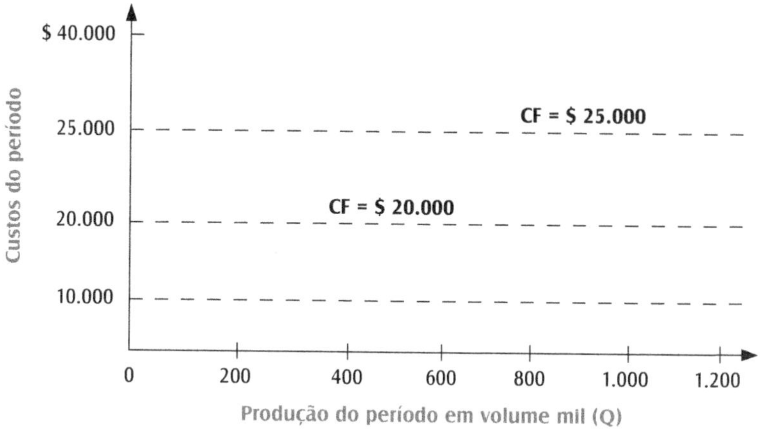

Figura 3.2 Custo fixo

Embora o custo fixo permaneça inalterado no total, o custo fixo unitário por volume diminui à medida que a produção aumenta (custo fixo / Q), isso porque o mesmo montante de custo fixo é disperso por mais unidades do volume. Assim, o custo fixo unitário é de $ 0,05 no volume de produção a 400 mil ($ 20 mil dividido por 400 mil unidades); de $ 0,025 no volume de produção a 800 mil ($ 20 mil dividido por 800 mil).

Por outro lado, o custo variável total (CV) altera-se proporcionalmente às mudanças na produção, enquanto o custo variável unitário por volume (CV / Q) permanece constante em todos os níveis de produção (Q). Veja a Figura 3.3 a seguir, que representa o custo variável unitário.

Assim, o custo variável total é de $ 15.360 no volume de produção a 400 mil, e de $ 30.720 no volume de produção a 800 mil.

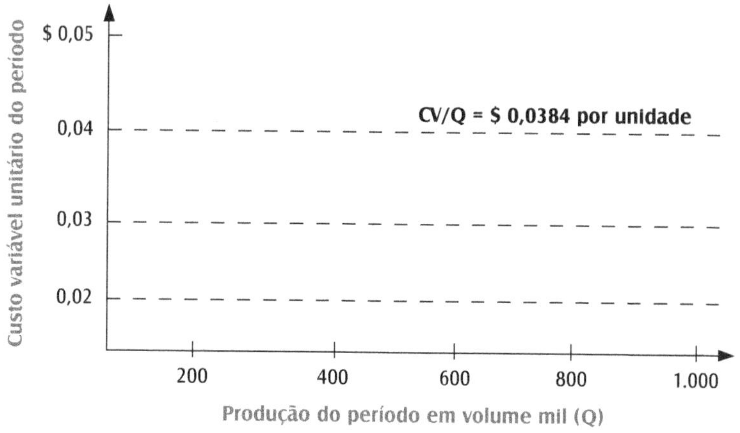

Figura 3.3 Custo variável

3.3 Sistema de custeio por absorção

Também é denominado sistema de alocação de custo de dois estágios. No primeiro, os custos do *overhead* são designados para os centros produtivos; segundo, são alocados dos centros produtivos para os produtos. As empresas utilizam diferentes bases de alocação dos *overhead* aos centros produtivos. Por exemplo, o custo de manutenção de máquinas pode ser alocado com base no valor delas nos centros produtivos; a programação da produção pode ser feita com base nas horas-máquina realizadas em cada centro produtivo.

No segundo estágio, todas as empresas visitadas, de acordo com Cooper & Kaplan (1985), usam a taxa de absorção com base nas horas de mão-de-obra direta para alocar os custos acumulados nos centros produtivos aos produtos. (Veja a Figura 3.4).

Esse sistema foi desenhado para valorizar os estoques e o custo das vendas e, assim, atender às necessidades dos relatórios financeiros. Algumas empresas experimentam outras bases de alocação dos custos de *overhead* no primeiro estágio, como hora-máquina, número de partes produzido e número de pedido de clientes. (Veja a seguir o exemplo da Komatsu.) Outras empresas tentam desenvolver novos tipos de medidas não-financeiras — como percepção da qualidade pelo cliente ou satisfação do serviço, tempo de lançamento de novos produtos ou tempo de processo — e novas formas de combiná-las (Kaplan, 1983).

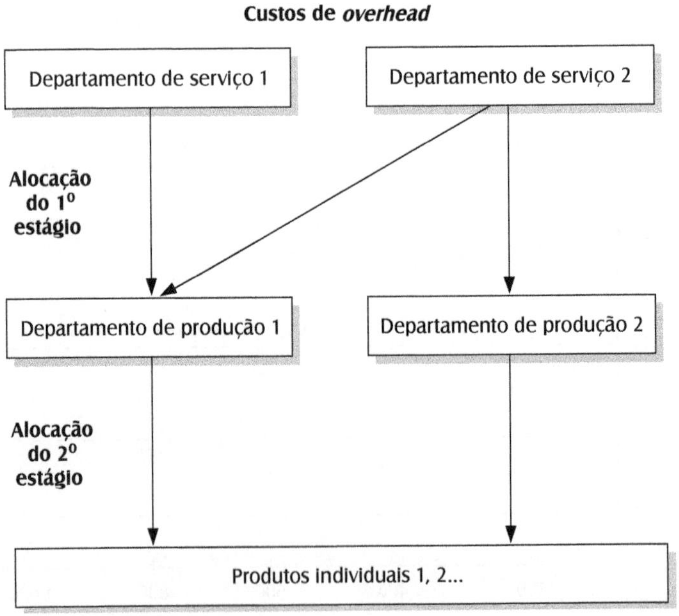

Fonte: Atkinson et al, 2001.

Figura 3.4 Sistema de alocação de custo de dois estágios

No entanto, muitas dessas medidas pecam na utilidade e contribuição ao negócio; elas não focam nos objetivos-chave do negócio para atingir resultados; não conseguem responder rapidamente às mudanças do mercado; e não atendem às necessidades dos gerentes na tomada de decisão.

Vamos tomar como exemplo o sistema de custo adotado na Komatsu (Cooper, 1994), uma das maiores empresas japonesas de equipamentos pesados, que atua em três linhas de negócio: equipamentos de construção, máquinas industriais e produtos eletrônicos. Os custos do *overhead* da planta foram divididos em três categorias:

- ***Overhead* dos custos diretos de manufatura:** compreende os custos identificados diretamente nos quatro departamentos de produção. Esses custos incluem supervisão, material e depreciação das máquinas etc.
- ***Overhead* dos custos indiretos de manufatura:** compreende os custos consumidos nos departamentos de suporte cujos serviços são consumidos diretamente pelos departamentos de produção. Os departamentos de suporte são: engenharia de manufatura; suporte a máquinas, eletricidade e ferramentas; inspeção de fabricação; administração e pessoal.
- ***Overhead* da produção:** inclui os custos dos departamentos de suporte cujos serviços não são consumidos pelos departamentos de produção. Esses departamentos de suporte à produção são: engenharia; inspeção das compras; compras; almoxarifado; controle de produção; processamento de dados e contabilidade.

Como se pode observar na Figura 3.5 a seguir, os custos indiretos de manufatura são alocados aos departamentos produtivos (1º estágio) com base em diversos fatores, como número de pessoas, homem-hora, consumo de eletricidade etc. Esses custos são somados aos custos de cada departamento produtivo e alocados aos produtos (2º estágio), usando-se três diferentes taxas de absorção: peso, hora-máquina ou homem-hora. O *overhead* da produção é alocado aos produtos com base no somatório dos custos diretos e indiretos de manufatura.

Pode-se questionar qual é a utilidade, para efeitos de decisão, dos custos dos produtos resultantes desse sistema de custos. O maior problema reside na exatidão com que os custos indiretos são atribuídos aos produtos. É evidente que os produtos consomem os *overhead* da fábrica de formas diferentes, porém essas diferenças não são capturadas pelo sistema tradicional. (Veja a seguir como o sistema ABC resolve essa distorção.) Talvez a maior crítica em relação a esse sistema de custeio seja quanto aos critérios de rateio. Vejamos a seguinte situação:

O departamento X de produção possui um custo indireto total de $ 5.400 e precisa distribuí-lo entre os dois únicos produtos da empresa, M e N. As seguintes informações estão disponíveis:

	M	N	Total
Matéria-prima aplicada	$ 5.000	7.000	12.000
Mão-de-obra direta aplicada	$ 1.000	1.000	2.000
Custos diretos totais	$ 6.000	8.000	14.000

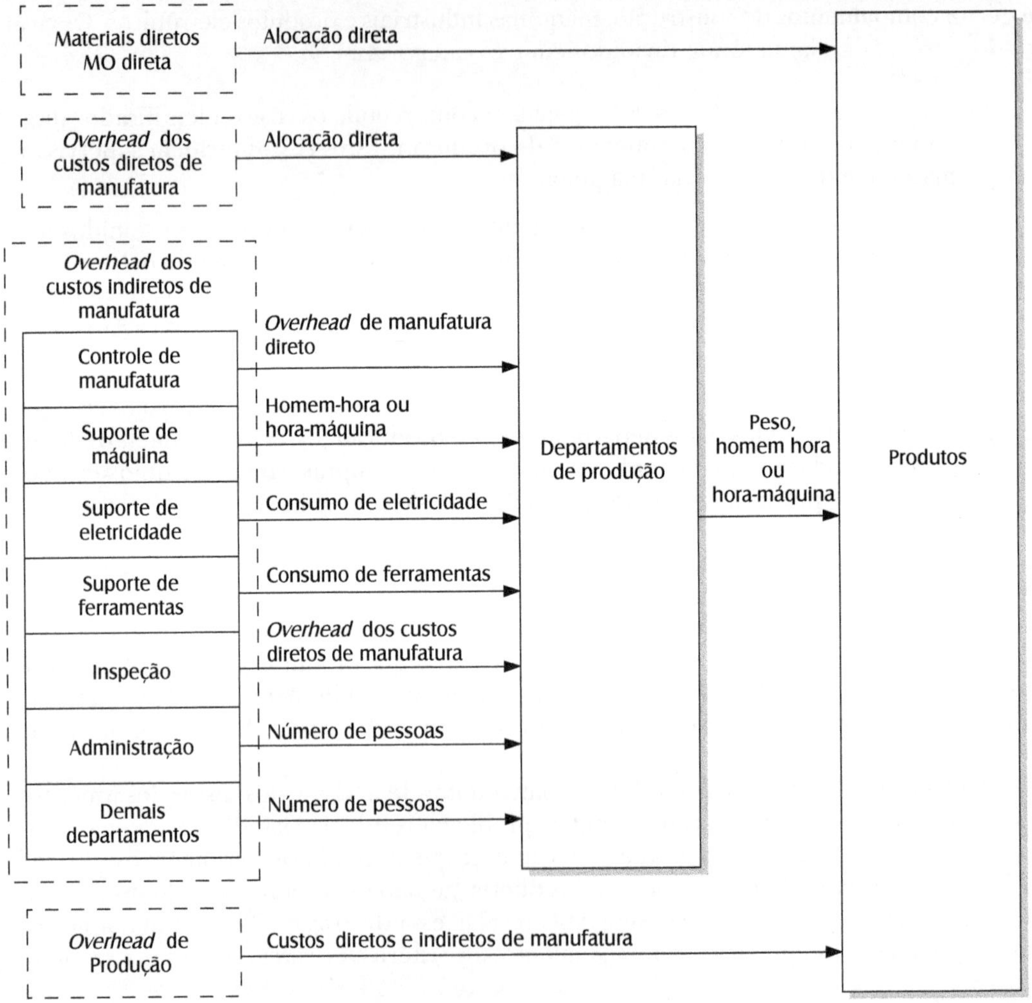
Materiais diretos
MO direta
Alocação direta
Overhead dos custos diretos de manufatura
Alocação direta
Overhead dos custos indiretos de manufatura
Controle de manufatura
Suporte de máquina
Suporte de eletricidade
Suporte de ferramentas
Inspeção
Administração
Demais departamentos
Overhead de manufatura direto
Homem-hora ou hora-máquina
Consumo de eletricidade
Consumo de ferramentas
Overhead dos custos diretos de manufatura
Número de pessoas
Número de pessoas
Departamentos de produção
Peso, homem hora ou hora-máquina
Produtos
Overhead de Produção
Custos diretos e indiretos de manufatura

Figura 3.5 Sistema de custo da Komatsu

O custo indireto total a ratear aos dois produtos é de $ 5.400. O custo total da empresa é de $ 19.400, sendo $ 5.400 de custos indiretos e $ 14.000 de custos diretos.

As horas-máquina utilizadas são de 1.400 para o produto M e de 1.000 para o produto N. O total é de 2.400 horas-máquina.

Quais são os critérios de rateio possíveis? São: horas-máquina, valor da mão-de-obra direta, valor da matéria-prima ou valor do custo direto total.

Dependendo do critério a ser utilizado, a empresa alcançará resultados distintos.

– Se utilizar o critério horas-máquina:

	M	N	Total
Custo indireto	$ 3.150	2.250	5.400
Custo total	$ 9.150	10.250	19.400

– Se utilizar o critério valor da mão-de-obra direta:

	M	N	Total
Custo indireto	$ 2.700	2.700	5.400
Custo total	$ 8.700	10.700	19.400

– Se adotar o critério valor da matéria-prima:

	M	N	Total
Custo indireto	$ 2.250	3.150	5.400
Custo total	$ 8.250	11.150	19.400

– Se adotar o critério valor do custo direto total:

	M	N	Total
Custo indireto	$ 2.314	3.085	5.400
Custo total	$ 8.314	11.085	19.400

No exemplo, utilizou-se o custeio por taxa, que relaciona os gastos (no caso, os custos indiretos) a uma certa base de cálculo conhecida (no caso, horas-máquina, valor da mão-de-obra etc.) e, mediante essa taxa única, os gastos são apropriados aos produtos.

Para minimizar erros como esse, é necessário analisar os itens mais representativos que compõem o total dos custos indiretos de $ 5.400. Algumas hipóteses são:

- Nos casos em que há predominância das máquinas na transformação dos produtos e a maior parte dos gastos constitui depreciação de máquinas, energia, manutenção e lubrificantes, usa-se o critério de rateio de horas-máquina.
- Nos casos em que há predominância de mão-de-obra nas operações e a maior parte dos gastos consiste em mão-de-obra indireta e supervisão para controle do pessoal direto da produção, usa-se o critério de mão-de-obra direta.

- A utilização de taxas de custeio únicas não é necessária quando os produtos são processados em diferentes setores da empresa, pois o custo horário de cada setor é diferenciado. Nesse caso, o ideal é adotar mais de um critério ou taxa quando o custo indireto tem mais de um fator de influência/importância. Deve-se analisar os componentes do custo indireto e verificar quais são os critérios que relacionam melhor esses custos aos produtos.

O rateio ignora quais recursos de atividades de suporte são consumidos por produto. De acordo com Martins (1998, p. 21), "a preocupação primeira dos contadores, auditores e fiscais foi a de fazer a contabilidade de custos uma forma de resolver seus problemas de mensuração monetária dos estoques e do resultado, não a de fazer dela um instrumento gerencial. Por essa não utilização, a contabilidade de custos deixou de ter uma evolução mais acentuada por um longo tempo". A afirmação está alinhada exatamente com a experiência narrada no início deste capítulo.

Com o advento da Lei das Sociedades Anônimas, a contabilidade de custos teve de ser formalmente integrada à contabilidade geral da empresa, registrando as contas de 'custo de mercadorias vendidas' no demonstrativo de resultados e as de estoques (matéria-prima, produtos em processo e produtos acabados) no balanço patrimonial.

De uma década e meia para cá, o ambiente competitivo, tanto para as indústrias manufatureiras como para as de serviço, tem-se tornado mais desafiador. Movimentos de desregulamentação de vários setores da economia em vários países têm alterado completamente as regras segundo as quais as empresas operavam. Como conseqüência, as empresas demandam informações contábeis gerenciais diferentes e melhores. As mudanças, porém, ainda ocorrem lentamente.

Kaplan et al (1997, p. 18) dizem que "os sistemas tradicionais de mensuração dos custos dos produtos estão fornecendo informações distorcidas. Eles falham em atribuir com exatidão os crescentes custos indiretos requeridos para desenhar, produzir, vender e entregar produtos e serviços. Gerentes necessitam medir o custo e rentabilidade dos seus produtos, segmentos de mercado e clientes. Eles necessitam de sistemas operacionais de controle que irão realçar a melhoria de custos e de qualidade".

É preciso passar a encarar a contabilidade de custos como uma forma eficiente de auxílio no desempenho da nova missão, que é gerencial. Martins (1998, p. 22) enfatiza que, nesse novo campo, a contabilidade de custos tem duas funções relevantes: "no auxílio ao controle: fornecer dados para o estabelecimento de padrões, orçamentos e outras formas de previsão, além de acompanhar o efetivamente acontecido para comparação com os valores anteriormente definidos. Na ajuda à tomada de decisão: alimentar informações sobre valores relevantes que dizem respeito às conseqüências de curto e longo prazo sobre medidas de corte de produtos, fixação de preços, opção de compra ou fabricação etc".

A contabilidade mais moderna vem criando sistemas de informações que permitem melhor gerenciamento de custos, com base no enfoque descrito. Métodos recentes, como o Activity Based Costing, procuram atingir tal objetivo.

3.4 Sistema de custeio variável

Esse método faz uma abordagem da margem de contribuição dos produtos, considerando apenas os custos e as despesas variáveis. Os demais gastos (custos e despesas fixas) são lançados no resultado da empresa pelo seu total.

Para ilustrar o cálculo do custo unitário no custeio por absorção e no custeio variável, vamos considerar a seguinte estrutura de custo da empresa:

Número de unidades produzidas por ano	12.000
Custos variáveis por unidade	
Materiais diretos	$ 2
Mão-de-obra direta	$ 4
Custo indireto variável de fabricação	$ 1
Despesas variáveis	$ 3
Custos fixos por ano	
Custo indireto fixo de fabricação	$ 60.000
Despesas fixas	$ 20.000

Solução utilizando custeio por absorção

Materiais diretos	$ 2
Mão-de-obra direta	$ 4
Custo indireto variável de fabricação	$ 1
Custo indireto fixo de fabricação ($ 60.000 / 12.000 unidades)	$ 5
Custo unitário total	$ 12

O demonstrativo de resultado da empresa ficaria da seguinte forma (assumindo-se que o preço unitário seja $ 30 e que não haja estoque):

Receita de venda	$ 360.000 (12.000 unidades × $ 30)
(–) Custo das vendas	144.000 (12.000 unidades × $ 12)
(=) Lucro bruto	216.000
(–) Despesas variáveis	36.000 (12.000 unidades × $ 3)
(–) Despesas fixas	20.000
(=) Lucro	160.000

Solução utilizando custeio variável

Materiais diretos	$ 2
Mão-de-obra direta	$ 4
Custo indireto variável de fabricação	$ 1
Custo unitário	$ 7

O demonstrativo de resultado da empresa ficaria da seguinte forma (assumindo-se que o preço unitário seja $ 30 e que não haja estoque):

Receita de venda	$ 360.000 (12.000 unidades × $ 30)
(–) Custo variável	84.000 (12.000 unidades × $ 7)
(–) Despesa variável	36.000 (12.000 unidades × $ 3)
(=) Margem de contribuição	240.000
(–) Custo indireto fixo	60.000
(–) Despesas fixas	20.000
(=) Lucro	160.000

No custeio por absorção, todos os custo de produção, variáveis e fixos, são incluídos no cálculo do custo unitário do produto. Se a empresa vender uma unidade do produto, serão deduzidos $ 12 na demonstração de resultados, como custo das vendas. Do mesmo modo, quaisquer unidades que não forem vendidas e produzidas figurarão no balanço como estoque, a $ 12 cada. Somente as despesas (fixas e variáveis) são lançadas no resultado pelo seu total.

No custeio variável, somente os custos variáveis de produção são incluídos nos custos do produto. O demonstrativo de resultado, porém, é bem distinto do apresentado no custeio por absorção. Se a empresa vender uma unidade do produto, serão deduzidos $ 7 de custo variável e $ 3 de despesa variável da receita de vendas para calcular a margem de contribuição. O custo e a despesa fixa da empresa são lançados no resultado pelo seu total. O conceito da margem de contribuição é o valor que sobra, depois de deduzidos todos os gastos variáveis, para contribuir na cobertura dos gastos fixos da empresa e proporcionar lucro.

No exemplo anterior, o lucro foi o mesmo nos dois sistemas de custeio. Essa situação só ocorre quando todo o volume produzido em um período for vendido no mesmo período. No entanto, quando o volume de produção for maior que o volume de vendas, o resultado será maior no custeio por absorção que no variável. Isso porque parte dos custos indiretos fixos de fabricação fica absorvida no estoque e não vai para o custo de vendas no DRE, isto é, esses custos fixos são adicionados aos estoques. No custeio variável, o custo indireto fixo vai para o resultado, independentemente de o volume produzido ser vendido ou não.

Quando a produção for menor que a venda, o resultado será menor no custeio por absorção que no variável. Isso porque os custos indiretos fixos que estavam parados no estoque são descarregados agora contra o resultado como custo de venda.

Existem, portanto, duas diferenças básicas entre esses dois métodos de custeio:

1. O tempo que o custo indireto fixo percorre para ser levado ou descarregado no resultado como custo de venda. Caso a empresa produza e venda no mesmo mês, o custo indireto fixo, que vai para o estoque quando a produção termina, será imediatamente descarregado no resultado por ocasião da baixa do estoque e sua venda. Quanto maior for esse tempo, mais custos fixos serão incorporados ao estoque. Pode-se compreender a implicação fiscal dessa situação. A empresa irá pagar mais imposto de renda do que na situação do custeio variável. Não é por outra razão que o fisco brasileiro não aceita o sistema de custeio variável na apuração dos resultados da empresa. Esse sistema tem finalidade puramente gerencial. Com isso, o fisco obriga as empresas a serem eficientes em sua gestão de estoque e penaliza as ineficientes.

2. Como conseqüência, o resultado é afetado pelas variações na produção em relação às vendas. Quando a produção for maior que a venda, mais custos fixos serão adicionados aos estoques.

3.5 Margem de contribuição e ponto de equilíbrio

Ponto de equilíbrio é a situação na qual o somatório dos custos da empresa equivale à sua receita; é o ponto de lucro zero. Aqui não consideramos as despesas financeiras como parte dos custos da empresa, só levamos em conta as despesas operacionais. Despesas financeiras são conseqüência do empréstimo que a empresa toma quando começa a ter prejuízo, a enfrentar falta de caixa para suas operações, e se vê obrigada a cobrir essa falta. É importante que as empresas saibam qual é o valor mínimo das vendas para cobrir seus custos — seu ponto de equilíbrio — e, a partir daí, quanto obtêm de lucro a cada valor incremental de receita. A Figura 3.6 a seguir ilustra o ponto de equilíbrio.

Percebe-se, nessa figura, que a reta do custo fixo parte de um valor determinado e permanece fixo à medida que aumenta o volume. Isso só tem validade para efeito ilustrativo, pois na verdade o custo fixo permanece inalterado, dentro de certas faixas de atividades. A reta do custo variável parte do ponto zero, pois, se não houver volume (de produção ou de venda), não existirá custo variável. Como o custo variável unitário é fixo, a cada unidade de volume ele aumenta proporcionalmente, daí a reta. Novamente, isso é apenas ilustrativo, pois, na realidade, a empresa pode conseguir redução do custo variável unitário à medida que o volume aumenta, seja por melhoria de produtividade na fábrica, seja negociando um

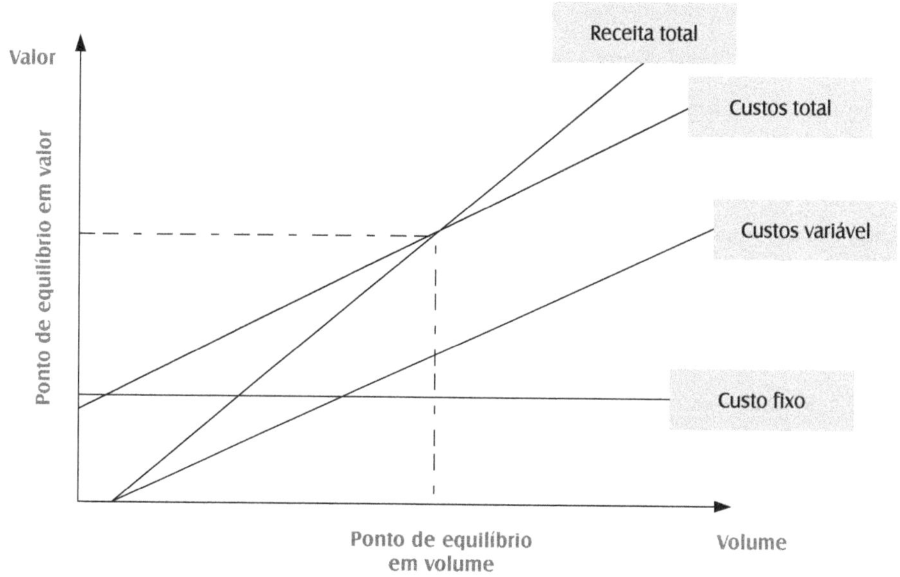

Figura 3.6 Ponto de equilíbrio

preço melhor com os fornecedores. A reta não teria declividade constante, mas esta iria diminuindo à medida que o volume aumentasse. A reta do custo total parte de onde se inicia a reta do custo fixo e corre paralelamente à reta do custo variável. A reta da receita total também parte do zero, pois se a empresa não vender nada, não irá gerar receita. A cada unidade de volume, a receita aumenta proporcionalmente.

O ponto de equilíbrio em volume e valor situa-se onde a curva de custo total intercepta a da receita total. O ponto de equilíbrio pode ser obtido pela seguinte equação:

Receita total = Custo total

Desmembrando essa equação:

Preço × Volume = Custo variável + Custo fixo
Preço × Volume = Custo variável unitário × Volume + Custo fixo total

Isolando a variável volume, temos:

Volume (Preço – Custo variável unitário) = Custo fixo total
Volume = Custo fixo total / (Preço – Custo variável unitário)
Volume = Custo fixo total / Margem de contribuição unitária

Com essa última equação, calcula-se o ponto de equilíbrio em volume. Assim, se o preço de venda unitário for $ 10, o custo variável unitário será $ 3 e o custo fixo total será $ 150.000; ao aplicar essa equação, encontramos o ponto de equilíbrio de 21.428,6 unidades. Isso significa que a empresa precisa vender esse volume para cobrir seus custos.

Volume = $ 150.000 / $ 7 (10 – 3) = 21.428,6 unidades

Para calcular o ponto de equilíbrio em valor, basta substituir o denominador da equação dada pela margem percentual de contribuição. Essa margem é encontrada dividindo a margem de contribuição unitária pelo preço de venda.

Ponto de equilíbrio em $ = Custo fixo total / % Margem de contribuição

No exemplo anterior, a empresa precisa vender $ 214.286 para cobrir seu custo variável total de $ 64.286 ($ 3 × 21.428,6 unidades) e o custo fixo de $ 150.000.

Ponto de equilíbrio em $ = $ 150.000 / 70% (10 – 3 / 10) = $ 214.286

Aqui chamamos a atenção para a importância da margem de contribuição. Mantendo todos os dados constantes, a cada venda adicional acima do ponto de equilíbrio a empresa adiciona ao lucro o equivalente à sua margem de contribuição, pois os custos fixos já são cobertos. Voltando ao exemplo anterior, se a empresa vendesse $ 50.000 adicionais, seu lucro seria de 70% × $ 50.000 = $ 35.000.

Receita	$ 264.286 (equivalentes a 26.428,6 unidades)
(–) Custo variável	$ 79.286 ($ 3 × 26.428,6 unidades)
(–) Custo fixo	$ 150.000
(=) Lucro	$ 35.000

Como o ponto de equilíbrio se altera? Em função de qualquer uma das três variáveis ou da combinação entre elas: preço de venda, custo variável unitário e custo fixo total. Algumas possíveis combinações dessas variáveis e seu efeito no ponto de equilíbrio são mostradas a seguir.

Preço	Custo variável unitário	Custo fixo total	Efeito no ponto de equilíbrio
aumenta	constante	constante	diminui
diminui	constante	constante	aumenta
constante	aumenta	constante	diminui
constante	diminui	constante	aumenta
constante	constante	aumenta	aumenta
constante	constante	diminui	diminui
aumenta	aumenta	constante	diminui se o aumento do preço for maior que o aumento no custo
aumenta	diminui	constante	diminui
diminui	aumenta	constante	aumenta
diminui	diminui	constante	aumenta se a redução do preço for maior que a redução no custo

Quanto menor for o ponto de equilíbrio, melhor será para a empresa, mais segura ela estará. As vendas poderão cair mais do que as do concorrente que tem ponto de equilíbrio mais alto antes de ela começar a ter prejuízo. A isso chamamos de margem de segurança, que é a diferença absoluta ou percentual da receita atual em relação à receita no ponto de equilíbrio. No exemplo anterior, a margem de segurança na receita a $ 264.286 é de $ 50.000 ou de 19%.

A venda pode cair 19% ou $ 50.000 do seu nível atual antes de haver prejuízo. Quanto maior for a margem de segurança, melhor. Todos os esforços dos gestores devem ser constantemente direcionados para reduzir o ponto de equilíbrio.

Quando há limitações da capacidade instalada e a mesma máquina faz diversos produtos, muito cuidado com a margem de contribuição absoluta. Na situação a seguir, qual deve ser a combinação mais rentável dos produtos?

Produto	Custo variável unitário	Preço de venda	Margem de contribuição
x	1.400	1.700	300
y	900	1.500	600
z	2.500	3.000	500
w	800	1.500	700

Qual é o produto que proporciona a melhor rentabilidade? A resposta mais plausível é: o que tiver a maior margem de contribuição, o produto w. Logo, a empresa deveria dar preferência em produzir o produto w, depois o y, o z e, com as horas-máquina que sobrarem, o produto x. Considerando-se as horas-máquina consumidas por produto, a demanda em unidades por produto, teremos um consumo total de 97.900 horas-máquina.

Produto	Horas-máquina	Demanda total	Horas-máquina
x	4,5	3.000	13.500
y	12,0	2.500	30.000
z	8,5	3.200	27.200
w	15,0	1.800	27.000
Total			97.900

Considerando-se a capacidade instalada de 88.800 horas-máquina, não é possível produzir todos os produtos para atender à demanda esperada. Deve-se deixar de produzir 97.900 – 88.800 = 8.900 horas-máquina. Nessa situação, qual é o mix de produtos mais rentável?

Deve-se produzir em primeiro lugar, o produto que proporcionar uma margem de contribuição maior por hora-máquina, uma vez que se trata de um recurso com restrição de capacidade:

Produto máquina	Horas-máquina	Margem contribuição	Margem contribuição – horas-máquina
x	4,5	300	66,67
y	12,0	600	50,00
z	8,5	500	58,82
w	15,0	700	46,67

O produto mais rentável é o x, e o menos rentável, o w. Assim, devemos produzir a totalidade dos produtos x, y, z, e apenas parte do w.

Produto máquina	Quantidade	Margem contribuição total
x	3.000.300	900.000,00
y	2.500.600	1.500.000,00
z	3.200.500	1.600.000,00
w	1.206.700	844.200,00
Total		4.844.200,00

Qualquer outra combinação irá proporcionar uma margem de contribuição total menor.

Estudo de caso: Caso da Celulose S.A.[1]

A Celulose S.A. é uma das principais produtoras mundiais de celulose branqueada de fibra curta de eucalipto. Em 1996, respondeu por aproximadamente 22% da oferta global desse tipo de celulose, utilizada para fabricar produtos de consumo de alto valor agregado, como papel para imprimir e escrever e papéis especiais. A empresa beneficia-se de vantagens climáticas, e graças a isso conquistou avanços na clonagem de eucaliptos; suas árvores atingem 35 metros em apensas sete anos, um dos menores ciclos de corte do mundo. O empreendimento é totalmente integrado, compreendendo florestas, fábrica e porto.

A primeira fábrica de celulose (fábrica A) iniciou suas operações comerciais em janeiro de 1979, tendo sido projetada para produzir 400.000 t/ano. Alcançou a marca de 502,4 mil toneladas em 1989. Em dezembro de 1987, decidiu-se pela expansão do complexo industrial, com a construção de uma nova fábrica (fábrica B), com capacidade nominal de 525 mil toneladas de celulose.

[1] Caso de autoria do professor Diogo T. Nascimento (FEA/USP), que o apresentou originalmente no V Congresso Brasileiro de Gestão Estratégica de Custos.

O ano de 1996 foi marcado pelo excesso de oferta de papel e celulose e por elevados níveis de estoque em toda a cadeia produtiva. A empresa reduziu a produção durante o primeiro semestre, a fim de ajustar a oferta à demanda efetiva do mercado.

A empresa tem capacidade de produzir diferentes tipos de celulose branqueada, como: std (*standard*), ecf (*elementary chlorine free*), tcf (*total chlorine free*), além de celulose branqueada de alta alvura. Seu faturamento bruto foi de $ 516,0 milhões de dólares em 1996 e de $ 526,3 milhões em 1997.

Mensalmente, a controladoria emite o balanço e o demonstrativo de resultados. Esse demonstrativo, em maio/9x, apresentava-se assim:

	Total $ milhões
Receita líquida	52,0
(-) Custos variáveis	22,8
(-) Custos fixos	10,3
(+) Lucro bruto	18,9
(-) Despesas variáveis	9,9
(-) Despesas fixas	4,80
(=) Lucro operacional	4,2
% sobre a receita	8,1

A empresa adotou três sistemas de custeio para seus três principais produtos: a absorção para determinação do valor dos estoques (utilidade societário fiscal); o variável para visualização das margens de contribuição; a análise de vendas e o custeio baseado em atividades. (Veja o Capítulo 5 para este último sistema de custeio.)

Foi apresentada à diretoria uma demonstração de resultados que evidenciava a abertura do lucro operacional por produto, conforme se segue:

	Total	**std**	**ecf**	**tcf**
Receita líquida	52,0	30,1	17,6	4,3
(-) Custos variáveis	22,8	12,6	7,8	2,4
(-) Custos fixos	10,3	7,7	2,4	0,2
(+) Lucro bruto	18,9	9,8	7,4	1,7
(-) Despesas variáveis	9,9	5,8	3,3	0,8
(-) Despesas fixas	4,8	3,6	1,1	0,1
(=) Lucro operacional	4,2	0,4	3,0	0,8
% sobre a receita	8,1	1,3	17,0	18,6

A presidência, preocupada com o fato de o produto STD apresentar o maior lucro bruto e o pior resultado dos três produtos, solicitou ao diretor financeiro que explicasse o rateio dos custos e despesas. "Nós utilizamos rateio dos custos e despesas fixas com relação ao volume de produção por produto (em toneladas sólidas ao ar — tsa). Os custos variáveis (madeira, produtos químicos etc.) e as despesas variáveis (logística) não exigem rateio, pois permitem uma identificação direta com os produtos", disse o diretor financeiro.

O presidente questionou o fato de as despesas fixas serem rateadas pelo volume de produção, entendendo que esses gastos ocorrem em função do volume vendido, e não do produzido. Dessa maneira, os resultados ficam assim (segundo método utilizado: rateio dos custos fixos com relação ao volume de produção, e das despesas fixas com relação ao volume de vendas):

	Total	std	ecf	tcf
Receita líquida	52,0	30,1	17,6	4,3
(–) Custos variáveis	22,8	12,6	7,8	2,4
(–) Custos fixos	10,3	7,7	2,4	0,2
(+) Lucro bruto	18,9	9,8	7,4	1,7
(–) Despesas variáveis	9,9	5,8	3,3	0,8
(–) Despesas fixas	4,8	2,7	1,7	0,4
(=) Lucro operacional	4,2	1,3	2,4	0,5
% sobre a receita	8,1	4,3	13,6	11,6

Produto	Produção/ tsa mil	Vendas/ tsa mil
std	72,1	72,8
ecf	22,8	43,9
tcf	1,6	10,4
Total	96,5	127,1

O presidente indagou ao diretor financeiro qual dos dois resultados seria mais confiável para analisar o desempenho dos produtos. O método por absorção pode trazer resultados diferentes, tanto em termos absolutos do lucro quanto em termos relativos percentuais sobre a receita. O problema ocorre com relação ao tratamento dos custos e das despesas fixas, que atingem 32% dos gastos totais. "Gostaria de mostrar os resultados pelo método de custeio variável, em que os custos e as despesas fixas não são alocados aos produtos", disse o diretor financeiro.

	Total	std	ecf	tcf
Receita líquida	52,0	30,1	17,6	4,3
(–) Custos variáveis	22,8	12,6	7,8	2,4
(–) Despesas variáveis	9,9	5,8	3,3	0,8
(=) Margem de contribuição	19,3	11,7	6,5	1,1
(–) Custos fixos	10,3			
(–) Despesas fixas	4,8			
(=) Lucro operacional	4,2			
% sobre a receita	8,1			

"Por esse método, deverá ser priorizado o produto que trouxer a maior margem de contribuição para cobertura dos custos e despesas fixas e proporcionar lucro", conclui o presidente. "No entanto, ainda me sinto incomodado com os custos e as despesas fixas. São recursos significativos em relação aos quais temos pouca visibilidade no caso dos três métodos até agora discutidos e do novo método de custeio, baseado em atividades que estamos implantando. Que tal aproveitar essa oportunidade?" (Leia mais sobre o assunto no Capítulo 5.)

Exercícios

Exercício de sistema de custeio por absorção ou método de alocação de dois estágios

Os custos de suporte de manufatura são de $ 1.127.800, divididos entre os seguintes departamentos:

Departamentos de produção

Prensa	65.600
Estamparia	131.600
Acabamento	51.000
Empacotamento	29.600

Os custos acumulados nesses departamentos incluem supervisão, suprimentos e depreciação das máquinas:

Departamentos de suporte da fábrica

Manutenção	160.000
Setup máquinas	300.000
Controle de qualidade	120.000
Planejamento	180.000
Administrativo	90.000

Os custos acumulados nesses departamentos incluem salários e encargos dos trabalhadores que executam essas atividades, bem como custos das ferramentas e material utilizado. Os custos do departamento administrativo incluem os salários da administração da planta, o aluguel e serviços de condomínio.

Você deverá levar os custos dos departamentos de suporte primeiramente aos departamentos de produção, usando bases de alocação para cada departamento (escolha-as na Tabela 3.1). Em seguida, acumule os custos alocados dos departamentos de suporte aos custos de suporte dos departamentos de produção (veja a Tabela 3.2). Por fim, aproprie os cus-

Tabela 3.1 Departamentos de produção

Bases de alocação	Prensa	Estamparia	Acabamento	Empacotamento	Total
Valor das máquinas $	300.000	600.000	180.000	120.000	1.200.000
Número de *setups*	200	400	200	200	1.000
Horas-máquina	6.000	22.000	9.000	3.000	40.000
Horas de mão-de-obra direta	2.000	11.000	6.000	6.000	25.000

Tabela 3.2 Departamentos de produção

Custos de suporte manufatura	Prensa	Estamparia	Acabamento	Empacotamento	Total
Custos de suporte $	65.600	131.600	51.000	29.600	
(+) Alocados dos departamentos de serviço Manutenção *Setup* máquinas Controle de qualidade Planejamento					
(=) Custos totais de suporte para a fábrica					

tos acumulados nos departamentos de produção para os produtos com base em direcionadores de custo predeterminados. Identifique antes o direcionador mais apropriado (se homem-hora ou hora-máquina) para cada departamento produtivo e, em seguida, calcule a taxa de alocação de cada departamento de produção (veja a Tabela 3.3).

Finalmente, com base nas horas-máquina e horas de mão-de-obra direta incorridos na produção de 12000 unidades do produto A e 5000 unidades do produto B e seus respectivos custos diretos, pode-se calcular o custo unitário desses 2 produtos (veja a Tabela 3.4).

Tabela 3.3 Departamentos de produção

Custos de suporte manufatura	Prensa	Estamparia	Acabamento	Empacotamento	Total
Custos de suporte manufatura	0	0	0	0	
Bases de alocação					
Horas-máquina	6.000	22.000	9.000	3.000	
Horas de mão-de-obra direta	2.000	11.000	6.000	6.000	
Taxa de alocação					

Tabela 3.4 Dados quantitativos dos departamentos de produção

	Produto A	Produto B
Horas-máquina		
Prensa	40	16
Estamparia	140	56
Acabamento	60	24
Empacotamento	20	18
Horas de mão-de-obra		
Prensa	18	7
Estamparia	70	28
Acabamento	40	16
Empacotamento	40	16
Custo por hora mão-de-obra ($)		
Prensa	18,4	18,4
Estamparia	23,8	23,8
Acabamento	15,8	15,8
Empacotamento	13,2	13,2
Custos material direto total ($)		
Prensa	2.658,4	1.186,6
Estamparia	1.446,6	788,8
Empacotamento	632,8	491,4

Estudo de caso: Centro de Teste Eletrônico (CTE)

Introdução

O Centro de Teste Eletrônico (CTE) realiza testes centralizados para componentes eletrônicos, tais como circuitos integrados, para diversas divisões da Box S/A.

O CTE operava como centro de custo e realizava serviços para outras divisões a custo total (custo direto e custos indiretos alocados). Apesar de o CTE ser uma divisão cativa, outras divisões dentro da Box tinham permissão para fazer uso de serviços de testes externos, caso o CTE não atendesse às suas necessidades de custos ou serviços. O CTE empregava aproximadamente 60 pessoas, contratadas por hora, e 40 outras pessoas integrantes da estrutura técnica e administrativa. As despesas orçadas eram de $ 7,9 milhões em 2005 (veja Tabela 3.1 abaixo).

Procedimentos de teste

O CTE pretendia testar entre 35 e 40 milhões de componentes em 2005. Nesse mesmo ano, o centro tinha habilitação para testar 6,5 mil componentes diferentes. Tipicamente, no entanto, a divisão testaria 500 diferentes componentes por mês e entre 3 mil e 3,5 mil por ano. Os componentes eram recebidos de clientes em lotes; em 2005, o CTE receberia aproximadamente 12 mil lotes de componentes.

O centro processava tanto testes elétricos quanto mecânicos. O teste elétrico envolvia medições de características elétricas dos componentes e comparação dessas medidas com as especificações dos componentes. O teste mecânico incluía soldabilidade, queima de componente, choque térmico, retificação de chumbo e detecção de vazamento.

As instalações de teste eram divididas em duas salas. A sala principal de teste continha o equipamento usado para o teste elétrico. A sala de teste mecânico continha o equipamen-

Tabela 3.1 Centro de teste eletrônico — despesas orçadas em 2005

Mão-de-obra direta	$ 3.260.015
Mão-de-obra indireta	859.242
Despesas com salários	394.211
Suprimentos e despesas	538.029
Serviços[1]	245.226
Alocação de pessoal[2]	229.140
Alocações de serviços[3]	2.448.134
Despesas projetadas — totais	$ 7.973.097

[1] Inclui reparos em ferramentas, despesas informática, lojas de manutenção e transferência de custos de serviços de outras divisões.

[2] Inclui benefícios indiretos e pagos a empregados assalariados, departamento pessoal, previdência, lojas/depósitos com feriados/férias.

[3] Inclui ocupação de prédios, telefones, depreciação, sistemas de informação e controle de dados.

to usado para teste mecânico mais o recebimento de materiais e o estoque. No total, 20 pessoas trabalhavam nas duas salas em cada um dos dois principais turnos e 10 pessoas trabalhavam no turno da noite.

Sistema de contabilidade de custos

O sistema de contabilidade de custos media dois componentes de custo: mão-de-obra direta e custos indiretos. Os custos indiretos eram agrupados em um único centro de custos, que incluía custos indiretos associados a cada uma das salas de teste, custos indiretos de engenharia relacionados a desenvolvimento de software e ferramentaria e os custos administrativos da divisão. Os custos indiretos eram divididos pelo total de custo de mão-de-obra direta de teste e engenharia para a obtenção dos custos indiretos por unidade de custo de mão-de-obra direta. A divisão custeava cada lote de componentes. Os custos indiretos eram calculados para cada lote mediante a multiplicação de cada unidade de custo de mão-de-obra direta associada com o lote pela taxa de custos indiretos de 145%. O custo indireto resultante era então adicionado ao custo efetivo de mão-de-obra direta para determinar o custo total do lote. Em 2005, a taxa de custo indireto de todas as instalações eram de 145% de cada unidade de custo de mão-de-obra direta, da qual mais de 25% eram atribuídos à depreciação de equipamento (veja a Tabela 3.2 a seguir).

Tabela 3.2 Cálculo de taxa de custos indiretos baseado no plano de 2005

Trabalho indireto	$ 859.242
Despesas de salário	394.211
Suprimentos e despesas	538.029
Serviços	245.226
Alocações de pessoal	229.140
Alocações de serviços	2.448.134
Custos indiretos totais[1]	$ 4.713.982
Taxa de custos indiretos =	
$ Custos indiretos ÷	4.713.982 ÷
$ Mão-de-obra direta	3.260.015
	= 146,6%
Taxa efetiva	**145%**
(1) *Decomposição de custos indiretos totais*	
Variável	$ 1.426.317
Fixo	
Depreciação	1.288.000
Outros fixos	1.999.665
Custos indiretos totais	$ 4.713.982

Sinais de obsolescência

Diversas tendências sinalizavam a obsolescência do processo de alocação de custos indiretos baseada no custo de mão-de-obra direta. Desde a fundação do centro, em 2005, as horas de mão-de-obra direta por lote testado declinavam constantemente. Essa tendência era agravada por uma dependência maior no credenciamento do fornecedor. O fornecedor credenciado era o componente central da entrega *just-in-time* (JIT). Com o credenciamento, os fornecedores da Box realizavam o primeiro teste de componentes. O CTE então utilizava amostras estatísticas para verificar se o processo de produção dos fornecedores ainda permanecia sob controle. Assim, enquanto as entregas JIT conduziam a um aumento no número de lotes menores recebidos pelo CTE, o credenciamento de fornecedor reduziu o número de testes processados. Os indicadores iniciais mostravam que as entregas JIT corresponderiam a 30% dos embarques da Box nos cinco anos seguintes.

Além do declínio do conteúdo de mão-de-obra direta e diminuição da quantidade de lotes de testes, a obsolescência do sistema de alocação de custos indiretos baseada na mão-de-obra direta foi intensificada por uma mudança de serviços de inspeção simples para ampliar a tecnologia baseada em testes. Em componentes complexos que necessitavam de triagem, condições ambientais e serviços de teste, a divisão era consistentemente mais barata do que os serviços externos. No entanto, quando eram necessários apenas testes elementares, os laboratórios externos de baixa tecnologia eram freqüentemente mais baratos, especialmente para grandes lotes.

A vantagem que a divisão trazia aos clientes em relação aos laboratórios externos era que essencialmente nenhum suporte de engenharia era proporcionado pelos laboratórios externos, ao passo que o CTE, com seus recursos residentes de engenharia, era capaz de apoiar tais serviços de maneira rápida e eficaz em custo. A mudança para serviços tecnicamente mais sofisticados apontava para uma mudança na composição de pessoal direto para indireto. Finalmente, a introdução de componentes de alta tecnologia criou a necessidade de mais testes automáticos, ciclos de testes mais longos e mais dados por peça. Os componentes digitais, por exemplo, eram testados sob mais de cem condições (combinações de entrada elétrica com estados de saída). A nova geração de componentes digitais, por outro lado, seria muito mais complexa e iria requerer a verificação de mais de dez mil condições. Isso iria demandar equipamento muito mais caro e automatizado.

Esse aumento em automação, por sua vez, iria conduzir a uma base menor de mão-de-obra direta para absorver os custos de depreciação desse novo equipamento.

O maior receio era de que o aumento resultante nas taxas de custos indiretos espantasse alguns clientes. O CTE já havia notado um aumento no número e na freqüência de reclamações de clientes relacionadas às taxas que lhes eram aplicadas devido aos serviços de teste.

O gerente de contabilidade da divisão propôs um novo sistema de contabilidade de custos para minimizar o problema. Com esse novo sistema, os custos indiretos seriam diretamente rateados para dois centros de custos. O primeiro centro de custos conteria custos indiretos relacionados a funções técnicas e administrativas (gerência da divisão, engenharia, planejamento e pessoal administrativo). Esse centro receberia custos indiretos em função de custo de mão-de-obra direta. O segundo centro incluiria todos os outros custos indiretos e receberia esses custos baseado em horas-máquina. A Tabela 3.3 a seguir fornece as taxas propostas de custos indiretos.

Logo após o gerente de contabilidade apresentar sua proposta, um consultor contratado pela Box preparou uma avaliação do sistema de custo do CTE. Recomendava-se uma implementação de um sistema de três centros de custos indiretos, utilizando centros de custos indiretos separados para cada sala de teste e um centro de custos indiretos comuns, com custos de natureza técnica e administrativa. Os custos indiretos seriam rateados em cada um dos três centros de custos. Tal como o sistema proposto pelo gerente de contabilidade, os custos indiretos nas salas de testes seriam então alocados com base na hora de uso de máquina. Os custos técnicos e administrativos continuariam a ser distribuídos com base no custo de mão-de-obra direta.

Para examinar o impacto desses dois sistemas alternativos, a gerência do Box pediu que fosse conduzido um estudo sobre amostras representativas de peças. A Tabela 3.4 for-

Tabela 3.3 CTE — Taxas de custos indiretos propostos baseadas no plano de 2005

Cálculo da hora de mão-de-obra direta				
Custos indiretos $	*Variável*	Fixo	Fixo	
		Depreciação	*Outros*	*Total*
Sala principal de teste	$ 887.379	$ 88.779	$ 1.126.958	$ 2.103.116
Sala de teste mecânico	443.883	808.103	679.327	1.926.563
Total	$ 1.331.212	$ 896.882	$ 1.801.285	$ 4.029.379
Decomposição de custos				
Variável			$ 95.105	
Fixo				
Depreciação			391.118	
Outros			198.380	
Custos indiretos da Engenharia e Administração				$ 684.603
Custo de mão-de-obra direta				3.260.015
Taxa hora de mão-de-obra direta = custos Engenharia e Administração/custo de mão-de-obra				684.603/ 3.260.015 = 21%
Taxa hora efetiva de mão-de-obra				20%

Tabela 3.4 Mão-de-obra direta e horas-máquina necessárias para um lote efetivo

	Trabalho direto $	Horas sala principal	De sala de mecânica	Hora-máquina TOTAL
CI A	917	8,5	10,0	18,5
CI B	2.051	14,0	26,0	40,0
CI C	1.094	3,0	4,5	7,5
CI D	525	4,0	1,0	5,0
CI E	519	7,0	5,0	12,0

nece um desdobramento do custo de mão-de-obra direta e horas necessárias de hora-máquina por lote para os cinco componentes selecionados para o estudo.

Futuro tecnológico

Em 2005, a divisão deparou com mudanças significativas na tecnologia de testes, que exigiam importantes decisões de aquisição de equipamentos. Os equipamentos de testes existentes estavam envelhecendo e não seriam capazes de continuar a atender aos desenvolvimentos de tecnologia de componentes. Os componentes existentes, por exemplo, tinham entre 16 e 40 terminações de entrada/saída (ou seja, pinos ou outras configurações compartilhadas), e os equipamentos do centro poderiam lidar com até 120 terminações. Apesar de o limite de 120 terminações ter sido poucas vezes atingido em anos anteriores, uma nova geração de componentes com até 256 terminações já havia sido desenvolvida. Do mesmo modo, o limite superior de freqüência nos componentes existentes era de 20 MHz (milhões de ciclos por segundo), enquanto se esperava para a geração seguinte a freqüência de 50 MHz.

O equipamento necessário para testar a nova geração de componentes seria muito caro. Cada máquina custava aproximadamente $ 2 milhões. Serviços de testes nesse equipamento seriam mais automatizados do que os serviços processados no equipamento existente, com ciclos de teste mais longos e com geração de mais dados de teste por peça. Era provável também que os lotes de teste fossem maiores. O novo equipamento não eliminaria o equipamento existente, mas simplesmente adicionaria capacidades que o CTE não possuía na ocasião. Além disso, o novo equipamento seria necessário somente para atender às exigências de um ou dois clientes, no futuro previsível. A Tabela 3.5 a seguir mostra resumidamente a economia proporcionada pelo novo equipamento e suas características operacionais.

O impacto desse novo equipamento seria uma aceleração no declínio nas horas de mão-de-obra direta por lote de componentes. Ao mesmo tempo, os custos indiretos aumentariam com a depreciação adicional e com os custos de engenharia associados ao novo equi-

Tabela 3.5 Aspectos econômicos do novo teste de características operacionais

Custo	$ 2 milhões
Vida útil	8 anos
Método de depreciação	Balanço de declínio duplo (Custo de depreciação do primeiro ano de $ 500.000)
Localização	Sala de teste principal
Utilização	10% no primeiro ano, subindo para 60% no terceiro ano e anos subseqüentes, baseado em 4.000 horas de disponibilidade por ano (2 turnos × 2.000 horas/ano)
Necessidades de trabalho	Aproximadamente cinco minutos por hora de operação; Taxa média de MOD de $ 30,00 por hora
Necessidade de engenharia	$ 75.000 em instalação e custo de programação no primeiro ano
Despesas gerais estimadas (depreciação de não-engenharia)	$ 250.000 ($ 100.000 variável, $ 150.000 fixo)

pamento. Isso resultaria em grande aumento na taxa de custos indiretos por unidade de custo de mão-de-obra direta.

Você, como controller, estaria num dilema. A aquisição do novo equipamento traria um efeito desastroso na estrutura de formulação de preço da divisão se o sistema de alocação de custos indiretos baseado na mão-de-obra direta continuasse em uso: o investimento de $ 2 milhões em uma grande máquina eletrônica de testes para testar *chips* de um ou dois clientes; ela seria muito rápida e iria requerer pouca mão-de-obra direta. Sua aquisição teria um efeito significativo na taxa vigente de custos indiretos por unidade de custo de mão-de-obra direta, o qual resultaria em aumento de custos para os outros clientes. É evidente que se tentasse repassar tal aumento aos clientes, isso os espantaria. Você teria receio de perder 25% da base de clientes se não mudasse o sistema de custos vigente.

Tópicos para discussão

1. Descreva o sistema existente de custeio do CTE.
2. Como é calculada a taxa de 145% para a apropriação de custos operacionais indiretos?
3. Por que o CTE usa 145% e não o número exato?
4. Quais são os custos reportados dos cinco produtos relacionados na Tabela 3.4?
5. O que não funciona no sistema existente de custeio?
6. Por que o CTE implantou inicialmente o sistema existente?

7. Quais tipos de produtos serão subcusteados e supercusteados pelo sistema existente de custeio?
8. Como o CTE propôs redesenhar o sistema existente de custeio para superar suas deficiências?
9. Qual é a estrutura de sistema de custeio sugerido pelo gerente de contabilidade?
10. Quais são as percepções proporcionadas pelo novo sistema de custeio que não eram oferecidas pelo sistema de custeio com um único centro de custos?
12. Qual é a estrutura do sistema de custeio sugerida pelo consultor?
13. Quais são as percepções proporcionadas por esse sistema de custeio que não eram oferecidas pelos outros dois sistemas de custeio?
14. Esses novos custos reportáveis são mais acurados do que os anteriores?
15. O novo equipamento deveria constituir-se em um centro de custos separado?
16. Como saber se existem centros de custos suficientes?

CAPÍTULO 4

Sistemas tradicionais de custo

Ao final deste capítulo, você estará apto a:

- *Fazer a distinção entre custeio por processo e custeio por ordem de produção.*
- *Entender que tipos de empresas adotam um ou outro sistema de custeio.*
- *Apurar os custos dos produtos utilizando cada um dos dois sistemas de custeio.*
- *Calcular as taxas predeterminadas de custos indiretos de fabricação e aplicar esses custos aos produtos.*
- *Saber como apurar os custos indiretos de fabricação subaplicados ou superaplicados.*
- *Saber como o custo-meta e o custo kaizen são empregados ao longo das fases do ciclo de vida do produto.*

No capítulo anterior, um dos assuntos tratados foi o custeio por absorção, em que todos os custos de fabricação, fixos e variáveis, são apropriados aos produtos, isto é, os produtos absorvem integralmente os custos de fabricação. A maioria dos países, incluindo o Brasil, exige o uso do custeio por absorção na contabilidade financeira, nos relatórios financeiros e nos livros fiscais. Serão examinados neste capítulo dois sistemas em que o custeio por absorção é empregado: custeio por ordem de produção e custeio por processo.

Na terceira seção deste capítulo, será abordado o custeio do ciclo de vida (conhecido também como *total life cycle costing*), que é o processo de gerenciar todos os custos nas várias fases do ciclo. Serão discutidos o custo-meta (*target costing*), o custo kaizen (*kaizen costing*) e como são empregados ao longo do ciclo de vida do produto.

4.1 Custeio por ordem de produção

Esse sistema estima os custos de manufatura para diferentes produtos demandados pelos clientes. Cada pedido é uma ordem de produção. Nesse sistema, os custos são apropriados às ordens de produção e o somatório de todos eles é dividido pelo número de unidades produzidas para determinar o custo médio unitário. Tudo o que é feito em lote ou por encomenda, como fabricação de calçados e de aviões, serviços de gráfica e de refeições, permite a utilização desse sistema.

Vamos acompanhar esse sistema de custeio seguindo uma ordem de produção à medida que avança no processo de fabricação de uma tonelada. Esse produto tem uma rota de produção que se inicia na máquina 1, passa pela máquina 2 e termina na máquina 3. A estrutura do produto é a seguinte:

Item	Uso por tonelada do produto final
Componente X kg	5
Componente Y l	15
Componente Z kg	20

A empresa precisa emitir uma requisição de material, documento em que são especificados o tipo e a quantidade dos materiais a serem retirados do almoxarifado e a ordem de produção em que devem ser debitados os custos dos materiais. No início da produção são requisitados 5 kg do componente X e 20 kg do componente Z. O produto em processo passa na máquina 2 e termina na máquina 3, onde são requisitados 15 l do componente Y, a custo médio.

À medida que o material vai sendo requisitado para a ordem de produção, o sistema de estoque da empresa deve informar o custo unitário do item solicitado. Esse custo pode ser o custo médio ponderado do estoque naquele momento, ou o custo de reposição, isto é, o valor do item no mercado. Os dois valores podem ser diferentes, dependendo do tempo que o material permanece em estoque e do nível de inflação. O uso do custo médio tem finalidade contábil, e o custo de reposição, finalidade gerencial. O custo total dos materiais diretos é de $ 164,25, conforme demonstrado a seguir.

Item	Uso por tonelada do produto final	Preço por unidade	Valor total
Componente X kg	5	$ 10	$ 50
Componente Y l	15	0,95	100
Componente Z kg	20	5	14,25
Total			164,25

Após o fornecimento dos materiais diretos, a contabilidade emite uma folha de registro de custo na qual devem constar os custos dos materiais, da mão-de-obra e os custos indiretos decorrentes dessa ordem de produção. (Veja p. 75.)

A seguir, é feito o tratamento do custo de mão-de-obra direta, de forma similar ao do custo dos materiais. Essa mão-de-obra pode ser identificada diretamente com uma ordem de produção específica. Quando isso não for possível, será considerada parte dos custos indiretos de fabricação.

Os funcionários deverão registrar diariamente o tempo gasto em cada tarefa ou ordem em um cartão de ponto individual, anotando o número da ordem de produção e o tempo empregado para produzir uma tonelada do produto. Esse cartão poderá conter o tempo despendido para mais de uma ordem. Os dados relativos ao tempo despendido por cada funcionário em cada ordem são alimentados automaticamente no computador, que no final fornecerá o total de horas. No caso do nosso produto, o tempo total de produção ficou assim distribuído:

Máquina 1 — 100 homens-horas
Máquina 2 — 50 homens-horas
Máquina 3 — 20 homens-horas

O passo seguinte é atribuir os custos da mão-de-obra ou a taxa de MOD, que é a soma dos salários do setor e das horas disponíveis dos funcionários e deve ser calculada em cada setor da fábrica.

Na máquina 1 operam dois funcionários, cuja folha, com encargos, é de $ 1.000 com 180 horas disponíveis de cada funcionário.

Taxa de MOD = $ 1.000 ÷ 2 = 500 ÷ 180 = $ 2,78 homem-hora

Na máquina 2 operam dois funcionários, cuja folha, com encargos, é de $ 1.060 com 180 horas disponíveis de cada funcionário.

Taxa de MOD = $ 1.060/360 = $ 2,94 homem-hora

Na máquina 3 opera um funcionário, cuja folha, com encargos, é de $ 480, com 180 horas disponíveis.

Taxa de MOD = $ 480/180 = $ 2,67 homem-hora

O custo do MOD ficou em $ 478,40, como demonstrado a seguir.

	Tempo	Taxa MOD	Valor total
Máquina 1	100 homens-horas	$ 2,78	$ 278
Máquina 2	50 homens-horas	2,94	147
Máquina 3	20 homens-horas	2,67	53,4
Total			478,4

O custo indireto de fabricação é o último item a ser apurado e incluído na folha de registro de custo dessa ordem de produção. Sua apropriação ao produto não é tarefa simples e direta, como acontece com a apropriação dos materiais e da mão-de-obra, porque:

- por ser indireto, esse custo não guarda nenhuma relação de causa e efeito com o objeto de custo, no caso, o produto a ser fabricado;
- esse custo é composto por diversos itens que não guardam afinidades entre si. Falamos da depreciação das máquinas e do edifício da fábrica, do salário do pessoal da manutenção, engenharia, produção, do controle de qualidade e até dos insumos utilizados na produção;
- esse custo tende a permanecer relativamente estável, independentemente do volume de produção, devido ao comportamento fixo de seus itens.

A única maneira de apropriar os custos indiretos aos produtos, portanto, é mediante a alocação ou o rateio, utilizando um critério comum a todos os produtos da empresa, por exemplo, horas de mão-de-obra direta, horas-máquina, custo do material aplicado. O uso de diferentes critérios de rateio provoca distorções, como mostrado na Seção 3.3 do Capítulo 3.

O critério de alocação é utilizado para calcular a taxa predeterminada de custo indireto, da seguinte maneira:

Taxa predeterminada = Total estimado do custo indireto / Quantidade total estimada do critério de alocação

O valor do custo indireto a ser aplicado a determinada ordem de produção é calculado como:

Taxa predeterminada × Quantidade do critério de alocação consumida pela ordem de produção

Por exemplo, se a taxa predeterminada é de $ 10 por hora de mão-de-obra direta, então $ 10 de custo indireto serão apropriados à ordem de produção para cada hora de mão-de-obra direta por ela consumida.

Retomando o exemplo anterior, suponhamos que a empresa estimou um custo indireto de fabricação anual em $ 340.000 e em 170.000 horas de mão-de-obra direta disponível. A taxa predeterminada de custo indireto é de $ 2 por hora de mão-de-obra, como se segue:

= $ 340.000 / 170.000 horas de MOD = $ 2 / hora de MOD

Na folha de registro dos custos, há um apontamento de 170 horas de MOD aplicadas a essa ordem de produção. Logo, o custo indireto aplicado a essa ordem é de $ 340, como se segue:

= Taxa predeterminada × Número de horas MOD aplicadas
= $ 2 × 170 horas = $ 340

A folha de registro de custo seria desta maneira:

Ordem nº: ______________ Data início: ______________ Data término: ______________
Departamento: ______________ Item: ______________

Materiais diretos		Mão-de-obra direta			Custos indiretos		
Nº requisição	Valor	Seção	Horas	Valor	Horas	Taxa	Valor
XCX	164,25	Máquina 1	100	$ 278	2	170	340
		Máquina 2	50	147			
		Máquina 3	20	53,4			
				478,4			

Resumo do custo:

Materiais $ 164,25 Custo por 12g $ 0,982
Mão-de-obra $ 478,40 Custos indiretos $ 340,00
Total: $ 982,65

A necessidade de aplicar uma taxa predeterminada

Por que a empresa tem de utilizar uma taxa de custo indireto determinada com antecedência, usando valores estimados tanto no valor do custo indireto quanto no volume do critério de alocação a ser utilizado? Por que ela não pode utilizar a taxa real, com valores e quantidades reais?

Se a empresa utilizasse a taxa real, teria de esperar o término do período contábil (mês, semestre ou ano) para obter os custos indiretos de fabricação reais e o volume real do critério de alocação escolhido. Que problemas isso acarretaria?

- Tempo demasiado longo para a empresa fechar seu balancete ou balanço mensal. Isso significa que deveria apurar antes os custos reais indiretos e o volume real, calcular a taxa real, os custos das ordens e fazer o lançamento na contabilidade. Só depois disso a empresa fecharia o balanço.
- Os gerentes não saberiam os custos das ordens fabricadas até que a taxa real fosse calculada. Se esta taxa fosse calculada somente no final do exercício contábil anual, por exemplo, todos os milhares de ordens produzidas e vendidas ao longo do ano não teriam seus custos calculados.

Para resolver essa situação, a empresa poderia calcular com maior freqüência, talvez mensalmente, a taxa real. Além do primeiro problema mencionado, fatores sazonais do custo indireto ou do critério de alocação podem ocasionar variações nas taxas reais. Isto é, todo mês a taxa real teria um valor diferente, fosse pela alteração do numerador (valor do custo indireto), fosse pela mudança do denominador (volume do critério e alocação), ou seja, pela alteração simultânea das duas variáveis. Essas variações podem gerar confusões na análise dos custos das ordens.

O uso da taxa predeterminada elimina todos esses problemas e simplifica o registro contábil. As empresas trabalham com uma taxa predeterminada que vale para o ano inteiro, estimando para o ano tanto o valor do custo indireto quanto o volume do critério de alocação. Isso não quer dizer, entretanto, que adotar essa taxa afaste totalmente os problemas, muito pelo contrário.

Geralmente, existirá uma diferença entre o valor do custo indireto aplicado aos produtos e o valor do custo indireto efetivamente incorrido ao final do período. Poderá haver subaplicação, quando os custos indiretos rateados forem inferiores aos custos reais, superaplicação, quando forem superiores. Vamos exemplificar com os seguintes dados:

Custo indireto de fabricação estimado para o ano	$ 400.000
Horas-máquina estimadas para o ano	40.000
Taxa predeterminada de custo indireto	$ 10 por hora-máquina
Custo indireto de fabricação real do ano	$ 380.000
Horas-máquina reais do ano	36.000
Custo indireto de fabricação real do ano	$ 380.000
Custo indireto aplicado durante o ano:	
36.000 horas-máquina × $ 10	$ 360.000
Custo indireto subaplicado	$ 20.000

Nesse exemplo, houve uma subaplicação, porque o valor do custo indireto aplicado aos produtos durante o ano ($ 360.000) é inferior ao custo indireto real do ano ($ 380.000). Isso pode ter acontecido porque os custos indiretos não estão sob controle e/ou porque o volume de horas-máquina incorrido na produção foi abaixo do estimado e não houve uma redução proporcional no custo indireto. Grande parte do custo indireto apresenta sempre o mesmo comportamento, não variando conforme aumenta ou diminui o número de horas-máquina utilizadas. (Veja a Figura 4.1 a seguir.)

Essa diferença — subaplicação ou superaplicação — ao final do exercício deverá ser lançada ou contra custo dos produtos vendidos, ou rateada entre produtos em processo, produtos acabados e custo dos produtos vendidos. O primeiro método é mais simples e deve ser utilizado quando a diferença não for substancial. Se o valor tiver sido subaplicado, deverá ser aumentada a conta de custo dos produtos vendidos, debitando-a; se for superaplicado, essa conta deverá ser diminuída.

O segundo método é mais preciso do que o anterior. Nele, o rateio entre essas contas distribui os custos indiretos pelos lugares para onde deveriam ter ido se não tivessem acontecido erros nas estimativas que geraram a taxa predeterminada. A lógica do rateio é bem simples: verifica-se, ao final do exercício, quantas unidades a empresa tem em estoque, sob a forma de produto em processo e produto acabado, e quantas unidades já foram vendidas

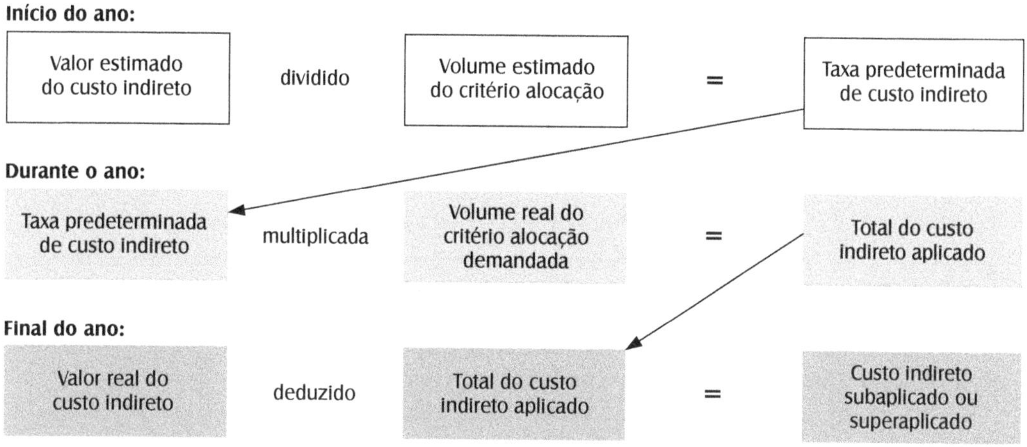

Figura 4.1 Determinação do custo indireto subaplicado ou superaplicado

e lançadas em conta de produtos vendidos. O rateio se dará de forma proporcional à quantidade das unidades em cada uma das contas. Os valores dessas contas aumentam, no caso de subaplicação, e diminuem, no caso de superaplicação.

Por fim, discute-se a escolha do critério de alocação dos custos indiretos. Esse critério deve direcionar o custo indireto, deve guardar relação com esse custo. Caso contrário, ocorrerá distorção no custo dos produtos, pois o valor do custo indireto alocado será impreciso. Assim, se a empresa escolher horas de mão-de-obra direta para alocação do custo indireto, mas for de capital intensivo, muito mecanizada e com baixa utilização de mão-de-obra na fábrica, o direcionador que relacionou se mostrará inadequado. Os produtos que exigiram muitas horas de mão-de-obra receberão uma parcela incorreta de custo indireto e estarão supercusteados. O mais apropriado, nesse caso, seria escolher horas-máquina.

As empresas costumam escolher horas de mão-de-obra direta e horas-máquina como critério de alocação de custo indireto. Porém, com as mudanças ocorridas na estrutura de custos das empresas na década de 1980, os custos indiretos passaram a representar uma parcela significativa dos custos delas. Seja porque as empresas têm adquirido equipamentos sofisticados e automatizados, seja porque têm contratado mais engenheiros para pensar em novos processos de fabricação e novos produtos, o fato é que o custo da mão-de-obra direta tem sido menor no custo do produto, mas aumentou o peso do custo indireto. A questão crucial é que o critério de alocação de custo indireto escolhido pela empresa deve direcionar o custo indireto aos produtos.

Uma alternativa que as empresas têm adotado, diante desse cenário, é a aplicação de taxas múltiplas de custo indireto, em vez de uma única taxa predeterminada para toda a fábrica. Quando se utilizam taxas múltiplas, o custo indireto é alocado a cada etapa do processo produtivo ou a cada departamento, de acordo com a respectiva taxa, à medida que a ordem de produção avança. O departamento que utilizar mais intensivamente mão-de-obra direta poderá utilizar o critério de horas de mão-de-obra, enquanto o departamento que fizer maior uso de máquinas deverá usar o critério de horas-máquina.

Esse método é mais trabalhoso e complexo, especialmente no que se refere ao destino a ser dado à subaplicação ou superaplicação do custo indireto ao final do exercício contábil. É mais preciso, porém, com relação à alocação do custo indireto aos produtos, pois deve refletir as diferenças na maneira como os diferentes departamentos incorrem em custos.

4.2 Custeio por processo

Esse sistema de custeio em geral é utilizado nas empresas que fabricam muitas unidades de um mesmo produto, que flui de modo uniforme e contínuo pelo processo de fabricação. Exemplos de empresas como essas são as indústrias químicas, alimentícias, siderúrgicas, de engarrafamento de bebidas e de alumínio, entre outras.

A idéia básica desse custeio é acumular os custos, por um período, de determinada operação fabril ou departamento e dividir o total pelas unidades produzidas por essa operação ou departamento no mesmo período. Dessa forma, será obtido o custo unitário por unidade de produto (em quilograma, litro, metro linear). Como é obtido um produto essencialmente homogêneo, o resultado é um custo médio aplicável a qualquer outra unidade produzida no fluxo de produção.

Tanto esse sistema como o de custeio por ordem de produção apropriam os custos de materiais, mão-de-obra e custos indiretos aos produtos, e o fluxo dos custos ao longo das contas de fabricação é o mesmo nos dois sistemas.

No entanto, enquanto no custeio por processo os custos são acumulados por departamento ou operação, no custeio por ordem de produção são acumulados por ordem, individualmente. Cada ordem tem uma especificação diferente, daí o cálculo ser realizado por ordem. No custeio por processo não é relevante saber o custo de cada pedido, pois constitui um dos muitos que serão atendidos pelo fluxo contínuo e homogêneo da linha de produção.

Para ilustrar a aplicação desse sistema de custeio, vamos utilizar o exercício do final do Capítulo 3. O enunciado do exercício é o seguinte:

Os custos de suporte de manufatura são de $ 1.127.800, divididos entre os seguintes departamentos:

Departamentos de produção

Prensa	65.600
Estamparia	131.600
Acabamento	51.000
Empacotamento	29.600

Os custos acumulados nesses departamentos incluem supervisão, suprimentos e depreciação das máquinas:

Departamentos de suporte da fábrica

Manutenção	160.000
Setup máquinas	300.000
Controle de qualidade	120.000
Planejamento	180.000
Administrativo	90.000

Os custos acumulados nesses departamentos incluem salários e encargos dos trabalhadores que executam essas atividades, bem como custos das ferramentas e material utilizado. Os custos do departamento administrativo incluem os salários da administração da planta, o aluguel e serviços de condomínio.

Você deverá levar os custos dos departamentos de suporte primeiramente aos departamentos de produção, usando bases de alocação para cada departamento (escolha da Tabela 4.1). Em seguida, acumule os custos alocados dos departamentos de suporte aos custos de suporte dos departamentos de produção (veja a Tabela 4.2). Por fim, aproprie os custos acumulados nos departamentos de produção para os produtos com base em direcionadores de custo predeterminados. Identifique antes o direcionador mais apropriado (homem-hora ou hora-máquina) para cada departamento produtivo e, em seguida, calcule a taxa de alocação de cada departamento de produção (veja as Tabelas 4.3 e 4.4).

Tabela 4.1

	Departamentos de produção				
Bases de alocação	**Prensa**	**Estamparia**	**Acabamento**	**Empacotamento**	**Total**
Valor das máquinas $	300.000	600.000	180.000	120.000	1.200.000
Número de *setups*	200	400	200	200	1.000
Horas-máquina	6.000	22.000	9.000	3.000	40.000
Horas de mão-de-obra direta	2.000	11.000	6.000	6.000	25.000

Tabela 4.2

	Departamentos de produção					
Bases de alocação	**Prensa**	**Estamparia**	**Acabamento**	**Empacotamento**	**Total**	**Departamento de suporte**
Valor das máquinas $	25%	50%	15%	10%	100%	manutenção
Número de *setups*	20%	40%	20%	20%	100%	*setup* máquinas
Horas-máquina	15%	55%	23%	8%	100%	controle de qualidade
Horas de mão-de-obra direta	8%	44%	24%	24%	100%	planejamento

Tabela 4.3

Custo total						
Departamentos de Produção	**Custos diretos**	**Manutenção**	***Setup* máquinas**	**Controle de qualidade**	**Planejamento**	**Custo de suporte**
Prensa	65.600	40.000	60.000	18.000	14.400	198.000
Estamparia	131.600	80.000	120.000	6.000	79.200	476.800
Acabamento	51.000	24.000	60.000	27.000	40.500	202.500
Empacotamento	29.600	16.000	60.000	9.000	13.500	128.100
Total	277.800	160.000	300.000	120.000	147.600	1.005.400

Tabela 4.4

Departamentos de produção				
	Prensa	**Estamparia**	**Acabamento**	**Empacotamento**
Custos de suporte manufatura	198.000	476.800	202.500	128.100
Direcionador de custo mais apropriado para cada departamento				
Horas-máquina	6.000	22.000	9.000	3.000
Horas de mão-de-obra direta	2.000	11.000	6.000	6.000
Taxa de alocação por depto.	33,00	21,67	33,75	21,35
Taxa	33,00 = $ 188.000 ÷ 6.000	21,67 = 476.800 ÷ 22.000	33,75 = 202.500 ÷ 9.000	20,35 = 128.150 ÷ 6.000

As bases de alocação para cada departamento de suporte foram definidas anteriormente. Assim, por exemplo, os custos de manutenção serão alocados com base no valor das máquinas (os percentuais já estão calculados para cada departamento de produção); os de *setup* de máquinas, alocados por número de *setups*; os de controle de qualidade, por horas-máquina; e os custos de planejamento, por horas de mão-de-obra direta. Os custos do departamento administrativo foram deixados de lado, por não terem um direcionador apropriado.

Os custos dos departamentos de suporte são levados a cada departamento de produção usando-se os critérios de alocação, já definidos. Assim, 25% do custo do departamento de Manutenção de $ 160.000 (correspondentes a $ 40.000) serão alocados ao departamento de Prensa; 50%, à Estamparia; 15%, ao Acabamento; e 10%, ao Empacotamento. A coluna Manutenção, na Tabela 4.3, totaliza $ 160.000.

O mesmo raciocínio deve ser adotado para o Controle de qualidade, em que 15% do seu custo de $ 120.000 (correspondentes a $ 18.000) são alocados para o setor de Prensa; 55%, para Estamparia; 23%, para Acabamento; e 8%, para Empacotamento. A coluna Controle de qualidade, na Tabela 4.3, totaliza $ 120.000.

Esses custos são adicionados aos custos de suporte dos departamentos de produção, encontrando-se um custo total de suporte para cada departamento de produção (veja a última coluna na Tabela 4.3.).

O próximo passo é identificar o direcionador mais apropriado a cada departamento produtivo para levar o custo de suporte de cada um deles aos produtos. Isso é feito mediante as taxas de alocação do direcionador de custo para cada departamento. Assim, o direcionador horas-máquina será utilizado nos departamentos de Prensa e Estamparia, e o direcionador homens-horas, nos departamentos de Acabamento e Empacotamento, por terem maior concentração de mão-de-obra.

A taxa de alocação do direcionador de cada departamento é calculada dividindo-se o custo de suporte do departamento pelo volume do direcionador escolhido.

Por exemplo, a taxa de $ 33 por hora-máquina de prensa foi calculada dividindo-se $ 198.000 por 6.000 horas-máquina.

As taxas de alocação servirão para alocar os custos acumulados nos departamentos de produção aos produtos da empresa. No caso deste exercício, vamos calcular os custos de dois produtos: A e B (veja Tabela 4.5). Seus valores são compostos da seguinte maneira:

1. **Custos de suporte de manufatura dos departamentos de produção**
   - $ 1.320 e $ 528 do departamento de Prensa para os produtos A e B, respectivamente, resultado da multiplicação da taxa hora-máquina pelas respectivas horas-máquina de prensa empregadas nesses produtos.
   - $ 3.034 e $ 1.214 do departamento de Estamparia para os produtos A e B, respectivamente, resultado da multiplicação da taxa hora-máquina pelas respectivas horas-máquina de estamparia empregadas nesses produtos.
   - $ 1.350 e $ 540 do departamento de Acabamento para os produtos A e B, respectivamente, resultado da multiplicação da taxa homem-hora pelas respectivas horas de mão-de-obra de acabamento empregadas nesses dois produtos.
   - $ 854 e $ 342 do departamento de Empacotamento para os produtos A e B, respectivamente, resultado da multiplicação da taxa homem-hora pelas respectivas horas de mão-de-obra de empacotamento empregadas nesses produtos.
2. **Custo de mão-de-obra direta empregada em cada departamento de produção**
   - $ 331 e $ 129 do departamento de Prensa para os produtos A e B, respectivamente, resultado da multiplicação do custo por hora de $ 18,40 pelas horas de mão-de-obra de prensa empregadas nesses produtos.
   - $ 1.666 e $ 666 do departamento de Estamparia para os produtos A e B, respectivamente, resultado da multiplicação do custo por hora de $ 23,8 pelas horas de mão-de-obra de estamparia empregadas nesses produtos.
   - $ 632 e $ 253 do departamento de Acabamento para os produtos A e B, respectivamente, resultado da multiplicação do custo por hora de $ 15,80 pelas horas de mão-de-obra de acabamento empregadas nesses produtos.
   - $ 528 e $ 211 do departamento de Empacotamento para os produtos A e B, respectivamente, resultado da multiplicação do custo por hora de $ 13,20 pelas horas de mão-de-obra de empacotamento empregadas nesses produtos.

3. **Custo de materiais diretos empregados em cada departamento de produção nos dois produtos**
   – O custo total de fabricação desses produtos, que compreende os custos diretos de materiais e mão-de-obra e os custos indiretos de suporte de manufatura, totaliza $ 14.453 e $ 6.349 para os produtos A e B, respectivamente. Dividindo pela quantidade produzida – 12.000 e 5.000 unidades, respectivamente –, temos o custo unitário de $ 1,2 para o produto A e de $ 1,27 para o produto B.

Como foi dito no início desta seção, a idéia básica desse custeio é acumular os custos de determinada operação fabril ou departamento e dividir o total pelas unidades produzidas nessa operação ou nesse departamento no mesmo período. Dessa forma, será obtido o custo unitário por unidade de produto. Esse resultado é um custo médio aplicável a qualquer outra unidade do fluxo de produção, uma vez que o produto é essencialmente homogêneo.

Tabela 4.5

	Produto A	Produto B	Produto A	Produto B
	Horas-máquina		**$**	**$**
Prensa	40	16	1.320	528
Estamparia	140	56	3.034	1.214
Acabamento	60	24		
Empacotamento	20	18		
	Horas de mão-de-obra			
Prensa	18	7		
Estamparia	70	28		
Acabamento	40	16	1.350	540
Empacotamento	40	16	854	342
	Custo por hora (mão-de-obra) $			
Prensa	18,4	18,4	331	129
Estamparia	23,8	23,8	1.666	666
Acabamento	15,8	15,8	632	253
Empacotamento	13,2	13,2	528	211
	Custos material direto total $			
Prensa	2.658,4	1.186,6	2.658,4	1.186,6
Estamparia	1.446,6	788,8	1.446,6	788,8
Empacotamento	632,8	491,4	632,8	491,4
Custo total de manufatura			14.453	6.349
Número de unidades			12.000	5.000
Custo unitário			1,20	1,27

4.3 Custo-meta e custo kaizen (*target* e *kaizen costing*)

Ao longo do ciclo de vida dos produtos, eles acumulam custos. O custeio do ciclo de vida (conhecido como *total life cycle costing*) é o processo de gerenciar todos os custos no decorrer das várias fases do ciclo de vida, que são: desenho, desenvolvimento, manufatura, marketing, distribuição, manutenção, serviço pós-venda e descarte. Enfim, é entender os custos do produto desde sua concepção até sua morte.

Decidir como alocar os recursos ao longo do ciclo de vida é um processo interativo. Inicialmente, a empresa pode decidir gastar mais no desenho e reduzir o custo nas fases posteriores. Em seguida, pode determinar também a redução dos custos da fase inicial de desenho. Custos de oportunidade devem ser considerados nessa perspectiva do ciclo de vida, porque é possível desenvolver apenas um número limitado de produtos em um período.

Vamos examinar cada uma das três fases do ciclo de vida do produto.

Pesquisa, desenvolvimento e engenharia

Essa fase consta de três estágios:

- *Pesquisa de mercado*: as necessidades dos clientes são avaliadas, e são geradas idéias para novos produtos.
- *Desenho do produto*: engenheiros desenvolvem os aspectos técnicos dos produtos.
- *Desenvolvimento do produto*: a empresa cria os atributos críticos para a satisfação do cliente, desenha os protótipos, os processos de produção e o ferramental necessário.

Segundo Shields & Young (1991), 80 a 85% dos custos da vida do produto são compromissados pelas decisões feitas nessa fase; apenas 10 a 15% desses custos são incorridos. Decisões tomadas nessa fase são críticas, porque um dólar adicional gasto pode produzir economia de ao menos $ 8 a $ 10 nas fases seguintes.

Manufatura

Fase em que os custos são incorridos na transformação do produto. Não há muito espaço para o pessoal da engenharia influenciar os custos do produto e o seu desenho, porque já foram determinados na fase anterior; 10% dos custos são compromissados nessa fase, e 25% são incorridos. Tradicionalmente, é nela que as empresas gastam energia para apurar os custos dos produtos.

Serviço pós-venda e descarte

Essa fase se inicia quando a primeira unidade do produto chega às mãos do consumidor. Depois disso, é feito o acompanhamento do crescimento das vendas, quando o produto atinge a maturidade; segue-se o declínio das vendas e a morte e/ou descarte do produto, dependendo do tipo.

Nessa fase, menos de 10% dos custos são compromissados, e 50% são incorridos.

Os custos ao longo do ciclo de vida obviamente irão variar conforme a indústria e o produto. Os custos apresentados na Figura 4.2 a seguir, porém, representam uma média das indústrias.

Custo-meta

Existem várias definições para esse custo. Segundo Williamson (1997), custo-meta (ou *target costing*) é um processo que assegura que os produtos e serviços sejam desenhados de tal modo que a empresa possa vendê-los por um preço baixo e obter um lucro justo. Para Atkinson et al, trata-se de um método de planejamento de lucro e custo usado durante a fase de planejamento para reduzir os custos de manufatura aos níveis desejados. Finalmente, para Souza, consiste de uma metodologia integrada de apuração de custo com característica integrada de redução de custo do produto desde a fase de concepção até o pós-venda.

Comparando o custo-meta com o custeio tradicional, podem ser encontradas as diferenças listadas a seguir.

Custeio tradicional

Pesquisa de mercado → especificação do produto → desenho → engenharia → → precificação do fornecedor → custo estimado

A margem é o resultado da equação a seguir:

margem desejada = preço esperado – custo estimado

Uma variação desse método é o do *cost-plus*, onde:

preço = custo estimado + margem esperada

Nesses dois métodos, os engenheiros, assim como a empresa, não fazem nenhuma tentativa de atingir um custo-meta em particular.

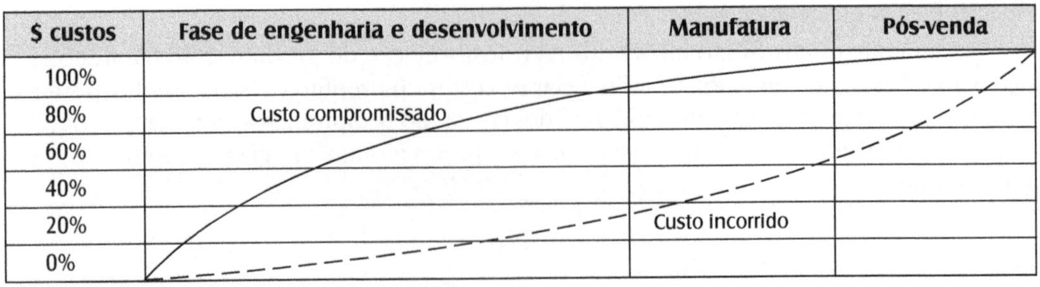

Fonte: Atkinson et al, 2001.

Figura 4.2 Fases do ciclo de vida do produto

Custo-meta

Pesquisa de mercado → especificação do produto → desenho → engenharia → preço-meta

Partindo-se do preço-meta como resultado da percepção de quanto o consumidor estará preparado para pagar:

preço-meta - margem desejada = custo-meta

Diferentemente do método tradicional, o custo-meta é a diferença entre o preço-meta e a margem desejada.

Uma vez estabelecido o custo-meta, a empresa deve determinar custos-meta para cada componente do produto.

A empresa, então, lança mão de três técnicas de redução de custos para atingir o custo-meta.

- *Engenharia de valor*: é o processo de examinar cada componente de um produto para determinar se seu custo pode ser reduzido sem provocar perda de sua funcionalidade e seu desempenho. Em alguns casos, o desenho do produto pode ser alterado; o material usado na produção pode ser trocado; ou o processo de manufatura pode ser redesenhado. Engenharia de valor é um enfoque sistemático na busca do melhor balanço funcional entre custo, desempenho e confiabilidade do produto.
- *Integração da cadeia logística* (*supply chain management*): desenvolvimento de relações cooperativas, de mútuo benefício e de longo prazo entre fornecedores e clientes.
- *ABM, ou gestão baseada em atividades*: utilizada para eliminar atividades que não agregam valor dentro dos processos. Uma variante interessante no uso do ABC para determinação do custo-meta é o ABB (Activity Based Budgeting), um enfoque para orçamento com base nos dados *standard* do ABC. A ABB utiliza dados da relação entre as unidades de produção e as atividades requeridas para produzir essas unidades, a fim de desenvolver estimativas com razoável grau de precisão.

Assim, no desenvolvimento de um produto, se o preço-meta unitário *t* é de \$ 1.900 e o lucro esperado, de \$ 165, o custo-meta é de \$ 1.735. Vamos mostrar como seria esse cálculo:

Custos variáveis:	
Materiais	\$ 125
Componentes	230
Demais custos	95
Custos-padrão das atividades:	
Movimentar: 4 unidades a \$ 35	140
Produzir: 8 unidades a \$ 110	880
Montar: 3 unidades a \$ 85	255
Custo total	**\$ 1.725**

Verificamos que o custo-meta resultante do ABB é de $ 1.725, $ 10 mais baixo do que o custo-meta proposto.

Custo kaizen

Esse custo visa a redução dos custos durante a fase de manufatura, no ciclo de vida de um produto. É mais difícil e custoso fazer grandes mudanças para reduzir custos quando o produto já foi concebido e está em fase operacional, por isso os objetivos do custo kaizen são mais modestos que os do custo-meta, que proporciona maiores oportunidades para efetuar mudanças, porque ocorre ainda na fase de desenvolvimento.

Existem significativas diferenças entre o sistema tradicional baseado no padrão e o custo kaizen, como mostrado na Tabela a seguir.

Custeio-padrão	Custo kaizen
Objetivo é atingir os padrões de desempenho do custo.	Objetivo é atingir padrões de redução de custos.
Assume estabilidade nos processos atuais de manufatura.	Assume melhoria contínua na manufatura.
Padrões são estabelecidos duas vezes ao ano.	*Targets* de redução são estabelecidos todo mês.
Variações de custo são investigadas quando os padrões não são alcançados.	Investigação ocorre quando os valores de redução estabelecidos não são atingidos.
Gerentes e engenheiros desenvolvem padrões.	Trabalhadores estão próximos dos processos e sabem mais.

Fonte: Atkinson et al, 2001.

A empresa lança mão de algumas técnicas para alcançar a redução de custos:

- *Just-in-time*: processo de produção no qual os produtos são manufaturados somente quando demandados, isto é, solicitados pelo cliente. Com essa técnica, a empresa elimina todos os desperdícios, ou *mudas*, e reduz custos.
- *Sistema de garantia da qualidade centrada na gestão de processos*: faz com que as causas-raiz dos problemas sejam eliminadas na origem, evitando custos de retrabalho e garantindo melhor qualidade.
- *Custeio baseado em atividades*: pode ser considerado uma ferramenta operacional que permite maior visibilidade dos custos das atividades e dos processos, o entendimento de como os custos se originam e se comportam de acordo com os *cost drivers* e uma avaliação crítica da qualidade das atividades, verificando se agregam ou não valor.

Exercício de custeio por ordem de produção

Seus saldos de estoque no início do ano eram os seguintes:

- Matéria-prima: $ 20.000;
- Produtos em processo: $ 15.000;
- Produtos acabados: $ 30.000.

A empresa aplica o custo indireto às ordens de fabricação com base em horas-máquina. A previsão para o ano era de 75.000 horas-máquina e $ 450.000 de custo indireto.

As seguintes transações ocorreram no ano:

1. Compra de matéria-prima de $ 390.000.
2. Compra de materiais indiretos de $ 20.000, usados integralmente no processo de produção.
3. Matéria-prima usada na produção de $ 360.000.
4. Custos incorridos referentes a $ 75.000 de mão-de-obra direta; $ 110.000 de mão-de-obra indireta.
5. Outros custos indiretos incorridos durante o ano: energia consumida na fábrica de $ 43.000; depreciação das máquinas de $ 280.000; e seguro da fábrica de $ 7.000.
6. A empresa consumiu 80.000 horas-máquina no ano. Todo o custo indireto foi aplicado na produção, usando a taxa predeterminada e multiplicando pelo volume real de horas-máquina (veja a Figura 4.1).
7. O custo de produção, de acordo com as folhas de registro das ordens de produção, foi de $ 900.000, transferido para estoque de produtos acabados.
8. O custo de mercadoria vendida no ano foi de $ 870.000.

O custo indireto de fabricação no ano foi subaplicado ou superaplicado? De quanto foi a diferença? Para responder, você deverá calcular o custo indireto aplicado e o custo indireto real do ano. Lance a diferença do custo indireto contra o custo de mercadoria vendida. Por fim, calcule os saldos de final de ano das três contas de estoque.

CAPÍTULO 5

Sistema de custeio baseado em atividades (ABC)

Ao final deste capítulo, você deverá ser capaz de:

- *Entender as diferenças do sistema ABC (Activity Based Costing) em relação aos sistemas tradicionais.*
- *Conhecer a mecânica do custeio por atividade que liga os custos dos recursos às atividades realizadas e destas aos objetos de custo.*
- *Usar a informação do sistema ABC para melhorar sua atuação e tomar decisões mais acertadas em relação a produtos e clientes.*
- *Entender que, além de produtos, existem vários objetos de custo em uma empresa.*

Três colegas de trabalho saem para almoçar. Um deles, que está de regime, pede uma salada. Outro solicita um prato mais refinado, que levaria mais tempo para ser preparado. O terceiro escolhe apenas o prato do dia. Na hora de pagar, resolvem dividir a conta em três parcelas iguais. Ao fazerem essa opção, um deles sai perdendo. O que pediu uma salada subsidia o preço do outro que estava com fome; o valor do prato do terceiro colega ficou próximo da parcela paga e, assim, ele não teve prejuízo.

Com relação ao restaurante, a administração pode optar por um sistema simples de custeio, que é somar todos os custos — material, pessoal e administrativo — e dividir pelo número de refeições servidas. O resultado irá mascarar a realidade, assim como aconteceu com os três colegas de trabalho. Cada prato deve ser custeado de acordo com sua complexidade, para se ter uma real noção de sua rentabilidade.

Um erro parecido, porém real, ocorreu com o *call center* de uma empresa mista do governo do Estado de São Paulo. O *call center* era da empresa e atuava de forma passiva: recebia as ligações dos consumidores (pessoa física e jurídica), solicitando informações e serviços, reclamando providências prometidas e não tomadas e comunicando reparos. A administração da empresa estava calculando e acompanhando o custo de ligação recebida simplesmente dividindo o total das despesas do *call center* (folha de pagamento das operadoras, custo das linhas telefônicas, luz, aluguel e depreciação dos equipamentos) pelo número de chamadas recebidas a cada mês. Essas chamadas podiam ter durações distintas; ocorriam também desistências e atendimento automático pelo sistema URA (Unidade Responsiva Automática).

O custo de cada chamada, porém, variava mensalmente, o que tornava sua análise inócua. A variação não era devida às despesas (a maior parte destas era fixa), mas sim ao número de chamadas recebidas. Quanto maior o número de chamadas, menor o custo de uma ligação recebida; quanto menor o número de chamadas, maior o custo unitário. Podia-se chegar ao absurdo de a administração torcer para o número de ligações aumentar e, assim, o custo ser reduzido, para não ter que dar explicações. Mas o aumento do número de ligações estava relacionado, em sua maior parte, a reclamações dos consumidores por atrasos e serviços não prestados. O desempenho de atendimento telefônico típico de um mês era o seguinte:

- 30% de atendimento automático;
- 30% de ligações atendidas com pronto atendimento;
- 32% de ligações atendidas pela equipe com espera;
- 8% de desistências.

Foi proposta uma mudança na maneira de calcular os custos: o custo de cada ligação passou a ser calculado por minuto de atendimento. Dessa forma, foram discriminados os custos para cada tipo de atendimento/ligação e também por períodos específicos de atendimento (pico, vale, plantão), abandonando-se o custo médio para todo o *call center*. O cálculo da ociosidade dos recursos distribuídos por turno de trabalho também foi possível com a metodologia ABC.

Dessa forma, a empresa conseguiu redimensionar melhor as equipes nos diferentes turnos de trabalho. Isso produziu um resultado imediato: diminuiu o tempo de espera e as desistências. Outro resultado concreto foi o incremento de opções de serviço e informações aos consumidores no atendimento automático (via URA), uma vez demonstrado que esse custo era o menor (por não implicar o auxílio de uma operadora).

O trabalho realizado consistiu nas seguintes etapas:

- entrevistar as pessoas que realizavam as atividades do processo de atendimento telefônico;
- obter os itens de despesa que formavam o custo do atendimento;
- obter dados quantitativos dos direcionadores de custo, tais como quantidade de ligações por faixa de horário do dia, discriminando dia da semana, pico e vale das ligações, tempo médio por ligação por horário do dia, plantões etc.;
- comparar os custos levantados com os custos de uma empresa terceirizada.

Essas duas situações são similares às que ocorrem nas empresas que utilizam o sistema tradicional de custos, que falha no tratamento dos custos indiretos e das despesas, por usar critérios subjetivos e arbitrários de alocação desses valores aos produtos. O sistema de custeio baseado em atividades ABC possibilita resolver o problema.

Para ilustrar essa metodologia, vamos iniciar com um estudo de caso em que a metodologia ABC é contrastada com a metodologia tradicional de custeio.

5.1 Críticas em relação aos sistemas tradicionais de custo e contabilidade

As críticas em relação às informações contábeis residem no fato de que não são relevantes e estão distantes da realidade. Referem-se ao negócio como um todo, em vez de fornecer dados para o controle gerencial da manufatura, e simplificam com base em normas ou padrões (Hill, 1994). Os sistemas contábeis ficaram parados no tempo e são no máximo reativos. Os relatórios gerenciais necessitam sair da contabilidade de custo tradicional, que tem como foco medir a rentabilidade dos produtos, atender aos princípios contábeis e ao fisco.

As empresas mensuram seu desempenho com base em medidas financeiras que, além de inadequadas, levam a decisões ineficazes. Por exemplo:

- **Variações de custo padrão:** institucionalizam os níveis de perda, além de não haver incentivo para a melhoria contínua.
- **Controle orçamentário:** tem um forte viés, por utilizar base histórica, não reflete o nível de atividade da empresa e não mede a eficiência do custo.
- **Relatórios gerenciais:** têm foco excessivo nos itens de receita e despesa de curto prazo, além de não refletirem a perspectiva do cliente no negócio a longo prazo.

Em suma, as medidas financeiras fornecem análises históricas, centradas nos aspectos internos do negócio, além de serem direcionadas por ciclos mensais de reporte.

Uma pesquisa realizada no Reino Unido em 1991, citada por Hill (1994), mostra que, nos cinco anos anteriores, 68% dos entrevistados efetuaram revisões significativas nos sistemas de custos. Contudo, a pesquisa também revela que muitas dessas revisões foram 'tradicionais', não tendo sido adotadas 'novas' técnicas e práticas contábeis (*U. K. Survey*, p. 16). Muitas empresas ainda usam os mesmos sistemas contábeis de custo e controle gerencial que foram desenvolvidos décadas atrás para um ambiente competitivo que hoje se mostra radicalmente diferente. As empresas talvez não tenham percebido que os custos indiretos, os chamados *overheads*, representam hoje entre 25 e 50% dos custos totais e crescem tanto em valor absoluto como relativo. Isso foi confirmado na pesquisa mencionada. Os contadores continuam a usar predominantemente uma única taxa de absorção do *overhead* para as diversas partes do negócio envolvido, sem refletir na natureza dele nem na relevância da informação gerada.

Isso também foi observado por Corbett (1997), ao mencionar que muitas empresas continuam a usar a mão-de-obra direta como base para ratear os custos indiretos de fabricação, embora represente a menor parte do total dos custos. Assim, a contabilidade de custos tradicional só atende ao objetivo das demonstrações externas, esquecendo o verdadeiro objetivo da contabilidade gerencial.

Quando os *overheads* representavam parcela pequena dos custos totais e a maior parte era constituída de custos diretos que podiam ser rastreados aos produtos, nenhuma forma de absorção dos *overheads* provocava distorções significativas nos custos. Em muitos casos, os custos de *overhead* podem, por exemplo, representar 1.000% ou mais dos custos de mão-de-obra direta. Custos de produtos baseados nessa taxa de 1.000% de rateio não podem refletir adequadamente as demandas de recursos de *overhead* que os produtos exigem dos negócios. Não é possível estabelecer uma relação precisa entre o custo dos diversos recursos e produtos fabricados e os clientes atendidos.

Os gerentes necessitam de informações mais sensíveis, tanto para decisões relativas a produtos — preços e sua rentabilidade — quanto para oportunidades de redução de custo — entender como os custos são originados numa relação de causa e efeito. É visando a essas necessidades que o sistema ABC contribui significativamente para aprimorar os custos.

5.2 Entendendo a metodologia do ABC por meio de um estudo de caso

Caso empresa Classic Pen[1]

A empresa fabrica atualmente canetas de quatro cores e tem três categorias de despesas indiretas alocadas à produção de canetas:

- mão-de-obra indireta: $ 36.000
- sistemas de computador: $ 10.000
- despesa com maquinaria: $ 14.000
- total de despesas indiretas: $ 60.000

O sistema de custeio tradicional aloca as despesas indiretas com base no custo da mão-de-obra direta usando um *mark-up* de 300%. (Veja o Anexo 1.)

As seguintes atividades foram identificadas na mão-de-obra indireta:

- programar corridas de produção a um custo de $ 18.000;
- *setup* de máquinas de uma cor para outra a um custo de $ 14.400;
- manter registro dos quatro produtos quanto às rotas de produção e lista de materiais, a um custo de $ 3.600;
- total das atividades: $ 36.000;
- 80% dos recursos do computador ($ 8.000) envolviam a atividade de programar corridas de produção. Os 20% restantes ($ 2.000) mantinham o registro dos quatro produtos.

[1] Atkinson et al, 2001.

Anexo 1 Demonstrativo de resultados por cor de caneta ($)

	Azul	Preto	Vermelho	Roxo	Total
Vendas	75.000	60.000	13.950	1.650	150.600
(–) Material direto	25.000	20.000	4.680	550	50.230
(–) Mão-de-obra	10.000	8.000	1.800	200	20.000
(–) Despesas indiretas	30.000	24.000	5.400	600	60.000
(=) Lucro	10.000	8.000	2.070	300	20.370

Finalmente, toda a despesa com maquinaria provinha da atividade de suprir capacidade de máquina para produção das canetas.

Temos, então, todos os dados necessários para elaborar um modelo de ABC para essa empresa e comparar os resultados com o modelo tradicional.

Solução do caso

O que é uma atividade? Ela responde à pergunta: o que as pessoas fazem numa organização? A atividade consome recursos, tem um ou mais *inputs* que a fazem disparar e produz um *output*, isto é, um produto físico no final do processo, como se pode ver na Figura 5.1. A atividade só finaliza quando for produzido esse *output*; por exemplo, uma ordem de compra ao final da atividade de emitir a ordem de compra. A atividade representa uma ação e, portanto, deve começar sempre com um verbo.

As seguintes atividades foram descritas no caso:

- programar corridas de produção;
- *setup* de máquinas de uma cor para outra;
- manter registro dos quatro produtos;
- suprir capacidade de máquina para produção das canetas.

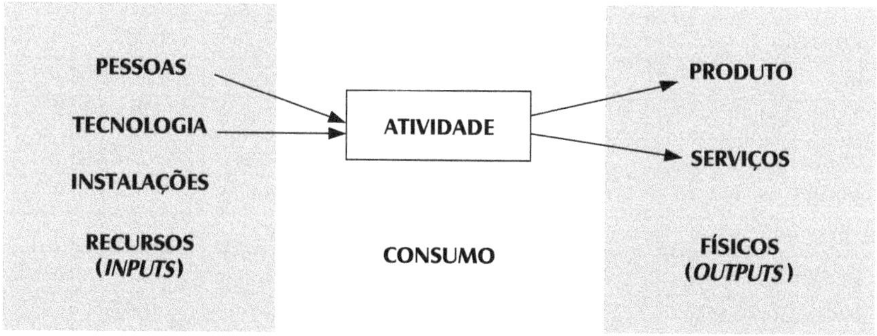

Figura 5.1 Diagrama de uma atividade

Uma vez identificadas as atividades das três áreas de despesas indiretas e calculados seus custos, o próximo passo é identificar os direcionadores de custo (*cost drivers*). São os parâmetros segundo os quais são identificados e medidos os recursos gastos no desempenho de uma atividade. Servem como medida quantitativa dos *outputs* das atividades e fazem a ligação entre elas e o objeto de custo.

Os direcionadores de custo podem ser de dois tipos:

- **Transação:** considera o número de vezes que uma atividade é realizada, ou seja, sua freqüência. Deve ser usada quando a duração da atividade não depender do produto a ser fabricado, ou do serviço a ser providenciado; por exemplo, o número de ajustes feitos, o número de pedidos fechados.
- **Duração:** considera quanto tempo é necessário para realizar uma atividade. Deve ser usado quando a duração da atividade depender do produto a ser fabricado, ou do serviço ser providenciado; por exemplo, número de horas gastas em ajustes — as durações variam para os diferentes produtos.

No Anexo 2 são apresentados os direcionadores mais apropriados para as atividades.

Atividade	Direcionador de custo
Programar corridas de produção	Corridas de produção
Setup de máquinas	Tempo total de *setup*
Manter registro dos produtos	Registro de produtos
Suprir capacidade de máquina	Horas de máquina

O primeiro, o terceiro e o quarto direcionador são de transação, enquanto o segundo é de duração, pois o tempo da atividade varia conforme o produto. Leva mais tempo para ajustar a máquina (limpeza do tanque) antes de fazer as corridas de produção do vermelho (seis horas) do que as corridas da cor preta (uma hora). O direcionador da atividade 'suprir

Anexo 2 Dados adicionais

	Azul	Preto	Vermelho	Roxo	Total
Volume de produção	50.000	40.000	9.000	1.000	100.000
Preço unitário	1,5	1,5	1,55	1,65	
Hora máquina/unidade	0,1	0,1	0,1	0,1	10.000
Corridas de produção	50	50	38	12	150
Setup time/corrida	4	1	6	4	
Tempo total de *setup*	200	50	228	48	526
Registro de produtos	1	1	1	1	4
Horas mão-de-obra/unidade	0,02	0,02	0,02	0,02	

Tabela 5.1 Valores unitários dos direcionadores de custo

	Custo da atividade ($)	Direcionador de custo	Volume do direcionador	Valor unitário ($)
Programar corridas de produção	26.000	Corridas de produção	150	173,33
Setup de máquinas	14.400	Tempo total de *setup*	526	27,38
Manter registro dos produtos	5.600	Registro de produtos	4	1.400
Suprir capacidade de máquina	14.000	Horas de máquina	10.000	1,4

capacidade de máquina' poderia ser de duração se o tempo de horas máquina/unidade não fosse o mesmo para todos os produtos.

Com os custos das atividades e os volumes dos direcionadores de custo (obtidos no Anexo 2) temos agora dados suficientes para calcular o valor unitário de cada direcionador. Esse valor é calculado dividindo o custo da atividade pelo volume total do respectivo direcionador (Tabela 5.1).

O valor unitário é então multiplicado pelo volume do direcionador de custo de cada produto de cada atividade, conforme a Tabela 5.2, para atribuir as despesas aos produtos.

O passo final é combinar as despesas de atividade para cada produto (Tabela 5.2) com seus respectivos custos de material e mão-de-obra direta (Anexo 1) para obter um novo relatório de rentabilidade (Tabela 5.3).

Os resultados são colocados lado a lado, permitindo comparar as diferenças entre os dois métodos (Tabela 5.4).

Os resultados são diametralmente diferentes, em conseqüência dos valores de despesas atribuídos aos produtos nos dois métodos. Por que isso ocorre?

No método tradicional, as despesas foram rateadas entre os produtos de acordo com o valor gasto de mão-de-obra (*mark-up* de 300%). Esse método também é denominado VBC (Volume Based Costing), ou custeio baseado em volume. Sua lógica é que as despesas são rateadas usando o critério volume, isto é, quanto maior o volume de um produto, mais ele irá absorver custos indiretos e despesas; quanto menor o volume, menos irá absorver custos e despesas.

O volume utilizado nesse método tradicional foi o valor da mão-de-obra direta, que reflete o consumo de horas de mão-de-obra. No Anexo 2 é informado que se gasta 0,02 hora de mão-de-obra por unidade produzida/vendida. Como nesse período foram produzidas 100.000 unidades dos quatro produtos, basta multiplicar pelo fator 0,02 horas/unidade para chegar ao total de 2.000 horas trabalhadas. A um custo de mão-de-obra de $ 10/hora, obtemos o custo total de mão-de-obra de $ 20.000. Dividindo o total de despesas indiretas de $ 60.000 pelo custo da mão-de-obra de $ 20.000, encontramos o *mark-up* de 300%. Basta então multiplicar esse *mark-up* pelo custo da mão-de-obra de cada produto para ratear as despesas entre os produtos.

Tabela 5.2 Despesas atribuídas aos produtos

	Programar corridas de produção	*Setup* de máquinas	Manter registro dos produtos	Suprir capacidade de máquina	Total
Valor unitário do direcionador	173,33	27,38	1.400	1,40	
Volume do direcionador: AZUL	50	200	1	5.000	
Custo da atividade: AZUL	8.666	5.475	1.400	7.000	22.541
Volume do direcionador: PRETO	50	50	1	4.000	
Custo da atividade: PRETO	8.666	1.369	1.400	5.600	17.035
Volume do direcionador: VERMELHO	38	228	1	900	
Custo da atividade: VERMELHO	6.586	6.242	1.400	1.260	15.488
Volume do direcionador: ROXO	12	48	1	100	
Custo da atividade: ROXO	2.081	1.315	1.400	140	4.936

Tabela 5.3 Despesas de atividades para cada produto

	Azul	Preto	Vermelho	Roxo	Total
Vendas	75.000	60.000	13.950	1.650	150.600
Material direto	25.000	20.000	4.680	550	50.230
Mão de-obra	10.000	8.000	1.800	200	20.000
Programar corridas	8.666	8.666	6.586	2.081	26.000
Setup de máquinas	5.475	1.369	6.242	1.315	14.400
Manter registro	1.400	1.400	1.400	1.400	5.600
Suprir capacidade	7.000	5.600	1.260	140	14.000
Total despesas	22.541	17.035	15.488	4.936	60.000
Lucro	17.549	14.965	(8.018)	(4.036)	20.370

Tabela 5.4 Resultados pelos dois métodos

	Azul	Preto	Vermelho	Roxo
Tradicional				
Total de despesa	30.000	24.000	5.400	600
Lucro	10.000	8.000	2.070	300
ABC				
Total de despesa	22.541	17.035	15.488	4.936
Lucro	17.549	14.965	(8.018)	(4.036)

	Azul	Preto	Vermelho	Roxo
Volume de produção	50.000	40.000	9.000	1.000
Horas trabalhadas	1.000	800	180	20
Custo mão-de-obra ($)	10.000	8.000	1.800	200
Despesas indiretas ($)	30.000	24.000	5.400	600

A lógica utilizada foi que, quanto maior o volume de horas de mão-de-obra utilizada em cada produto, maior é o consumo de despesas indiretas. Essa lógica está errada, pois não considera a complexidade de cada produto na utilização das despesas indiretas. Essa complexidade é determinada pelas atividades realizadas em cada função das despesas indiretas e como essas atividades são consumidas pelos diferentes produtos.

Uma dica para determinar qual atividade é mais complexa é observar se os direcionadores de custo são do tipo duração. A complexidade relaciona-se ao tempo necessário para realizar uma atividade. No caso Classic Pen, a atividade que reflete complexidade é o de *setup* de máquinas. Os custos dessa atividade atribuídos aos quatro produtos não guardam nenhuma relação com o volume de produção ou com o custo da mão-de-obra, pois têm a ver com o tempo de ajuste da máquina por cor e com a freqüência de ajustes.

	Azul	Preto	Vermelho	Roxo
Setup de máquinas	5.475	1.369	6.242	1.315

A atividade 'programar corridas de produção' tem sua peculiaridade. Pelo volume produzido do vermelho e do roxo, eles têm, proporcionalmente, muito mais corridas do que as duas outras cores (são menos unidades por corrida). Considerando que o custo por corrida é de $ 173,33, isso acaba encarecendo sobremaneira o custo dessa atividade nos produtos vermelho e roxo.

	Azul	Preto	Vermelho	Roxo
Volume de produção	50.000	40.000	9.000	1.000
Corridas de produção	50	50	38	12
Volume por corrida	1.000	1.250	237	83
Programar corridas ($)	8.666	8.666	6.586	2.081

A atividade 'manter registro de produtos' é a mesma para os quatro produtos, sem nenhuma diferença de tempo ou complexidade, e, portanto, seu valor é distribuído de forma uniforme. Esse valor irá afetar mais o resultado dos produtos vermelho e roxo, que têm baixo valor de vendas, do que os outros dois produtos com receitas maiores.

	Azul	Preto	Vermelho	Roxo
Manter registro	1.400	1.400	1.400	1.400

Por fim, a atividade 'suprir capacidade das máquinas' tem a ver com o volume de produção. Quanto maior for esse volume, maior será o custo dessa atividade absorvida pelo produto.

	Azul	Preto	Vermelho	Roxo
Suprir capacidade	7.000	5.600	1.260	140

No sistema ABC não ocorrem rateios, pois isso implica critérios subjetivos e arbitrários, mas sim rastreabilidade. Existe uma relação de causa e efeito entre as atividades e os objetos de custo. Os custos das atividades são atribuídos aos objetos de custo de acordo com sua demanda.

5.3 Estrutura do sistema ABC

O que é custeio baseado em atividades? É uma abordagem que analisa o comportamento dos custos por atividade, estabelecendo relações entre as atividades e o consumo de recursos, independentemente de fronteiras departamentais. Permite a identificação dos fatores que levam a empresa a incorrer em custos em seus processos de oferta de produtos e serviços e de atendimento a mercados e clientes.

Nos modelos de custos tradicionais, os recursos contábeis são alocados diretamente a produtos e serviços, segundo diversos critérios de alocação, em que os custos são gerados pelos produtos e serviços. As perguntas-chave são: O que gastamos? Em que gastamos? No custeio baseado em atividade, as perguntas-chave são: O que gastamos? Como gastamos? Por que gastamos? Para que gastamos? (Ver Figura 5.2)

A apresentação dos relatórios dos dois sistemas é bastante diferente. O sistema tradicional permite analisar apenas o que gastamos (são as contas de despesas e respectivos valores do departamento). O sistema ABC converte esses mesmos recursos em atividades. Isso permitirá ao gestor entender como os recursos estão sendo gastos e por que estão sendo gastos dessa forma.

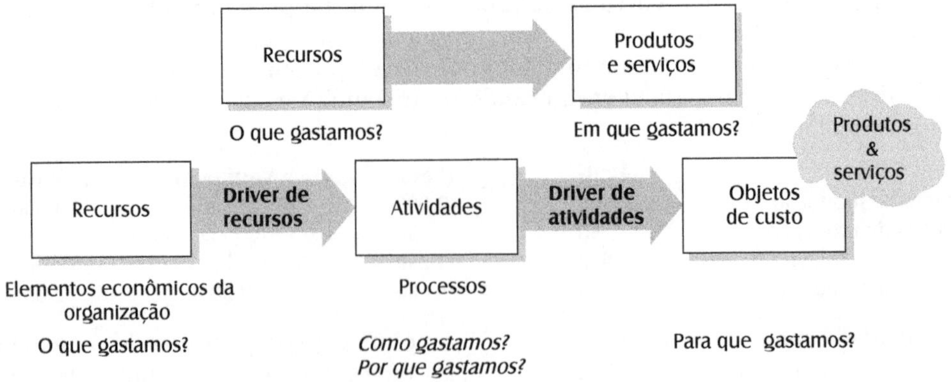

Figura 5.2 Modelo tradicional *versus* modelo ABC

O ABC segue uma lógica de identificação de causa-efeito, segundo a qual os objetos de custo demandam atividades e estas, por sua vez, consomem os recursos disponibilizados pela organização. O sistema ocorre em duas etapas. Na primeira, são determinados os custos das atividades; na segunda etapa, esses custos são rastreados aos objetos de custo: produtos, serviços, clientes.

Os dados contábeis são usados para determinar os custos de cada atividade. O custo de um produto ou serviço é a soma dos custos das atividades realizadas na mesma área ou em diferentes áreas para produzi-lo.

Os principais elementos da estrutura do sistema ABC são os recursos, as atividades, os objetos de custo e os direcionadores de recurso e de custo, que serão discutidos a seguir.

- **Recursos:** as atividades necessitam de recursos para serem realizadas. Os recursos são fatores de produção, como pessoas, suprimentos, tecnologia, utilidades. As fontes básicas de informações de custo usadas pelo ABC são os dados/contas contábeis extraídos do razão geral da contabilidade. Esses recursos são transformados em contas contábeis. Assim, para realizar as atividades 'preparar orçamento' e 'reconciliar contas' (descritas no Dicionário de Atividades, a seguir) no departamento de contabilidade o recurso 'pessoas' transforma-se nas contas salários e encargos e provisões de folha de pagamento; o recurso 'utilidades' transforma-se nas contas despesa de luz e telefone; o recurso 'equipamentos' (computador e impressora, por exemplo) pode virar a conta despesa de depreciação (se for próprio da empresa) ou despesa com aluguel (se alugado); e o recurso 'suprimento' vira a conta material de expediente.
- **Atividades:** já foram descritas na seção anterior.

Tabela 5.5 Visão tradicional *versus* visão ABC

Sistema tradicional		ABC – Activity Based Costing	
Despesas	**Total**	**Atividades**	**Total**
Pessoa	4.937.000	Usinar componentes	2.266.000
Materiais	416.000	Auditar produto no processo produtivo	641.000
Desp. gerais	44.000	Ajustar máquina	325.000
Mat. segurança	38.000	Limpar e organizar postos de trabalho	240.000
Kaizen	5.000	Executar manutenção preventiva	189.000
Locomoções	2.000	Realizar kaizen	107.000
Mat. manutenção	2.000	Gerenciar/supervisionar pessoas	98.000
Serv. terceiros	1.000	Participar de treinamentos	66.000
		Programar produção	26.000
		Outras	1.487.000
Total	5.445.000	**Total**	5.445.000

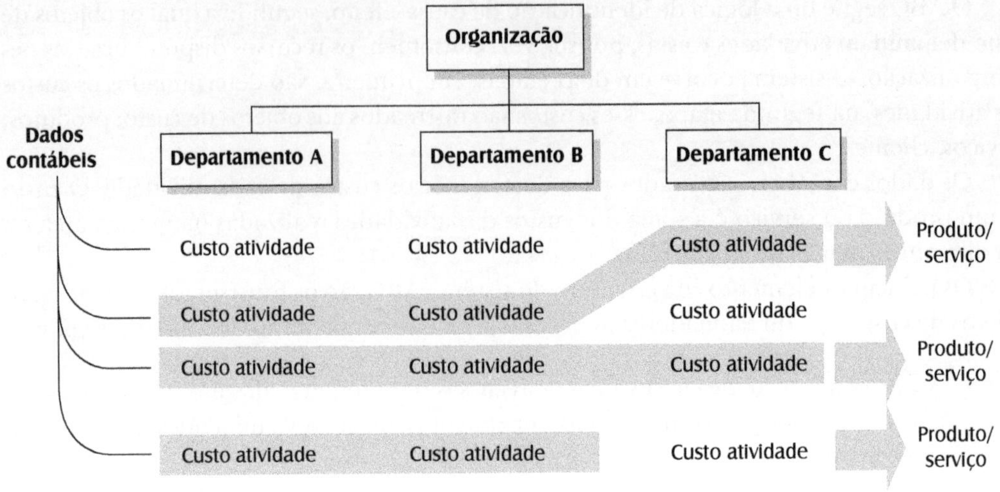

Figura 5.3 Determinação do custo de produto ou serviço

- **Objeto de custo:** refere-se ao que a empresa quer custear: produtos, clientes, serviços, canais de distribuição, fornecedores. Essa é outra vantagem do sistema ABC: enquanto os sistemas tradicionais preocupam-se em custear apenas produtos/serviços, alocando diretamente os recursos a estes, no ABC há a possibilidade de custear outros objetos. (Ver Figura 5.4.)

Uma maneira de rastrear as atividades para os objetos de custo é pela regra de responsabilidade — o objeto de custo para o qual os custos das atividades são direcionados é determinado por quem é *responsável* por causar a atividade para que ocorra. Assim, quem solicita a atividade de produzir é o produto; quem solicita a atividade de entregar é o cliente.

Dois casos permitem ilustrar a aplicação de objetos de custo a clientes e fornecedores.

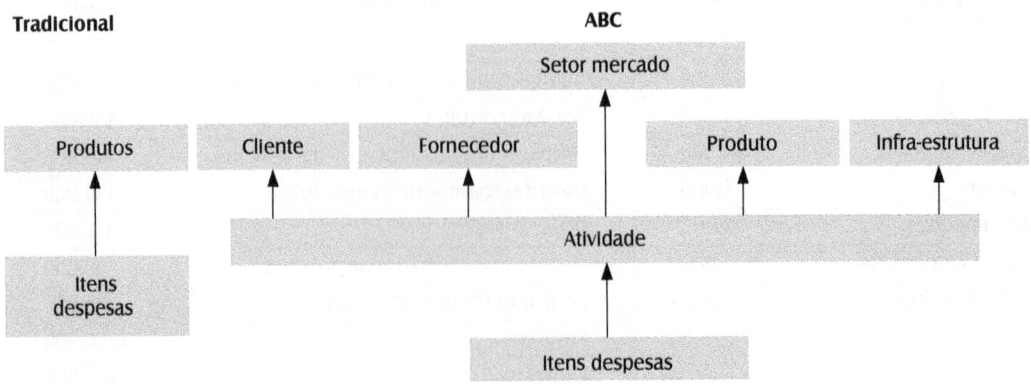

Figura 5.4 Entendendo objeto de custo

Caso 1

Uma gráfica que imprime talões de cheque para diversos bancos tem a atividade básica de imprimir talões personalizados na quantidade de acordo com uma lista entregue pelos seus clientes (bancos). No entanto, um grupo de bancos solicita a entrega desses talões impressos uma vez por semana em sacos, e eles se encarregam de separar os talões por correntista, etiquetar com o nome de cada um e enviar pelo correio. No outro extremo, um segundo grupo solicita que essas atividades de separação, inspeção, etiquetagem e entrega no correio sejam feitas pela gráfica.

O cálculo do custo do cliente é identificado pela soma dos custos de todas as atividades de servir o cliente mais o custo final do produto na empresa. É óbvio que o custo do segundo grupo de clientes é muito maior que o custo do primeiro grupo e isso deve ficar claro na negociação de preço do serviço. Esses custos não podem ser mascarados nem subsidiados pelo primeiro grupo de clientes.

Caso 2

As montadoras de automóveis são reputadas por aportarem sempre com novas ferramentas de gestão organizacional. Elas trouxeram os conceitos de *tiers* (níveis) de fornecedores, *global sourcing* e *follow-me source*. Na seleção dos seus fornecedores, elas começaram a calcular o custo com seus fornecedores, privilegiando aqueles que tivessem preços competitivos e menores custos de fornecimento.

Como distinguir um fornecedor do outro pelo custo incorrido com eles? De um lado, temos o cliente que gasta tempo e esforço conferindo a qualidade de todo lote recebido do fornecedor, analisando amostras no laboratório e conferindo contra especificação. Esse mesmo cliente tem como atribuição conferir fisicamente a documentação do fornecedor, processar e preparar seu pagamento.

Do outro lado, temos um grupo de fornecedores cujos lotes têm qualidade assegurada, isto é, não é necessária a conferência no recebimento, e a 'papelada' é processada eletronicamente. Nessa situação, tanto o comprador quanto o fornecedor economizariam tempo, esforço e dinheiro.

O cálculo do custo do fornecedor é identificado pela soma dos custos de todas as atividades relativas ao fornecimento, além do custo final do produto na empresa.

Direcionador de recurso

Chamado também de direcionador de primeiro estágio, serve para direcionar os recursos para as atividades. É a relação causal que demonstra que um fator de produção é diretamente consumido por uma atividade. É a taxa de utilização dos principais recursos consumidos pelas atividades: pessoas, máquinas e equipamentos. Na maioria dos casos, as atividades consomem esses recursos com base no tempo de sua utilização ou em sua produção física.

Um exemplo do direcionador de recurso com base no tempo de realização das atividades é mostrado a seguir e foi extraído da dissertação de mestrado de Ching (2000). Na Tabela 5.7 é mostrado o cálculo do tempo total disponível no dia (960 minutos) dos dois plantonistas neonatologistas. Na Tabela 5.6 encontra-se a lista das atividades realizadas por esses profissionais, o volume de realização de cada atividade por dia, o tempo médio de rea-

Tabela 5.6 Determinação dos direcionadores de recursos dos neonatologistas

(Período das 15 às 24 horas) Nº	atividade	Volume do direcionador	Tempo médio de atividade por minuto	Tempo/dia minuto	Direcionador de recurso (%)
01	Fazer avaliação diária do RN (berçários normais)	0,0	20	0,0	0,00
02	Fazer avaliação diária do RN (UTI Neo)	0,0	40	0,0	0,00
03	Fazer avaliação diária do RN (CI)	0,0	30	0,0	0,00
04	Fazer avaliação médica (primeiros cuidados)	2,7	20	53,6	5,58
05	Recepcionar RN na sala de parto	2,7	25	66,9	6,97
06	Transcrever os prontuários no PC	2,9	15	43,6	4,54
07	Prestar assistência médica ao RN (UTI Neo) (11-15h)	0,0	35	0,0	0,00
08	Prestar assistência médica ao RN (UTI Neo) (15-19h)	5,6	25	140,0	14,58
09	Prestar assistência médica ao RN (UTI Neo) (19-24h)	5,6	35	196,0	20,42
10	Prestar assistência médica ao RN (UTI Neo) (24-7h)	0,0	20	0,0	0,00
11	Prestar assistência médica ao RN (CI)	3,2	15	48,0	5,00
12	Realizar visita da equipe médica e passagem de plantão	1	30	30,0	3,13
13	Realizar revisão e auditoria dos prontuários	0	60	0,0	0,00
14	Proceder a rotinas administrativas	0	60	0,0	0,00
	Subtotal			578,1	60,22
	Capacidade não utilizada			381,9	39,78
	Total			960,0	100,00

Tabela 5.7 Cálculo das horas disponíveis dos neonatologistas

Número de funcionários		Horário	Horas/dia/func.	Horas disponíveis por dia	
02	Plantonistas	15-24h*	8	16	
	Total disponível			960,0	Minutos

* Hora do jantar incluída no total.

lização de cada atividade em minutos, o tempo total no dia despendido em cada atividade (multiplicação do volume pelo tempo médio de cada atividade). A última coluna, 'direcionador de recurso', expressa em porcentagem, é a divisão do tempo total de cada atividade no dia pelo tempo total disponível dos dois profissionais.

Para o cálculo do custo das atividades, bastaria multiplicar os percentuais encontrados pelo valor de salários e encargos desses dois profissionais.

A soma dos tempos de todas as atividades realizadas no dia perfaz 578 minutos, equivalentes a 60% do tempo total disponível. A diferença de 382 minutos, ou 40%, equivale à capacidade não utilizada. Isso seria um *buffer* para os períodos de pico no berçário. (Voltaremos a este tópico no Capítulo 7, Gestão baseada em atividades.)

Direcionador de custo

Chamado também de direcionador de segundo estádio, conforme descrito na seção anterior, serve para direcionar os custos das atividades aos objetos de custo. É a relação causal que demonstra que um objeto de custo demanda uma ou mais atividades.

No caso do exemplo anterior, todas as atividades dos neonatologistas são demandadas pelos recém-nascidos e, portanto, consideradas no seu custo. Isso permitiria calcular o custo de uma diária hospitalar de berçário ou, ainda, ser considerado no custo total de um parto (soma dos custos das atividades no berçário, no centro obstétrico e na assistência à mãe no quarto).

5.4 Levantamento das atividades e criação do Dicionário de Atividades

Ao levantar as atividades de uma função, departamento ou centro de atividade, o entrevistador está preocupado com aquelas mais significativas e não com todas as atividades da área. Na maioria das vezes, ele deverá selecionar não mais que cinco a oito atividades significativas. Qualquer atividade que consuma menos de 5% do tempo da área não é considerada significativa. Muitas atividades, no dicionário, tornam a implementação do sistema ABC difícil de gerenciar e muito complexa, por entrar em demasiado nível de detalhamento.

Deve-se ter em mente que o ABC se preocupa com poucas atividades críticas, e não com muitas atividades.

A recomendação é que o entrevistador levante as atividades por função ou departamento e, depois, ligue-as nos processos que cruzam as barreiras funcionais da empresa, como mostrado na Figura 5.5. Um processo de negócio é um conjunto de atividades inter-relacionadas realizadas por diferentes funções ou departamentos da empresa. O desenvolvimento de novos produtos, a manufatura de produtos ou a compra de materiais são exemplos de processos.

O *output* de uma atividade é ao mesmo tempo *input* para a atividade seguinte do mesmo processo, e assim sucessivamente. A ligação dos *inputs* e *outputs* entre as barreiras funcionais dá visibilidade aos processos de negócio.

Para a criação de um adequado sistema ABC e sua posterior utilização como um sistema de gestão (ABM) é imprescindível a criação do Dicionário de Atividades. Um adequado conjunto de atividades por função e processo da empresa faz parte desse dicionário. Ele deve ser usado como ferramenta para melhorar a análise da atividade, permitindo que todos na empresa tenham a mesma compreensão do significado de determinada atividade. Por exemplo, a atividade 'elaborar relatório interno' pode ser realizada por diferentes pessoas ou funções e ser interpretada por elas de maneiras distintas. A consistência nas definições de atividade suporta a realização de *benchmarking* das melhores práticas da atividade em toda a empresa.

Seguem exemplos do dicionário para duas atividades da área contábil.

Atividade: preparar orçamento; reconciliar contas.

Função: contabilidade geral; contabilidade geral.

Processo: planejamento financeiro; fechamento contábil.

Definição da atividade: compilar dados de diversas áreas da empresa que serão incorridos num dado período de tempo e apresentação em formato padrão; rever e documentar a validade e correção das contas do razão geral.

Inputs: solicitação da diretoria e/ou procedimento na data prevista; razão geral; política da empresa.

Outputs: relatórios no formato; contas reconciliadas.

Direcionador de custo: número de relatórios ou tempo despendido na preparação; número de contas reconciliadas.

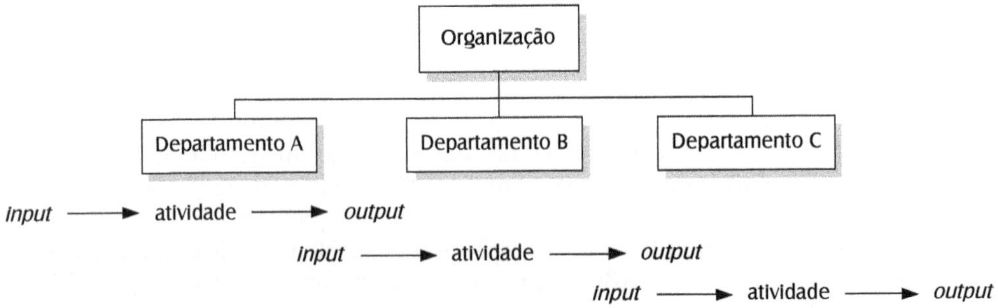

Figura 5.5 Atividades nos processos

5.5 Continuação do caso da Celulose S.A.

No Capítulo 3 foram apresentados os resultados da empresa e por produto utilizando os sistemas de custeio por absorção e custeio variável. Nesta seção, será utilizado o sistema de custeio por atividade para demonstrar o resultado por produto, além das considerações e dos comentários desse caso.

Com o estudo efetuado com base em 1996, e criticando os critérios de custeio adotados, ou seja, custeio por absorção para determinação do valor dos estoques (efeito fiscal) e custeio variável para visualização das margens de contribuição, a empresa decidiu efetuar cálculo de custo dos três produtos principais da linha celulose utilizando o ABC. A Celulose S.A. adotou esse sistema a partir de 1997, com o objetivo de avaliar suas atividades, reduzir seus custos e manter competitividade no cenário mundial, uma vez que a empresa exportava, naquela ocasião, mais de 90% de sua produção.

Nessa empresa, os custos foram subdivididos em dois grupos vinculados aos tipos de processos envolvidos na empresa, como se segue:

Grupo de custos	Processos
Custos diretos	Primários A - suprir madeira B - produzir celulose C - comercializar produtos D - tecnologia
Suporte	Suporte T - suprimentos U - suprimentos suporte V - gerenciar recursos humanos X - gerenciar recursos financeiros Z - planejar e gerenciar negócios

Os processos são decompostos em subprocessos. O processo A, com um custo total de $ 11,6 milhões em um mês, é decomposto nos seguintes subprocessos:

AB - formar e manter florestas	$ 1,9
AC - efetuar colheita florestal	$ 4,3
AD - efetuar transporte/movimentação de madeira	$ 3,7
Outros	$ 1,7
Total do processo A	$ 11,6

Os subprocessos são compostos de atividades que se materializam no consumo de recursos humanos, materiais, equipamentos e outros em sua execução. As atividades são identificadas pelas duas fábricas (FA e FB) em que se distribui a produção da celulose, sendo classificadas em fixas ou variáveis (do volume de produção). O subprocesso AC está assim composto:

AC18 - efetuar transporte fora de estrada	$ 1,3
AC19 - efetuar processamento mecanizado	$ 1,3
AC16 - efetuar derrubadas	$ 0,6
Outras	$ 1,1
Total do subprocesso AC	$ 4,3

Essas atividades são identificadas com os três principais produtos — std, ecf, tcf — considerando o direcionador toneladas sólidas ao ar (tsa) consumidas em relação às vendas no mês, que corresponderam a 127,1 mil tsa (sendo 72,8 mil para std, 43,9 mil para ecf e 10,4 mil para tcf). Os custos das atividades AC19 se apresentaram deste modo:

Atividades	STD	ECF	TCF	Total ($ milhões)
AC18 – efetuar transporte fora de estrada	0,7	0,5	0,1	$ 1,3
AC19 – efetuar processamento mecanizado	0,8	0,4	0,1	$ 1,3
AC16 – efetuar derrubadas	0,3	0,2	0,1	$ 0,6
Outras	0,6	0,4	0,1	$ 1,1
Total do subprocesso AC	2,4	1,5	0,4	$ 4,3

Cálculo do AC19 = ($ 1,3 / 127,1 tsa)
× 72,9 tsa do std = $ 0,8 × 43,9 tsa do ecf = $ 0,4 × 10,4 tsa do tcf = $ 1,3

Cálculo idêntico para todos os demais subprocessos resulta no seguinte resumo do processo A – suprir madeira por produto – em milhões de dólares:

Subprocessos	STD	ECF	TCF	Total ($ milhões)
AB – formar e manter florestas	1,1	0,7	0,1	$ 1,9
AC – efetuar colheita florestal	2,4	1,5	0,4	$ 4,3
AD – efetuar transporte/movimentação de madeira	2,1	1,3	0,3	$ 3,7
Outros	1,0	0,5	0,2	$ 1,7
Total do processo A	6,6	4,0	1,0	$ 11,6

O processo B – produzir celulose – é assim decomposto em seus subprocessos:

BA – preparar material
BB – produzir pasta de celulose
BC – efetuar secagem
BD – efetuar enfadamento/embalagem
BE – gerar energia elétrica
BF – produzir licor branco
BG – produzir salmoura
BH – produzir cloro/soda
BI – produzir clorato de sódio
BJ – produzir hipoclorito de sódio
BK – produzir ácido clorídrico
BL – produzir dióxido de cloro
BM – produzir dióxido de enxofre
BN – produzir utilidades
BO – operar instalações de tratamento ambiental
BP – efetuar manutenção industrial
BQ – monitorar qualidade dos processos
BR – planejar/programar/gerenciar operações industriais
BS – variáveis — produção de celulose

Os subprocessos BA, BE, BF e BN são divididos em atividades com os seguintes custos:

Atividades	$ milhões
BA 100 – movimentar toras	0,1
BA 101 – produzir cavacos FA	0,2
BA 102 – produzir cavacos FB	0,3
Total	0,6
BE 124 – produzir energia elétrica	0,4
BE 127 – produzir vapor FA – cald. recup.	0,2
BE 128 – produzir vapor FB – cald. recup.	0,2
BE 122 – produzir vapor FA – cald. aux.	0,1
BE 123 – produzir vapor FB – cald. recup.	0,1
Outras	0,4
Total	1,4

Atividades	$ milhões
BF 133 – produzir cal FA	0,4
BF 134 – produzir cal FB	0,4
BF 137 – produzir licor verde FA	0,3
BF 138 – produzir licor verde FB	0,3
Outras	0,2
Total	1,6
BN 151 – obter água bruta	0,2
BN 152 – produzir água industrial	0,1
Outras	0,1
Total	0,4

Essas atividades são identificadas com os três principais produtos — std, ecf, tcf —, considerando o direcionador toneladas de cavaco (tcc) consumidas por produto, que corresponderam a 96,5 mil tcc em determinado mês (sendo 72,1 para std, 22,8 para ecf e 1,6 para tcf). Os custos das atividades BE 124 apresentaram-se desta maneira:

Cálculo do BE 124 = ($ 0,4 / 96,5 tcc)	× 72,1 do std = $ 0,3
	× 22,8 do ecf = $ 0,1
	× 1,6 do tcf = $ 0
	Total = $ 0,4

Por fim, o demonstrativo de resultados pelo sistema ABC é mostrado na tabela a seguir:

Tabela 5.7 Demonstrativo de resultados pelo ABC (em $ milhões)

	std	ecf	tcf	Total
Receita líquida	**30,1**	**17,6**	**4,3**	**52,0**
(–) Custos variáveis	**12,6**	**7,8**	**2,4**	**22,8**
A – suprir madeira	6,6	4,0	1,0	11,6
AB – formar e manter florestas	1,1	0,7	0,1	1,9
AC – efetuar colheita florestal	2,4	1,5	0,4	4,3
AD – efetuar transporte/movimentação de madeira	2,1	1,3	0,3	3,7
Outros	1,0	0,5	0,2	1,7
B – produzir celulose	6,0	3,8	1,4	11,2
Produzir químicos	2,3	1,7	0,9	4,9
Realizar manutenção	3,7	2,1	0,5	6,3
(–) Custos fixos	**5,9**	**3,6**	**0,8**	**10,3**
B – produzir celulose	5,9	3,6	0,8	10,3
BA – preparar material	0,5	0,1	0	0,6
BE – gerar energia elétrica	1,1	0,3	0	1,4
BF – produzir licor branco	1,1	0,4	0,1	1,6
BN – produzir utilidades	0,3	0,1	0	0,4
Outros	2,9	2,7	0,7	6,3
(=) Lucro bruto	**11,6**	**6,2**	**1,1**	**18,9**
(–) Despesas variáveis	**5,8**	**3,3**	**0,8**	**9,9**
C – produzir celulose	5,8	3,3	0,8	9,9
(–) Despesas fixas	**2,7**	**1,8**	**0,3**	**4,8**
D – tecnologia	0,2	0,1	0	0,3
T a Z – suporte	2,5	1,7	0,3	4,5
(=) Lucro operacional	**3,1**	**1,1**	**0**	**4,2**
% sobre receita	10,3	6,2	0	8,1

O sistema de absorção pode trazer resultados distintos, conforme o método utilizado e mostrado na tabela a seguir. Se for volume de produção, o *ranking* dos produtos será diferente do *ranking* pelo volume de vendas. A análise do *ranking* por valor absoluto do lucro pode levar à conclusão incorreta do que é feito do *ranking* por rentabilidade (em %) sobre a receita. A confusão aumenta ainda mais se esses *rankings* forem comparados com o do sistema de custeio variável (nesse sistema, o produto std é o melhor tanto em valor absoluto quanto em porcentagem sobre receita).

Os resultados dessa empresa são muito parecidos com os da Classic Pen. O produto que tem maior volume (de produção ou de vendas) irá absorver maior carga de custos e despesas fixas. É o caso do produto std, que tem volume maior de produção ou vendas e, conseqüentemente, absorve maior carga de custos/despesas e tem a menor rentabilidade percentual. No sistema ABC, o produto std, por ser mais simples do que o tcf, atrai menos atividades, menos custos fixos e seu resultado é o melhor dos três produtos.

Duas críticas podem ser feitas ao sistema ABC aplicado nessa empresa. A primeira é que o resultado do rastreamento da despesa fixa aos produtos foi o mesmo que no método de absorção pelo volume de vendas. Trata-se de uma coincidência? A segunda crítica é quanto à escolha de um único direcionador — toneladas consumidas de cavaco — das atividades ligadas ao custo fixo da empresa. Outros direcionadores mais apropriados poderiam ser utilizados em algumas dessas atividades.

O sistema ABC traz vários benefícios. Evidencia os custos dentro das atividades e estas dentro dos processos e produtos da empresa, além de custear os produtos mais corretamente do que o sistema por absorção. O emprego do ABC apenas como sistema de custeio é uma subutilização. Ele deve ser usado como um sistema de gestão da empresa, como veremos no Capítulo 7.

Tabela 5.9 Resultado comparativo entre métodos de custeio (em $ milhões) e porcentagem sobre receita

	std	ecf	tcf	Total
Rateio custos e despesas fixas com base no volume de produção	0,4 1,3%	3,0 17%	0,8 18,6%	4,2 8,1%
Rateio custos fixos em base no volume de produção e despesas fixas com base no volume de vendas	1,3 4,3%	2,4 13,6%	0,5 11,6%	4,2 8,1%
Resultado pelo custeio ABC	3,1 10,3%	1,1 6,2%	0 0%	4,2 8,1%

Exercícios

1. A Companhia Roberto Ltda. é uma fábrica de equipamentos de alta qualidade e tecnologia. O senhor Roberto fundou a empresa há dez anos. Nos primeiros anos, a taxa de crescimento foi bastante alta, porque a indústria como um todo estava em disparada. Nos últimos dois anos, porém, a economia tem estado em recessão e os negócios têm sofrido suas conseqüências. O senhor Roberto entende que não pode permanecer assim e necessita focar suas operações nos produtos mais rentáveis. Ele pede a você, consultor, que o ajude a identificar uma estratégia, mas antes quer que você descreva como vai fazer isso.

Você acaba de participar de um curso sobre o sistema ABC e decide usar uma análise ABC nos departamentos de administração de materiais e controle de qualidade, comparando esse método com o sistema de custeio tradicional da empresa Companhia Roberto Ltda. Sua tarefa é usar os resultados para convencer o senhor Roberto da sua abordagem/metodologia.

O custo total do departamento de administração de materiais é de $ 500 mil/ano, e o do controle de qualidade, de $ 350 mil/ano. O sistema existente usa horas de MOD como base para alocação desses custos para os produtos. De acordo com o senhor Roberto, o total de horas de MOD de fábrica é de 400 mil horas/ano.

Você escolheu dois produtos para análise: abra e cadabra. Esses produtos têm os seguintes perfis:

	Abra	Cadabra
Vendas anuais	$ 15.000	$ 300.000
Volume de produtos vendidos	1.500	20.000
Número de entregas de material para produção	100	200
Número de componentes/produto	25	5
Número de fornecedores	10	2
Número médio de entregas externas de material	80	80
Horas de MOD/produto	5	5

a. Calcule o custo desses dois departamentos a ser alocado aos respectivos produtos usando o sistema tradicional de horas MOD.

Agora, o sistema ABC. Você pede ao senhor Roberto que lhe diga quais são as principais atividades dos dois departamentos, o que dá origem a elas, o volume daquele fator ou evento e que custos são incorridos.

O departamento de administração de materiais realiza duas atividades principais:

i. Receber entregas externas. Essa atividade se origina quando um pedido de compra é emitido e ocorre toda vez que um material é recebido externamente. Isso acontece mil vezes por ano e envolve oito pessoas. Com base no livro razão, o senhor Roberto e você concluem que o custo anual relativo é de $ 330 mil.

ii. Envio para a fábrica. Essa atividade se origina quando a produção emite uma ordem solicitando material e ocorre toda vez que um material for enviado para aquele pedido. Isso acontece 2,5 mil vezes por ano e quatro pessoas estão envolvidas, com um custo anual relativo de $ 170 mil.

O departamento de controle de qualidade realiza uma única atividade: conferir material colhendo amostras de cada lote recebido. Essa atividade se origina quando o pedido de compra é emitido e ocorre toda vez que o material é recebido externamente. Não há diferença, aparentemente, no tempo de controle necessário para lotes de tamanhos diferentes.

b. Quais são as atividades e os respectivos direcionadores de custo nesses dois departamentos?

c. Quais são as taxas (unitárias) para os direcionadores identificados?

d. Tendo encontrado as atividades e as taxas para cada direcionador de custo, você agora pode calcular o montante de *overhead* a ser rastreado aos produtos, usando o sistema ABC.

e. Agora explique ao senhor Roberto por que os custos são diferentes nos dois sistemas. O que você sugeriria como ações, de modo a impressionar o senhor Roberto?

2. Uma empresa de equipamentos médicos vende duas famílias de produtos: análise de bactérias (com os produtos B1 e B2) e equipamentos de hematologia (com os produtos H1, H2 e H3).

   O departamento de vendas dessa empresa realiza somente três atividades:

   - captar novos clientes;
   - escrever propostas de venda para os novos clientes visitados;
   - fornecer serviço ao cliente para os clientes atuais.

   Esse departamento tem os seguintes recursos anuais:

   - três vendedores, com salário total de $ 108 mil, que trabalham juntos 6.336 horas/ano;
   - despesas de viagem de $ 20 mil; dois terços são gastos em captação de novos clientes, e um terço, em serviços ao cliente;
   - materiais de escritório de $ 5 mil, necessários para elaborar propostas de venda;
   - depreciação e manutenção de três carros de $ 18 mil; metade é gasta em captação de novos clientes, e a outra metade, em serviços ao cliente.

   Seguem alguns dados de direcionadores de recurso e direcionadores de custo:

   - Tempo gasto em captar novos clientes: 9 horas para equipamentos de bactéria e 18 horas para equipamentos de hematologia.
   - Tempo gasto em elaborar propostas de venda: 3 horas, independentemente do tipo de cliente/produto.
   - Tempo gasto em prestar serviços ao cliente: 3 horas para equipamentos de bactéria e 9 horas para equipamentos de hematologia.
   - Número de novos clientes captados/visitados:

B1: 50 clientes	H1: 40 clientes
B2: 30 clientes	H2: 40 clientes
H3: 40 clientes	

   Número de propostas de venda: uma para cada cliente captado/visitado.
   Número de clientes com serviços prestados:

B1: 160 clientes	H1: 50 clientes
B2: 80 clientes	H2: 50 clientes
	H3: 20 clientes

   Pede-se o seguinte:

   a. Com base nos direcionadores para cada recurso, calcule os custos das três atividades. Existe algum custo de capacidade ociosa?
   b. Determine o direcionador de custo para cada atividade e calcule o custo unitário para cada direcionador.
   c. Com base nos direcionadores de custo, leve os custos dessas atividades aos cinco produtos.

CAPÍTULO 6

Custos e formação de preços

Ao final deste capítulo, você deverá ser capaz de:

- *Avaliar as dificuldades em estabelecer uma estratégia de preço.*
- *Entender o que significa estratégia de preço baseada em valor e o conceito de valor econômico para o cliente.*
- *Identificar as diferenças na determinação de preço em situações de curto e longo prazo.*
- *Conhecer como estabelecer preço ao longo do ciclo de vida de um produto.*
- *Conhecer o papel de custos na formação de preço.*

O gerente de produto de uma empresa planeja o lançamento de um novo produto no mercado. Possui um *checklist* enorme de coisas de que precisa cuidar antes do lançamento. Já falou com o pessoal do *design* e da fábrica, que já tem pronta a embalagem do produto. Está em negociações com o pessoal da agência de publicidade a respeito da campanha de lançamento. Assegurou-se com os fornecedores de que não faltaria material para a produção. Já tem levantados os custos de quase todos os componentes do produto. Tem nas mãos uma pesquisa de mercado que informa onde os clientes estão localizados e quais são suas necessidades. Há, porém, um item da lista que está tirando seu sono: que preço atribuir a esse produto? Ele conhece os preços de alguns produtos dos concorrentes, mas não acha que isso seja suficiente.

Se estabelecer o preço acima da expectativa dos potenciais clientes, irá afugentá-los, o volume de vendas ficará abaixo do previsto e ele não conseguirá recuperar todo o investimento realizado. E, acima de tudo, os concorrentes irão aproveitar-se dessa situação.

Se definir um preço inferior ao dos concorrentes, poderá posicionar inadequadamente seu produto no mercado e passará uma mensagem equivocada a seus clientes. Quando se der conta disso, poderá ser tarde, e o estrago já estará feito. Fazer o preço subir será uma tarefa árdua e desgastante, que levará algum tempo.

A Mercedes Benz, ao lançar seu carro Classe A no mercado brasileiro, atribuiu um *premium* ao seu preço, acreditando que os clientes iriam pagar pela marca Mercedes. O preço revelou estar acima da expectativa dos clientes, e a empresa amargou um prejuízo, com vendas muito abaixo do esperado e alta ociosidade na planta de Juiz de Fora, Minas Gerais.

O que significa preço, afinal? De uma forma simples, podemos dizer que preço é algo que o cliente paga pelo produto ou serviço. Ou melhor, é algo pelo qual o cliente acredita que vale a pena pagar, e o concorrente permite que cobre. No caso de produtos tangíveis, é fácil distinguir o preço. Já no caso de serviços, esse significado é mais sutil. Vejamos alguns exemplos:

- nas escolas, o preço assume a forma de mensalidade;
- nas corretoras (de seguro, imobiliária), o preço aparece como comissão;
- nos hotéis, sob a forma de diária;
- nos bancos, vem disfarçado de encargos financeiros e/ou de taxas;
- nas auto-estradas, preço significa pedágio;
- para os proprietários, assume a forma de aluguel do ativo.

O significado do preço aos clientes traduz-se em diversos benefícios:

- **Benefício funciona:** ajuda a resolver os problemas do pessoal técnico da empresa. No caso de uma máquina produtiva, seus benefícios vão ao encontro dos interesses dos engenheiros da fábrica. No caso de *softwares*, o produto e/ou serviço atende aos interesses dos analistas e programadores.
- **Benefício operacional:** relativo às necessidades do pessoal da produção.
- **Benefício financeiro:** atende às necessidades do pessoal de compras e finanças. Assim, o preço a ser pago por um produto é muito menor que o benefício percebido que produz, o que resulta num valor econômico para esse pessoal.
- **Benefício intrínseco:** relativo ao *status* do produto, segurança e imagem da empresa e satisfação pessoal. Comprar um objeto caro e a que poucos têm acesso, comprar de uma empresa que tem reputação no mercado, tudo isso deve ser apresentado como benefício na venda.

Se a empresa estiver em regime *business-to-business* (venda para outra empresa), seu 'cliente' não é apenas o pessoal da área de compras, mas também os engenheiros, o pessoal da linha de produção e do financeiro. Quem já não viveu a situação em que o produto passou pelo crivo das áreas técnica e de produção, mas quem decidiu a compra foi o pessoal do financeiro? Para fechar o negócio, a empresa precisa oferecer os quatro tipos de benefício descritos.

No entanto, se estiver em regime *business-to-consumer* (venda direta ao consumidor), a oferta de um ou dois benefícios já será o suficiente para a decisão da compra. Uma pessoa adepta da idéia do 'faça você mesma' pode estar procurando uma furadeira que atenda às suas necessidades funcionais (peso, durabilidade e facilidade de uso) e esteja disposta a pagar um preço mais alto, desde que as condições de pagamento sejam mais flexíveis.

Embora o preço possa trazer os vários benefícios citados, a decisão sobre qual será o preço de um produto deve levar em conta também os demais componentes do composto mercadológico — produto, promoção e distribuição. Deve-se refletir que:

> Uma estratégia de preço eficaz não compensa a execução malfeita de suas estratégias do composto. O preço ineficaz, no entanto, pode prejudicar a execução bem-feita das demais estratégias.

O preço é um item muito importante para atingir o mercado-alvo, porém ele só não basta. Precisa vir acompanhado dos demais componentes do composto.

Produto, promoção e distribuição	→	Criam valor e são a origem dos custos.
Preço	→	Captura o valor criado por esses componentes e gera receita.

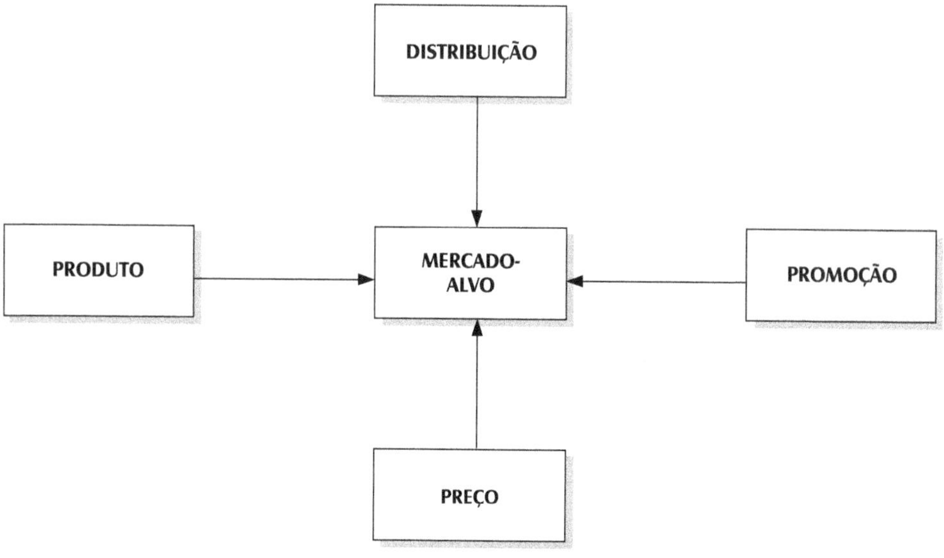

Figura 6.1 Composto mercadológico

6.1 Estratégia de preço baseada em valor

O que é valor? Pode-se dizer que é preço baixo, o menor preço que se pode pagar por um produto ou serviço. Mas essa é uma definição muito superficial, pois não leva em consideração o valor que um produto ou serviço pode trazer ao cliente. Limita-se a um só aspecto: pagar um valor baixo por um produto, mesmo que a qualidade, a durabilidade, a funcionalidade, a aparência e outros atributos não sejam relevantes na tomada de decisão de compra.

Valor é a qualidade que se obtém pelo preço pago. Essa definição já está melhor que a anterior, mas ainda peca por considerar apenas o atributo qualidade.

Valor é o que o cliente obtém por aquilo que pagou. É o *trade off* entre benefícios e preço, resultado da equação:

Benefícios percebidos (–) Custos percebidos = VALOR ECONÔMICO

Quanto maior o valor percebido e menor o custo percebido, maior será o valor econômico percebido pelo cliente. As duas afirmações a seguir ilustram bem a percepção de valor.

"Você obtém o que você paga."

"Você pode obter mais do que você paga."

Qual é a diferença entre essas duas afirmações? A diferença pode ser sutil, mas é crucial. A primeira afirmação implica uma relação direta entre preço e valor, isto é, você paga pelo produto ou serviço aquilo que obtém em troca; o valor líquido nesse caso é nulo. A segunda afirmação já é muito diferente; implica que o produto ou serviço oferece maior valor a menor custo: o valor líquido é positivo, e quanto maior ele for, melhor.

Tomemos como exemplo uma caneta Montblanc. Em qual das duas afirmações acima você encaixaria esse produto? É uma relação direta entre preço e valor, ou ele oferece maior valor a menor custo? Não há duvida de que se trata de uma marca conhecida mundialmente, que é símbolo de *status* e tem preço muito alto. O cliente acaba pagando um preço por essa simbologia, pelo prazer de ter um produto que poucos podem ter. Que tecnologia há por trás desse produto? O que existe em sua composição física que os outros produtos não têm? Pouco ou quase nada que justifique esse diferencial de preço. Logo, o cliente paga pelo que está obtendo.

Isso também acontece com as empresas de aviação que praticam a política de *low fare* (tarifa baixa): paga-se um preço baixo pela passagem aérea, mas em compensação se obtém muito pouco em troca. A empresa não oferece serviço de bordo, nem jornais, nem entretenimento durante a viagem, e muitas vezes o horário dos vôos é inconveniente. Obtém-se apenas o serviço básico e o transporte de um lugar a outro pela passagem .

Obter mais do que se paga é estar disposto a oferecer ao cliente a solução da redução do *total cost in use* (custo total em uso). O foco é deslocado do preço de aquisição e das transações individuais para as relações de parceria construídas no valor percebido e menor custo total em uso.

O custo total em uso é o somatório de:

custo aquisição + custo manutenção + custo uso

onde:

custo aquisição = preço aquisição, transporte, custo administrativo de avaliar fornecedores, emitir pedidos, correção de erros e pagamento;
custo manutenção = juros, armazenagem, inspeção, seguro e manuseio;
custo uso = custo utilização do produto/serviço, treinamento de funcionários, reparos no campo, peças sobressalentes e descarte

Hutt & Speh (2000) apresentam um exemplo da aplicação do custo total em uso, tendo como fonte uma reportagem de 22 de novembro de 1996 do jornal *The Wall Street Journal*. A American Airlines havia na época assinado um acordo para adquirir 103 jatos da Boeing, avaliados em $ 6,5 bilhões ao preço de tabela. Nesse acordo, a empresa poderia comprar uma quantidade adicional de 527 aviões a preços garantidos. Esses direitos de compra sem custo foram garantidos pela Boeing em troca da exclusividade de venda de seus aviões para a American até 2018. O acordo também dá proteção de preço à American, no caso de a Boeing oferecer melhores condições aos concorrentes do que foi estipulado no acordo. Durante as próximas duas décadas, toda a frota da American vai ser formada por aeronaves da Boeing.

Quais são as vantagens para ambas as partes? Para assegurar esse contrato de exclusividade, a Boeing fez concessões no preço que espera ser mais do que recuperado na expansão do volume, além de fechar a porta aos concorrentes, como Airbus e Embraer. Por confiar e depender de um único fabricante, a American vai reduzir o custo total em uso de cada avião por meio de estoque reduzido e padronizado de peças e partes, custo de treinamento do pessoal de manutenção, dos pilotos e engenheiros de vôo e a mobilidade desse pessoal, por pilotar aviões do mesmo fabricante.

Outra experiência referente à aplicação do conceito do custo total em uso é a de uma empresa multinacional fabricante de compressores de ar. Seus produtos eram conhecidos no mercado brasileiro e tinham boa reputação quanto à qualidade, funcionalidade e confiança. A empresa cobrava um preço *premium* entre 20 e 30%, conforme o modelo, sobre seus concorrentes mais próximos. No entanto, seu pessoal de vendas reclamava que perdia muitos orçamentos devido a esse preço *premium*, que os clientes brigavam apenas pelo preço e que não conseguiam justificar o preço mais alto.

Os argumentos do pessoal de vendas referiam-se aos benefícios do produto em relação aos dos concorrentes — menos barulho, maior durabilidade, menor tempo de manutenção, incluindo trocas de óleo menos freqüentes, e assistência técnica em âmbito nacional —, bem como a aspectos intangíveis, como reputação da empresa, força da marca, tecnologia etc.

Quando tiveram contato com o conceito de custo total em uso, foram forçados a raciocinar como esses benefícios se transformavam em economia tangível para o cliente. Seus argumentos foram transformados em custo total em uso. Assim, para cada benefício apontado, os seguintes raciocínios foram desenvolvidos:

- Menos barulho do compressor: isso significava que o compressor utilizado por essa empresa podia ficar próximo da linha de produção, enquanto o compressor utilizado pelos concorrentes deveria ficar distante e abrigado numa construção de alvenaria. Quanto isso custa adicionalmente ao cliente? A construção dessa 'casinha' de abrigo mais os custos dos cabos para levar o ar comprimido desse lugar para alimentar as máquinas da linha de produção. Sem mencionar os benefícios intangíveis de funcionalidade e operacionalidade para o cliente.

- Maior durabilidade: estudos da empresa mostravam que seu compressor tinha vida útil média superior a um ano, comparada à do compressor dos concorrentes. Isso significa que o investimento feito nesse compressor poderia ser diluído em mais um ano, o que podia significar uma economia entre 10 e 15%.
- Menor tempo de manutenção: devido à tecnologia mais moderna do compressor, menos horas de manutenção do técnico eram despendidas em cada revisão. As revisões eram feitas com periodicidade maior e ocorriam trocas menos freqüentes de óleo, além de a máquina permanecer menos tempo parada para manutenção. Tudo isso foi facilmente valorizado.
- Assistência técnica em âmbito nacional: graças a uma extensa rede de representantes espalhados pelo país, a empresa conseguia assegurar que sua assistência técnica atendesse a um chamado imprevisto em no máximo 24 horas. Isso significa que as máquinas produtivas ficariam paradas menos tempo e menos prejuízo para a empresa. Experimente-se calcular o quanto custa deixar parada uma máquina produtiva. Para cada cliente, isso poderia ser valorizado em função da receita perdida.

Quando foi feita uma simulação para determinado cliente e determinado tipo de compressor, surpreendeu o fato de que o somatório dos valores de custo em uso dos quatro benefícios cobria esse diferencial de prêmio de 30% em relação ao preço dos concorrentes. O que a empresa iria desenvolver em seguida era uma planilha em Excel desse modelo de cálculo e fornecer essa ferramenta a seus vendedores para calcular esses benefícios diante do cliente, com dados reais. Obviamente, os benefícios intrínsecos, como reputação da empresa, força da marca e tecnologia, permaneceram como parte da argumentação de vendas.

Essa é uma aplicação surpreendente e real do conceito de custo total em uso e atendeu aos quatro tipos de benefícios mencionados no início deste capítulo. Tudo isso ressalta a idéia do valor econômico ao cliente, conforme ilustrado na figura a seguir.

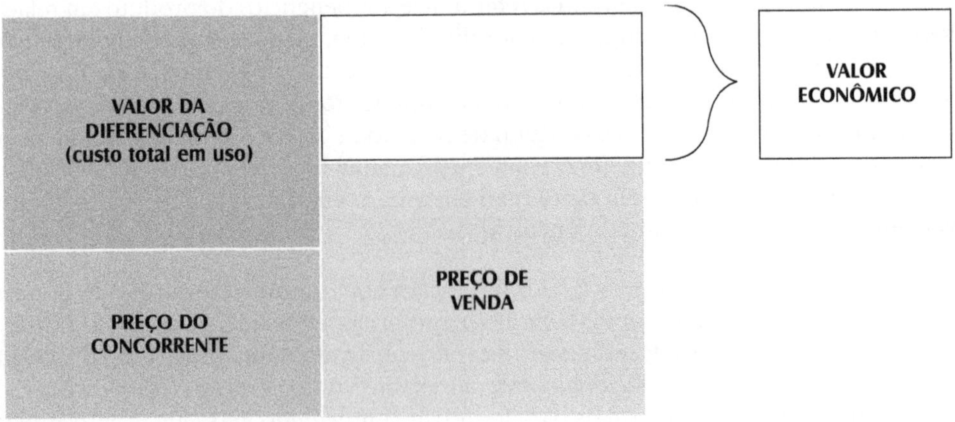

Figura 6.2 Valor econômico

Estudo de caso: Valor percebido pelo cliente em função dos atributos do produto e da empresa (valor econômico para o cliente e definição de preço)

Empresa de lâmpadas

Muitas empresas definem seus preços tomando como base seus custos internos e as margens de lucro preestabelecida. Por que não estabelecer os preços a partir do valor econômico ao cliente?

Uma empresa inventou uma nova lâmpada fluorescente compacta que consome um quinto da eletricidade consumida pela lâmpada comum. Esse rendimento, porém, representa um custo de produção dez vezes mais alto. A lâmpada comum tem custo total de $ 0,20/unidade, enquanto o custo de manufatura da nova lâmpada era de $ 2,00/unidade.

Assim, uma lâmpada comum de 50 W equivale a essa nova lâmpada de 10 W; uma lâmpada comum de 100 W, à nova lâmpada de 18 W. Para verificar se a nova lâmpada oferecia uma oportunidade de negócios, vamos avaliar os diferente segmentos de mercado aos quais ela poderia ser dirigida e o preço nesses mercados, bem com a margem de lucro.

Mercado de consumidor-padrão

Dados: consumo médio de 750 h/ano; preço de $ 1; lâmpada de 50 W; custo de eletricidade de $ 0,10/kWh.

Tabela 6.1 Mercado de consumidor-padrão

Custo da lâmpada comum		Custo de energia da nova lâmpada	
Custo de energia			
Consumo hora/ano	750	Consumo hora/ano	750
Potência da lâmpada/W	50	Potência da lâmpada/W	10
Custo de eletricidade/kWh	0,1	Custo de eletricidade/kWh	0,1
= Custo de energia	3,75	= Custo de energia	0,75
(+) *Custo da lâmpada*	1		
(=) *Custo total*	4,75		
Valor econômico para o cliente			
Custo total da lâmpada comum	4,75		
Custo de energia da nova lâmpada	0,75		
Valor econômico resultante	4		

O custo de manufatura da nova lâmpada era de $ 2, e o preço máximo pelo qual o produto poderia ser vendido para esse mercado seria de $ 4.

A empresa descartou esse segmento porque a venda seria difícil. Ela testou em dois outros mercados.

Mercado I

Dados: 8.000 lâmpadas de 50 W substituídas seis vezes ao ano, acesas 24 horas/dia, 365 dias/ano; custo de eletricidade de $ 0,12/kWh. O serviço de manutenção e troca era contratado por $ 110.960, conforme demonstrado a seguir.

Tabela 6.2 Mercado I

Serviço de manutenção		
Lâmpada	8.000 × 6 × $ 1 =	48.000
Mão-de-obra	76 dias × 8 horas × $ 20/h =	12.160
Aluguel de equipamentos	76 dias × $ 300/dia =	22.800
Margem de lucro		28.000
Total		110.960

Custo de energia com lâmpada comum		**Custo de energia com nova lâmpada**	
Consumo hora/ano	8.760	Consumo hora/ano	8.760
Potência da lâmpada/W	50	Potência da lâmpada/W	10
Custo de eletricidade/kWh	0,12	Custo de eletricidade/kWh	0,12
Quantidade de lâmpadas	8.000	Quantidade de lâmpadas	8.000
= Custo de energia	420.480	= Custo energia	84.096

Tabela 6.3 Valor econômico para a empresa de manutenção e para o mercado I

Empresa de manutenção	
Total dos custos sem margem de lucro com a nova lâmpada	82.960
Mão-de-obra e aluguel de equipamentos (só 12 dias/ano)	5.520
Economia com o valor das 8.000 lâmpadas	77.440
Valor econômico por lâmpada	9,68
Mercado I	
Custo atual de energia	420.480
Custo de energia com nova lâmpada	84.096
Economia de energia	336.384
Valor econômico por lâmpada	42,048

Se adotasse as novas lâmpadas, esse mercado usaria somente 8.000 lâmpadas/ano, e a empresa de manutenção trabalharia 12 dias/ano. Qual seria o valor econômico para esse mercado e para a empresa de manutenção?

As novas lâmpadas oferecem ao mercado um valor econômico atraente, mas isso não acontece com a empresa de manutenção. A empresa descartou essa opção, pois os dois clientes potenciais poderiam intercambiar informações, interferindo na definição de um preço conveniente e no interesse da empresa contratada em manter o valor de seu contrato.

Mercado II

Dados: utiliza 1.000 lâmpadas de 50 W 24 horas/dia, 365 dias/ano, substituídas 6 vezes/ano; custo de energia de $ 0,14/kWh.

Tabela 6.4 Mercado II

Custo da lâmpada comum		Custo de energia com a nova lâmpada	
Custo de energia			
Consumo hora/ano	8.760	Consumo hora/ano	8.760
Potência da lâmpada/W	50	Potência da lâmpada/W	10
Custo de eletricidade/kWh	0,14	Custo de eletricidade/kWh	0,14
Quantidade de lâmpadas	1.000	Quantidade de lâmpadas	1.000
= Custo de energia	61.320	= Custo de energia	12.264
Custo de compra de lâmpadas	**6.000**		
= Custo total para esse mercado	**67.320**		
Valor econômico total ao cliente	55.056		
Valor econômico por lâmpada ao cliente	55,056		

O que se conclui sobre esse mercado?

A partir da determinação do valor econômico para o mercado, a empresa concluiu que esse seria seu melhor cliente, já que poderia realizar as vendas sem maiores complicações, sempre que estabelecesse um preço inferior a $ 55.

O segredo é estabelecer o preço em algum patamar entre o valor ao cliente, no extremo superior, e o custo, no extremo inferior, de modo que a proposição de valor seja dividida entre ambos, cliente e fornecedor, para que possam repartir as economias. (Veja a Figura 6.2.) No caso da lâmpada para o mercado hoteleiro, a Osram poderia estabelecer o preço em 50% do valor econômico ao cliente, beneficiando-o, assim como a empresa.

O preço muito alto tira do consumidor as vantagens do valor econômico em troca de maior lucro. O preço muito baixo faz a empresa renunciar á seu lucro em favor do cliente.

O foco deve estar em aumentar o valor líquido ampliando os benefícios percebidos pelo cliente e/ou reduzindo os custos percebidos.

6.2 Preço ao longo do ciclo de vida de um produto

Existem quatro fases distintas do ciclo de vida de um produto: introdução ou lançamento, crescimento das vendas, maturidade e fase de declínio. Para cada fase, a estratégia de preço deve ser estabelecida de forma distinta.

Fase de introdução do produto

Cliente: não está bem informado a respeito do produto, sem experiência, pouco sensível a preço, especialmente se não houver nenhum ou existirem poucos produtos concorrentes no mercado.

Custos: fixos por unidade, ainda elevados, dado o baixo volume de produção inicial.

Estratégia de preço: podem ser adotadas duas estratégias distintas.

1. *Skimming*: nesta estratégia, a empresa procura alcançar rentavelmente segmentos que não são sensíveis a alto preço inicial. Este preço é elevado por duas razões: o baixo volume para amortizar os investimentos realizados (custo fixo) e o privilégio de ter o produto antes dos demais.

   Aqui a empresa enfatiza fortemente o benefício intrínseco do produto — seu *status*. Comprar um objeto antes dos outros tem como moeda de troca um alto preço por esse privilégio.

   A introdução no mercado de aparelhos de videocassete e DVD são exemplos conhecidos.

   Posteriormente, à medida que o produto torna-se conhecido no mercado, a empresa reduz o preço para atingir outros segmentos mais sensíveis a ele enquanto ganha volume.

   Essa redução de preço é possível por causa do aumento do volume, que faz baixar o custo fixo unitário, além de poder reduzir também o custo variável.

   Os preços de videocassete e DVD foram baixando em termos reais com o decorrer do tempo.

   Só é possível praticar a estratégia de *skimming* com produtos que despertam no cliente esse benefício intrínseco. Não funciona para produtos chamados *commodities*.

2. *Penetration*: estratégia oposta à anterior. A empresa lança o produto com preço mais baixo, com o objetivo de ganhar uma participação imediata de mercado, mesmo que com prejuízo.

   É apropriada ou viável somente nas seguintes condições:

- quando houver alta taxa de crescimento do mercado e/ou exista grande potencial de crescimento futuro;

- quando for possível alta elasticidade de preço. Isto é, a baixa de preço tira mercado de produtos substitutos e aumenta o volume do produto em questão;
- no caso de ameaça de concorrência iminente, para levantar barreiras de entrada para o concorrente;
- se existir a possibilidade de redução nos custos de produção com expansão do volume

Satisfeitas essas condições, é possível que o produto apresente resultados positivos.

Fase de crescimento

Cliente: atribui valor ao produto com base em suas características/benefícios; compara preço do produto com substitutivos e começa a ficar sensível a preço.

Custos: queda nos custos (fixos) unitários decorrente do aumento do volume.

Concorrência: a margem de lucro atrai concorrentes que ainda terão lucro, mesmo com uma pequena fatia de mercado.

Estratégia de preço: cria vantagem competitiva, de custo ou diferenciação. Ou a empresa tem uma base de custo baixa, que não permita a seus concorrentes iniciar uma guerra de preços, ou ela cria diferenciais que a tornem competitiva e continuem sustentando seu preço.

Alternativamente, a empresa pode visar segmentos específicos, chamados de "nichos de mercado", que permitam que ela continue sustentando seus preços. O volume não é tão significativo a ponto de atrair interesse de grandes empresas e/ou sua estrutura é demasiadamente grande para concorrer com empresas menores. Há o perigo de essas empresas menores entrarem nesses segmentos e erodirem os preços.

Ambas as estratégias necessitam ser sustentáveis na fase de maturidade.

Fase de maturidade

Cliente: já está familiarizado com o produto, a qualidade nesta fase é primordial, e o cliente demanda preço baixo.

Custos: os de produção são reduzidos em decorrência do aumento na produtividade.

Concorrência: bastante acirrada; há excesso de capacidade do setor, o que força a uma queda nos preços.

Estratégia de preço: podem ocorrer dois tipos de situação:

1. A empresa pode estabelecer os preços no mercado, chamados de *price setter*. Ocorre normalmente quando ela tem participação significativa do mercado e/ou controla seus canais de distribuição.

2. A empresa segue os preços estabelecidos pelo mercado, chamados de *price taker*. A decisão da empresa é vender tanto quanto possível quando seus custos estiverem abaixo dos preços.

Outra estratégia possível é a chamada precificação tática, em que o foco está em cada transação do cliente e em cada solicitação de cotação. O objetivo é assegurar posicionamento competitivo, ganhando mercado pedido a pedido. Demanda alto esforço do pessoal de vendas, monitorando cada transação dos clientes, e requer uma série de dados precisos e completos, como:

- preços pagos pelos clientes e valores das cotações recentes;
- preços regionais e nacionais dos concorrentes;
- estimativa dos vendedores dos possíveis preços dos concorrentes;
- custos específicos do cliente;
- margem esperada por produto e qualidade para cada cliente;
- rentabilidade do pedido em vários níveis de preço objetivo.

Fase de declínio

Cliente: a maioria pára de usar o produto, independentemente do preço. Alguns clientes permanecem fiéis e podem até pagar preço *premium*.

Custos: o investimento em ativos já está amortizado e a empresa trabalha apenas com custos variáveis nessa fase.

Concorrência: inicialmente intensa, diminui à medida que os concorrentes se retiram do mercado, e os preços vão gradualmente reduzindo com o tempo.

Estratégia: a idéia é retirar o máximo possível de caixa do produto e interromper os investimentos em marketing. A empresa pode aplicar, nessa fase, a estratégia de *penetration*, derrubando os preços para vencer mais rapidamente os concorrentes e dominar o mercado restante.

6.3 Etapas para uma adequada precificação ou fixação de preço

São seis as etapas a serem seguidas para uma adequada fixação de preço, como se pode ver na Figura 6.8 a seguir. Essas etapas são mais aplicáveis à situação de venda *business-to-business*.

1ª etapa – Definir os objetivos de preço

Toda empresa, ao estabelecer o preço de seus produtos ou serviços, deve ter em mente os objetivos que espera atender com o preço. Alguns desses objetivos podem ser:

- Consistência com os objetivos corporativos, por exemplo, objetivo social de permitir acesso do produto a um público de baixa renda.

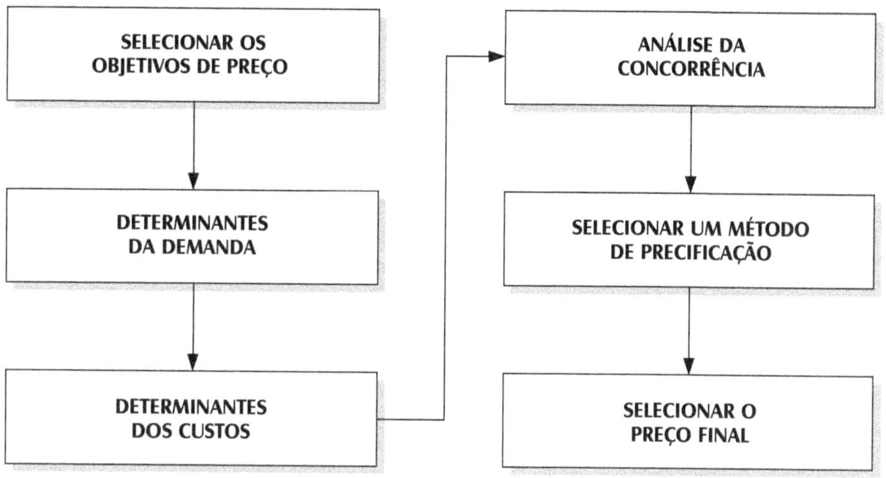

Figura 6.3 Etapas de fixação de preço

- Obter um retorno sobre o investimento esperado pelos acionistas. A empresa estabelece um preço de modo que o lucro decorrente da venda recupere o investimento feito no produto (máquinas, equipamentos, capital de giro e despesas com marketing) num período específico. Um retorno de 20% ao ano significa recuperação do investimento em cinco anos.

- Atingir um *market share* desejado pela corporação ao final de um período. Neste caso, a empresa não tem preocupação focada no nível de lucro ou retorno esperados, mas sim em conquistar uma parcela determinada de mercado a qualquer custo.

- Enfrentar a concorrência. Nesta situação, o preço é utilizado como o componente mais significativo do composto mercadológico para enfrentar os concorrentes. No caso de a empresa ter baixa estrutura de custos, ela poderá enfrentar uma guerra de preços em condições mais favoráveis e manter essa guerra por período maior que a concorrência.

- Consideração com outras linhas de produtos da empresa, de modo a evitar conflito. Um caso típico é o de produtos de venda casada, em que o produto de maior demanda puxa a venda de outro produto da empresa de menor demanda. Neste caso, o produto de menor demanda deverá ter preço menor, para facilitar a venda casada e para a empresa obter lucro no conjunto dessa venda.

- Sobrevivência. Neste caso o objetivo é girar o produto e fazer caixa para sobreviver. O nível de preço deve ser suficiente para cobrir o custo variável e ajudar a cobrir parte do custo fixo da empresa.

- Obter maior volume de vendas a curto prazo. A estratégia de *penetration* pode ser adotada para este objetivo.

2ª etapa — Determinantes da demanda

O que determina a demanda de um produto ou serviço? Vários são os fatores:

- O valor percebido pelo cliente em função dos atributos do produto e da empresa. Quanto maior o valor econômico percebido pelo cliente em relação aos produtos concorrentes, mais reflexo positivo isso trará para a demanda.

  Hutt & Speh (2000) oferecem uma equação que trata do valor relativo percebido de oferta de produtos concorrentes A *versus* B, como:

  Valor do 1º atributo × (*performance* percebida de A – *performance* percebida de B) +
  Valor do 2º atributo × (*performance* percebida de A – *performance* percebida de B) +
  Valor do 3º atributo...

  Como melhorar o valor percebido? Melhorando os atributos que são importantes para os clientes e estabelecendo uma comunicação de marketing eficiente.

- O valor do produto pode variar de acordo com a segmentação do mercado. Em produtos químicos e farmacêuticos, por exemplo, o mesmo princípio ativo com diferentes formulações ou concentrações pode ser segmentado para mercados diferentes e vendido a preços diferentes. Um preço *premium* poderá ser posicionado em mercados com menor nível de concorrência.

- Compreender a elasticidade de preço de demanda. Elasticidade é o resultado do índice fração:

  $$\Delta\% \text{ no volume demandado}/\Delta\% \text{ no preço}$$

  Se essa relação for menor do que 1, o produto é inelástico; se superior a 1, é elástico. A compreensão da elasticidade da demanda de um produto permitirá determinar diferentes níveis de demanda para diferentes níveis de preço. Por exemplo, o dono de uma pizzaria pretende subir o preço da pizza de $ 9,5 para $ 10,5, ao mesmo tempo que estima uma queda no volume das atuais 41 unidades por dia para 39 unidades.

  $$\Delta\text{volume}/\text{volume médio}/\Delta\text{preço}/\text{preço médio}$$

  No exemplo, temos $2/40 \,/\, 1/10 = 0{,}5$ = demanda inelástica.

  Isso significa que uma mudança na quantidade é menor que a mudança relativa no preço. Não irá compensar para o dono da pizzaria subir o preço.

- O preço a ser fixado conduzirá a diferentes níveis esperados de demanda e isto produzirá impacto nos objetivos de preço estabelecidos pela empresa.

3ª etapa — Determinantes dos custos

Para conhecer os determinantes de custos de um produto, é necessário antes entender como os custos são acumulados no decorrer do ciclo de vida do produto. À medida que os produtos se movem ao longo de seu ciclo de vida, eles acumulam custos. O custeio do ciclo de vida implica o processo de gerenciar todos os custos mediante as várias fases do ciclo de vida: desenho, desenvolvimento, manufatura, marketing, distribuição, manutenção, serviço pós-venda e descarte. É, em suma, entender os custos do produto desde sua concepção até sua morte.

Vamos resumir o ciclo de vida em três fases:

- Fase de pesquisa;
- Fase de desenvolvimento;
- Fase de engenharia.

Dedicam-se 80 a 85% dos custos da vida do produto a decisões tomadas nessa última fase, enquanto apenas 10 a 15% dos custos são incorridos.

Decisões tomadas nessa fase são críticas, porque o $ 1 adicional gasto nessa fase pode levar a economia de ao menos $ 8 a $ 10 nas fases seguintes.

Fase da manufatura: os custos são incorridos na transformação do produto. Não há muito espaço para o pessoal da engenharia influenciar os custos do produto e seu desenho, porque foram determinados na fase anterior. São compromissados 10% dos custos nessa fase, enquanto 25% dos custos são incorridos. Tradicionalmente, é nessa fase que as empresas gastam energia para apurar os custos dos produtos.

Fase do serviço pós-venda e descarte: inicia-se quando a primeira unidade do produto chega às mãos do consumidor. Seguem-se o crescimento das vendas, a maturidade, o declínio das vendas, terminando na morte e/ou descarte, conforme o tipo de produto.

Nessa fase, menos de 10% dos custos são compromissados, enquanto 50% são incorridos.

4ª etapa — Análise da concorrência

A estratégia é perseguir constantemente novas formas de vantagens competitivas (ainda que temporárias) e, ao mesmo tempo, destruir as vantagens dos rivais. A empresa deve fazer uma estimativa da estrutura de custos dos concorrentes e simular como eles responderiam às reduções de preço da empresa.

5ª etapa — Seleção de um método de precificação

Qualquer que seja o método de fixação de preço, este deve contemplar 3 C:

- cobrir os *custos* da empresa;
- ser competitivo em relação à *concorrência*;
- atender às expectativas e à demanda do *cliente*.

Alguns métodos de precificação são listados a seguir:

- com base no valor econômico: uso da estratégia de preço baseada em valor abordado na Seção 6.1;
- com base no preço da concorrência: neste caso a empresa simplesmente segue o preço da concorrência *(price taker);*
- preço *target* ou com base numa taxa de retorno: neste caso a conta deve considerar o valor investido, o tempo de retorno, o volume de vendas estimado nesse período de recuperação do investimento e o custo unitário do produto.

Preço target = custo unitário + retorno esperado no nível de vendas

onde:

retorno esperado = % taxa retorno × valor investido / volume de vendas

Por exemplo, a empresa investiu $ 1 milhão no produto, com taxa de retorno de 25% ao ano, volume de vendas em quatro anos de 50 mil unidades e custo unitário de $ 16.

Preço *target* = $ 16 + 25% × $ 1 milhão / 50.000 = $ 21 (desconsidera-se, neste exemplo, o imposto sobre a venda)

É evidente que o preço fixado deve ser confrontado com os preços dos concorrentes. Caso esteja abaixo do mercado, isso pode fazer parte da estratégia da empresa e estar coerente com o volume de vendas projetado para amortizar o valor investido. Se o preço estiver acima do mercado, a empresa deverá avaliar se os clientes irão perceber a razão desse preço *premium*. Se isso não ocorrer, as premissas de investimento, taxa de retorno e volume estimado de venda devem ser alteradas, e novo cálculo deve ser efetuado.

- uso do *mark-up* ou com base no custo. O *mark-up* é um coeficiente multiplicador aplicado sobre o custo do produto para determinar o preço. Nele devem ser considerados a margem de lucro da empresa, as despesas fixas e os impostos sobre a venda.

  Como determinar o coeficiente de *mark-up*?

  Partindo do preço de venda considerado de 100%, deduz-se o percentual dos impostos sobre a venda (imaginando 21,65% para ICMS, PIS e Cofins), o percentual de despesas fixas (15%, por exemplo) e o percentual de lucro desejado (20%).

  A diferença de 43,35% (100 – 21,65 – 15 – 20) representa a parcela de custo.

Preço -	100%
(-) Impostos -	21,65%
(-) Despesa fixa -	15%
(-) Margem de lucro -	20%
(=) Custo	43,35%

A divisão do preço de venda 100% pelo percentual de custo 43,35% resultará no coeficiente de *mark-up* 2,307.

Mark-up = Preço 100% / custo 43,35% = 2,307

O preço de venda é então determinado multiplicando o custo unitário por esse *mark-up*. Assim, se o custo unitário de um produto for de $ 900, o preço de venda será de $ 2.076 = $ 900 × 2,307.

Preço = custo $ 900 × *mark-up* de 2,307 = $ 2.076

O montante de *mark-up* pode variar conforme:

- demanda maior que oferta = maior *mark-up*;
- demanda elástica, sensível a preço = menor *mark-up*;
- intensa concorrência = *mark-up* se reduz porque se torna difícil sustentar preços muito maiores que seus custos incrementais.

A vantagem em utilizar o *mark-up* é a simplicidade de uso. Ele é amplamente adotado por varejistas, atacadistas e até algumas indústrias, empresas de construção civil e de serviços públicos.

No entanto, são feitas várias críticas a esse método:

- desconsidera-se a percepção de valor,
- desconsideram-se o ambiente de mercado e os preços da concorrência;
- as informações sobre custos podem estar incorretas;
- desconsidera-se a relação custo / volume / lucro;
- desconsideram-se as demais forças do mercado;
- desconsidera-se o preço como opção estratégica.

6ª etapa — Seleção do preço final

O preço final deve ser visto e tratado pela empresa como opção estratégica, e não como mera obrigação. Como foi dito anteriormente, o preço deve estar alinhado com os demais componentes do composto mercadológico, para juntos atingirem o cliente. As perguntas críticas que devem ser respondidas nessa etapa final são as seguintes: Quanto vale o meu produto para o cliente? Como posso comunicar melhor o valor que justifique o preço? Essas perguntas são mais adequadas do que: Que preço o cliente está disposto a pagar?

6.3 Decisões de precificação de curto e longo prazo

Caso Molas Precision[1]

"Nós não conseguimos lucro se vendemos a um preço abaixo de custo. O relatório de custos indica custo de $ 2,79 por quilo para a nossa mola de aço de 0,25 mm. Não vejo nenhuma vantagem na oferta da Genair de comprar 120.000 quilos dessa mola ao preço de apenas $ 2,48 o quilo. Como podemos sobreviver nesse negócio se continuamos dilapidando nossos preços?"

Bob Smith é o dono e presidente da Molas Precision, fabricante de molas de aço de alta precisão para a indústria. Ele reuniu-se com Mike, o gerente de marketing, e Alex, o *controller*, para avaliar essa oferta de compra de grande quantidade da Genair Corp.

Alex comentava: "O custo total do produto é de $ 2,79 o quilo, considerando $ 1,38 de material, $ 0,76 de mão-de-obra e $ 0,65 de custo de suporte de manufatura. Nós colocamos um *mark-up* de 30%, que implica $ 0,84, chegando assim a um preço de $ 3,63 o quilo. Isso significa que a Genair solicita um desconto de $ 1,15 por quilo, que é 32% do nosso preço normal".

Mike percebeu, pelos comentários de ambos, que não iria conseguir justificar a proposta apelando para o valor de conquistar um grande cliente como a Genair. Ele teria de pensar em um caso para aceitar um preço baixo, comparando o preço com os custos incrementais de produzir as molas. (O custo incremental por unidade de produto é o montante pelo qual o custo total de produção e as vendas aumentam quando uma unidade adicional do produto é produzida e vendida.)

"É verdade que o custo total é de $ 2,79, mas isso inclui $ 0,65 de suporte de manufatura. Sabemos que nesse custo estão incluídos aluguel, depreciação, seguro, luz etc. São custos fixos, e não crescerão caso aceitemos a oferta da Genair. Os únicos custos que devemos considerar são os diretos, que montam em $ 2,14 ($ 1,38 + $ 0,76). Mesmo ao preço de $ 2,48 podemos ter uma margem de $ 0,34 por quilo", Mike explicou.

"Mike está certo em relação ao fato de aluguel, depreciação e seguro constituirem custos fixos. Mas tais custos são apenas 60% do total de custos de manufatura que temos no momento. Atividades de suporte incluem também supervisão, *setups* e inspeção, cujos custos aumentarão se aceitarmos o pedido da Genair. Os custos variáveis consideram $ 0,26 de suporte de manufatura, totalizando $ 2,40, tendo uma margem de contribuição de $ 0,08 por quilo. Porém, antes de considerar custos de vendas e distribuição, que adicionam outros $ 0,23 aos custos variáveis. O total dos custos variáveis é de $ 2,63, que é mais que a oferta de $ 2,48 por quilo.", Alex respondeu.

---

1 Atkinson et al, 2001.

"Bem, podemos fazer uma contra-oferta, sugerindo à Genair o preço de $ 2,70? Isso nos daria uma margem de contribuição de $ 0,07 por quilo.", Bob propôs.

"Continuo confuso com toda essa conversa sobre custos variáveis. Custos são custos, e preciso ter um preço que cubra todos os meus custos, sejam fixos ou variáveis. Caso contrário, não consigo fazer dinheiro nesse negócio."

É interessante vender à Genair? Em caso positivo, a que preço?

À primeira vista, parece que o preço solicitado pela Genair não cobre nem sequer os custos do produto, embora o pedido seja tentador. A quantidade pedida é grande, e a Genair é um cliente interessante, que a Molas Precision gostaria de conquistar. Um exame mais detalhado poderá mostrar que se trata de um caso preto-e-branco, isto é, não existe uma única solução correta para ele. Quais são as considerações que devem ser feitas em relação ao papel de custos na formação do preço? Há um lado quantitativo de análise dos custos e um enfoque qualitativo de negócio que devem ser levados em conta.

Antes de iniciar a análise, é importante frisar que a determinação do preço de um produto ou serviço deve ser responsabilidade de um comitê de preço multifuncional, formado por um responsável pela parte comercial, pelo analista de negócio, por um representante da área de produção (expressão que vale tanto para manufatura como para serviço) e pela controladoria.

Utiliza-se uma matriz para mostrar os dois fatores principais de variabilidade dos custos: tempo na horizontal e nível de atividade na vertical.

No caso em questão, o fator tempo significa se o pedido da Genair pode ser atendido em curto prazo (de acordo com a capacidade da fábrica) ou se produzi-lo e entregá-lo demanda um prazo mais longo (digamos um ano). Quanto ao fator nível de atividade, significa a capacidade da fábrica de produzir esse volume no tempo solicitado pelo cliente, ou se

	Curto prazo	**Longo prazo**
Com capacidade ociosa	I	III
Sem capacidade ociosa	II	IV

não tem capacidade ociosa de qualquer um de seus recursos (mão-de-obra ou máquinas) para atender ao cliente.

Não sabemos se a empresa opera sua fábrica em plena capacidade no momento. Se isso ocorrer, esse pedido irá causar um prejuízo maior do que o mencionado no caso. Alguns fatores irão aumentar o custo, como custo de hora extra, tempo para ajustar as máquinas ao produto, necessidade de contratar mais pessoal, os custos associados à operação etc.

Esse pedido é um evento único ou um compromisso de longo prazo? A dinâmica da oferta muda completamente nas duas situações.

Se a fábrica tem capacidade ociosa, o enfoque de análise se altera em relação à situação anterior. No curto prazo, quais custos são relevantes para nosso mix de produtos no momento e como isso irá se modificar com o pedido? Como esse pedido ajudará a utilizar e maximizar a capacidade fixa da fábrica?

Vamos começar explorando a parte I da matriz — a Molas Precision tem capacidade para atender ao volume solicitado no curto prazo. Foram tratados no Capítulo 3, os conceitos envolvidos com o comportamento dos custos. No curto prazo, se a fábrica tem capacidade ociosa, toda venda que cubra os custos variáveis ou incrementais contribui para cobrir os custos fixos ou proporcionar lucro. Caso a empresa esteja abaixo de seu ponto de equilíbrio, a margem de contribuição resultante dessa venda cobrirá os custos fixos e reduzirá o prejuízo. Se ela estiver acima do ponto de equilíbrio, isto é, se os custos fixos já estiverem cobertos pela capacidade atual, a margem de contribuição resultante irá aumentar diretamente o lucro da empresa.

Quais são os custos incrementais da Molas Precision no curto prazo? Os custos verdadeiramente incrementais são com material, de $ 1,38, com vendas e distribuição, de $ 0,23[2]. Isso totaliza $ 1,61, que daria uma margem de contribuição de $ 0,87/kg, margem excelente, porque ajuda a cobrir os custos fixos existentes ou a aumentar o lucro.

Os custos com mão-de-obra direta são considerados de comportamento fixo, por já estarem trabalhando na empresa. Quanto aos custos com suporte de manufatura, o *controller* está enganado: custos com supervisão, *setups* e inspeção não variam por unidade produzida. Dessa forma, a margem de $ 0,87 serve para pagar esses custos no curto prazo.

Qual é o papel do representante da produção? Informar se a fábrica tem capacidade ociosa no momento e se pode atender ao pedido. O papel da controladoria é obter os dados de custos da forma mais realista possível. O papel do analista de negócio é oferecer uma perspectiva de negócio a esse pedido, e não tratá-lo como um exercício contábil. O papel do comercial é prever possíveis reações dos clientes atuais se esse preço mais baixo ofertado à Genair vazar para o mercado. É uma análise de benefício (obter esse pedido de um cliente importante) e custo (possíveis atitudes dos clientes e, eventualmente, também dos concorrentes).

Vamos para a parte II da matriz — a Molas Precision não tem capacidade ociosa para atender ao volume solicitado em curto prazo. Nessa parte da matriz, a análise é um pouco diferente da anterior. Como a empresa não tem capacidade para produzir esse volume, ela pode terceirizar a produção ou pagar hora extra de um terceiro turno de trabalho. Se terceirizar a produção, irá tratar esse custo como incremental, adicioná-lo ao valor de $ 1,61 e comparar esse total com o preço de $ 2,48 sugerido pela Genair.

Caso a empresa já esteja trabalhando em três turnos, o critério de decisão será pela margem de contribuição do recurso com restrição de capacidade. Isso significa que a empresa deverá produzir em primeiro lugar o produto com maior margem de contribuição do recurso restrito, e assim por diante. (Veja o Capítulo 3.) Vale lembrar que, nesse cálculo, só entram os custos incrementais. Como nesse caso não se dispõe do recurso com restrição nem das margens dos demais produtos, não é possível efetuar o cálculo.

Neste caso, o papel do representante comercial se faz presente. Juntamente com o analista de negócio, ele deve avaliar as conseqüências de alterar a ordem de produção já comprometida, caso a margem desse produto para a Genair se torne mais interessante que

[2] Considerando que isto seja comissão de vendas e frete.

outros à sua frente. A perspectiva comercial e seu impacto futuro para a empresa são *inputs* do pessoal do comercial, e são eles que decidem vender ou não para a Genair.

No longo prazo, todos os custos da empresa devem estar cobertos pelos preços. Aqui, a observação do presidente da empresa está correta: "Custos são custos, e preciso ter um preço que cubra todos os meus custos, sejam fixos ou variáveis. Caso contrário, não consigo fazer dinheiro nesse negócio". Isto é, a empresa quebra. É certo que, na prática, nem todos os produtos das empresas dão lucro. Uns acabam subsidiando outros e, no conjunto, o lucro dos produtos rentáveis deve ser superior ao prejuízo dos demais. A lógica, porém, é que todos os produtos sejam rentáveis e que seus preços absorvam todos os custos. É fato, também, que muitas empresas não têm noção da rentabilidade de seus produtos, por não disporem de um sistema de custeio eficiente.

Dessa forma, na parte III da matriz, o custo total deve ser considerado. O preço da Genair, de $ 2,48, não seria atrativo, pois está abaixo do custo total. A decisão será de caráter financeiro. No entanto, pode ser analisado o mix dos produtos da empresa e decidido se esse produto poderia ser subsidiado por outros rentáveis do mix, dado que esse cliente poderá trazer outros negócios para a empresa. Novamente, a visão do comercial e do analista de negócio é importante.

A diferença entre esse enfoque e o da parte IV da matriz é sutil, porém significativa. Nessa parte, a empresa necessita expandir sua capacidade produtiva para assumir o pedido em longo prazo. Ela pode terceirizar a produção ou pagar hora extra de um terceiro turno de trabalho. A terceirização é viável desde que o parceiro seja confiável e sua qualidade, irrefutável. A alternativa de hora extra a longo prazo já é mais complicada, pois acarreta outras implicações trabalhistas. Uma alternativa viável é a expansão da própria capacidade produtiva. O custo a ser considerado é o custo total incremental. É o custo total da parte III mais um fator incremental que é o custo da terceirização ou um custo pela amortização do investimento realizado para expansão. Esse investimento pode ser diluído pelo período esperado de retorno, pelo tempo de vida útil da máquina ou por qualquer outro método.

Outras considerações passam pela estratégia da empresa. Se ela for *price taker*, poderá estar num mercado de forte concorrência, em que todas as empresas estarão brigando por negócios similares, ou encontrar-se num mercado de oligopólio, dominado por pequeno número de grandes empresas. Aceitando um preço menor para aumentar a participação de mercado, poderá sofrer retaliação dos concorrentes, que poderão, por sua vez, reduzir seus preços e tirar-lhe outros negócios. No longo prazo, aceitar preços menores pode prejudicar toda a indústria.

Se a empresa for *price setter*, ao aceitar esse preço poderá forçar outras empresas a acompanhá-la. Além disso, os clientes leais a essa empresa poderão sentir-se atingidos e solicitar preços menores, e ela poderá perder mais lucros potenciais. O enfoque correto do *price setter* é absorver o custo total no preço.

A Molas Precision poderia aceitar esse preço como estratégia de *penetration* num mercado em que não está presente (mola de aço de 0,25 mm). Embora não seja atraente no curto prazo, ela pode ganhar mercado num segmento que teria enorme potencial. Outra razão seria tomar esse negócio de outro concorrente. Como um *price setter*, a empresa pode tomar essa decisão para tirar o concorrente do negócio ou apostar no crescimento do cliente.

A empresa pode, ainda, estar de olho em outros pedidos de produtos mais rentáveis desse cliente. A visão é olhar o negócio como um todo, considerando todo o mix de produtos a serem oferecidos.

Como foi dito no início, existem vários ângulos para análise do mesmo caso. Dados quantitativos e qualitativos devem ser coletados, juntamente com as oportunidades e perdas envolvidas em cada situação. Por fim, a decisão deve considerar a perspectiva da estratégia no curto e no longo prazo. De qualquer maneira, o objetivo final é aumentar a rentabilidade da empresa.

Caso Hotel Renaissance[3]

Um caso interessante aconteceu com o Hotel Renaissance, em São Paulo, do grupo Marriott. Esse hotel tem foco voltado para o pessoal executivo em viagem de negócio. Sua taxa de ocupação é relativamente alta de segunda a quinta-feira, caindo drasticamente nos finais de semana. Promoções são feitas nas diárias para atrair o público não-executivo aos sábados e domingos, de modo a aumentar a ocupação.

No ano de 2000, a American Airlines procurou o hotel e propôs uma oferta: dispunha-se a ocupar 110 quartos durante todo o ano para acomodar seus tripulantes, incluindo finais de semana. Em contrapartida, pedia um preço que na ocasião correspondia a 40% do preço de tabela. Esse volume de quartos representava aproximadamente 25% da capacidade do hotel.

O dilema estava colocado. Aceitar um preço claramente inferior ao que o Renaissance conseguia obter durante a semana, mas com a garantia de 28% da ocupação o ano todo, era uma tentação. A administração do hotel estava preocupada, pois o preço prejudicava o indicador utilizado nessa indústria, conhecido como *revpar* (*revenue per room*), ou receita por quarto. É o total da receita com diárias dividido pelo número de quartos disponíveis. O hotel estava bem posicionado tanto entre seus concorrentes similares na capital como entre outros hotéis Renaissance no mundo.

O hotel tem um custo fixo adequado para atender à ocupação durante a semana, mas elevado no caso dos finais de semana, devido à baixa ocupação. Com esses 110 quartos reservados, a ocupação praticamente atingiria o pico de segunda a quinta-feira (ocasionalmente, o hotel deixaria de fazer reservas nesse período) e permitiria elevar a ocupação nos finais de semana. Isso ajudaria a cobrir a estrutura fixa do hotel.

Os conceitos aplicados no caso anterior também podem ser utilizados no caso dessa empresa de serviços. Era uma situação que envolvia capacidade ociosa, mesmo durante a semana, e horizonte de longo prazo. Os executivos analisaram os números e verificaram que todos estavam cobertos, mesmo com a diária mais baixa. A margem de lucro resultante, ainda que baixa, ajudava a pagar os custos fixos dos finais de semana que, de outra maneira, não estariam cobertos.

É uma questão de custo de oportunidade. O que se deixa de ganhar durante a semana por cobrar uma diária menor que a obtida de forma regular (se bem que não atingindo nunca 25% de ocupação) *versus* o que se ganha adicionalmente de sexta a segunda-feira por ocupar o ano inteiro 25% dos quartos. A administração do hotel acabou aceitando a oferta

[3] Texto discutido em sala de aula de um curso de MBA ministrado como ilustração aos executivos para um assunto.

da American Airlines. Para esta empresa também foi um bom negócio, uma vez que a tripulação estaria acomodada num hotel de primeira linha e a diária negociada em dólar norte-americano estava abaixo do padrão de outros países.

Exercícios

Fixação de preço

1. A Air Bus é uma empresa dedicada à prestação de serviços de proteção aeroportuária. Ela pretende disputar uma concorrência na área de movimentação de bagagens de um dos principais aeroportos do país. Para isso, será necessário elaborar uma proposta de preço que considere os seguintes dados:

Número de funcionários em serviço	100
Necessidade de folgistas	20
Reserva técnica	10
Uniformes	2 / 6 meses
Preço dos uniformes	$ 15 / jogo
Vale-transporte (empregado/mês)	100 conduções de $ 1,10
Vale-refeição (empregado/mês)	$ 110 / funcionário
Salário base	$ 400
Encargos sociais	76%
ISS	5%
PIS/Cofins	3,65%

Para implantar e acompanhar o trabalho, faz-se necessário implantar uma pequena base local que gerará um custo fixo mensal de $ 10.000. A Air Bus, por já operar no aeroporto, possui tal base operacional, mas exige que todos os contratos contribuam para pagar suas despesas fixas de administração e vendas com pelo menos 8%. Sabendo que o mercado é bastante concorrido, que os concorrentes trabalham com custos fixos de administração e vendas bem inferiores aos da Air Bus e que você pode situar o lucro em 3%, 5% ou 10%, qual deverá ser o seu preço para participar de tal concorrência?

Capacidade e decisão de preço

A empresa Beton produz dois produtos, B1 e B2. Seguem-se dados sobre os produtos.

Custos unitários	**B1**	**B2**
Materiais diretos	$ 60	$ 75
Mão-de-obra direta	160	200
Suporte variável +	100	125
suporte fixo	80	100
Custo total unitário	400	500
Preço	480	600
Unidades vendidas	2.000	1.200

O salário médio, incluindo encargos sociais, é de $ 40 por hora. A fábrica tem capacidade de 15.000 horas de mão-de-obra direta, porém a produção atual usa somente 14.000 horas de capacidade.

Pede-se:

a) Um novo cliente propôs comprar 200 unidades de LD2 se a Loyds reduzir seu preço para $ 500. Quantas horas de mão-de-obra direta serão necessárias para produzir essa quantidade? O lucro da Loyds irá subir ou diminuir, e em quanto, se ela aceitar essa proposta? (Os outros preços permanecem constantes.)

b) Suponha que o cliente se ofereceu para comprar 300 unidades do LD2 a $ 500. O lucro da Loyds irá subir ou diminuir, e em quanto, se ela aceitar essa proposta? Considere que a empresa não pode aumentar sua capacidade para atender essa demanda extra.

c) Responda à questão "b" acima considerando que a empresa pode trabalhar hora extra e o custo da hora extra é de $ 60 por hora. O custo de suporte variável é 50% maior que no período normal de produção.

CAPÍTULO 7

Gestão baseada em atividades ABM

Ao final deste capítulo, você deverá ser capaz de:

- *Conhecer a diferença entre ABC e ABM.*
- *Saber como o ABM pode ajudar na gestão de uma empresa.*
- *Utilizar as multivisões do ABM em uma empresa.*
- *Aprender com os casos e exemplos reais de empresas relatadas neste capítulo.*

A administração de uma grande empresa petroquímica nacional preocupava-se com o crescente aumento de suas despesas desembolsáveis[1] que, naquele momento, representavam 12% do total da receita. O presidente constituiu um grupo multifuncional para apresentar propostas de redução de despesas. Ao final de quarenta e cinco dias, esse grupo voltou com as sugestões, entre as quais constavam as seguintes:

- mudar o escritório central para um local menos valorizado da cidade, em que a empresa pudesse economizar despesas de aluguel e condomínio;
- estabelecer nova política de viagens aéreas, conforme a duração. Assim, de acordo com o tempo de viagem, todos os executivos teriam de viajar na classe econômica ou na classe executiva; a viagem em primeira classe seria abolida;
- política semelhante para despesas com hotéis e refeições/representação;
- adoção de grupos de melhoria contínua nas fábricas, para reduzir gastos com desperdício.

[1] Por despesa desembolsável entenda-se despesa que gera saída de caixa. Despesas com depreciação e amortização estão excluídas desse tipo de despesa.

Essas propostas mais pareciam uma lista de boas intenções. Além disso, careciam de profundidade e tinham mais caráter pontual. Não se tratava de ações estruturais que eliminassem as despesas em sua raiz.

Um consultor presente à reunião pediu a palavra ao presidente da empresa. "Eu gostaria de contribuir. Quando falamos de despesas, nosso entendimento comum é que elas têm comportamento fixo, correto? E por causa disso precisamos reduzir o nível dessas despesas todas em bloco para um patamar abaixo?" Todos concordaram!

Ele prosseguiu: "Penso que há maneira de flexibilizar essas despesas, de modo que elas tenham comportamento variável. Dessa forma, fica mais fácil o trabalho de reduzir as despesas". Os participantes da reunião não estavam seguros se tinham entendido o argumento do consultor.

"Vou lhes dar um exemplo de como isso ocorre. Imaginem uma área de despesa fixa da empresa, por exemplo, o setor de contas a pagar. Esse setor tem uma macroatividade, que é preparar processos para pagamento. Para efeito ilustrativo, imaginem que essa área só faça pagamentos com cheques. Ora, se a empresa emite apenas quinze cheques por mês, não precisa de nenhuma estrutura ou recurso para desempenhar a atividade. A secretária do dono, ou ele próprio, pode organizar e controlar os pagamentos. No entanto, se a empresa emite mil cheques por mês, a situação muda de figura. Para processar os pagamentos, a empresa irá necessitar de pessoas, espaço físico, equipamentos, *softwares*, treinamento de funcionários etc".

O consultor continuou: "O que fez com que a empresa necessitasse de recursos? Foi a quantidade de cheques a serem emitidos!" O presidente fez a seguinte afirmação: "Logo, se a empresa reduzir a quantidade de cheques emitidos, irá reduzir o tamanho de sua estrutura, isto é, seus custos diminuirão".

"Correto", prosseguiu o consultor. "O número de cheques emitidos é o direcionador de custo dessa atividade. Atuando nesse direcionador, teremos condições de tornar variável uma despesa que é considerada fixa."

Continuando o exemplo, o pessoal do contas a pagar, decidido a reduzir esse volume, foi conversar com o pessoal de compras para saber qual era o procedimento que adotavam com os fornecedores, uma vez que o maior volume de cheques era para pagar fornecedores. E ficaram surpresos com o que descobriram: o setor de compras emitia ordem de compra com um volume concordado. No entanto, esse volume era entregue diariamente às fabricas para reduzir o capital empatado em estoques e aumentar o giro. O lado perverso desse procedimento era a emissão de uma nota fiscal fatura juntamente com o material entregue todos os dias. Cada fatura gerava um processo de pagamento e emissão de um cheque. Isso explicava o porquê de tantas faturas dos fornecedores. Como reduzir a quantidade de faturas sem prejudicar as entregas diárias?

Uma idéia foi negociar com os fornecedores a emissão de uma única fatura ao final da semana referente a todas as entregas daquela semana. Dessa forma, a quantidade de faturas e, em conseqüência, de cheques cairia para apenas 20% do volume anterior. Se antes a empresa emitia 1.000 cheques, agora passaria a emitir somente 200. A estrutura do setor se reduziria significativamente ao trabalhar com o direcionador volume de cheques.

Numa etapa posterior, a empresa poderia tomar outra atitude mais drástica para reduzir os custos da área. Se não conseguisse reduzir mais o volume de cheques, poderia mudar a forma de pagamento. Em vez de cheques, passaria a pagar faturas eletronicamente. Os fornecedores deveriam adaptar-se a essa nova tecnologia, caso continuassem a fornecer mercadorias para a empresa.

Esse é um exemplo típico de como as despesas fixas podem tornar-se variáveis atacando o direcionador de custo das atividades, seja reduzindo o volume e/ou sua freqüência (forma), seja alterando sua essência.

7.1 Entendendo ABM gestão baseada em atividades mediante um estudo de caso

A exemplo do que foi feito no Capítulo 5, a metodologia do ABM (Activity Based Management) também será explicada a partir de um caso.

A empresa petroquímica nacional mencionada anteriormente resolveu fazer um projeto piloto de ABM no departamento de suprimentos de uma unidade industrial situada no Nordeste do país. Essa área consistia de duas divisões: gestão de fornecedores e gestão de estoques. Considerada a materialidade dos valores envolvidos, decidiu-se focar o trabalho na gestão de estoques. Essa área tinha uma despesa anual de $ 1.257.462, dividida em gastos com pessoal (próprio), serviços prestados por terceiros e despesas administrativas.

Levantamento das atividades da área de gestão de estoques

Cinco atividades foram identificadas nas entrevistas de campo com o pessoal:

Análise das solicitações: o *input* dessa atividade é o recebimento de solicitações de material dos diversos setores da unidade industrial. Os empregados tratam de verificar se há estoque do material no momento, ou se é um item que a empresa não mantém regularmente em estoque. Se o material consta em estoque, é retirado das prateleiras e entregue ao solicitante: se não consta, inicia-se o procedimento de cotação de preço, condições dos fornecedores e seleção dos melhores. Esse é o *output* dessa atividade.

Tabela 7.1 Visão tradicional dos custos

Visão tradicional dos custos			
	Gestão de fornecedores	**Gestão de estoques**	**Suprimentos NE**
Gastos com pessoal	$ 362.709*	$ 400.710	$ 763.419
Salários + encargos	$ 351.309	$ 397.410	$ 748.719
Cursos e outras despesas com pessoal	$ 11.400	$ 3.300	$ 14.700
Serviços prestados por terceiros	$ 0	$ 822.000	$ 822.000
Outros serviços de terceiros	$ 0	$ 822.000	$ 822.000
Despesas gerais e administrativas	$ 55.978	$ 52.752	$ 108.730
Total	$ 418.687	$ 1.275.462	$ 1.694.149

* Valores em reais.

Se o material é de estoque, o sistema emite solicitação quando o nível chega ao ponto de ressuprimento, e o pessoal inicia a cotação e seleção dos fornecedores.

Emitir as ordens de compra: feita a seleção dos fornecedores, o responsável pela área de suprimentos escolhe o melhor deles ou discute com os compradores outras opções mais viáveis. Feita a escolha, a tarefa final é emitir a ordem de compra e enviá-la ao fornecedor.

Diligenciamento das ordens de compra: os compradores têm a incumbência de realizar o *follow-up* dos pedidos, isto é, seu andamento. Telefonam aos fornecedores dias antes do prazo combinado para certificar-se da entrega e, caso isso não vá ocorrer, tomam providências.

Recebimento das mercadorias: o material recebido é conferido contra a ordem de compras nos aspectos preço, condição de pagamento, exatidão dos itens entregues, qualidade do material entregue etc. Caso haja discordância, entram em contato com os compradores e aguardam instruções. Se tudo estiver correto, a mercadoria é estocada nas devidas prateleiras.

Entrega aos usuários: aqui podem ocorrer três situações: o material solicitado na primeira atividade consta em estoque, é retirado das prateleiras e entregue ao solicitante; o material solicitado, não consta em estoque e é adquirido e em seguida entregue ao solicitante; os usuários chegam diretamente ao almoxarifado solicitando material, e os empregados o separam e entregam.

Direcionadores de recursos e de custos

Os entrevistadores perguntaram aos funcionários o tempo médio para a realização de cada uma das cinco atividades da área de gestão de estoques. Conhecendo as atividades, eles também determinaram o direcionador de custo mais apropriado para cada atividade.

Atividades	Tempo médio (em minutos)	Direcionador de custo
Análise das solicitações	17	Quantidade de solicitações
Emissão das ordens de compra (OC)	5	Quantidade de itens de OC
Diligenciamento das ordens	10	Quantidade de itens de OC
Recebimento das mercadorias	18	Quantidade de itens de OC
Entrega aos usuários	9	Quantidade de itens de requisição

A escolha do direcionador das atividades 2 a 4 recaiu sobre 'itens de OC' por entenderem que, em cada ordem de compra, poderiam existir quantidades distintas de itens, e não uma quantidade padrão e uniforme. O tempo médio de cada atividade multiplicado pelo respectivo volume anual do direcionador totaliza o tempo ao ano, em minutos, da atividade. O tempo de cada atividade é dividido pelo tempo total disponível dos funcionários para descobrir o tempo gasto. O tempo total disponível dos funcionários subtraído da soma do tempo dessas cinco atividades resulta na capacidade não utilizada.

As Tabelas 7.2 e 7.3 mostram esses cálculos do pessoal da própria empresa (os integrantes) e do pessoal terceirizado. Nessa empresa, os empregados próprios e os terceiros trabalhavam lado a lado, realizando as mesmas atividades. Os primeiros concentravam-se nas três primeiras atividades, deixando aos últimos a carga maior das duas últimas atividades.

A capacidade não utilizada era muito parecida nas duas classes de empregados: 23,3% para os da própria empresa e 26,6% para os terceirizados.

Cálculo do custo da atividade

Com base nos valores da Tabela 7.1 e dos percentuais de direcionadores de recursos das Tabelas 7.2 e 7.3, os custos das cinco atividades foram calculados. Esses totais foram então divididos pelos respectivos volumes de direcionador, para chegar ao custo unitário de cada direcionador. (Veja Tabela 7.4.)

Tabela 7.2 Direcionadores de recursos — Integrantes

Atividade	Tempo médio	Volume direcionador/ano	Tempo ano	Direcionadores de recursos	Direcionador
	Min.	Qtd.	Min.	Int. + Parc.	
Análise das solicitações	17	16.899	287.283	34,01%	Solicitações analisadas
Emitir OCs	5	15.514	77.570	9,18%	Quantidade itens OCs
Diligenciamento das OCs	10	11.213	112.130	13,27%	Quantidade itens OCs
Recebimento das mercadorias	18	4.278	77.004	9,12%	Quantidade itens OCs
Entrega ao usuário	9	10.432	93.888	11,11%	Quantidade itens RMs*
Capacidade não utilizada			196.925	23,31%	
Total			**844.800**	**100,00%**	
	Horas/ dia/ integrantes	**Horas disp./ mês**	**Horas disp./ min.-ano**		
Nº de integrantes	**8** 8	15.360	921.600		
Férias 1/12 (integrantes)			76.800		
Total disponível			**844.800**		

* Requisição de material.

Tabela 7.3 Direcionadores de recurso — Terceiros

Atividade	Tempo médio	Volume direcionador/ano	Tempo ano	Direcionadores de recursos	Direcionador
	Min.	Qtd.	Min.	Int. + Parc.	
Análise das solicitações	17	14.083	239.411	9,04%	Solicitações analisadas
Emitir OCs	5	14.761	73.805	2,79%	Quantidade itens OCs
Diligenciamento das OCs	10	9.344	93.440	3,53%	Quantidade itens OCs
Recebimento das mercadorias	18	38.501	693.018	26,16%	Quantidade itens OCs
Entrega ao usuário	9	93.893	845.037	31,89%	Quantidade itens RMs
Capacidade não utilizada			704.889	26,60%	
Total			**2.649.600**	**100,00%**	
	Horas/ dia/int.	**Horas disp./ mês**	**Horas disp./ min.-ano**		
Total disponível	**23** 8	44.160	**2.649.600**		

Atividades	Custo da atividade	Custo unitário
Análise das solicitações	221.638	7,15
Emissão das ordens de compra	65.359	2,16
Diligenciamento das ordens	100.606	4,9
Recebimento das mercadorias	261.790	6,8
Entrega aos usuários	313.981	3,3
Capacidade não utilizada	312.088	
Total	**1.275.462**	

Os custos unitários dos direcionadores fornecem uma visão muito interessante da materialidade de cada atividade. Enquanto a empresa gastava \$ 7,15 para cada solicitação analisada e \$ 2,16 para cada item emitido da ordem de compra, ela consumia \$ 4,9 e \$ 6,8 para cada item das ordens diligenciada e recebida, respectivamente. A proporção entre essas atividades é intrigante. Isso sem mencionar que cada item entregue ao usuário custava à empresa \$ 3,30.

Por fim, a capacidade não utilizada representa 24,5% da despesa total da área de gestão de estoques.

Tabela 7.4 Cálculo do custo das atividades

Atividade	VA/ NVA*	*Cost driver*	Qtde.	Gastos com pessoal		Serv. prest. por terceiros		Desp. gerais admin.		Custo total da atividade no período	Custo unitário
				R$	%	R$	%	R$	%	R$	
Análise das solicitações	VA/ NVA	Solicitações analisadas	30.982	136.266	34	74.274	9	11.099	21	221.638	7,15
Emitir OCs	VA/ NVA	Quantidade itens OCs	30.275	36.793	9	22.897	3	5.669	11	65.359	2,16
Diligenciamento das OCs	VA	Quantidade itens OCs	20.557	53.186	13	28.988	4	18.432	35	100.606	4,90
Recebimento das mercadorias	NVA	Quantidade itens OCs	42.779	36.525	9	214.999	26	10.266	19	261.790	6,9
Entrega ao usuário	NVA	Quantidade itens OCs	104.325	44.533	11	262.160	32	7.287	14	313.981	3,3
Capacidade não utilizada				93.407	23	218.682	27	—		312.088	
Total				**400.710**	100	**822.000**	100	**52.752**	100	**1.275.462**	

* VA: agrega valor.
NVA: não agrega valor.

Classificação das atividades

Aqui começa uma etapa do ABM não explorada no Capítulo 5, que é classificar as atividades conforme agreguem ou não valor. Como determinar se uma atividade agrega ou não agrega valor? Ching (1999) fornece uma seqüência de quatro perguntas para resolver esse impasse.

A lógica da primeira pergunta tem a ver com 'corrigir o que alguém fez errado ou inadequado anteriormente, ou mesmo o processo não estar devidamente mapeado e entendido'. Certamente essa atividade poderia ser eliminada; portanto, não agrega valor. Se a resposta for 'não', passa-se à pergunta seguinte.

A lógica da segunda pergunta está relacionada com a eliminação de atividades rotineiras e manuais, parametrizando-as nos sistemas. Esse é o ponto central dos sistemas de gestão integrado, denominados de ERP, e dos cartões de ponto eletrônicos. As atividades passam a ser automatizadas e obedecem a critérios predefinidos de parametrização. Se a resposta for que não existe tecnologia, passa-se à seguinte.

Quadro 7.1 Classificação das atividades

Classificação das atividades em VA e NVA

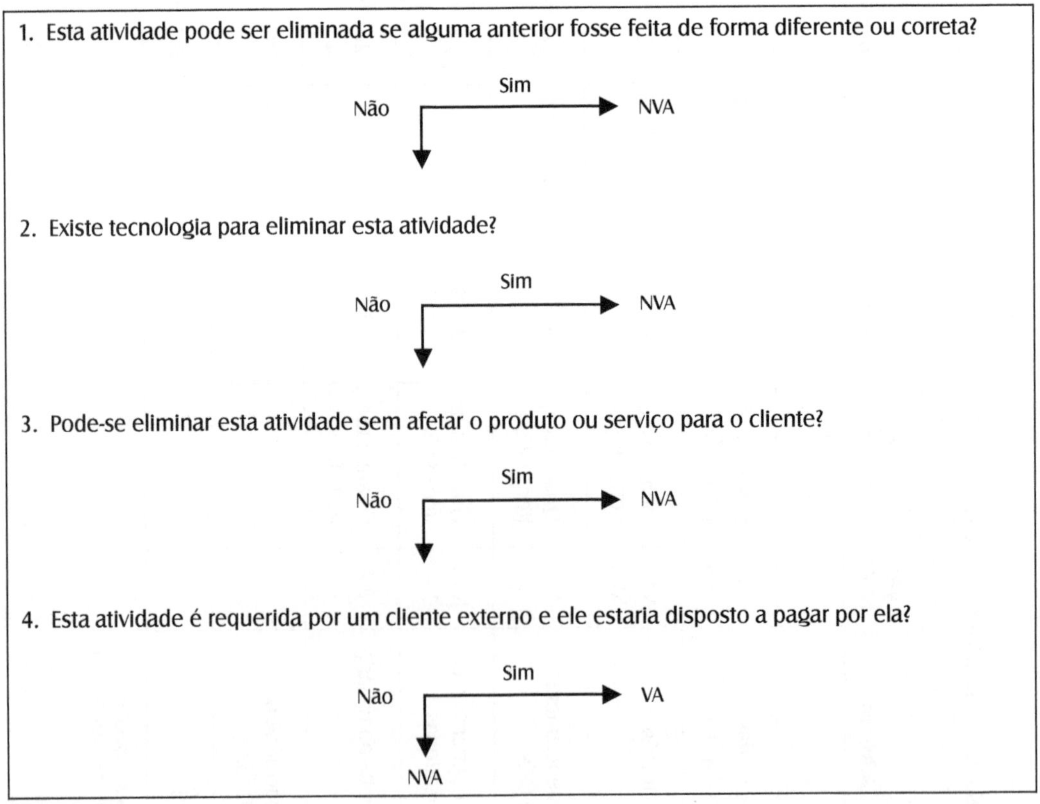
1. Esta atividade pode ser eliminada se alguma anterior fosse feita de forma diferente ou correta?
Sim
Não
NVA
2. Existe tecnologia para eliminar esta atividade?
Sim
Não
NVA
3. Pode-se eliminar esta atividade sem afetar o produto ou serviço para o cliente?
Sim
Não
NVA
4. Esta atividade é requerida por um cliente externo e ele estaria disposto a pagar por ela?
Sim
Não
VA
NVA

Note-se que não está sendo discutida, na segunda pergunta, a relação custo/benefício em implementar uma tecnologia para eliminar determinadas atividades que não têm retorno financeiro. A discussão é quanto à essência da atividade — se existe ou não tecnologia para eliminá-la.

A lógica da terceira pergunta está em saber se a atividade é tangencial ou principal em relação ao produto/serviço ao cliente. Se o produto/serviço ao cliente não são afetados ao se eliminar a atividade, então ela não agrega valor à empresa.

A última pergunta é crucial e elimina todas as dúvidas anteriores, caso ainda persistam. O foco é o cliente externo e o valor que dá à atividade executada. Se ele a valoriza, julga importante e está disposto a pagar por ela, então a atividade agrega valor.

O grupo de trabalho dessa empresa submeteu as cinco atividades ao crivo dessas quatro perguntas e chegou ao seguinte resultado:

Uma parcela significativa da despesa anual da área de gestão de estoque (55%) não agrega valor; 24% são devidos à capacidade não utilizada e somente 21% agregam valor! O mais surpreendente é que o próprio grupo de trabalho formado pelos funcionários da empresa analisou a qualidade das atividades e chegou a esse resultado.

Comentários sobre a classificação dessas atividades:

1. O raciocínio usado pelo grupo para classificar as duas primeiras atividades é que a análise de solicitações e emissão de OCs de itens de estoque não agrega valor, pois outra(s) atividade(s) anterior(es) pode(m) ser feita(s) de forma diferente, tornando essas duas atividades redundantes. Para os demais itens que não são de estoque, precisariam ser executadas e, portanto, agregam valor.

Tabela 7.5 Classificação das atividades

Resumo: atividades & custos				
Área	**Atividade**	**VA**	**NVA**	**Capacidade Não utilizada**
Gestão de estoques	Análise das solicitações	126.334	95.304	312.088
	Emitir OCs	37.255	28.104	
	Diligenciamento das OCs	100.606		
	Recebimento das mercadorias		261.790	
	Entrega ao usuário		313.981	
Total	**1.275.462** **100%**	**264.195** **21%**	**699.179** **55%**	**312.088** **24%**

2. Nas duas últimas atividades, o grupo foi bastante radical e entendeu que são desnecessárias. No redesenho das atividades, poderiam ser eliminadas. No entanto, o grupo foi conservador com relação à terceira atividade — diligenciamento das OCs — por entender que essa atividade burocrática era indispensável para a área.
3. Um comentário a respeito da capacidade não utilizada: é incorreto pensar em eliminar 24% da força de trabalho para resolver essa questão. Deve-se pensar numa solução para toda a área e redesenhar as atividades.

Algumas sugestões foram discutidas pelo grupo de trabalho e transformaram-se em oportunidades de melhoria:

1. O grupo iniciou questionando a essência da primeira atividade. Por que os empregados têm de verificar a existência do material em estoque? Por que o próprio solicitante não pode verificar diretamente o sistema de estoque? Caso haja estoque em volume suficiente para sua necessidade, ele já pode solicitar eletronicamente o material ao almoxarifado. Se não houver estoque, poderá solicitar direto e eletronicamente ao fornecedor já indicado para esse material. Uma cópia da solicitação é encaminhada à área de gestão de estoque para informação.
   A área de gestão de fornecedores deve encarregar-se de escolher um fornecedor exclusivo para cada item de estoque e negociar suas condições, como preço, prazo de pagamento, prazo de entrega etc.
   Para itens fora de estoque, deve ser seguida a rotina normal da atividade.
   A mensagem é que os próprios solicitantes irão gerenciar os estoques dos materiais de que necessitam.
2. A escolha do melhor fornecedor dos itens de estoque não será mais feita na atividade de emitir OCs, e sim previamente, pela área de gestão de fornecedores. A emissão da ordem de compra será abolida, uma vez que o solicitante emite o pedido eletronicamente, sem burocracia no que se refere ao nível de responsabilidade e assinatura.
3. Esses fornecedores teriam contratos de exclusividade com a empresa. Como contrapartida, uma de suas obrigações seria entregar o material no prazo concordado. Uma penalidade deve ser estabelecida no caso de o fornecedor faltar com essa obrigação. Dessa forma, o diligenciamento dos itens de estoque deixa de ser realizado.
4. Outra obrigação desses fornecedores exclusivos é a qualidade assegurada do material e tolerância zero nos aspectos administrativos. Eles entram na fábrica e têm a incumbência de fazer a entrega diretamente nas áreas solicitantes. Com isso, as atividades de receber a mercadoria, estocá-la no almoxarifado e depois retirá-la da prateleira e entregá-la ao usuário deixam de ser necessárias.

Os projetos de melhoria a seguir foram apresentados à administração da empresa.

O primeiro contemplava a realização de três iniciativas:

- ter um entendimento de quais materiais e fornecedores são mais significativos (curva ABC);
- elaborar um sistema de qualificação e avaliação de fornecedores;
- viabilizar a integração e comunicação eletrônica entre usuários e fornecedores.

Com essas iniciativas desenvolvidas, parte-se para a negociação de parcerias com os fornecedores escolhidos, que poderia contemplar consignação de materiais na fábrica. Os benefícios esperados com esse projeto seriam a redução do número de SC e OC, menor diligenciamento e inspeção no recebimento, além da otimização dos recursos.

O segundo projeto contemplava a realização de duas iniciativas:

- padronização dos itens de estoque, dada a diversidade existente;
- disseminação das melhores praticas (*benchmarks*) entre outras unidades da mesma empresa e entre outras empresas.

Com isso, a empresa espera alcançar melhor poder de compra junto aos fornecedores. Os benefícios esperados seriam a redução do número de SCs e OCs e do número de itens preservados/armazenados.

Ambos os projetos e oportunidades de melhoria exemplificam como é a gestão do negócio baseada em atividades. A partir da análise das atividades realizadas, buscam-se novas formas de executá-las, tanto na essência quanto na forma.

Quadro 7.2 Projeto 1 de melhoria

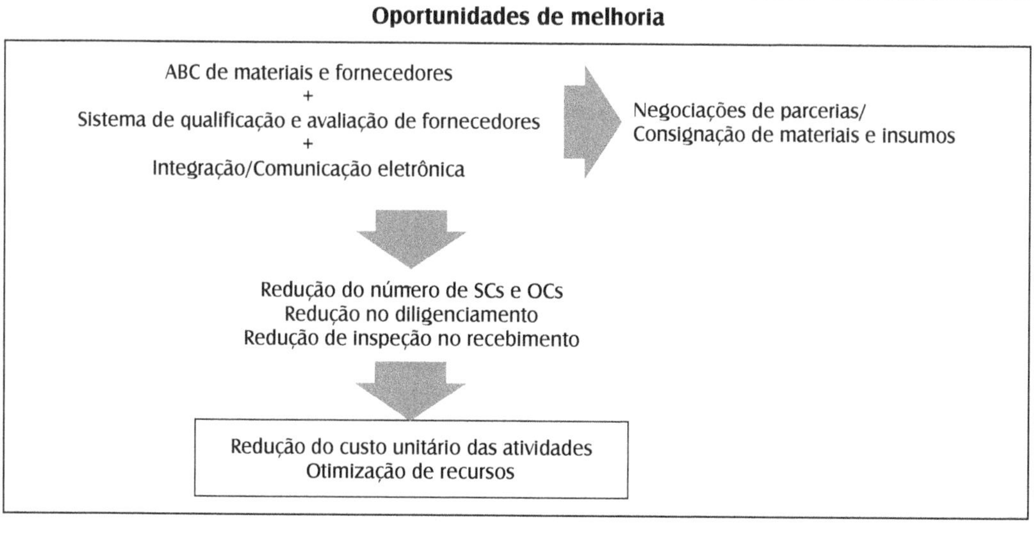

Quadro 7.3 Projeto 2 de melhoria

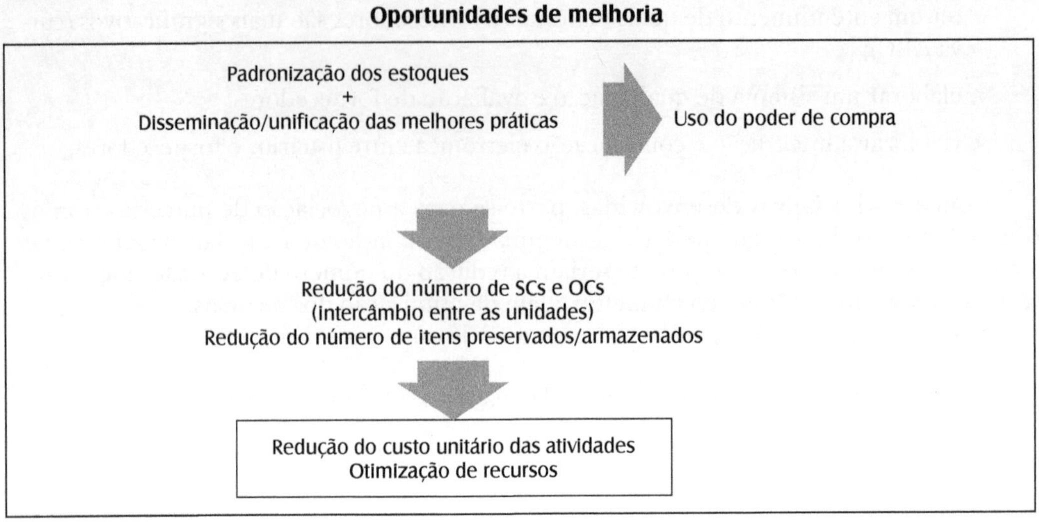

7.2 Movendo de ABC para ABM

Quais são as principais diferenças entre ABC e ABM?

- ABC é o processo técnico ou a mecânica para levantamento das atividades, rastreamento dos custos das atividades e condução dessas atividades para produtos e clientes.
- ABM é o processo que utiliza as informações geradas pelo ABC para gerenciar uma empresa ou um negócio para a melhoria de seu desempenho e a obtenção de vantagens competitivas.

A integração do ABC com o ABM é exemplificada na Figura 7.1, na qual as duas visões interagem. A visão vertical (visão econômica de custeio) é a do modelo ABC, em que os recursos são levados às atividades, e destas, aos objetos de custo. A visão horizontal é a de aperfeiçoamento dos processos de negócio e redução de custos. Essa visão fornece informações a respeito da organização das atividades em processos. No encontro dessas duas visões situam-se as atividades.

A atividade é representada por um conjunto de tarefas e operações. Ela constitui o nível apropriado para o gerenciamento de custos. O nível de função é muito genérico e global para localizar os custos, enquanto o nível de tarefa é muito pormenorizado e insignificante. Dessa forma, as atividades são caracterizadas como o nível em que as ações são tomadas. Para realizar mudanças, é preciso mudar o que se faz e, portanto, as mudanças devem ocorrer no nível das atividades.

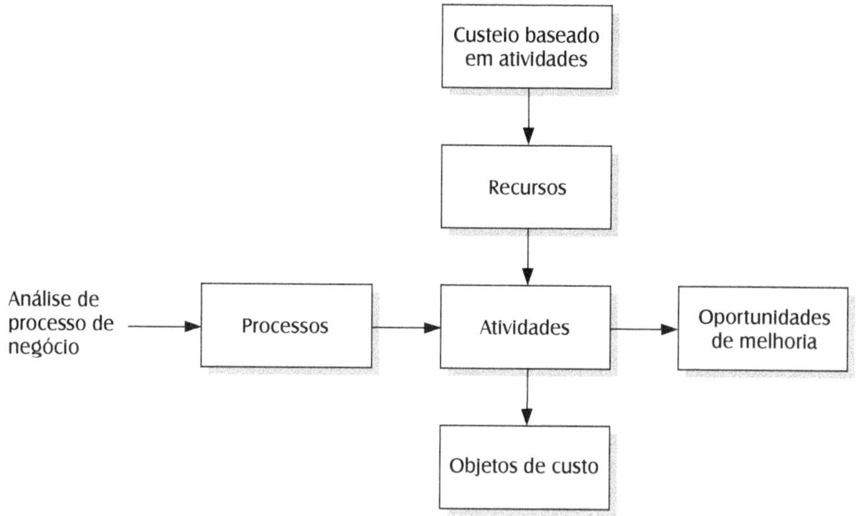

Figura 7.1 As visões do ABC com ABM

Os princípios em que o ABM se fundamenta são os seguintes:

1. Os custos não ocorrem espontaneamente, mas são causados.
Ao contrário do que muitas pessoas possam pensar, os custos não estão disponíveis para serem consumidos; são conseqüência das atividades geradas nas organizações. A atividade irá demandar recursos para sua execução, e esses recursos geram custos. Assim, quanto maior número de atividades e maior o volume dos direcionadores de custo, maiores serão os custos.

2. Deve-se gerenciar atividades, não recursos e custos.
Conforme dito anteriormente, as atividades são caracterizadas como o nível em que as ações são tomadas. É nesse nível que as mudanças devem ocorrer. É freqüente nas empresas os gerentes cortarem custos em seus departamentos (demitindo empregados, por exemplo) e deixarem as atividades intactas. O resultado é o estresse sobre os empregados que permanecem na empresa, que se desdobram para fazer o que já faziam e assumem ainda as atividades dos demitidos.

3. Deve-se focar nos fatores geradores de custos (oportunidades de melhoria e/ou redução de custos).
A proposta aqui é entender por que as atividades acontecem, por que são geradas, descobrindo suas causas-raiz, denominadas fatores geradores de custo. O foco é atacar esses fatores por meio de projetos de oportunidades de melhoria.

4. Deve-se enxugar as atividades nos processos de negócio por meio de duas ações:

- reduzir/eliminar atividades que não agregam valor (busca da eficácia). A preocupação está em fazer a atividade **correta** e não em fazer a atividade do **jeito correto** (da expressão em inglês *do the right thing and not do the thing right*);
- melhorar as atividades que agregam valor (busca da eficiência). A preocupação está em fazer e melhorar as atividades continuamente.

O ABM consiste de multivisões:

- Custeio do produto:
  - análise de rentabilidade de produto/linha de produtos;
  - racionalização de linha de produtos.
- Custeio de cliente:
  - análise de rentabilidade de cliente;
  - estabelecimento de níveis de serviço ao cliente.
- Gerenciamento de processos:
  - análise do valor do processo;
  - melhoria do tempo de ciclo operacional;
  - redução de desperdícios e duplicidades.
- Redução de custos:
  - minimização ou eliminação de atividades que não agregam valor;
  - foco nos fatores geradores de custos.
- Medida de desempenho gerencial:
  - balanceamento e racionalização da eficiência/eficácia/produtividade.

Essas multivisões do ABM permitem realizar as seguintes análises:

- **análise da atividade:** como são consumidos os recursos nas atividades;
- **análise por processo:** qual é o custo das atividades e dos processos;
- **análise do produto:** como são demandadas as atividades pelos produtos;
- **análise por segmento:** quais segmentos são mais rentáveis;
- **análise do valor:** se todas as atividades são necessárias e quais agregam valor;
- **análise dos geradores de custo:** quais são esses geradores e se podem ser eliminados ou reduzidos;
- **um *benchmarking*:** comparação do custo e da eficiência dos processos com os dos 'melhores da classe'.

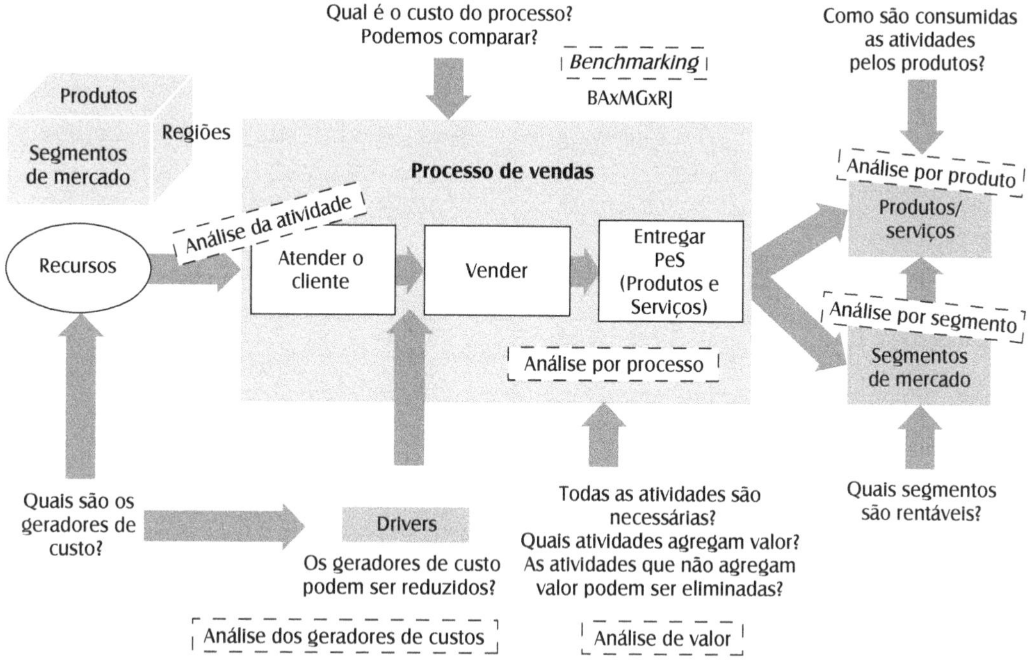

Figura 7.2 Análise das multivisões do ABM

7.3 Análise do caso de uma indústria química

Uma planta industrial de produtos químicos pertencente a um conglomerado nacional resolveu fazer um projeto piloto de ABM no departamento de manutenção. Esse conglomerado buscava modos de melhorar a eficiência de seus custos, e a área de manutenção era um foco, pois tinha elevado nível de despesa. Nessa planta, a despesa mensal com manutenção era de aproximadamente $ 1.250 mil, assim composta:

Salários e encargos	25%	
Materiais e peças de manutenção	34%	(elétrica, mecânica e civil)
Serviços de terceiros	24%	(idem acima)
Depreciação	8%	
Outras despesas	9%	
Total	**100%**	

As atividades foram levantadas em entrevistas com o pessoal de campo e classificadas em agrega valor (VA) e não agrega valor (NVA). A capacidade não utilizada da área de manutenção também foi calculada. Os resultados aparecem na Tabela 7.6.

Tabela 7.6 Resultados da indústria química

Custos das atividades — Abril/03	VA	NVA	Total	%
Execução de O.S. corretiva	299.781,10	44.794,88	344.575,98	29,99%
Execução de O.S. preventiva	214.467,97	23.829,77	238.297,74	20,74%
Inspeção de equipamentos	6.859,09	4.572,73	11.431,82	0,99%
Programação de O.S.	2.036,58	509,15	2.545,73	0,22%
Infra-estrutura	74.621,10	—	74.621,10	6,49%
Infra-estrutura — Outros	45.837,55	—	45.837,55	3,99%
Infra-estrutura — Salários e encargos	52.757,65	—	52.757,65	4,59%
Serviços de terceiros — Contratos	239.444,76	—	239.444,76	20,84%
Capacidade não utilizada	—	—	39.389,26	3,43%
Depreciação — Equipamentos subestação	100.194,53	—	100.194,53	8,72%
Total	**1.036.000,33**	**73.706,53**	**1.149.096,12**	**100,00%**
Percentual VA e NVA	**90%**	**6%**	**96,57%**	

Custos das atividades — Maio/03	VA	NVA	Total	%
Execução de O.S. corretiva	397.634,03	59.416,13	457.047,17	35,29%
Execução de O.S. preventiva	301.262,40	33.473,60	334.736,00	25,85%
Inspeção de equipamentos	4.309,57	2.873,05	7.182,62	0,55%
Programaçao de O.S.	4.456,81	1.114,20	5.571,01	0,43%
Infra-estrutura	83.408,45	—	83.408,45	6,44%
Infra-estrutura — Outros	83.742,00	—	83.742,00	6,47%
Infra-estrutura — Salários e encargos	53.264,90	—	53.264,90	4,11%
Serviços de terceiros — Contratos	139.491,05	—	139.491,05	10,77%
Capacidade não utilizada	—	—	18.169,91	1,40%
Depreciação — Equipamentos subestação	112.401,00	—	112.401,00	8,68%
Total	**1.179.967,22**	**96.876,98**	**1.295.014,11**	**100,00%**
Percentual VA e NVA	**91%**	**7%**	**98,60%**	

Apesar de esses resultados parecerem bastante adequados (7% de atividades NVA e 3% de capacidade não utilizada), o foco na aplicação do ABM foi melhorar a qualidade das atividades executadas. Cinco projetos de melhoria foram desenvolvidos, dos quais dois são sumariamente descritos a seguir.

Um dos projetos foi o de melhorias no sistema do almoxarifado. Consiste na criação de almoxarifado na área industrial com itens básicos (até 250 itens) para atender às atividades de manutenção corretiva.

Como a planta é muito extensa, o executante da ordem de serviço (OS) perdia um bom tempo para dirigir-se ao almoxarifado central e retirar os instrumentos adequados à execução daquela ordem de serviço. Essa medida visa reduzir significativamente o tempo do executante no almoxarifado central. O benefício obtido é equivalente a 3,73 FTE (do inglês *full time equivalent*), correspondente a um período integral (no caso, 3,73 pessoas).

Uma folha (veja adiante) foi escrita para justificar esse projeto e dimensionar os benefícios ($ 478.542), o investimento necessário ($ 6.500), o nível de complexidade e o tempo previsto de implantação.

Outro projeto desenvolvido foi o de melhoria do sistema de planejamento e programação. Consiste em melhorar o sistema de planejamento de materiais das ordens de manutenção programadas (inspetor ou programador), de modo que o almoxarifado possa disponibilizar com antecedência o material para a área. Esse sistema era caótico e implicava constantes reprogramações das ordens de manutenção por falta de material, bem como perda de tempo dos executantes em buscar materiais no almoxarifado. Essa medida visa reduzir as reprogramações das OMs (Ordem de Manutenção). O benefício obtido é decorrente da liberação de 1,5 FTE ($ 216.277), com um investimento de apenas $ 5.000.

Tabela 7.7 Distribuição da carga horária

RPA	**Média de janeiro a março**			
Horário	**7-10 horas**	**10-13 horas**	**13-16 horas**	**16-20 horas**
Horas disponíveis	442	598	624	208
Horas utilizadas	123	138	69	24
	7-10 horas	**10-13 horas**	**13-16 horas**	**16-20 horas**
Carga horária	17	23	24	8
Rose	3	3	3	
Nancy	3	3	3	
Graça	3	3	3	
Émerson	3	3	3	
Elisa	3	3	3	
Lucrécia		3	3	3
Antonio		2	3	4
Suely	2	3	3	1
Tempo atendim. em minutos	60	60	60	60

		PROJETO 02		
PLANILHA DE OPÇÃO		ÁREA DE PROJETO:	NÚMERO: 002	
		GAP:	DATA: 15/5/03	

DESCRIÇÃO: Melhorias no sistema do almoxarifado.

Criação de almoxarifado na área com itens básicos (até 250 itens) para atender às manutenções corretivas (primeiros socorros). Essa medida visa reduzir significativamente o tempo do executante no almoxarifado central.

IMPLEMENTAR: 3 MESES **COMPLEXIDADE:** 2 (1 = SIMPLES; 4 = COMPLEXO)

		CUSTO (R$)	BENEFÍCIO (R$)
ATIVIDADES	**BENEFÍCIOS:** NA ÁREA DO PROJETO (ATIVIDADES E/OU TAREFAS A SEREM ELIMINADAS)		
	– Busca de materiais no almoxarifado		
	– Reprogramações de OM		
	– Controle do estoque físico × sistema (pelos inspetores)		
	– Redução das atividades (1,86 FTE mecânica corretiva + 0,70 mecânica preventiva)		259.942,84
	– Redução das atividades (1,17 FTE elet corret.)		218.599,56
	BENEFÍCIOS: PLANTA		
	– Agilidade na execução de tarefas		
	– Peças 'primeiros socorros' disponíveis na área e com fácil acesso		
	BENEFÍCIOS: NEGÓCIO		
	– Redução no custo de horas extras		
	– Redução no tempo médio de paradas		
	Total:	0,00	478.542,40

PROBLEMAS/RESTRIÇÕES

– Aceitação do almoxarifado

– Conscientização a respeito da função do almoxarifado da área

INVESTIMENTOS/DESPESAS NECESSÁRIAS:

– Compra de armários, prateleiras	2.500,00
– Computador, mesa e cadeira	3.500,00
– Implementação de 5S (etiquetas, organização)	500,00
– Utilizar mesmo local da ferramentaria (vide projeto 04)	**Total:** 6.500,00

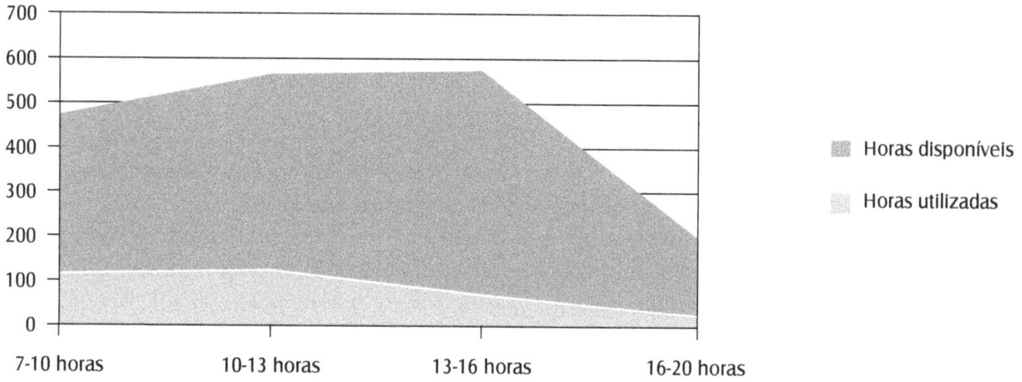

Gráfico 7.1 Capacidade disponível *versus* utilizada

7.4 Capacidade dos recursos disponíveis: utilizada e não utilizada

Duas situações reais ilustram como a análise da capacidade dos recursos pode trazer benefícios para a empresa. A primeira situação é a recuperação anestésica de um hospital, cuja carga horária por empregado, distribuída por faixa horária das 7 às 20 horas é mostrada a seguir. Pode-se notar que as auxiliares de enfermagem têm apenas 19% de seu tempo ocupado (média aritmética do dia). O Gráfico 7.1 mostra esse descompasso entre capacidade disponível e capacidade utilizada ao longo do dia.

A segunda situação é a ala de internação de uma maternidade, cuja situação atual é mostrada a seguir. Há uma ociosidade razoável das auxiliares de enfermagem.

	0-6 horas	6-12 horas	12-18 horas	18-0 hora
Capacidade utilizada (%)	47	64	65	46
Capacidade não utilizada (%)	53	36	35	54

Levando em consideração a distribuição histórica dos partos ao longo do dia e do retorno das parturientes, após o parto, para o quarto, foi feita uma proposta que proporcionasse melhor aproveitamento da capacidade existente. A mão-de-obra excedente pode ser aproveitada pelo hospital em outras seções em que há falta de pessoal.

	0-6 horas	6-12 horas	12-18 horas	18-0 hora
Capacidade utilizada (%)	85	88	90	77
Capacidade não utilizada (%)	15	12	10	23

Resumo

A ferramenta de gestão ABC, combinada com o ABM, tem poder de fogo considerável para a gestão de uma empresa. Assuntos como classificação das atividades quanto a seu valor, estudo da capacidade utilizada *versus* instalada, visão da empresa por processo, análise dos geradores e direcionadores de custo, tudo isso impulsiona a empresa para a melhoria de seu desempenho e a obtenção de vantagens competitivas.

Alguns casos e exemplos reais de empresas foram mostrados neste capítulo e ilustram o quanto uma empresa pode ganhar ao enveredar pelo ABM. Várias delas adotaram o sistema de custeio ABC, mas grande parte não seguiu adiante, não se moveu para o ABM. Por não seguir adiante, acreditam que ABC é sinônimo de ABM e que nada mais tem a ser realizado.

A parte mais árdua já foi feita, que é a de entrevistar as pessoas, levantar as atividades, seus direcionadores de recurso e custo, os volumes dos direcionadores de custo, calcular o custo das atividades e levá-las aos objetos de custo. Agora é aproveitar o que já está feito para empurrar os limites da empresa.

Exercícios

1. **Uso da capacidade instalada**

O senhor Almeida tem uma marcenaria dividida em três negócios: móveis-padrão, com preço estabelecido por metro quadrado; manutenção de portas, batentes e ferragens; e móveis sob encomenda, que consiste em projetar os móveis e instalar o projeto aprovado pelo cliente.

Nos últimos anos, enquanto as vendas continuam a crescer, os lucros têm caído. O senhor Almeida não sabia o que estava acontecendo. Tinha pessoal bem treinado e seus preços, para os serviços convencionais dos móveis-padrão, eram os do mercado. Para serviços especializados, como os de desenho e instalação dos móveis sob encomenda, ele estava praticamente sozinho no mercado e fazia o seu preço. Esses serviços representam uma boa parcela do total da receita e estavam limitados somente pela capacidade.

Ele já estava no negócio de marcenaria há um bom tempo, enquanto a maioria dos concorrentes entrava e desaparecia. O custo de entrada nesse mercado é baixo.

Ele desenvolveu um relatório de rentabilidade por tipo de negócio para identificar oportunidades de melhorar o lucro.

	Móveis-padrão	Manutenção	Móveis sob encomenda
Receita	$ 230.000	$ 175.000	$ 250.000
Custos diretos	125.000	56.000	145.000
Custos alocados	105.343	80.153	114.504
Lucro	−343	38.847	−9.504

Os custos diretos são os custos dos materiais e os salários dos funcionários que trabalham no negócio específico. Os custos alocados, de $ 300.000, referem-se aos custos do escritório e equipamento. Uma vez que o equipamento se deteriora com o uso, o senhor Almeida alocou seu custo em proporção à receita.

Com base no relatório, ele decidiu focar na manutenção, porque era o negócio mais lucrativo e sujeito a menos concorrência. Contudo, à medida que esforços e vendas cresciam nesse segmento, os lucros continuavam a erodir.

Por que isso estava ocorrendo?

Para ajudar na análise desse caso, algumas observações:

- O negócio de manutenção não era problema para o senhor Almeida. Isso implica que seus concorrentes acreditam que esse negócio não é rentável aos preços que ele está cobrando. Ou ele é muito mais eficiente que os concorrentes, ou está subestimando seus custos (talvez a forma de alocação?).
- Uma análise dos custos alocados mostra que $ 40 mil representam os custos com escritório e $ 260 mil, com equipamento. Nenhum dos equipamentos é usado em mais de um negócio, com exceção dos caminhões, que servem igualmente aos três negócios.

	Custo	Capacidade	Taxa	Capacidade usada	Alocação
Custos dos caminhões	$ 40.000	800	$ 50	600	$ 30.000
Equipamento de móveis-padrão	30.000	1500	20	1200	24.000
Equipamento de móveis sob encomenda	120.000	400	300	400	120.000
Equipamento de manutenção	70.000	700	100	500	50.000

A taxa de alocação é calculada dividindo o custo da atividade pela capacidade. O valor da alocação é computado multiplicando essa taxa pela capacidade usada.

Elabore um novo relatório de rentabilidade por negócio. O que ele mostra de diferente em relação ao atual?

2. **Análise de rentabilidade de produto**

A Blusão Ltda. comercializa dois produtos: uma camiseta *T-shirt* que é confeccionada em 30 minutos e produzida em lotes de 1.000 unidades; um moletom mais alcochoado que demora 45 minutos para ser confeccionado e é produzido em lotes de 100 unidades. Cada lote exige o tempo de uma hora de inspeção.

Usando horas de mão-de-obra direta para alocar custos de suporte de manufatura, a rentabilidade por produtos segue abaixo:

Item	Camiseta *T-shirt*	Moletom
Receita	$ 10,00	$ 30,00
Menos		
Material direto	2,00	10,00
Mão-de-obra	2,00	3,00
Suporte manufatura	3,00	4,50
Margem bruta	3,00	12,50
Despesas administrativas/vendas	0,5	1,00
Lucro	2,50	11,5
Volume de vendas	90.000	6.000

As atividades referentes aos custos de suporte de manufatura e seus respectivos direcionadores são os seguintes:

Atividade	Custo atividade	Direcionador	Camiseta *T-shirt*	Moletom
Cortar e costurar	$ 19.800	Horas de mão-de-obra	45.000	4.500
Pedir material	97.500	Número de pedidos	450	200
Inspecionar	179.700	Número de inspeções	?	?
Total				

Utilize o ABC para calcular a rentabilidade por produto.

Por que se preocupar em atribuir os custos de suporte de manufatura aos produtos, se o custo total não se altera?

CAPÍTULO 8

Usando orçamento para planejar os resultados

Ao final deste capítulo, você deverá estar apto a:

- *Explicar a diferença entre planejamento empresarial e planejamento orçamentário.*
- *Compreender a necessidade de um orçamento para sua empresa e suas limitações.*
- *Conhecer as características e vantagens de um plano mestre.*
- *Seguir e preparar as peças orçamentárias de um plano mestre.*

Muitas pessoas entendem a palavra 'orçamento' de maneira errada. Costumam associá-lo com limitações no gasto. Quando o governo envia seu orçamento para aprovação na Câmara dos Deputados (governo estadual), ou no Congresso (governo federal), informa à sociedade o quanto planeja arrecadar de receita sob a forma de contribuições, impostos, taxas, e o quanto planeja gastar em despesas correntes e investimentos. De modo parecido, porém muito menos complexo, as pessoas físicas elaboram também seus orçamentos pessoais: fazem previsão de seus rendimentos e planejam os gastos com educação, roupa, alimentação etc. Como resultado, restringem-nos a um valor predeterminado, que é o total de seus rendimentos. Quando estes valores são menores que os gastos, planejam um empréstimo ou financiamento, como é o caso da compra de um imóvel ou automóvel.

Um orçamento é muito mais do que limitação de gastos. É uma ferramenta que ajuda os gestores, sejam empresas ou órgãos do governo, sejam empresas privadas, em suas funções de planejamento e controle, na previsão dos resultados operacionais e nas condições financeiras. O orçamento lida com o que os gestores planejam para o futuro, mas também pode ser usado para avaliar o que ocorreu no passado. Elaborar um bom orçamento não é garantia de sucesso para uma empresa, porém muitas organizações morrem porque seus gestores falharam em sua elaboração, acompanhamento e/ou ajuste para as mudanças de mercado.

8.1 Planejamento orçamentário no contexto do planejamento empresarial

Muitas empresas e seus gestores preocupam-se em elaborar o orçamento como um exercício feito anualmente, expressando em termos financeiros o resultado da empresa para o próximo ano. O pessoal de vendas faz uma estimativa do que pretende vender em unidades e valor; o pessoal da produção e suprimentos, com base nesses dados, faz uma previsão do que irá produzir e estocar, o quanto irá comprar de matéria-prima e de quantos empregados irá necessitar; o pessoal administrativo faz uma estimativa das despesas com marketing, salários, encargos e viagens; e, por fim, o pessoal da controladoria calcula o resultado final previsto. Visto dessa forma, o orçamento parece uma peça solta, não integrada a um planejamento mais amplo em que os objetivos e as metas da empresa são estabelecidos. Isso ocorre porque esses gestores não elaboram esse planejamento empresarial mais amplo, nem se dão conta de sua importância. O orçamento deve ser uma peça no contexto maior do planejamento empresarial. A Figura 8.1 ilustra essa situação.

Para Garrison & Noreen (2001), o planejamento envolve o desenvolvimento de objetivos e a preparação dos diversos orçamentos para alcançá-los. O controle envolve os passos empreendidos pela administração para aumentar a possibilidade de alcançar os objetivos estabelecidos no estágio de planejamento e assegurar que todas as partes funcionem de modo coerente com as políticas da empresa.

Planejar significa decidir antecipadamente. Implica optar por uma alternativa de ação em detrimento de outras. Decidir antecipadamente consiste em controlar o próprio futuro.

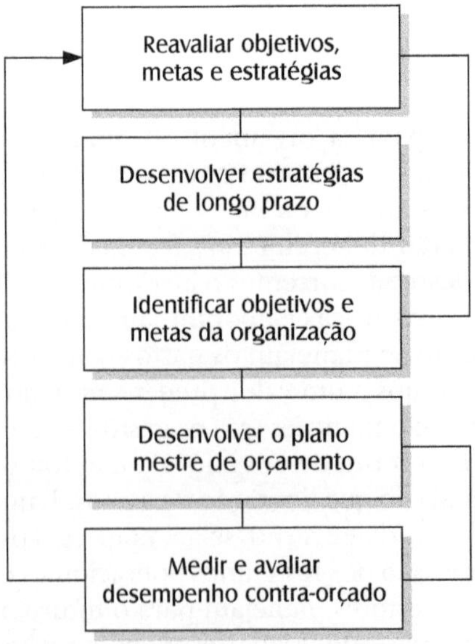

Fonte: Atkinson et al, 2001.

Figura 8.1 Planejamento e controle

Quais são as vantagens do planejamento? Podemos enumerar algumas:

1. Coordenação de atividades de maneira apropriada, por meio da integração dos planos das diversas partes.
2. Tomada de decisões antecipadas, revelando novas perspectivas e abordagens, forçando os gerentes a pensarem no futuro e planejá-lo.
3. Comprometimento da gerência *a priori* com as metas, assegurando que todos trabalhem na mesma direção.
4. Transparência entre as várias áreas, sendo os planos transmitidos a toda a organização.
5. Definição de responsabilidades por unidade de negócio, por departamento ou por centro de resultado.
6. Monitoramento dos indicadores e avaliação do progresso.

No entanto, o planejamento não está livre de limitações, por motivos como:

1. Baseia-se em estimativas.
2. Deve adaptar-se às novas circunstâncias — há a necessidade de revisões periódicas, diante da volatilidade do ambiente.
3. Sua execução não é automática, já que depende das pessoas.
4. Não se deve tomar o lugar da administração, mas fazer alterações sempre que algo importante exigir.

O planejamento empresarial abrange o processo em sua totalidade, envolvendo o plano estratégico, o tático e o operacional. O *plano estratégico* abrange tudo o que se refere às relações entre a empresa e seu ambiente; o *plano tático* consiste em estruturar os recursos da empresa para obter maximização do desempenho; e o *plano operacional* está ligado ao alcance dos objetivos, metas e indicadores em nível operacional. A Figura 8.2 mostra em detalhes o planejamento empresarial.

Vamos examinar os diversos componentes do planejamento empresarial, começando pelo âmbito das premissas, que estabelecem as bases em que o planejamento se assentará, e devem abarcar os seguintes itens:

- Expectativas dos agentes externos, na figura dos acionistas, clientes, comunidade, pressionando os agentes internos (executivos) da empresa. Estes últimos têm a missão de conciliar os interesses de todos os agentes na consecução dos planos, o que não é tarefa fácil. A comunidade pode querer a manutenção do equilíbrio social e ambiental, com geração de empregos e meio ambiente livre de poluição. Os executivos poderão se defrontar com uma situação em que terão de demitir empregados ou reduzir seus benefícios, enquanto os acionistas nutrirão a expectativa de lucros constantes.

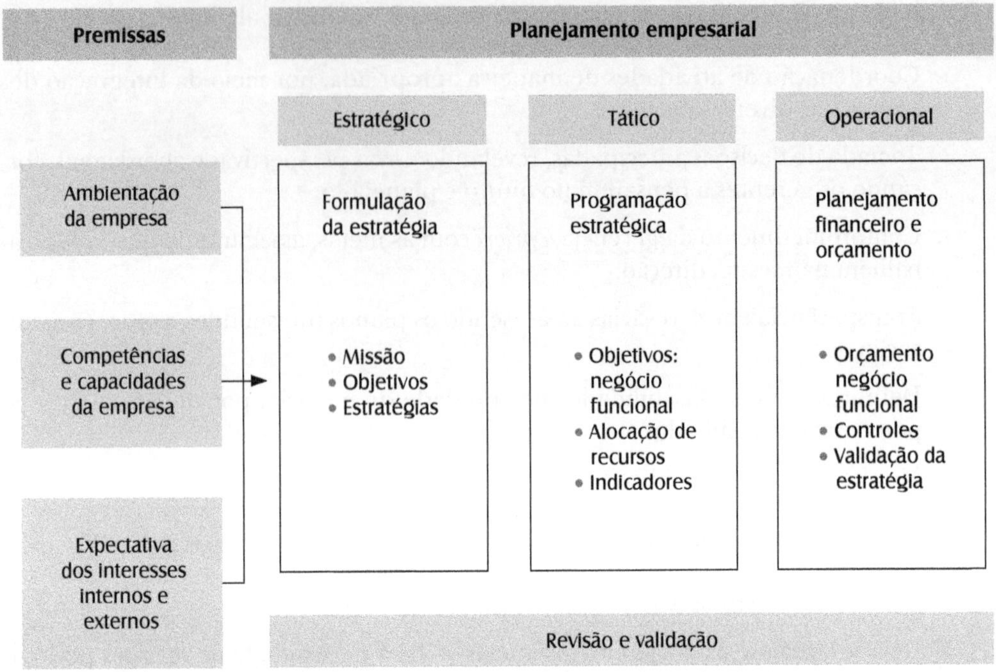

Figura 8.2 Planejamento empresarial

- Fatores macro e microambientais, com reflexos nas atividades da empresa. Fatores como potencialidade do setor, riscos, cenários econômico e político (macro), potencialidades regionais dos segmentos em que a empresa atua e obsolescência dos equipamentos (micro) devem ser considerados.
- Competências físicas, operacionais e de pessoal devem ser consideradas. Competências são aptidões e habilidades que servem como fonte das vantagens comparativas da empresa.

O **plano estratégico** envolve três aspectos:

a) Definição da *missão* da empresa. A missão explicita a razão de ser da organização e qual é sua contribuição para a sociedade. Na missão, deve-se explicitar o mercado, o cliente, os produtos, os acionistas e as atividades a serem desenvolvidas pela empresa.

b) Estabelecimento de *objetivos* de longo prazo, que possibilitam o monitoramento da missão no longo prazo. Devem ser negociados com os acionistas, conter indicadores quantitativos (principalmente financeiros) de curto e médio prazos. Para sua elaboração, deve-se levar em conta as premissas descritas, bem como a concorrência e o mercado.

c) Elaboração das *estratégias*, que explicitam como os objetivos podem ser atingidos. Uma das técnicas usadas para elaborar estratégias é a do SWOT (Strengths, Weaknesses, Opportunities and Threats), em que as ameaças e oportunidades

(OT) mostram a organização olhando para fora e identificando oportunidades potenciais e ameaças existentes ou por vir, e os pontos fortes e fracos (SW) mostram o lado interno, em que a organização aprimora suas forças e persegue a eliminação das fraquezas.

Uma matriz pode ser elaborada dispondo-se os fatores internos no eixo horizontal e os externos, no vertical. Na junção das duas faces dessa matriz pode ser elaborada uma ou mais estratégias. Isso pode ser observado na Figura 8.3. Assim, na junção das fraquezas com as ameaças, a estratégia genérica que emerge é a da sobrevivência; na das fraquezas com as oportunidades, a estratégia principal é de crescimento; na combinação de forças com ameaças, a estratégia é a de manutenção da situação atual. Por fim, a estratégia genérica de desenvolvimento surge da junção das forças com as oportunidades.

O **plano tático** destina-se a escolher os meios pelos quais vão ser atingidos os objetivos específicos de cada atividade desenvolvida pela organização — vendas, marketing, finanças, recursos humanos. Envolve as seguintes fases:

1. **Planejamento organizacional:** promove as alterações necessárias na estrutura da organização para atingir os objetivos.
2. **Programas de ação no âmbito funcional:** promovem as alterações necessárias na estrutura de cada função da empresa, alterações essas alinhadas com o planejamento organizacional.
3. **Programas de ação no âmbito dos negócios:** promovem as alterações no mercado, nos produtos e clientes.

FATORES EXTERNOS / FATORES INTERNOS	Fraquezas	Forças
Ameaças	SOBREVIVÊNCIA • Redução de custos • Desinvestimento • Liquidação do negócio	MANUTENÇÃO • Estabilidade • Nicho • Especialização
Oportunidades	CRESCIMENTO • Inovação • *Joint-venture* • Expansão • Internacionalização	DESENVOLVIMENTO • De mercado • De produção • Financeiro • Diversificação

Figura 8.3 Matriz de estratégias genéricas

4 **Planejamento e desenvolvimento dos recursos:** decisão quanto a investimento, alocação das verbas e definição de responsabilidades.

O **plano operacional** é a pormenorização dos objetivos e das estratégias do planejamento tático em cada área da organização, visando especificar as metas traçadas. A peça mais importante dessa etapa é o planejamento financeiro, o processo de preparar orçamentos, pois formaliza o método pelo qual as metas financeiras devem ser alcançadas. Por outro lado, o orçamento é uma expressão quantitativa do fluxo do dinheiro que revela se um plano financeiro irá atender aos objetivos da organização. O planejamento financeiro envolve a construção de um modelo financeiro da empresa e seu uso para preparar as demonstrações financeiras projetadas.

O que se consegue com o plano operacional?

a) **Interações:** explicita vinculações entre propostas de investimento e as alternativas de financiamento disponíveis.

b) **Opções:** oportunidade de examinar e escolher a melhor entre as diversas opções de investimento e financiamento.

c) **Viabilidade:** escolha da opção financeira que melhor se ajuste aos objetivos e estratégias da empresa.

d) **Simulação:** elaborando diversos cenários, a empresa pode identificar o que ocorrerá no futuro, caso certos eventos aconteçam.

8.2 Plano mestre de orçamento

O plano mestre de orçamento é a visualização do planejamento financeiro. Consiste de diversos orçamentos dispostos em uma lógica seqüencial. Inicia-se com as metas da organização, que direcionam o orçamento de vendas o qual, por sua vez, alimenta o orçamento de produção. Essa seqüência de orçamentos termina com os resultados financeiros esperados. O plano mestre inclui dois conjuntos de orçamentos: os operacionais e os financeiros.

Os orçamentos operacionais assistem o pessoal operacional em guiar e coordenar o nível de várias atividades durante o período orçamentário. Consistem dos seguintes planos operacionais:

- **Plano de vendas:** identifica o nível planejado de vendas para cada produto em volume e valor.
- **Plano de produção:** estima o quanto será produzido em volume para atender o orçamento de vendas.
- **Plano de investimento:** especifica os investimentos em ativo imobilizado (equipamentos, máquinas, instalações, edifícios etc.) necessários para atender o nível das atividades. Guarda estreita relação com o plano de capacidade produtiva, pois o nível de produção previsto que exceder a capacidade fabril deverá ser coberto por investimento na fábrica, ou ser terceirizado.

- **Plano de mão-de-obra direta e recursos humanos:** determina quantos funcionários (MOD) serão necessários para atender o orçamento de produção e para o resto da organização.
- **Plano de matéria-prima:** programa todas as compras necessárias de suprimentos para atender o orçamento de produção.
- **Plano de gastos operacionais:** considera o nível de despesas das áreas comercial, administrativa e financeira necessário para sustentar o negócio.

Os orçamentos financeiros ajudam a avaliar as conseqüências financeiras das decisões propostas nos orçamentos operacionais. Consistem de três planos financeiros:

- **Demonstrativo projetado do fluxo de caixa:** determina o nível de caixa previsto da empresa no período orçamentário.
- **Balanço patrimonial projetado:** especifica em que os recursos são empregados e de onde provêm.
- **Demonstrativo de resultados projetado:** mostra as vendas, os custos, as despesas e, por fim, o resultado estimado da empresa.

O plano mestre de orçamento pode ser visualizado na Figura 8.4.

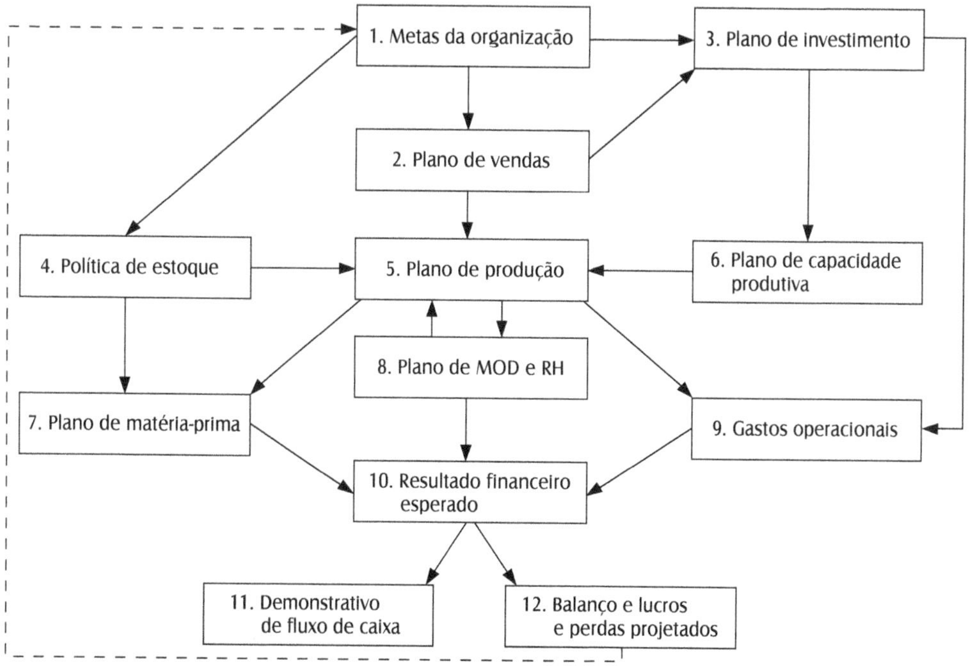

Fonte: Atkinson et al, 2001.

Figura 8.4 Plano mestre de orçamento

8.3 Elaborando o plano mestre e os planos que o compõem

Cenários e premissas

Conforme mencionado na Seção 8.1, os cenários e as premissas devem ser definidos antes da montagem do planejamento. Devem ser levados em consideração os cenários político, econômico, mercadológico, bem como as premissas econômicas e financeiras — inflação, porcentual de dissídio, variação cambial, variação dos insumos, juros.

Plano de vendas

É a peça que dispara todo o planejamento e deve ser o desdobramento dos objetivos da organização. O plano contém a quantidade a ser vendida por linha de produto, os preços a serem praticados, o prazo comercial, os descontos e as bonificações.

As empresas desenvolvem suas previsões de demanda de diversas maneiras:

- Algumas usam sofisticadas pesquisas de mercado (quantitativas ou qualitativas) conduzidas por especialistas.
- Outras usam modelos estatísticos a partir de tendências e da previsão de atividades econômicas e sua relação com o padrão de vendas passado.
- Algumas empresas simplesmente assumem uma taxa estimada de crescimento ou redução sobre níveis anteriores de demanda.
- Existem aquelas organizações que se utilizam do julgamento da equipe comercial em conversa com os clientes atuais e potenciais.
- Finalmente, outras, ainda, calculam a previsão como decorrência do crescimento previsto do mercado e do *market share* desejado pela empresa.

A escolha do nível de detalhe para elaborar o orçamento é importante. Um maior nível de detalhe pode identificar possíveis problemas e/ou gargalos quando da especificação dos fluxos de produção na fábrica. Porém, se for considerada uma empresa com milhares de produtos, o detalhe por item pode ser extremamente proibitivo, pois tomaria um tempo enorme para sua elaboração.

Plano de produção

É o confronto do plano de vendas com a política de estoques e o nível de capacidade para determinar o plano de produção. O plano identifica a produção prevista em cada período (mensal, semanal ou diário) do orçamento. É a etapa que disponibiliza os produtos que serão comercializados. A definição da política de estoque depende de vários elementos, como demanda esperada e sua vulnerabilidade e/ou sazonalidade, prazo de produção, natureza do produto (deteriorável, de moda etc.) e benefício da escala de produção *versus* custo de estocagem (conceito do lote econômico).

Plano de capacidade produtiva

O plano de produção, elaborado em decorrência do plano de vendas e da política de estoques, deve ser comparado com a capacidade produtiva disponível. Por capacidade produtiva entende-se a utilização de recursos existentes, ou que a empresa possa vir a disponibilizar durante o período do plano, como mão-de-obra, material, equipamentos e instalações físicas. Essa comparação avalia a viabilidade do plano de produção proposto.

Caso haja falta de capacidade, o pessoal da produção deve considerar formas de desengargalar o processo de produção. Modificar o *layout* das instalações existentes, reduzir o tempo de ajuste das máquinas podem ser alguma delas. O potencial de terceirização pode ser tratado como uma alternativa de viabilizar a falta de capacidade.

Plano de investimentos

Consiste na etapa em que as decisões de investimento são consolidadas. Como esses projetos envolvem horizontes de tempo superiores a um ano, esse plano decorre de um processo de planejamento a longo prazo, em vez de se restringir apenas ao ciclo operacional de um ano. É o caso da falta de capacidade produtiva em recursos como máquinas, equipamentos e instalações físicas; ela tem de manter-se consistente a longo prazo para justificar um investimento.

Além do investimento em máquinas e equipamentos, esse plano deve incluir investimento em informática, instalações, móveis, carros etc. Deve contemplar também as baixas ou vendas de ativos que não são mais necessários para a operação da empresa.

Plano de matéria-prima

Uma vez identificado um plano de produção viável, a área de suprimentos prepara um plano para adquirir as matérias-primas e os suprimentos necessários para atender o plano de produção. A partir da premissa de consumo de cada matéria-prima e da política de estoque, são calculados os consumos por tipo de insumo. A partir da definição de preços, do prazo de pagamento, dos aumentos esperados e dos impostos, as compras valorizadas saem como conseqüência desse plano.

O plano de matéria-prima serve para notificar os fornecedores das necessidades e dos períodos esperados de entrega. Como as vendas se alteram ao longo do ano, o plano de compras deve refletir essas mudanças, de modo que os fornecedores também sejam capazes de ajustar seus planos.

Plano de necessidade de mão-de-obra direta e recursos humanos

Consiste no cálculo do número de empregados necessários para produzir as quantidades definidas no plano de produção. A partir das premissas horas trabalhadas, indicadores padrão de horas produtivas por produto/unidade e tempo produtivo por hora trabalhada, calcula-se o número de pessoas necessárias. Esse plano se inicia na data em que os empregados são necessários e volta até a data em que devem ser recrutados e treinados a tempo.

O plano prevê também o numero de empregados da empresa, além daqueles considerados antes. Deve incorporar as decisões referentes à estrutura da organização, as políticas de RH, tais como percentual de aumento de salário, méritos, comissões dos vendedores e situações de expansão e contração. Como decorrência, é possível projetar os gastos com salários, encargos, demissões e admissões. Nas áreas administrativas, todas as ações de automatização e produtividade devem estar refletidas no número de empregados.

Plano de gastos operacionais

Todos os gastos da empresa, fora os salários e encargos considerados anteriormente, são projetados levando-se em conta sua adequação aos centros de custos (produtivos e administrativos). Na área comercial, o plano deve conter ações nas áreas de propaganda e publicidade para suportar as vendas e despesas relacionadas à atividade comercial, como despesas com viagem, verba de representação, passagens etc.

Um cuidado a ser tomado nesse plano é a análise das informações, para evitar a projeção dos gastos passados para o futuro simplesmente ajustando pela inflação. Assim, as gorduras ou ineficiências serão repetidas no próximo período. Deve-se procurar conhecer os motivos dos gastos atuais e discutir com os responsáveis.

Demonstrativo do fluxo de caixa

É a etapa financeira do orçamento, na qual todas as decisões tomadas durante o planejamento financeiro são traduzidas em sobra (entradas de caixa maiores que saídas de caixa) ou déficit de caixa (quando acontece o inverso). Uma proposta de orçamento que não viabilize o objetivo financeiro de longo prazo implica revisões e alterações.

Se ocorrerem sobras de caixa, a empresa precisará decidir o que fazer. Poderá fazer aplicações financeiras para render juros, distribuir dividendos aos acionistas, pagar empréstimos ou recomprar as ações no mercado. Se ocorrer déficit de caixa, ela poderá emitir ações para captar dinheiro na bolsa, vender ativos ociosos, emitir debêntures ou tomar um empréstimo. Neste caso, precisará decidir se o empréstimo será de curto ou longo prazo, o que dependerá do tempo em que a empresa ficará com déficit de caixa.

Demonstrativo de resultado

Consolida os impactos que definem o resultado (lucro ou prejuízo) da empresa em dado período. Indicadores de desempenho devem ser calculados com o objetivo de identificar a adequação operacional da empresa contra os objetivos inicialmente estipulados, tais como:

- percentual de lucro bruto e resultado líquido sobre o faturamento;
- retorno sobre investimento;
- retorno sobre patrimônio;
- ponto de equilíbrio;
- margem de segurança;
- alavancagem operacional.

Balanço patrimonial

Consolida a posição patrimonial (ativos e passivos) da empresa. A exemplo do demonstrativo de desultados, os indicadores de desempenho devem ser estabelecidos, tais como:

- índices de liquidez;
- posição de endividamento;
- giro dos ativos.

Análise de sensibilidade

O processo de planejamento permite que a administração considere estratégias alternativas. Diferentes modelos de planejamento e resultados são testados, alterando variáveis-chaves.

Se o preço subir concomitante com uma redução no volume (efeito elasticidade), que impacto trará nos resultados, no caixa e na estrutura patrimonial? E se ocorrer o inverso?

Se for redesenhado o processo de manufatura, trazendo redução no tempo de fabricação, como isso melhora os resultados?

O processo de controle é parte integrante do planejamento empresarial, já que permite aprender, distinguir desempenhos, alterar as premissas e implementar as providências de correção. Sem controle não se tem clareza de onde se quer chegar.

8.4 Elaboração de um orçamento

Caso Consultoria XNET — Elaboração do orçamento financeiro[1]

A empresa

A empresa Consultoria e Serviços em Tecnologia XNET, recém-inaugurada, é especializada em serviços de consultoria e implantação de soluções em TI. Trabalha com enorme variedade de projetos e com a implementação de novas práticas de consultoria e integração, entre elas, gestão de relacionamento com o cliente (CRM), Supply Chain Management (SCM), e-business etc. A empresa cobra dos clientes horas de serviço de consultoria prestadas por seus gerentes técnicos, analistas e auxiliares.

Para a abertura da empresa, foi necessário um investimento inicial em equipamentos de informática (computadores) no valor de $ 100 mil, a ser pago à vista, com vida útil esperada de 5 anos (60 meses).

Além do investimento em equipamentos, seu proprietário, o senhor Marco Gate, previu a necessidade de investimento em capital de giro. Isso porque o prazo de vendas (contas a receber) dos projetos é de 30 dias.

---

[1] Texto discutido em sala de aula de um curso de MBA que ministrei como uma ilustração dos seus executivos para determinado assunto.

O senhor Marco financia totalmente o investimento com capital próprio, com receio das altas taxas de juros e dos riscos atuais dos empréstimos no cenário brasileiro. Ele tem sentido a necessidade de sistematizar o planejamento financeiro do primeiro trimestre de funcionamento para conhecer a projeção de sua situação financeira em termos de caixa e de lucro. Para tanto, dispõe dos dados que se seguem.

Prestação de serviços

Os serviços terão grande procura. A empresa espera vender em média 2,5 mil horas de consultoria por mês, sendo sua receita totalmente devida às horas projetadas de consultoria e do preço cobrado por hora. Nos três primeiros meses, as vendas serão de 2,5 mil, 3 mil e 2 mil horas, respectivamente.

O preço cobrado dos clientes e a dedicação dos diversos gerentes e analistas aos projetos são os seguintes:

Categoria de consultor	Preço cobrado dos clientes ($)	Dedicação aos projetos (%)
Gerente técnico (3)	100,00	20
Analista (5)	60,00	30
Auxiliares (10)	35,00	50
Total		100

Sobre o faturamento, a empresa paga impostos de 9,65% (ISS, PIS/Cofins), sempre no mês seguinte ao do serviço prestado. O recebimento dos serviços prestados é feito normalmente no prazo de 30 dias, ou seja, a cada mês a empresa recebe o que presta de serviço no mês anterior. O índice de inadimplência esperado é praticamente zero.

Despesas

O grande gasto da empresa é com salários, em parte fixos e em parte proporcionais às horas trabalhadas. A folha de pagamento prevista de salário dos gerentes e analistas envolvidos nos projetos, já incluídos os encargos e benefícios, é a seguinte:

Categoria de consultor	Salário fixo (× $ 1.000)	Salário variável ($/hora)
Gerente técnico (3)	20	10
Analista (5)	25	5
Auxiliares (10)	10	3
Total	55	18

As outras despesas projetadas no negócio são as seguintes:

- Existem despesas variáveis, proporcionais às horas trabalhadas, como pessoal contratado de programação, parte da energia elétrica, material etc., que correspondem a $ 5,00 por hora trabalhada.
- Além disso, a empresa tem despesas fixas, que decorrem de decisões anuais da administração e dependem do orçamento, como propaganda, treinamento etc., no valor de $ 500,00 por mês, e despesas corporativas, que não podem ser reduzidas, como salários das secretárias, aluguel etc., no valor de $ 6 mil. No total, as despesas fixas, somam $ 6,5 mil.

Todas essas despesas são pagas à vista, no mesmo mês em que são incorridas. No entanto, existem ainda despesas fixas que não implicam em saída de caixa a cada mês, pois o pagamento foi feito no momento do investimento. É o caso da depreciação dos computadores visto anteriormente.

Com base nos dados, pede-se:

a) Elabore o plano financeiro, seguindo os conceitos estudados:
   1. Calcule o investimento inicial.
   2. Elabore o plano operacional (receita de prestação de serviços, gastos com pessoal e outros gastos) para os três primeiros meses.
   3. Projete os demonstrativos financeiros para os três primeiros meses (demonstrativo de resultado, fluxo de caixa e balanço patrimonial).

Solução do caso

Investimento inicial	%	Mês 0	Mês 1	Mês 2	Mês 3
Capital — Fluxo					
Valor dos equipamentos		**R$ 100.000**			
Depreciação (meses)		**60**			
Capital de giro		–	R$ 125.361	R$ 150.433	R$ 100.289
Contas a receber	30%	–	R$ 138.750	R$ 166.500	R$ 111.000
Impostos a recolher	30%	–	R$ 13.389	R$ 16.067	R$ 10.712
Investimento adicional capital de giro (contas a receber-impostos)		–	R$ 125.361	R$ 25.072	R$ (50.144)
Investimento adicional total (Fixo + Giro)		R$ 100.000	R$ 125.361	R$ 25.072	R$ (50.144)
Fonte de recursos					
Capital próprio	**100%**	**R$ 100.000**	**R$ 125.361**	**R$ 25.072**	

Plano operacional	%	Mês 0	Mês 1	Mês 2	Mês 3
Plano de vendas					
Receita					
Horas vendidas			**2.500**	**3.000**	**2.000**
× preço cobrado		**R$ 55,50**	R$ 55,50	R$ 55,50	R$ 55,50
Gerente técnico (3)	**R$ 100,00**	**20%**	R$ 20,00		
Analista (5)	**R$ 60,00**	**30%**	R$ 18,00		
Auxiliares (10)	**R$ 35,00**	**50%**	R$ 17,50		
Média		**100%**	R$ 55,50		
= receita de venda			**R$ 138.750**	**R$ 166.500**	**R$ 111.000**
Impostos sobre o faturamento	**9,65%**		**R$ 13.389**	**R$ 16.067**	**R$ 10.712**
Fluxo de caixa					
Recebimentos de vendas			—	**R$ 138.750**	**R$ 166.500**
Recolhimento de impostos				**R$ 13.389**	**R$ 16.067**
Plano de gastos com pessoal					
Despesa pessoal variável		**R$ 18,00**	R$ 45.000	R$ 54.000	R$ 36.000
Despesa pessoal fixo		**R$ 55.000**	R$ 55.000	R$ 55.000	R$ 55.000
Despesa pessoal total (= saída de caixa)			**R$ 100.000**	**R$ 109.000**	**R$ 91.000**
Plano de outras despesas					
Outras despesas variáveis		**R$ 5,00**	R$ 12.500	R$ 15.000	R$ 10.000
Outras despesas fixas		**R$ 6.500**	R$ 6.500	R$ 6.500	R$ 6.500
Outras despesas totais (= saída de caixa)			**R$ 19.000**	**R$ 21.500**	**R$ 16.500**
Despesa — depreciação		R$ 1.667	R$ 1.667	R$ 1.667	R$ 1.667

Demonstrativos financeiros	Mês 0	Mês 1	Mês 2	Mês 3
Demonstração de resultado				
Receita bruta		R$ 138.750	R$ 166.500	R$ 111.000
(–) Impostos sobre o faturamento	R$ (13.389)	R$ (16.067)	R$ (10.712)	
Receita líquida		R$ 125.361	R$ 150.433	R$ 100.289
(–) Despesas variáveis				
(–) Pessoal		R$ (45.000)	R$ (54.000)	R$ (36.000)
(–) Outras		R$ (12.500)	R$ (15.000)	R$ (10.000)
Total		R$ (57.500)	R$ (69.000)	R$ (46.000)

(continuação)

Demonstrativos financeiros	Mês 0	Mês 1	Mês 2	Mês 3
= Margem de contribuição		R$ 67.861	R$ 81.433	R$ 54.289
(-) Despesas fixas				
(-) Pessoal		R$ (55.000)	R$ (55.000)	R$ (55.000)
(-) Outras		R$ (6.500)	R$ (6.500)	R$ (6.500)
Total		R$ (61.500)	R$ (61.500)	R$ (61.500)
= Lucro antes da depreciação		R$ 6.361	R$ 19.933	R$ (7.212)
(-) Depreciação		R$ (1.667)	R$ (1.667)	R$ (1.667)
= Lucro operacional líquido		**R$ 4.694**	**R$ 18.266**	**R$ (8.878)**
= Lucro médio mensal				**R$ 14.082**

Fluxo de caixa	Mês 0	Mês 1	Mês 2	Mês 3
Saldo de caixa inicial	**0**	–	**R$ 6.361**	**R$ 26.293**
(+) Recebimentos	–	–	**R$ 138.750**	**R$ 166.500**
Recebimento de clientes	–	–	R$ 138.750	R$ 166.500
(-) Pagamentos (desembolsos)	–	**R$ (119.000)**	**R$ (143.889)**	**R$ (123.567)**
Impostos sobre faturamento	–	–	R$ (13.389)	R$ (16.067)
Pessoal	–	R$ (100.000)	R$ (109.000)	R$ (91.000)
Outras despesas pagas	–	R$ (19.000)	R$ (21.500)	R$ (16.500)
Fluxo de caixa das operações	–	**R$ (119.000)**	**R$ (5.139)**	**R$ 42.933**
(+/-) Investimento adicional de capital fixo	R$ (100.000)	–	–	–
= Fluxo de caixa total	**R$ (100.000)**	**R$ (119.000)**	**R$ (5.139)**	**R$ 42.933**
Outros recebimentos (capital)	R$ 100.000	R$ 125.361	R$ 25.072	–
= Saldo de caixa final	–	**R$ 6.361**	**R$ 26.293**	**R$ 69.226**
Fluxo de caixa a partir do lucro				
= lucro operacional		R$ 4.694	R$ 18.266	R$ (8.878)
(+) Depreciação (gasto que não implica saída de caixa)		R$ 1.667	R$ 1.667	R$ 1.667
(-) Investimento adicional em capital de giro	–	R$ (125.361)	R$ (25.072)	R$ 50.144
= Fluxo de caixa das operações		R$ (119.000)	R$ (5.139)	R$ 42.933
(-) Investimento adicional em capital fixo	R$ (100.000)	–	–	–
= Fluxo de caixa total	**R$ (100.000)**	**R$ (119.000)**	**R$ (5.139)**	**R$ 42.933**

Balanço patrimonial ativo	Mês 0	Mês 1	Mês 2	Mês 3
Circulante	—	**R$ 145.111**	**R$ 192.793**	**R$ 180.226**
Caixa/aplicações financeiras	—	R$ 6.361	R$ 26.293	R$ 69.226
Contas a receber	—	R$ 138.750	R$ 166.500	R$ 111.000
Permanente	**R$ 100.000**	**R$ 98.333**	**R$ 96.667**	**R$ 95.000**
Máquinas e equipamentos	R$ 100.000	R$ 100.000	R$ 100.000	R$ 100.000
(–) Depreciação acumulada	—	R$ (1.667)	R$ (3.333)	R$ (5.000)
Imóveis – líquido	R$ 100.000	R$ 98.333	R$ 96.667	R$ 95.000
= ***Total do ativo***	**R$ 100.000**	**R$ 243.444**	**R$ 289.460**	**R$ 275.226**
Passivo + PL circulante	—	**R$ 13.389**	**R$ 16.067**	**R$ 10.712**
Contas a pagar	—	R$ 13.389	R$ 16.067	R$ 10.712
Empréstimos bancários	—	—	—	—
Patrimônio líquido	**R$ 100.000**	**R$ 230.055**	**R$ 273.393**	**R$ 264.515**
Capital social	R$ 100.000	R$ 225.361	R$ 250.433	R$ 250.433
Lucros acumulados	—	R$ 4.694	R$ 22.960	R$ 14.082
= ***Total do passivo e PL***	**R$ 100.000**	**R$ 243.444**	**R$ 289.460**	**R$ 275.226**

Estudo de caso: Cia. de Fogão

O senhor Laerte pesquisou os seguintes dados para elaboração do orçamento:

A Cia. de Fogão planejava vender 100 mil peças de fogão em 2000, ao preço de $ 20,00, correspondendo a 10 mil no primeiro trimestre, 30 mil no segundo, 40 mil no terceiro e 20 mil no quarto, de acordo com a sazonalidade. Os recebimentos ocorrem do seguinte modo: 70% no trimestre em que as vendas são efetuadas e 30% no trimestre seguinte. Todos os dados referentes ao ano de 1999 poderão ser obtidos do balanço patrimonial a seguir.

A produção da empresa é influenciada pelo nível de estoque final desejado. A administração acredita que um estoque final correspondente a 20% das vendas do trimestre seguinte é um nível adequado, sendo 3 mil unidades o estoque final projetado para o último trimestre de 2010 (com base nas vendas projetadas do ano 2001).

O senhor Laerte pesquisou também os dados de custos: a produção de uma peça de fogão requer 15 kg de matéria-prima para cada unidade fabricada, e o preço de compra da matéria-prima é de $ 0,20 por quilo. Pela política de aquisição de matéria-prima, a empresa mantém um estoque final de 10% das necessidades de produção do período seguinte, e no último trimestre estima um estoque final de 22,5 mil quilos. O pagamento de compras é feito assim: 50% no próprio trimestre da compra e 50% no trimestre seguinte.

Já os custos de mão-de-obra são projetados de acordo com a produção. O tempo necessário de mão-de-obra direta por caixa é de 0,8 hora, sendo pagos $ 7,50 por hora trabalhada, já considerados salário e encargos. Os custos indiretos de fabricação (CIF) projetados são de $ 2 por hora de MOD e $ 60,6 mil fixos, já incluída a depreciação, que corresponde a $ 15 mil por trimestre.

- As despesas de vendas e administrativas são partes variáveis: $ 1,80 por peça, além das seguintes despesas fixas por trimestre:

	1	2	3	4	Total
Propaganda	20.000	20.000	20.000	20.000	80.000
Salários	55.000	55.000	55.000	55.000	220.000
Seguro		1.900	37.750		39.650
Impostos				18.150	18.150
Depreciação	10.000	10.000	10.000	10.000	40.000

O senhor Laerte projetou alguns dados financeiros. A empresa precisa de um saldo mínimo de caixa de $ 40 mil. Ela tem uma linha de crédito à disposição, com taxa de juros de 10% a.a.(calculada linearmente). As amortizações de empréstimos e liberação são múltiplos de $ 1.000,00 e os juros, calculados sobre o valor amortizado, são pagos somente no momento da amortização do empréstimo. A remuneração dos acionistas, por meio de dividendos, será de $ 32 mil para o próximo ano ($ 8 mil por trimestre)

- Pelo orçamento de investimentos, a empresa planeja gastar $ 130 mil com a aquisição de equipamentos ($ 50 mil, $ 40 mil, $ 20 mil e $ 20 mil a cada trimestre), feita com recursos próprios.

Finalmente, o balanço patrimonial da empresa no final de 1999 era o seguinte:

Balanço patrimonial — 31.12.1999			
Ativo		**Passivo e patrimônio líquido**	
Circulante		**Circulante**	
Caixa	42.500	Fornecedores	25.800
Contas a receber	90.000		
Estoque			
Matéria-prima (21.000 kg)	4.200		
Produtos acabados (2.000 caixas)	26.000		

(continuação)

Balanço patrimonial — 31.12.1999			
Ativo		**Passivo e patrimônio líquido**	
Permanente		**Patrimônio líquido**	
Terrenos	80.000	Capital social	175.000
Imóveis e equipamentos	700.000	Lucros acumulados	449.900
(–) Depreciação acumulada	(292.000)		
Total	**650.700**		**650.700**

Com base nesses dados, vamos ajudar o senhor Laerte a elaborar o orçamento da Cia. de Fogão, garantindo assim o seu emprego?

PARTE III

FERRAMENTAS DE PLANEJAMENTO E CONTROLE

CAPÍTULO 9

Gestão de negócio

Após a leitura deste capítulo, você deverá ser capaz de:

- *Entender o significado da palavra 'negócio'.*
- *Conhecer a evolução da gestão de negócio e seu novo paradigma.*
- *Pensar como um analista de negócio.*
- *Elaborar um modelo de gestão para o seu negócio a partir do modelo genérico desenvolvido neste capítulo.*

9.1 Conceito de negócio

Afinal, qual a definição ou conceito da palavra 'negócio' (*business,* em inglês) que todo mundo usa? Uma pesquisa no site de busca Google mostra algumas definições:

> "Empreendimento comercial: a atividade de fornecer bens e serviços que envolvem aspectos comerciais, financeiros e industriais."
>
> "Ocupação: a principal atividade na vida em que se ganha dinheiro."
>
> "Uma organização operando com o objetivo de lucrar com a venda de bens e serviços."
>
> "Um comércio, profissão ou ocupação."
>
> "Oferecimento de produto ou serviço por dinheiro."
>
> "Inclui todas as atividades relacionadas com o objetivo de ganho, benefício ou vantagem, de forma direta ou indireta."

A Sebrae não define propriamente o que significa negócio (veja site www.sebrae.com.br). Por outro lado, em seu site, mostra os tipos e idéias de negócio. Entre os tipos de negócios, lista franquias, empresas familiares, escritórios em casa (*home office*), cooperativas, comércio eletrônico e associações. Quanto a idéias de negócio, a Sebrae elabora uma longa lista em ordem alfabética que começa com agência de viagens, assessorias de imprensa, bares, passa por farmácias, floriculturas, gráficas e termina com sorveterias, tinturarias e vidraçarias.

De acordo com uma empresa de papel e celulose de origem nacional, negócio é comumente entendido como uma das partes em que a empresa se divide para agrupar produtos e mercados semelhantes. Assim, podem existir o negócio da celulose, o negócio do papel couchê etc.

Bem, qual é a semelhança entre todas essas definições? A última definição do site de busca parece ser a mais abrangente e, portanto, a mais apropriada. Inclui todas as atividades (comerciais, de produção, financeiras, de contato com clientes) relacionadas com o objetivo de ganho, benefício ou vantagem (note-se que não é necessariamente lucro ou dinheiro, o que dessa forma inviabilizaria as organizações de terceiro setor, que não visam lucro), de forma direta ou indireta (as agências de fomento e de desenvolvimento beneficiam-se de forma indireta provendo ajuda aos governos, comunidades e sociedade para realizarem seus objetivos sociais). Note-se que esse conceito se estende também à pessoa física ou profissional liberal que exerce sua profissão ou ocupação como meio de alavancar ganho, benefício ou vantagem.

Do ponto de vista contábil, negócio tem um conjunto de contas relacionadas que refletem sua movimentação e desempenho. Todo negócio, de fins lucrativos ou não, de pessoa jurídica ou profissional liberal, deve ter um balanço patrimonial — contas que espelhem de onde provieram os recursos (capital dos sócios, empréstimo de bancos, de fornecedores) e em que esses recursos foram investidos (dinheiro em caixa e banco, contas a receber, estoque de mercadorias, instalações, prédios e equipamentos), além de uma demonstração de resultados que mostre se o negócio auferiu resultado positivo ao final de um período.

9.2 O que existe atualmente: gestão por função ou especialidade

Gestão de negócio, em uma definição corrente de mercado, é o conjunto de atividades que objetiva entender e explicar como as transações ocorridas ou a ocorrer, no âmbito de um negócio, produzem alterações no seu patrimônio. O conjunto de atividades que forma a gestão de negócio abrange também a prática de fornecer ao gerente recomendações para que as transações produzam resultados mais favoráveis. A avaliação é sempre feita visando o efeito dessas ações no patrimônio.

As atividades de gestão de negócio são desempenhadas pelo analista de negócio. É o profissional que interpreta os detalhes de uma negociação, no tempo e no espaço, para avaliar o impacto que ela trará para a rentabilidade da empresa e entender o que acrescentará a seu patrimônio quando concluída.

Devido à própria definição de gestão de negócio, que é verificar alterações no patrimônio do negócio, o analista procede a uma série de avaliações com forte viés financeiro.

Para reforçar esse ponto, seguem-se as avaliações realizadas pelo analista de negócio de uma empresa de papel e celulose de origem nacional:

1. O valor líquido da venda.
2. O custo de reposição do produto vendido.
3. A margem na venda.
4. O perfil de capital de giro do conjunto produto/cliente.
5. A liquidez e o grau de inadimplência do cliente.
6. Os serviços pós-venda contratados.
7. Os riscos associados com a transação.
8. O posicionamento estratégico do negócio.
9. O acompanhamento do mercado do negócio.

Ilustremos os procedimentos realizados por essa empresa em algumas dessas avaliações.

O valor líquido da venda

Por valor líquido da venda se entende o valor resultante da subtração do valor nominal da fatura de venda de todos os custos associados com a venda. Esses custos são:

- impostos associados à operação de venda;
- fretes e seguro;
- despesas de despacho;
- comissões e taxas de licenciamento da venda (*royalties*, por exemplo);
- despesas de financiamento da venda.

O analista de negócio observa os diversos componentes do valor líquido da venda e os relaciona com o produto e com o cliente envolvidos. Assim, ele pode explicar a interdependência desses itens de custo e sua participação no valor final líquido da venda.

O valor líquido das vendas deve ser analisado, inicialmente, do ponto de vista agregado:

- vendas líquidas totais do negócio no período, comparadas com o orçado para o período;
- vendas líquidas totais do negócio acumuladas no ano, comparadas com o orçado para o ano.

Com essa primeira análise, o analista pode saber se a empresa caminha conforme o orçado. Eventuais desvios exigem maior entendimento, e isso pode ser feito mediante as análises que seguem.

A próxima análise é vertical e serve para conhecer a evolução dos diversos componentes das vendas líquidas:

- **Vendas líquidas por seus preços unitários:** abertas por componentes (impostos, fretes e seguro, despesas de despacho, comissões e taxas de licenciamento da venda, despesas do financiamento da venda) — comparadas com o equivalente orçado para o período e para o acumulado do ano.

Com esse procedimento, o analista procurará desvios nos componentes das vendas líquidas. Esses desvios — em relação ao orçado, ou de um período para outro — podem ser um alerta para problemas ocorridos no processo comercial. Cabe ao analista aprofundar o exame desses eventuais desvios e alertar os demais componentes da equipe de negócios para a necessidade de correções.

Em seguida, são feitas análises horizontais nas vendas líquidas. Essas análises objetivam entender a distribuição das vendas líquidas pelos diversos produtos, clientes, canais de distribuição etc.

- **Vendas líquidas:** abertas pelos principais clientes (*ranking* de vendas líquidas) — analisadas nos componentes volume e preços.

Com esse procedimento, o analista verificará o comportamento dos diversos segmentos de mercado e dos diversos agentes envolvidos nas transações comerciais do negócio.

O posicionamento estratégico do negócio

O que se analisa neste item é a necessidade de ajustes estratégicos. Esses ajustes, decorrentes de turbulências no âmbito de atuação do negócio, costumam derivar de posturas da concorrência, mudanças bruscas na política governamental, novas necessidades do consumidor etc.

Para avaliação do posicionamento estratégico do negócio e da oportunidade ou não da introdução de ajustes estratégicos, o analista utiliza, na empresa de papel e celulose que estamos focando, algumas métricas financeira, como CVA (Cash Value Added), ou caixa do valor agregado e CFROGI (Cash Flow Return on Gross Investment).

O analista acompanha a aplicação do caixa nas diversas etapas da obtenção do produto e sua comercialização final até a sua efetiva recuperação, com o pagamento feito pelos clientes. A análise da geração de caixa, associada às transações ocorridas no âmbito do negócio, permite aferir se o posicionamento estratégico permanece o que foi desenhado no planejamento do negócio. Desvios observados devem ser mais bem compreendidos, pois podem indicar alterações e requerer ajustes estratégicos (busca de prazos mais longos de compra, redução de custos, racionalização de estoques etc.).

O acompanhamento do mercado do negócio

O analista de negócio deve acompanhar o que ocorre no mercado no qual o negócio se insere. Isso implica observar e analisar os dados e os fatos relevantes colhidos nesse mercado, em órgãos externos e internos da empresa. Especial atenção deve ser dada ao comportamento cambial, pois muitos dos insumos utilizados são de origem estrangeira. Outra razão fundamental para essa atenção são as exportações.

Alterações fiscais e tributárias também devem ser acompanhadas com interesse pelo analista, que deve estar em condições de avaliar o impacto dessas mudanças na rentabilidade do negócio. Com o suporte da tesouraria, ele deve procurar entender o que se passa no mercado financeiro e com o custo do dinheiro, e seu impacto no negócio sob sua responsabilidade. O perfil do capital de giro será um instrumento auxiliar de avaliação nesse acompanhamento.

O que ocorre em grande parte das empresas é que elas enxergam a gestão de negócio de uma forma funcional ou por especialidade. Nos exemplos citados, a gestão de negócio tem uma visão primordialmente contábil financeira, e a atenção do analista de negócio direciona-se para verificar alterações no resultado do negócio e, conseqüentemente, em seu patrimônio. Em outras empresas, a gestão de negócio tem uma visão mais comercial, e o foco do analista de negócio está mais centrado no mercado. Ele se preocupa com os diferenciais competitivos de seu negócio *vis-à-vis* seus concorrentes, no mix adequado de produtos, na política de preços e no relacionamento com os clientes, especialmente os estratégicos.

Existe também o analista de negócio voltado exclusivamente para a análise de novos negócios da empresa no seu sentido lato. A esse profissional cabe a responsabilidade de analisar novos empreendimentos, a possibilidade de novos produtos, fusões, aquisições etc. Existem outras segmentações nas empresas, como o analista de negócio voltado exclusivamente para a área de operações, o analista que analisa apenas a demanda e receita do negócio. Esse paradigma de gestão de negócio por função ou especialidade deve ser rompido e substituído por outro. É o que será visto na próxima seção.

9.3 Mudando o paradigma da gestão de negócio — Enxergando o todo

A nova visão de gestão de negócio deve buscar uma análise global, que o enxergue como um todo, entendendo a dinâmica do negócio em seu contexto macro, seus riscos e suas oportunidades, seus concorrentes, mercados em que está presente, novos mercados potenciais, análise comparativa de suas competências, seus pontos fortes e fracos, seus clientes, seus diferenciais competitivos, análise da sua cadeia de valor e preocupação em gerar resultados positivos. O analista deve passar de um especialista para um generalista.

A definição de gestão de negócio apresentada a seguir está alinhada com o novo paradigma.

Gestão de negócio é o processo que visa a efetiva geração e manutenção de valor, mediante adequado balanceamento entre objetivos e estratégias do(s) negócio(s) e otimização de seus processos e recursos, nas perspectivas de curto, médio e longo prazos.

A missão do analista de negócio nesse novo paradigma é 'compromisso permanente com a geração de valor' e se desdobra em quatro partes:

1. **Evolução deliberada:** antecipar-se ao que está por vir, identificando as necessidades da sociedade e dos consumidores e criando produtos e serviços úteis e inovadores para satisfazê-los.
2. **Orientação para definir o futuro:** orientar de forma proativa os gestores na tomada de decisão dentro do contexto estratégico do negócio, gerenciando estratégias e prospectando oportunidades.
3. **Integração como base de eficiência:** integrar o processo produtivo e o fluxo das operações do negócio ao dos clientes, de modo a buscar eficiência operacional do negócio e entregar valor ao cliente.
4. **Avaliação dos resultados:** saber identificar o impacto dos desvios de desempenho nos resultados futuros e tomar atitudes corretivas.

9.4 Apresentando um modelo genérico de gestão de negócio

A concepção desse modelo é resultado do trabalho em sala de aula do grupo de executivos de uma empresa nacional de papel e celulose. Esses executivos participaram de um treinamento *in-company*, em que o autor ministrou um módulo sobre gestão de negócio.

A Figura 9.1 a seguir ilustra esse modelo. Divide-se em dois macroblocos: o estratégico e o operacional. Dois blocos — fatores exógenos e endógenos — constituem o macrobloco estratégico. Isso significa que esses dois fatores determinam a parte estratégica da gestão de negócio. Os fatores exógenos lidam com riscos e oportunidades do negócio; já os fatores endógenos tratam do posicionamento do negócio no mercado.

Dois blocos — operações e resultados — constituem o macrobloco operacional, isto é, o que é importante para acompanhar o dia-a-dia do negócio. Nas operações, o foco é satisfazer o cliente em suas necessidades em relação à qualidade dos produtos, confiabilidade em recebê-los no prazo estipulado, rapidez de receber em tempo menor e flexibilidade em alterar o pedido uma vez feito. No outro bloco, o enfoque é acompanhar e controlar os resultados do negócio e tomar medidas corretivas, quando necessário.

Observe-se ainda que os desdobramentos da missão do analista de negócio estão inseridos nesse modelo. A 'evolução deliberada' tem a ver com a parte exógena do negócio; a 'orientação para definir o futuro' tem a ver com os fatores endógenos. Essas duas partes da missão lidam com o aspecto estratégico do negócio; as outras duas partes lidam com o aspecto operacional. A 'integração como base da eficiência' trata das operações do negócio. Por fim, a 'avaliação dos resultados' trata de acompanhar os resultados e o desempenho do negócio.

Daqui em diante, cada bloco do modelo será analisado em detalhe.

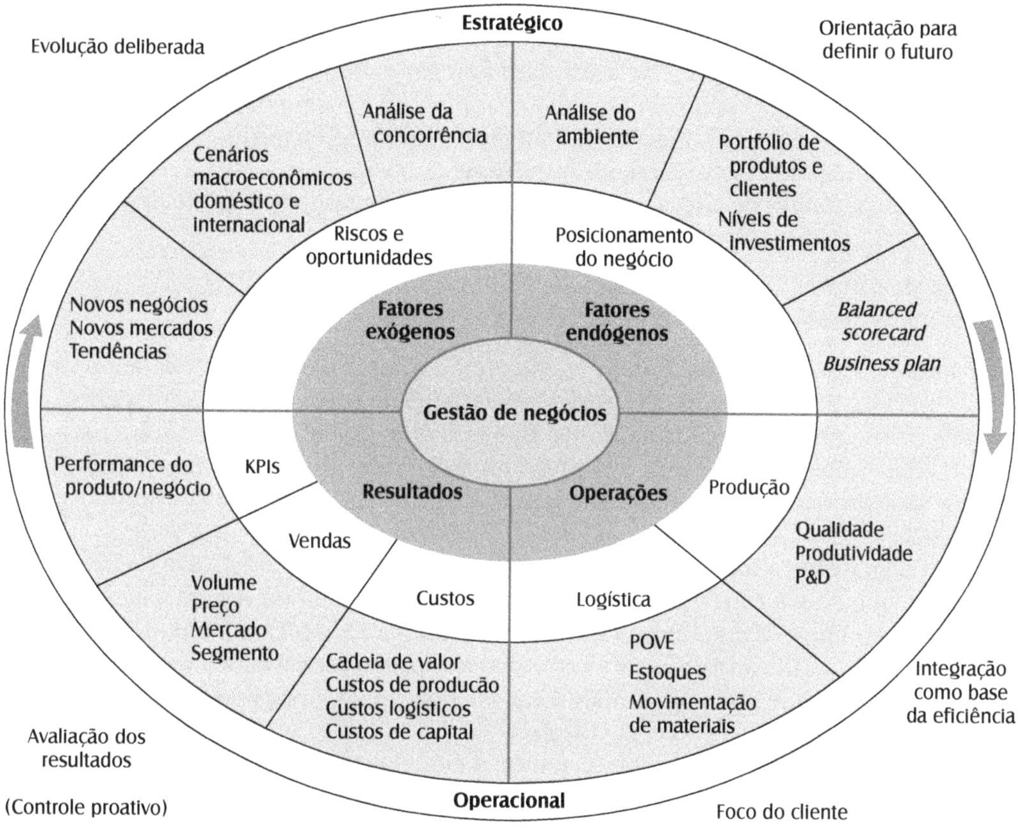

Figura 9.1 Modelo genérico de gestão de negócio

Macrobloco estratégico. Bloco fatores exógenos

Refere-se à atuação da empresa diante das limitações que o governo e a sociedade estabelecem, mediante leis reguladoras da atividade empresarial, da utilização e conservação dos recursos naturais, da preservação do meio ambiente, do pagamento de tributos e de sua cultura (padrões de comportamento, crenças e valores morais e materiais). É a expectativa e o anseio da sociedade de que a empresa crie e forneça produtos e serviços adequados às suas necessidade e atue em conformidade com sua cultura.

Esses fatores exógenos levam a riscos e oportunidades para o negócio. Um negócio ativo e em constante crescimento sempre identifica oportunidades e atende a novas necessidades dos consumidores. Isso implica constantes mudanças, para evitar que o negócio e seus gestores se acomodem com o que se mostra adequado no momento. Não se deve temer mudanças, mas sim que elas não ocorram. No entanto, mudanças sempre envolvem novos riscos.

A empresa deve ter predisposição para promover mudanças e aceitar os riscos inerentes a elas. Qual é o apetite do negócio por riscos? Riscos não devem ser considerados ameaças, mas sim oportunidades para cada vez mais agregar valor ao negócio. Ter uma gestão de risco corporativo (da expressão em inglês *entreprise risk management)* em ação que possa identificar, controlar e planificar ações de mitigação dos riscos envolvidos no negócio é fator preponderante para seu crescimento sustentável.

Quais são os fatores de riscos e oportunidades que o analista de negócio deve considerar? A Figura 9.2 ilustra esses fatores.

Tendências e novos mercados

O analista deve fazer uma leitura adequada do avanço tecnológico em que o negócio está inserido, das mudanças culturais da sociedade, da consolidação ou dispersão dos mercados e dos anseios dos consumidores. Isso fará com que o negócio se volte para novos mercados, podendo mudar seu foco de atuação antes dos concorrentes, ou ainda substituir seus produtos por outros mais adequados às necessidades dos consumidores ou da sociedade.

Na década de 90, a sociedade começou a preocupar-se com a reciclagem de produtos, com o meio ambiente e com produtos que não causassem danos às crianças. Algumas empresas fabricantes de brinquedos captaram essa preocupação e saíram na frente, oferecendo produtos com 'certificado de segurança' e matéria-prima reciclável. Outras anunciaram que não empregavam mão-de-obra infantil em seu quadro de funcionários.

A Microsoft demorou a perceber o atrativo do mercado dos sites de busca e sua evolução tecnológica. Oferecia o serviço MSN, porém a Google revolucionou o sistema de busca

Figura 9.2 Fatores de riscos e oportunidades

de informação, por sua agilidade e serviços complementares. Não é à toa que, por ocasião do lançamento das ações da Google na bolsa em agosto de 2004, ela chegou a valer quase $ 30 bilhões de doláres. No final de 2004, suas ações já tinham se valorizado mais de 35%.

Novos negócios

O analista deve estar de olho em novos empreendimentos capazes de gerar lucros incrementais, diversificar o negócio existente e/ou seus produtos e serviços, fazer parcerias com fornecedores, concorrentes ou clientes, e até aquisições de outras empresas que tragam sinergia e/ou complementaridade ao negócio existente.

Nesses dois fatores, o analista deve estar bastante integrado com o pessoal de pesquisa e desenvolvimento da empresa. Ele passa a ser os olhos e os ouvidos do mercado e orienta o pessoal de P&D a trabalhar com o mesmo objetivo.

Cenários macroeconômicos doméstico e internacional

Com relação aos cenários, é importante o entendimento de diversos aspectos:

- *Cenário setorial local e mundial em que o negócio se situa.* Conhecimento dos direcionadores que impulsionam ou fazem retrair o tamanho do mercado, dos *players* em nível mundial e local e sua capacidade de afetar o preço do produto. Por exemplo, alguns dos direcionadores do mercado de fertilizantes e defensivos agrícolas são: o tamanho da área plantada no Brasil (quanto maior for o crescimento da área, maior será o tamanho do mercado de fertilizantes e defensivos); o uso de tecnologia (emprego de insumos e defensivos agrícolas pelos agricultores); a concorrência de produtos genéricos (que fazem diminuir o nível de preços e, conseqüentemente, o tamanho do mercado); e o efeito da penetração de transgênicos, os chamados GMOs (da expressão em inglês Genetic Modified Organisms, ou organismos geneticamente modificados), que faz diminuir o tamanho da área plantada de forma convencional.
- *Evolução da economia mundial e local e seus impactos nos negócios.* A China tem sido um grande consumidor de aço e cimento, devido às construções que vem executando desde o começo desta década. Isso tem afetado os preços desses produtos em nível mundial, e novas fábricas têm sido construídas para atender a essa demanda. No entanto, se ocorrer uma recessão na economia chinesa, isso afetará drasticamente a demanda mundial desses dois produtos.
- *Riscos e oportunidades dos países.* Caso a empresa tenha interesse em expandir geograficamente seu negócio, um mapeamento dos riscos e das oportunidades dos países-alvo pode ser uma boa medida antes da tomada de decisão. As montadoras de veículos estrangeiras que aqui desembarcaram no final da década de 90 certamente fizeram essa análise antes de resolver investir no Brasil, em detrimento de outros possíveis países-alvo. O país pareceu oferecer mais oportunidades que riscos para essas empresas, pela base instalada de companhias similares, fornecimento local de autopeças, mão-de-obra qualificada e acesso ao mercado do Mercosul.

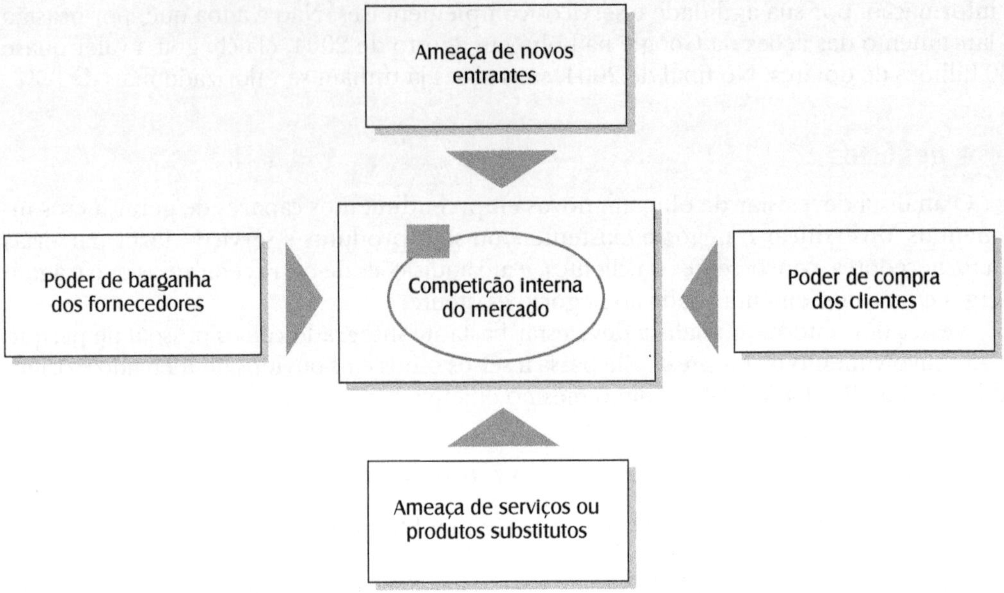

Figura 9.3 Modelo de Porter

Análise da concorrência

Para a análise da concorrência, o analista pode apoiar-se no modelo de Michael Porter de análise das cinco forças que agem simultaneamente no ambiente mercadológico (veja a Figura 9.3):

- **Ameaça de novos entrantes no mercado:** quais são as barreiras de entrada de novos concorrentes: acesso à tecnologia, capital, mão-de-obra, regulamentação. Quanto maiores forem as barreiras, mais segura a empresa estará.
- **Poder de barganha dos fornecedores:** a fragmentação desse poder *versus* a dos compradores, restrito pela ameaça de substitutos; produto crítico no negócio do comprador e sua capacidade de estabelecer preços e condições comerciais para seus clientes.
- **Poder de compra dos clientes:** nível de exigência dos clientes e sua força no mercado em relação aos seus fornecedores.
- **Ameaça dos produtos e serviços substitutos:** em função de existência de alternativos, da habilidade e disposição de usar substitutos. Quanto mais produtos e serviços substitutos existirem, mais pulverizado estará o mercado, e maior será a concorrência.
- **Competição interna do mercado:** nível de rivalidade entre concorrentes que lutam por participação de mercado, altos custos fixos, barreiras de saída etc.

Macrobloco estratégico. Bloco fatores endógenos

Trata-se da compatibilidade das realizações e da conduta do negócio com os objetivos, crenças, valores dos acionistas e colaboradores. Esses fatores endógenos determinam o posicionamento estratégico do negócio. Isso significa ter um foco na visão estratégica do negócio e da empresa e no estabelecimento dos objetivos e das estratégias. Ter estratégias definidas é vital para o sucesso de um negócio. Elas devem visar neutralizar as influências ameaçadoras das cinco forças mencionadas anteriormente que podem afetar o crescimento e o desenvolvimento do negócio.

Quais fatores o analista de negócio deve considerar no posicionamento estratégico? A Figura 9.4 ilustra esses fatores.

Análise do ambiente

Neste fator, o analista deve utilizar a ferramenta do SWOT (Strengths, Weaknesses, Opportunities and Threats), fazendo uma análise ambiental interna (seus pontos fortes e fracos) e externa (ameaças e oportunidades) e elaborando estratégias que ressaltem seus pontos fortes, alavanquem as oportunidades do negócio e mitiguem as ameaças e seus pontos fracos.

Portfólio de produtos e clientes

O analista deve ter foco no mercado, isto é, nos diferenciais competitivos do negócio, no mix adequado de produtos e na política de preços flexível, que atendam às necessidades dos clientes, e em um marketing de relacionamento com os clientes. Esse relacionamento mais estreito permitirá atender os clientes de forma diferenciada, direcionar suas ações de venda de modo mais adequado e oferecer produtos de maior valor agregado, tudo isso de maneira a manter os clientes mais fiéis e conquistar novos.

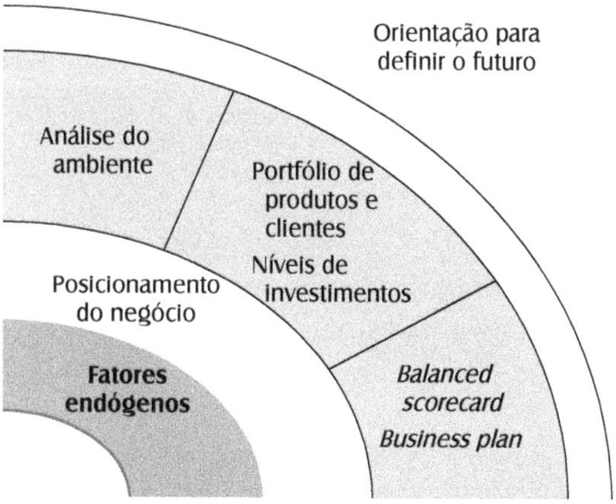

Figura 9.4 Fatores de posicionamento de mercado

Plano de negócio

O plano de negócio é um instrumento de planejamento e controle dos negócios e consiste das seguintes peças:

- direcionamento estratégico, em que as grandes linhas de atuação do negócio para longo prazo são traçadas;
- plano de ação, em que é definido como os objetivos serão alcançados;
- projeção de resultados financeiros esperados do negócio e simulações diante das diversas variáveis e cenários.

Macrobloco operacional. Bloco operações

É a área em que processos e atividades materializam a realização da essência do negócio ao longo da cadeia de valor. Deve ser dada atenção à integração dos componentes da cadeia e de seus processos e atividades (para mais detalhes sobre cadeia de valor, veja o Capítulo 2). Esse bloco operacional se sustenta em logística e produção.

Na logística, o foco é na eficiência dos fluxos de materiais (de dentro da empresa em direção aos clientes) e de informação (vindos do cliente para dentro da empresa), nas sinergias ao longo da cadeia e no equilíbrio entre as necessidades do mercado e as restrições internas da empresa. Na produção, os focos estão na qualidade do produto e na excelência operacional, com a utilização racional dos ativos, e no aprimoramento tecnológico.

Os fatores que o analista de negócio deve considerar na logística e produção são visualizados na Figura 9.5.

Figura 9.5 Fatores de logística e produção

Qualidade

Características do produto que atendem plenamente às necessidades dos clientes; novas aplicações para os produtos existentes e novos parceiros tecnológicos.

Produtividade

Esse fator tem a ver com a eficiência da produção, flexibilidade das operações em atender às constantes mudanças e solicitações dos clientes, eliminação de gargalos no processo e redução de perdas.

Planejamento operacional de vendas — Pove

O analista deve preocupar-se com a coordenação adequada dos fluxos de informação e material, com o planejamento de demanda e entrega, com a otimização da seqüência de produção, a lotação de máquinas e a conjugação de lotes de produção de forma mais racional e econômica para o negócio.

Movimentação de materiais

A eficiência na movimentação do fluxo de materiais e produtos ao longo da cadeia de valor é a tônica desse fator, de modo a ter níveis otimizados de estoque (giro mais rápido de estoques), menor custo de manutenção dos estoques e impactos no capital de giro.

Macrobloco operacional. Bloco resultados

Essa é a área em que a empresa realiza a avaliação dos resultados planejados *versus* realizados, identifica e comunica os desvios e acompanha as correções. O analista deve ter um controle proativo, com relatórios que contenham informações para melhorar os resultados, e não simplesmente para justificá-los. Para tanto, ele deve prestar atenção ao que ocorre em três frentes:

- **Custos da empresa:** utilização desses dados para fixação dos preços de venda, decisão de compra ou fabricação, substituição de produtos não rentáveis e mudanças no processo de fabricação.
- **Vendas:** monitoramento dos preços e das margens, decisões de mix de produtos que maximize o resultado do negócio a curto e a longo prazo e entendimento do papel dos custos nas decisões de preço.
- **Indicadores-chave de desempenho (KPIs):** ter implantado um sistema de mensuração de desempenho que permita gerenciar o negócio mediante indicadores-chave e, assim, assegurar que os objetivos estratégicos estabelecidos no posicionamento do negócio sejam alcançados.

Os fatores com que o analista deve se preocupar nessas três frentes são mostrados na Figura 9.6.

Análise da cadeia de valor

O analista deve considerar oportunidades de redução de custos ao longo da cadeia de valor para todos os participantes, bem como do processo produtivo, deve olhar os custos logísticos e os de produção.

Os custos logísticos representam uma parcela muito significativa do faturamento de uma empresa, podendo chegar a 19%. São decorrência das operações logísticas da empresa — suprimentos, conversão física e distribuição. A falta de conhecimento dos custos logísticos desestimula uma visão ou abordagem integrada de toda a cadeia de valor pelos seus participantes. Um dos desafios do analista é conseguir gerenciar a relação entre custos e nível de serviço oferecido.

Desempenho das vendas

O analista deve analisar essa frente sob quatro perspectivas:

- onde (região) a venda foi realizada: no mercado interno ou externo, e em que regiões desses mercados ocorreu;
- em que segmento de mercado a venda foi realizada;
- como a venda foi realizada: descontos e bonificações concedidos, prazo médio de faturamento, nível de comissão pago e despesas com a realização da venda;
- pós-venda: volume de reclamações e devoluções e/ou nível de assistência técnica demandada após a realização da venda.

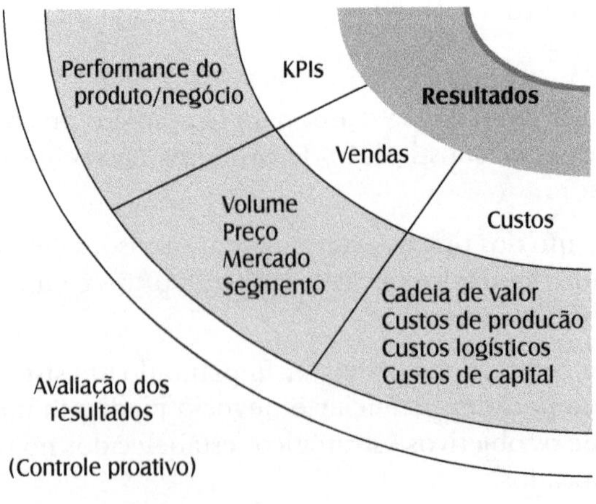

Figura 9.6 Fatores de custos, vendas e indicadores-chave

Indicadores-chave de desempenho

Esse fator tem a ver com o gerenciamento dos resultados por meio de indicadores que traduzam o desempenho do negócio. Deve conter indicadores financeiros sobre rentabilidade, geração de caixa, utilização de ativos, endividamento, liquidez, agregação de valor ao acionista e indicadores operacionais relacionadados a produtividade, qualidade, mercado, clientes, eficiência da fabrica etc.

A proposta de apresentar esse modelo genérico é mudar o paradigma de gestão de negócio. Na nova visão, busca-se uma análise global, em que o negócio seja visto como um todo e se entenda sua dinâmica no contexto macro. O analista de negócio muda de especialista para generalista.

CAPÍTULO 10

Sistemas de mensuração de desempenho

Ao final deste capítulo, você deverá estar apto a:

- *Entender a importância de elaborar um sistema de mensuração de desempenho para uma empresa.*
- *Conhecer os problemas normalmente encontrados nos sistemas de mensuração existentes.*
- *Escolher as medidas de desempenho adequadas ao seu sistema de mensuração.*
- *Apreciar as diferenças entre os modelos de mensuração de desempenho existentes no mercado.*

Você dirige um carro por uma estrada e nada entende de mecânica de automóvel. Que sinais vitais do carro permitirão a você assegurar-se de que ele poderá levá-lo com segurança ao seu destino final? Antes de iniciar a viagem, você deve realizar um *check list* de itens imprescindíveis, como calibrar os pneus, verificar o nível do óleo do freio e do motor, fazer o alinhamento de direção e o balanceamento das rodas etc. Durante a viagem, você irá acompanhar os sinais vitais indicados no painel do veículo: níveis de gasolina e de óleo do motor e temperatura da água do radiador. Se o carro apresentar algum problema durante a viagem, o melhor é procurar assistência técnica.

Situação semelhante, porém mais complexa, é a do piloto de um avião. Em seu *cockpit,* ou painel, há alguns indicadores importantes que necessitam de constante acompanhamento, embora na cabine existam muitos outros indicadores que indiquem o comportamento do avião durante o vôo.

O que há em comum nessas duas situações? O fato de você e o piloto monitorarem o veículo durante o percurso mediante alguns poucos sinais vitais. A razão disso é que ambos perderiam o foco do que é importante caso tivessem à sua frente um painel com centenas de indicadores ou sinais piscando o tempo todo. Isso ocorre em todas as empresas.

Os executivos, que conduzem suas empresas conquistando clientes e enfrentando concorrentes, têm de acompanhar o desempenho por meio de indicadores vitais que chamem sua atenção a tempo de tomar medidas corretivas. Caso queiram saber mais detalhes de um indicador específico, por exemplo, queda nas vendas, devem mergulhar em outros indicadores de níveis inferiores para identificar a causa real do problema. Eles podem procurar saber em que região do país a queda ocorre, em que linha de produto, em que canal de distribuição (se venda direta, por Internet, por distribuidor), se decorre de queda nos preços ou nos volumes, se é causada por concorrentes e quais são eles e, ainda, fazer uma combinação dessas variáveis. Esses indicadores devem ligar-se entre si em uma teia de relação causal (causa e efeito) e constitui um desdobramento das estratégias e dos objetivos da empresa.

No entanto, não é isso o que acontece, nem o que se vê nas empresas.

10.1 Problemas com os sistemas de mensuração de desempenho

O propósito da mensuração de desempenho é fornecer *feedback* sobre o andamento dos objetivos, medidas que oferecem um poderoso meio de impulsionar a melhoria. No entanto, o que se observa é o seguinte:

As medidas não se alinham com os objetivos estratégicos do negócio ou porque a empresa não tem estratégias definidas, ou porque não sabe fazer esse desdobramento ou alinhamento das medidas com as estratégias, o que a faz perder o foco do que é importante mensurar.

Esse não-alinhamento leva a medidas isoladas, conflitantes, ditadas pelas necessidades dos gestores, sem relação causal. Cada gerente elabora as medidas para acompanhamento da *performance* de seu departamento de acordo com suas necessidades ou conveniências, o que pode gerar conflitos. Dessa forma, o gerente de vendas pode tomar uma medida para o aumento das vendas sem se preocupar com a qualidade dessas vendas. Por outro lado, o gerente de crédito e cobrança pode tomar uma medida para reduzir a inadimplência, o que pode conflitar com a medida para aumentar as vendas.

- Há uma dependência excessiva em relação a medidas financeiras, principalmente das que não se amarram ao objetivo final de satisfazer os clientes e fazer dinheiro. A maioria das medidas financeiras mede os resultados e não fornece indicações; mede o passado e tem visão de curto prazo.
- As medidas são elaboradas focando no que está disponível, e não no que é necessário ou importante para o negócio. Os gestores não se preocupam em estabelecer medidas mais adequadas para monitorar o negócio, e sim nas que estão disponíveis em seus sistemas de informação.
- Existe outra situação, inversa, em que os gestores utilizam medidas que não conseguem acompanhar porque o alcance dos resultados não é automático e leva muito tempo e dinheiro.
- Por fim, os sistemas tradicionais de contabilidade também não ajudam, pois fornecem análises históricas e focam em medidas financeiras.

Uma pesquisa conduzida pela KPMG com altos executivos norte-americanos e europeus entre janeiro e junho de 2001, denominada Performance Measurement Study, revelou um abismo entre a aceitação do impacto da mensuração e a insatisfação com as aplicações predominantes da mensuração. Especificamente, 93% dos líderes pesquisados acreditam que a mensuração é 'muito/de alguma forma' eficaz em influenciar os resultados de suas empresas/unidades, mas apenas 51% estão 'muito/de alguma forma' satisfeitos com os sistemas existentes, e somente 15% estão 'muito' satisfeitos. Isso ocorre apesar do fato de 87% dos respondentes terem concordado que boa informação é 'muito/de alguma forma' importante para a melhoria da empresa (KPMG, 2001), como será mostrado a seguir.

Existe claramente um paradoxo. Embora as empresas se beneficiem da mensuração dos resultados, surpreendentemente poucas vão além da retórica para obter um enfoque disciplinado de mensuração das áreas estratégicas de desempenho não-financeiras que são críticas para o sucesso da empresa.

Os líderes pesquisados apontam problemas com seus sistemas de mensuração parecidos com os mencionados anteriormente:

- não alinhados com os objetivos estratégicos do negócio;
- não integrados com outras informações (internas e externas);
- excessivamente dependentes de medidas financeiras;
- tecnologia não compatível com as necessidades.

Essas preocupações são significativas. Quando os sistemas de mensuração produzem informação inadequada ou irrelevante, os tomadores de decisão perdem a confiança e passam a ignorá-la. Aqueles que confiam nesses sistemas estão mal servidos. Uma pesquisa semelhante foi feita pelo Instituto Americano dos Contadores Certificados (AICPA) com dois mil executivos. Segundo a pesquisa, 80% dos entrevistados afirmaram que os sistemas de mensuração são um meio para atingir resultados e criar valor para o acionista. Na prática,

Tabela 10.1 Estudo de mensuração de desempenho

	Estados Unidos	**Europa**
Relativa importância de áreas de melhoria de desempenho	**Muito/de alguma forma importante (%)**	**Muito/de alguma forma importante (%)**
Todos alinhados em torno de estratégias e visão	87	88
Obtendo o melhor de seus colaboradores	85	92
Velocidade/agilidade para responder às mudanças	80	86
Melhorando a lealdade do cliente	79	87
Transformando dados em informação útil	78	87

contudo, seus sistemas eram focados em medidas financeiras tradicionais. As empresas não entendem ainda como mudar suas práticas, não sabem quais são os direcionadores-chave das áreas não-financeiras do negócio nem percebem como essas áreas se relacionam umas com as outras ou com o desempenho financeiro (Gary, 2002).

10.2 Premissas básicas de um sistema de mensuração de desempenho

Um modelo efetivo de mensuração de desempenho deve identificar as origens dos problemas da empresa e/ou as razões de seu sucesso. Deve fornecer indicações a respeito da direção e o grau de melhoria no desempenho ao longo do tempo, respondendo a perguntas como "Estamos melhorando nas dimensões competitivas sobre as quais nossa estratégia está baseada?". "Nossa estratégia ainda está correta?". "Nossos objetivos estão sendo cumpridos?" (Hayes et al, 1988)

Por que a mensuração de desempenho é importante? A seguir são relacionadas algumas razões:

- Assegura que os objetivos estratégicos são cumpridos.
- Estabelece a direção para onde a empresa deve caminhar.
- Verifica se as mudanças produziram os resultados desejados.
- Possibilita aos gestores rastrear e controlar o negócio.
- Motiva as pessoas a mudarem seus comportamentos.
- Demonstra *commitment* por parte de todos os gestores. Para Jonhston & Clark (2002), um propósito-chave da mensuração de desempenho é fornecer *feedback*, isto é, determinar que ação pode ser adotada para manter um processo sob controle. Isso exige um *loop* de controle completo, com medidas e indicadores de desempenho, meio de checagem de desvio, mecanismos de *feedback* e adoção de ações corretivas. As medidas podem fornecer um poderoso meio de impulsionar a melhoria, assumindo controle sobre o que é mensurado.

No entanto, o que ocorre nas empresas são medidas de desempenho conflitantes e pressões sobre os gerentes, sejam elas externas, provocadas por perda de mercado, clientes insatisfeitos, sejam internas, provocadas pela necessidade de mudança da empresa. Jonhston & Clark identificam dois tipos de pressão: os determinantes e os resultados. É pouco útil impulsionar uma empresa apenas para conhecer os resultados (dados financeiros e dados externos) se não há meios de saber o que está determinando esses resultados. Inversamente, impulsionar uma empresa apenas pelos determinantes (dados operacionais e de desenvolvimento) não permite entender os resultados das ações tomadas. Ambos são necessários em todos os níveis de uma empresa para ajudar a compreender os relacionamentos entre ação e resultados.

Se bem aplicado, isso leva a um conjunto balanceado de medidas de desempenho, que permite os colaboradores entender os vínculos entre essas várias medidas que podem melhorar seu processo de tomada de decisão (Conaghan, 1999), o que ajuda a criar uma estrutura de mensuração de desempenho que una os objetivos estratégicos da empresa com as operações. Os gerentes começam a perceber os efeitos de sua ação nos alvos escolhidos, que devem apoiar os objetivos estratégicos da empresa.

Estabelecer a estratégia é, de fato, uma parte essencial, porém a empresa deve seguir adiante. O próximo passo seria estabelecer um sistema de mensuração para assegurar que a estratégia seja cumprida. As empresas que conseguem traduzir a estratégia em um sistema de mensuração efetivo são mais hábeis em implementá-la e atingir seus objetivos estratégicos. Para tanto, elas necessitam ter as seguintes perguntas respondidas:

- Quem são nossos *stakeholders* (interessados)?
- Quais são seus desejos e necessidades?
- Em que extensão a empresa satisfaz às necessidades deles?
- Quais são nossos pontos fortes e fracos?

10.3 Escolha das medidas de desempenho

De acordo com Neely & Adams (2002), são quatro as finalidades das medidas:

- São necessárias para os gerentes se assegurarem de que as estratégias escolhidas são de fato implementadas.
- Podem ser usadas para comunicar as estratégias dentro da empresa.
- Podem ser aplicadas para encorajar e incentivar a implementação da estratégia.
- Uma vez disponíveis, os dados podem ser analisados e usados para questionar se as estratégias funcionam como planejado.

Na prática, isso pouco acontece nas empresas. Encontramos com alguma freqüência enfoques tradicionais de mensuração de desempenho, que se caracterizam pela utilização de medidas de desempenho quase sempre dissociadas dos objetivos estratégicos da empresa. Em outras ocasiões, trata-se de medidas baseadas em características setoriais ou departamentais, ou ainda nas expectativas ou necessidades de cada gerente, tornando-se, assim, quase pessoais. Outro forte viés dos enfoques tradicionais é o fato de as medidas serem, na maioria, financeiras, focando os resultados, e não os direcionadores. Hayes et al (1988) argumentam que medidas financeiras são estreitas em foco e estáticas em perspectiva. Conforme esses autores, para ser útil no suporte das vantagens competitivas na manufatura, as medidas devem ser amplas e integradas para serem usadas nos diferentes níveis da empresa, com diferentes propósitos.

Calarge (2000) escolhe suas medidas de desempenho com base no caráter determinístico ou não-determinístico do requisito funcional. Assim, um requisito funcional de caráter determinístico seria aquele representado por um verbo que indica uma ação de caráter conclusivo, a qual independe de interpretações pessoais e subjetivas sobre seu entendimento. Como exemplo, no modelo proposto de mensuração de desempenho (veja o Capítulo 11), podem ser citados FR31 (entregar produtos conforme qualidade compromissada), ou ainda FR412 (aumentar volume de vendas).

Um requisito funcional de caráter não-determinístico seria aquele representado por um verbo que indica ação de caráter não-conclusivo, a qual depende de interpretações pessoais e subjetivas para seu entendimento e do contexto em que se insere. Alguns exemplos seriam FR1 (propiciar aprendizado e crescimento dos colaboradores) e FR2 (melhorar continuamente os processos organizacionais).

As medidas devem estar associadas aos requisitos funcionais e, em tese, deve haver uma medida distinta para cada requisito funcional. Na prática, não há razão para essa rigidez, uma vez que a contínua verificação do alcance ou do não-alcance da meta estipulada para as medidas associadas aos requisitos de níveis hierárquicos inferiores será suficiente para indicar se o requisito funcional de nível superior está sendo atingido ou não. Se for considerado ainda o caráter determinístico ou não do requisito funcional, verifica-se que geralmente os requisitos de nível hierárquico superior têm esse caráter não-determinístico, o que dificulta associar uma medida de desempenho objetiva.

Uma última observação a respeito das medidas de desempenho é que as medidas da alta gerência derivam dos requisitos funcionais de nível mais alto da decomposição do modelo proposto de mensuração de desempenho. As medidas do nível intermediário da empresa derivam dos requisitos do nível médio da decomposição e podem variar conforme a responsabilidade dos indivíduos, uma vez que estes são responsáveis por um pedaço da empresa. Mais medidas de desempenho específicas aparecem à proporção que o nível da decomposição vai descendo, porque mais requisitos funcionais são desenvolvidos e se tornam necessários para suportar os requisitos de nível superior. Esses requisitos e suas respectivas medidas são pertinentes ao nível operacional da empresa.

Por fim, seguem algumas regras úteis na escolha das medidas de desempenho:

- Não ter em demasia, senão se perde o foco.
- Não trocar as medidas com freqüência, mas adaptá-las quando a situação ou projeto se modificar.
- As medidas devem ser facilmente observáveis e estar disponíveis.
- Escolher medidas úteis para guiar comportamentos.
- As medidas devem ser bem definidas, de modo que todos as entendam.
- Alinhar as medidas aos objetivos estratégicos.
- Gerenciar as medidas de primeiro nível (as de resultado) e observar as de segundo e terceiro níveis (as indicativas).
- Ter em mente que se obtem o que se mede.

10.4 Alguns exemplos de modelos de mensuração de desempenho

As organizações têm usado uma variedade de modelos de mensuração de desempenho. Escolhemos seis que foram tomados como referência e agrupados como se segue. O primeiro grupo trata de prover mais informação ao mercado e a seus interessados a respeito da proposta de valor da empresa e como ela cria esse valor. O modelo representativo desse grupo é o ValueReporting da PricewaterhouseCoopers.

O segundo grupo busca juntar e combinar as necessidades tradicionais de mensuração (em que se mede a eficiência financeira, operacional e/ou funcional) de uma empresa com as necessidades de áreas consideradas emergentes (como a estratégica e de mercado). O modelo representativo é o da consultoria KPMG, sem denominação.

O terceiro grupo foca nos recursos intangíveis de uma empresa, área relegada em suas demonstrações financeiras. Recursos intangíveis relativos a tecnologia, competência, colaboradores e *goodwill*, entre outros, formados pela empresa, devem ser medidos e monitorados. Dois modelos são representativos desse grupo: o Intellectual Capital, do grupo privado Skandia, e o do professor Baruch Lev, da New York University.

O quarto grupo é primordialmente financeiro. Foca nos direcionadores de valor que maximizam a riqueza dos acionistas. Os modelos de Value Based Management e Economic Value Added representam esse grupo.

Os dois grupos seguintes apresentam vertentes parecidas. Ambos são resultado da insatisfação com as medidas de desempenho tradicionais, essencialmente financeiras, e trabalham com várias perspectivas. Enquanto o quinto grupo trabalha com cinco perspectivas e considera todos os interessados importantes da empresa, o sexto grupo traduz a implementação da estratégia por toda a empresa a partir de quatro perspectivas, dando ênfase a apenas dois grupos de interessados (acionistas e clientes). O quinto grupo é representado pelo modelo Performance Prism, e o modelo do Balanced Scorecard representa o sexto grupo.

O ValueReporting é o enfoque da PricewaterhouseCoopers (www.pwc.com) para mensuração de desempenho e relatório corporativo e está fundamentado em um artigo da PWC, "Reinventing performance measurement, management, and reporting", escrito em 2000 por Robert H. Herz. Ajuda a administração a articular a proposição de valor da empresa, comunicar como o negócio cria valor e assegura que os controles internos e processos funcionem para administrar os direcionadores de valor da empresa.

Esse enfoque procura fechar o *gap* entre o modelo de relatório financeiro atual e as demandas do mercado para mais informações, tornando os relatórios corporativos mais relevantes para os investidores. Fornece mais detalhes a respeito da dinâmica do mercado, de atividades que criam valor, estratégias e intangíveis, direcionadores não-financeiros de valor para os interessados (*stakeholders*), como satisfação do cliente, retenção dos colaboradores, participação de mercado. O ValueReporting endereça quatro dimensões que, juntas, possibilitam aos gerentes obter um retrato dos esforços de criação de valor da empresa, conforme se vê a seguir.

Externo	Interno		
Visão do mercado	**Estratégia de valor**	**Atividades de criação de valor**	**Desempenho financeiro**
• Ambiente competitivo • Ambiente regulatório	• Metas e objetivos • Desenho organizacional • Cadeia de suprimento • Pessoas	• Inovação • Marcas	• Desempenho econômico • Posição financeira • Gestão do risco

Visão de mercado

Fatores do mercado externo constituem uma força dominante na determinação das perspectivas futuras da empresa. Apesar disso, ela raramente comunica de maneira adequada suas visões sobre fatores externos, como a dinâmica e as tendências da indústria, os cenários competitivo e regulatório, o ambiente macroeconômico. Essa dimensão do relatório torna esses elementos mais visíveis aos interessados, bem como seus impactos na empresa.

Estratégia de valor

Essa dimensão do ValueReporting exige que a empresa comunique sua estratégia para incrementar o valor do acionista ao longo do tempo, explorando as competências-chave e reduzindo os riscos. Os investidores necessitam saber o que a empresa tenciona ser, as ações a serem tomadas para alcançar os objetivos e como criarão valor.

Plataforma de valor

Os negócios hoje em dia devem gerenciar cuidadosamente uma complexa rede de relacionamentos para assegurar seu sucesso. Isso inclui a habilidade e o comprometimento dos colaboradores em assegurar a estratégia, o grau de confiança dos clientes nos produtos e serviços, a robustez dos modelos de negócio e sua capacidade de aprender, adaptar e prosperar. Nessa dimensão, é crítico esclarecer aos investidores como a empresa lida com inovação, como gerencia suas marcas, a satisfação dos clientes com a empresa, a gestão da sua cadeia de suprimentos e como se constrói e mantém sua reputação.

Desempenho financeiro

A administração da empresa deve oferecer uma análise clara da geração futura de caixa, bem como do grau de risco envolvido para gerar esse fluxo de caixa. Os investidores devem perguntar-se se são compensados pelo risco que assumem. Para tanto, necessitam entender a posição de risco da empresa e sua estratégia de gestão de risco.

O segundo modelo pesquisado é o da consultoria KPMG (www.kpmg.com), explicitado em sua publicação *Achieving measurable performance improvement in a changing world*, de 2001. Seu enfoque, visto na Figura 10.1 a seguir, visa criar, categorizar e integrar as áreas tradicionais e emergentes de mensuração. Historicamente, a mensuração tem sido focada em áreas tradicionais de desempenho, que tendem a observar a eficiência financeira, operacional ou funcional. Medidas tradicionais costumam ser abundantes, precisas. Geradas internamente, derivam da contabilidade operacional e de sistemas de informação e se voltam para o passado. Medidas não-tradicionais tendem a ser menos definidas. Referem-se a intangíveis e áreas emergentes, como implementação estratégica, gestão dos recursos, interessados e mercado externo. Tais medidas são, por sua própria natureza, proativas e voltadas para futuro.

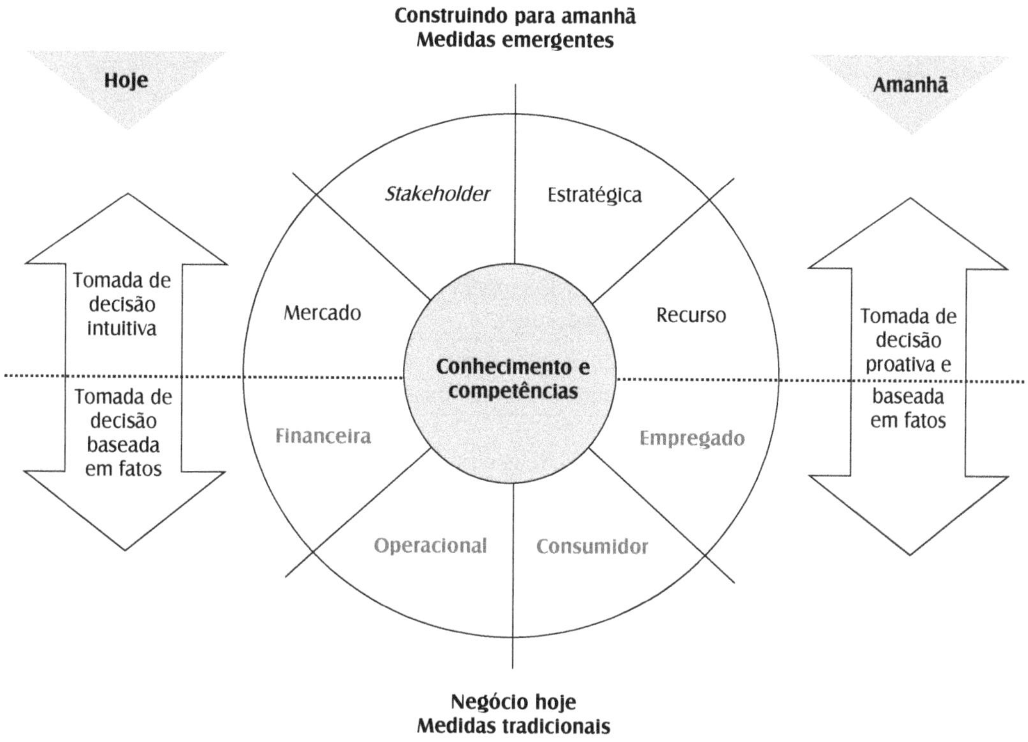

Fonte: KPMG, 2001.

Figura 10.1 Modelo da KPMG

As necessidades de mensuração tradicionais, bem como as emergentes, podem ser observadas a seguir.

Necessidades tradicionais de mensuração	
Financeira	• Estamos focando nas medidas financeiras corretas para julgar o sucesso da empresa? • Quanto de nosso valor está refletido no balanço patrimonial?
Operacional	• Em que extensão conseguimos medir a eficiência e a eficácia dos processos operacionais?
Cliente	• Com que eficiência medimos e monitaramos mudanças nas necessidades e expectativas dos clientes?
Colaboradores	• Medimos regularmente a satisfação dos colaboradores e tomamos ações com base nos resultados?

	Necessidades emergentes de mensuração
Mercado	• Com que eficiência nosso sistema rastreia mudanças na indústria? • O que necessitamos medir e monitorar em base contínua com relação às atividades da concorrência?
Interessado	• Entendemos quem são nossos interessados, suas necessidades e expectativas, e avaliamos se atendemos a essas expectativas?
Estratégico	• Nossas medidas se alinham com nossa estratégia e facilitam sua implementação?
Recurso	• Temos as informações corretas para determinar onde devemos construir e adquirir competências para o futuro?

O terceiro modelo foca nos intangíveis de uma empresa. Neste caso existem duas abordagens que tratam do mesmo assunto. Uma delas é denominada Intellectual Capital (IC), introduzida por Leif Edvinsson, da Skandia Group (www.skandia.com), para refletir mudanças no ambiente competitivo (veja Edvinsson & Malone, 1997, e Edvinsson, "Measuring intellectual capital at Skandia Group", 1993).

Sua lógica é a de que grande parte do valor gerado por uma empresa provém de recursos intangíveis, que também devem ser medidos e monitorados. Tecnologias, competências, *goodwill*, tudo é valor escondido no balanço da empresa. Ao transformar esses valores em algo tangível, como software, porém, eles serão considerados capital intelectual. A definição de capital intelectual para o pessoal da Skandia é a posse de *know-how*, tecnologia e habilidades aplicadas para criar vantagem competitiva. Seu enfoque inclui todos os recursos tangíveis e intangíveis que contribuem para a criação de valor para a empresa (monetário, físico, humano, empresa e relacionamentos), e não apenas a mera existência dela.

Essa abordagem do IC consiste de vários componentes, conforme a Figura 10.2, a seguir, e todos contribuem para a criação de valor do mercado. Seus componentes são:

- **Capital humano**, que é o valor acumulado dos investimentos no treinamento dos colaboradores, competência e futuro. Pode também ser descrito como as competências, habilidade de relacionamento e valores dos colaboradores.
- **Capital cliente**, que é o valor da base de clientes, relacionamento e potencial dos clientes.
- **Capital organizacional**, que consiste em tudo o que permanece depois que os colaboradores vão para suas casas, isto é, sistemas de informação, banco de dados, patentes, marcas, direitos, fórmulas e cultura.

A segunda abordagem é do professor Baruch Lev, do Intangibles Research Center, da NYU (www.stern.nyu.edu). Seu propósito é relatar os investimentos feitos nas inovações. Como a inovação se torna central para obter uma posição competitiva dominante, as empresas necessitarão investir mais pesadamente em ativos intangíveis e acompanhar mais de perto sua relação com o valor da empresa no mercado. Essa abordagem consiste de três fases de

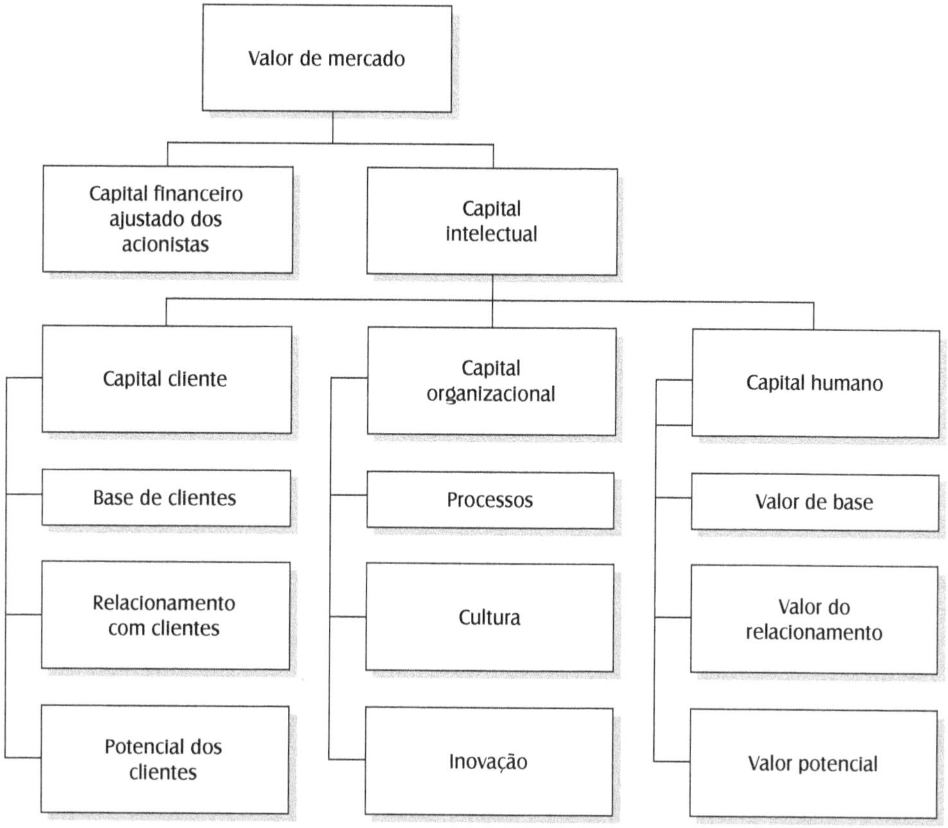

Fonte: Skandia.

Figura 10.2 Modelo Intellectual Capital da Skandia

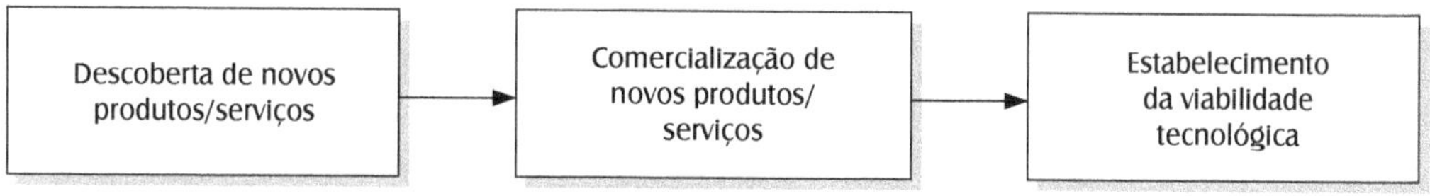

Figura 10.3 Abordagem do Intangible Research Center

uma cadeia de valor, conforme se vê na Figura 10.3. Cada fase contém um conjunto de medidas de desempenho.

O professor Lev afirma que uma parcela crescente da riqueza de uma empresa está em forma de ativos como patentes, direitos autorais, marcas, reputação, capital humano e organizacional, *goodwill* e outros intangíveis, assim como outros itens que não costumam ser considerados ativos, tais como satisfação do cliente ou do colaborador. Esses ativos e outros fatores têm se tornado as reais fontes de valor nas empresas. No entanto, as medidas tradicionais contábeis fornecem cada vez menos informações úteis sobre os intangíveis. Os sistemas contábeis foram desenvolvidos para economias manufatureiras, nas quais a maior parte da riqueza encontra-se em forma de propriedade, fábrica e equipamentos. A informação baseada em custo torna-se cada vez mais inútil e defasada à medida que a maior parte do valor da empresa provém dos intangíveis. O desafio é saber como os gerentes irão avaliar e monitorar os investimentos em intangíveis. Medidas não-financeiras de intangíveis, como número de patentes ou citações em jornais científicos, podem ser usadas para relatar a respeito das atividades intangíveis da empresa?

O quarto modelo, denominado de VBM (Value Based Management), ou Gestão Baseada em Valor, tem um viés mais financeiro, pois assiste as empresas em focar nos direcionadores de valor que maximizam a riqueza dos acionistas. Foi introduzido por Tom Copeland et al em *Valuation — Measuring and managing the value of companies*, de 1996.

VBM é um processo integrativo desenhado para melhorar a tomada de decisão estratégica e operacional por toda a empresa, focando nos direcionadores-chave de valor. Autores como Copeland et al (1996) e Brigham et al (1999), entre outros, sustentam que o propósito de uma empresa é maximizar o valor do acionista e o efetivo uso de capital, propósito esse que deve ser refletido em toda decisão, em qualquer nível da empresa. As medidas financeiras tradicionais, como lucro ou lucro por ação, não eram parâmetros adequados para a criação de valor. Alternativamente, as empresas deveriam ter uma medida de desempenho precisa e incontestável — o valor. O valor da empresa é determinado por seus valores descontados de fluxos de caixa; ele é criado somente quando a empresa investe capital para um retorno superior ao custo desse capital.

Uma importante parte do VBM é compreender quais variáveis de desempenho vão de fato direcionar o valor da empresa. Essa compreensão é essencial, porque a empresa não consegue agir diretamente no valor, mas tem de agir em fatores que podem influenciar o valor, como satisfação do cliente, custo, gastos com capital. Um direcionador de valor é simplesmente qualquer variável que afete o valor da empresa. Para serem úteis, esses direcionadores precisam ser organizados em diversos níveis da empresa, sob o controle do pessoal operacional.

A Figura 10.4 mostra o desdobramento dos direcionadores em três níveis: o nível genérico, no qual a margem operacional e o capital investido são combinados para calcular o ROI (retorno sobre o investimento); o nível da unidade de negócio, em que variáveis como mix de clientes são relevantes; e o nível da raiz, no qual maior detalhe é necessário para amarrar os direcionadores de valor a decisões específicas que os gerentes operacionais têm sob seu controle.

Há uma semelhança muito grande entre o modelo VBM e o modelo financeiro EVA (Economic Value Added) ou Valor Econômico Agregado, da Stern Steward. Ambos trabalham com o conceito de maximizar o valor do acionista e têm boa correlação com o preço da ação, e os dois amarram o planejamento financeiro, o estabelecimento de objetivos e o plano de incentivos de forma integrada. A medida de desempenho de longo prazo do modelo VBM é a geração dos fluxos de caixa descontados, enquanto a medida de curto prazo é o lucro econômico, definido como:

Lucro econômico = Capital investido × (Retorno sobre capital investido – Custo de capital)

Maximizar o lucro econômico ao longo do tempo irá maximizar o valor da empresa. Esse conceito do lucro econômico no VBM é o mesmo que no EVA. Este será aumentado se

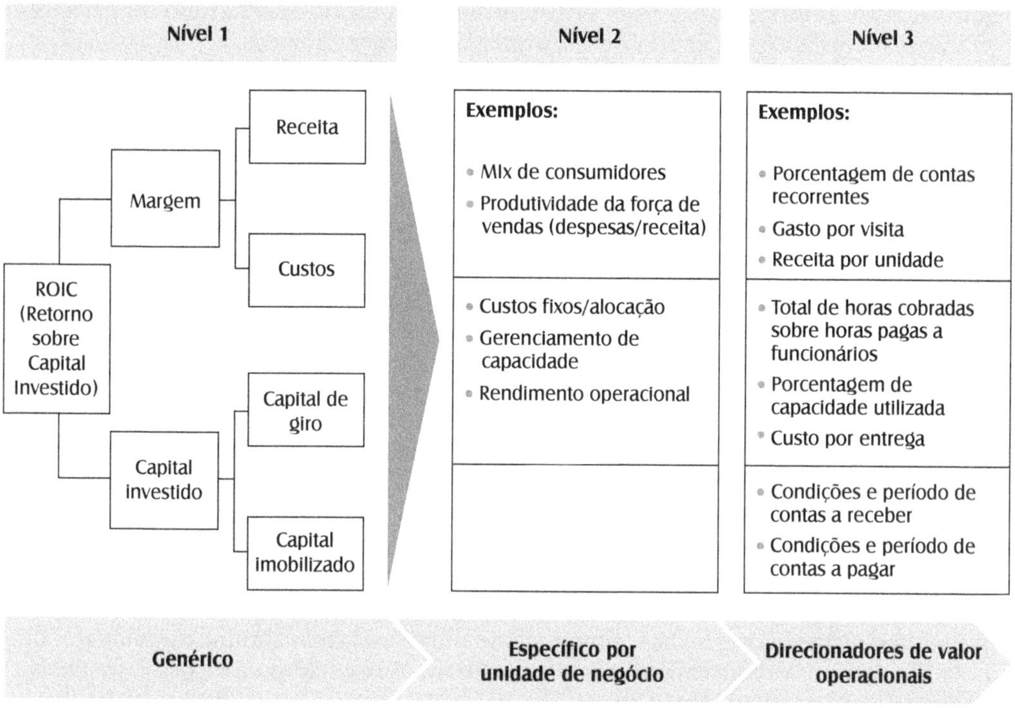

Fonte: Copeland et al, 1996.

Figura 10.4 Desdobramento dos direcionadores de valor

o custo de capital for menor que o retorno sobre o capital investido e vice-versa. O modelo EVA, no entanto, trabalha apenas com essa visão temporal de curto prazo e não compartilha da visão de geração de fluxos de caixa futuros do modelo VBM. Esse modelo é descrito em detalhes no livro *The quest for value*, de G. B. Stewart III, de 1999.

O quinto modelo examinado é o Prisma de Desempenho (The Performance Prism), cuja base conceitual pode ser encontrada em *The performance prism: the scorecard for measuring and managing business success*, de Neely et al (2003), no artigo de Neely & Adams, "Perspectives on performance: the Performance Prism" (2002), e no site do Centre for Business Performance da Cranfield School of Management (www.som.cranfield.ac.uk). Esse modelo consiste de cinco faces inter-relacionadas, como mostra a Figura 10.4.

A primeira face — perspectiva dos interessados (*stakeholders*) — pergunta: Quem são os interessados importantes em nossa empresa e quais são seus desejos e suas necessidades? Essa perspectiva considera os inúmeros interessados, que terão importâncias variadas para cada empresa. São os investidores, clientes e intermediários, empregados, fornecedores, órgãos reguladores, entidades ambientais e comunidade.

A segunda face concentra-se nas *estratégias*, e a pergunta crucial é: Que estratégias a empresa deve adotar para assegurar que os desejos e as necessidades de nossos interessados sejam satisfeitos? Os autores argumentam que a única razão de a empresa ter uma estratégia é entregar valor aos interessados, e somente depois de identificado esse grupo de pessoas é que será possível iniciar a questão sobre as estratégias a serem adotadas.

Uma condição para uma estratégia ser bem implementada é ter processos alinhados e as aptidões necessárias para operá-los. Esse raciocínio leva para as próximas duas faces do prisma: as perspectivas de *processos* e *aptidões*, e as questões a serem respondidas são: Que processos precisamos ter para executar nossas estratégias? Que aptidões e condições necessitamos para operar nossos processos — agora e no futuro? Os processos de negócio podem definir a maneira como a empresa gerencia seus negócios. No entanto, os processos não funcionam sozinhos; necessitam de pessoas, políticas e procedimentos, tecnologia e infra-estrutura física para fazer que aconteçam. Medidas são então identificadas para monitorar os processos e cada um dos elementos das habilidades, para assegurar que estejam adequados à estratégia.

A última face é a perspectiva da *contribuição dos interessados*. Esse modelo reconhece que as empresas não somente devem entregar valor a seus interessados mas também esperar a contribuição deles de volta para a empresa. A visão dos autores é de uma relação recíproca entre o interessado e a empresa. É uma certa tensão entre o que os interessados querem e necessitam da empresa e o que a empresa, quer e necessita dos interessados.

O último modelo examinado e o mais conhecido é o BSC (Balanced Scorecard), criado por Kaplan e Norton. A base conceitual é encontrada em um artigo da *Harvard Business Review* (jan./fev. de 1996) e no livro *The balanced scorecard*, de 1996. Ele pode ser definido como um enfoque abrangente para o estabelecimento de objetivos e a mensuração de desempenho, ou um conjunto de medidas que dá à administração uma rápida mas abrangente visão dos negócios. O BSC inclui medidas financeiras que traduzem os resultados das ações já tomadas e complementa com medidas operacionais, que são os direcionadores do desempenho financeiro futuro. Essas medidas contemplam a satisfação dos clientes, os processos internos e a inovação da empresa. O BSC permite aos gerentes olhar o negócio de quatro importantes perspectivas:

- Como nossos acionistas nos enxergam? Resultados financeiros das demais perspectivas (*perspectiva financeira*).

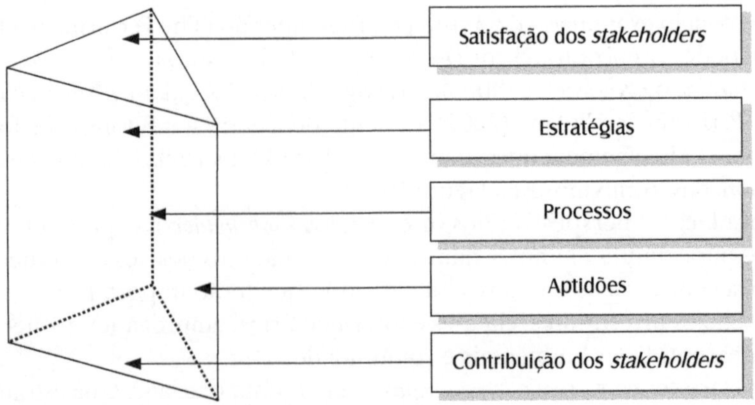

Figura 10.5 Prisma de desempenho

- Como os clientes nos enxergam? Identificar os fatores que são importantes para os clientes é a exigência dessa perspectiva (*perspectiva do cliente*).
- Em que devemos nos exceder? Processos de negócio que impactam na satisfação dos clientes, processos direcionadores de valor (*perspectiva interna*).
- Podemos continuar a melhorar e criar valor? Esta perspectiva identifica a infra-estrutura necessária para gerar crescimento e melhorias a longo prazo (*perspectiva de inovação e aprendizagem*).

O BSC permite ainda aos gerentes introduzir quatro novos vetores gerenciais que contribuem para ligar os objetivos estratégicos às ações de curto prazo. (Veja a Figura 10.6.) O primeiro vetor (esclarecendo e traduzindo a visão e a estratégia) ajuda os gerentes a obter um consenso a respeito da visão e estratégia da empresa. O segundo (comunicando e estabelecendo vinculações) assegura que todos os níveis da empresa entendam e estejam alinhados com a estratégia. O terceiro (planejamento e estabelecimento de metas) permite a integração dos planos financeiro e de negócio. Finalmente, o quarto vetor (*feedback* e aprendizado estratégico) monitora os resultados de curto prazo e avalia a estratégia à luz do desempenho recente.

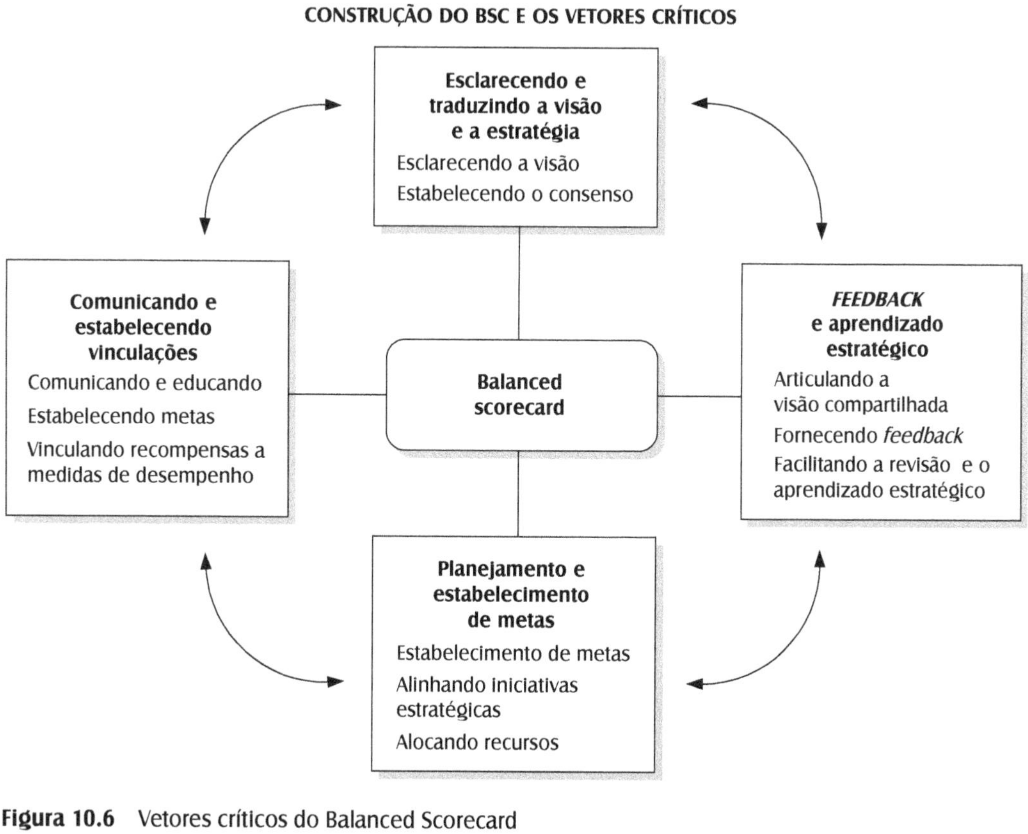

Figura 10.6 Vetores críticos do Balanced Scorecard

10.5 Explorando o modelo BSC (Balanced Scorecard)

Pelo fato de o modelo do BSC ser o mais conhecido, iremos explorá-lo com mais detalhes. São quatro os componentes do BSC:

- **Perspectivas:** são quatro as perspectivas para o desempenho da empresa (financeira, processos internos de negócio, inovação e aprendizado, clientes), que abrangem dimensões financeiras e não-financeiras e a percepção interna e externa da empresa.
- **Objetivos de negócio:** o que a empresa deve fazer para realizar sua estratégia por meio deobjetivos mensuráveis.
- **Medidas de desempenho:** métricas tangíveis e quais ações podem ser tomadas de forma a apoiar a realização dos objetivos.
- **Targets por medida de desempenho:** níveis esperados de desempenho para cada métrica e/ou indicador definido. É de extrema importância na avaliação do desempenho da empresa.

As perspectivas abordadas no modelo do BSC são as seguintes:

- **Financeira:** nossos acionistas estão satisfeitos com o desempenho financeiro da empresa?
- **Clientes:** como nossos clientes nos vêem?
- **Interna:** estamos constantemente em um processo de melhoria continua nos nosso processos internos?
- **Aprendizagem e crescimento:** nossos empregados estão satisfeitos?

A partir das estratégias estabelecidas pela empresa, devem ser traçados os objetivos nas quatro perspectivas do BSC, objetivos esses alinhados com as estratégias. Seguem alguns exemplos de objetivos nas quatro perspectivas do BSC para efeito ilustrativo.

Figura 10.7 Componentes do BSC

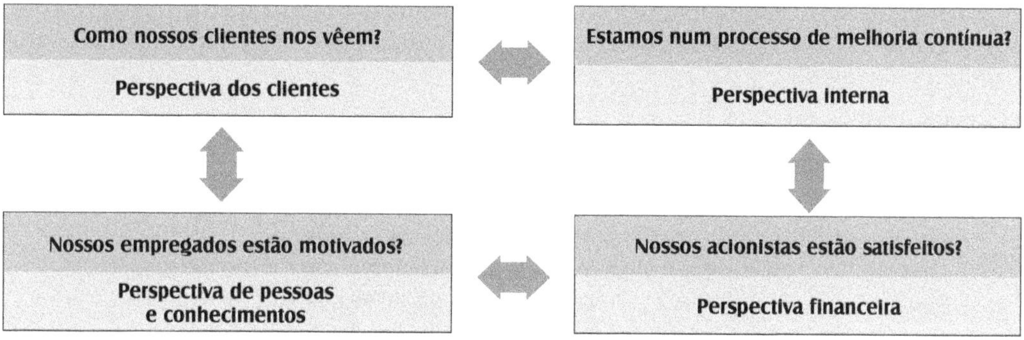

Figura 10.8 Perspectivas do BSC

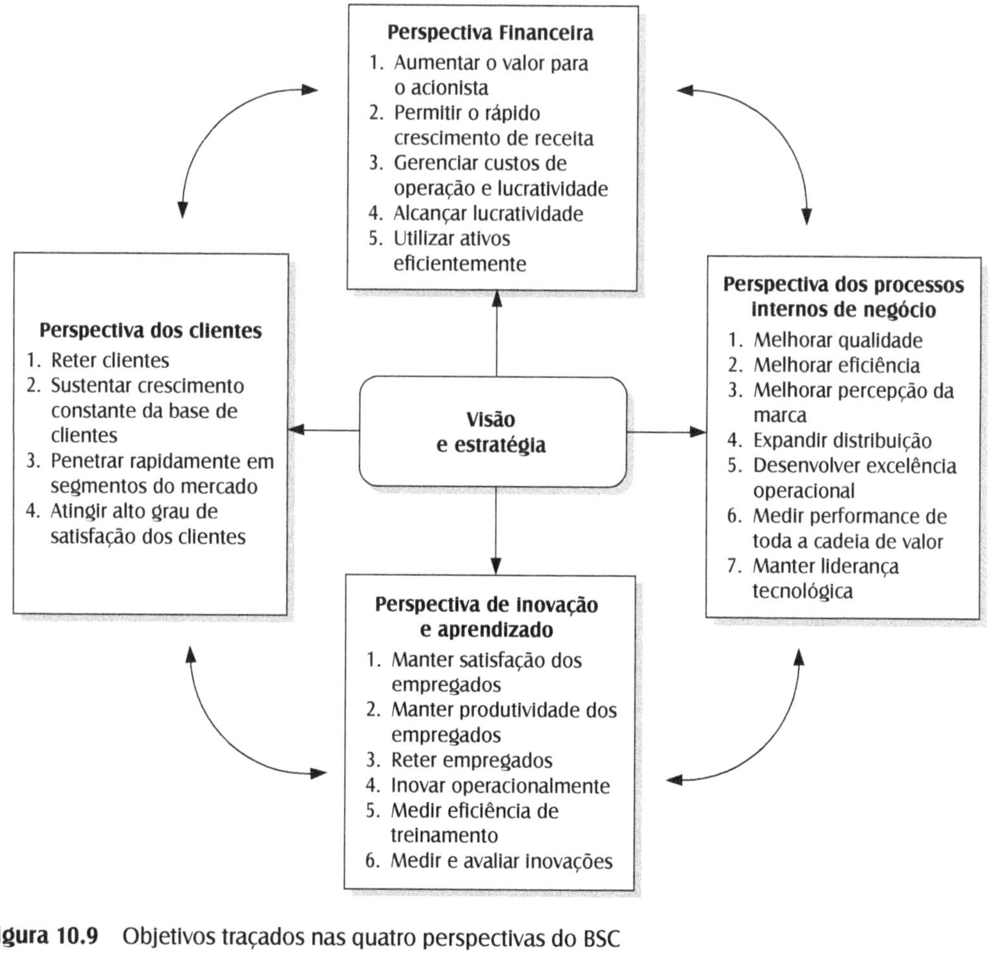

Perspectiva Financeira
1. Aumentar o valor para o acionista
2. Permitir o rápido crescimento de receita
3. Gerenciar custos de operação e lucratividade
4. Alcançar lucratividade
5. Utilizar ativos eficientemente
Perspectiva dos clientes
1. Reter clientes
2. Sustentar crescimento constante da base de clientes
3. Penetrar rapidamente em segmentos do mercado
4. Atingir alto grau de satisfação dos clientes
Visão e estratégia
Perspectiva dos processos internos de negócio
1. Melhorar qualidade
2. Melhorar eficiência
3. Melhorar percepção da marca
4. Expandir distribuição
5. Desenvolver excelência operacional
6. Medir performance de toda a cadeia de valor
7. Manter liderança tecnológica
Perspectiva de inovação e aprendizado
1. Manter satisfação dos empregados
2. Manter produtividade dos empregados
3. Reter empregados
4. Inovar operacionalmente
5. Medir eficiência de treinamento
6. Medir e avaliar inovações

Figura 10.9 Objetivos traçados nas quatro perspectivas do BSC

Em seguida, a empresa identifica uma ou mais medidas de desempenho para cada objetivo traçado. Novamente para efeitos ilustrativos, podemos ter as seguintes medidas para os seguintes objetivos:

Objetivo	Medidas de desempenho
Clientes satisfeitos	Melhoria na qualidade Entregas no prazo
Acionistas satisfeitos	Aumento do valor da empresa Melhoria do ROI (retorno sobre investimento)
Colaboradores motivados	Recompensa e reconhecimento Treinamento eficiente

Para cada medida, deve-se estabelecer os targets, que são os níveis esperados de performance. São os KPIs, os indicadores-chave de desempenho abordados no Capítulo 2. Podem ser estabelecidos a partir de registros históricos, de *benchmarks* de mercado, de expectativas internas da empresa ou por qualquer outro método. Conforme dito anteriormente, são de extrema importância na avaliação de desempenho da empresa.

A parte mais interessante desse modelo são as relações de causa e efeito entre as medidas, daí o nome *balanced*, que significa balanceado. Essa relação causal começa na pers-

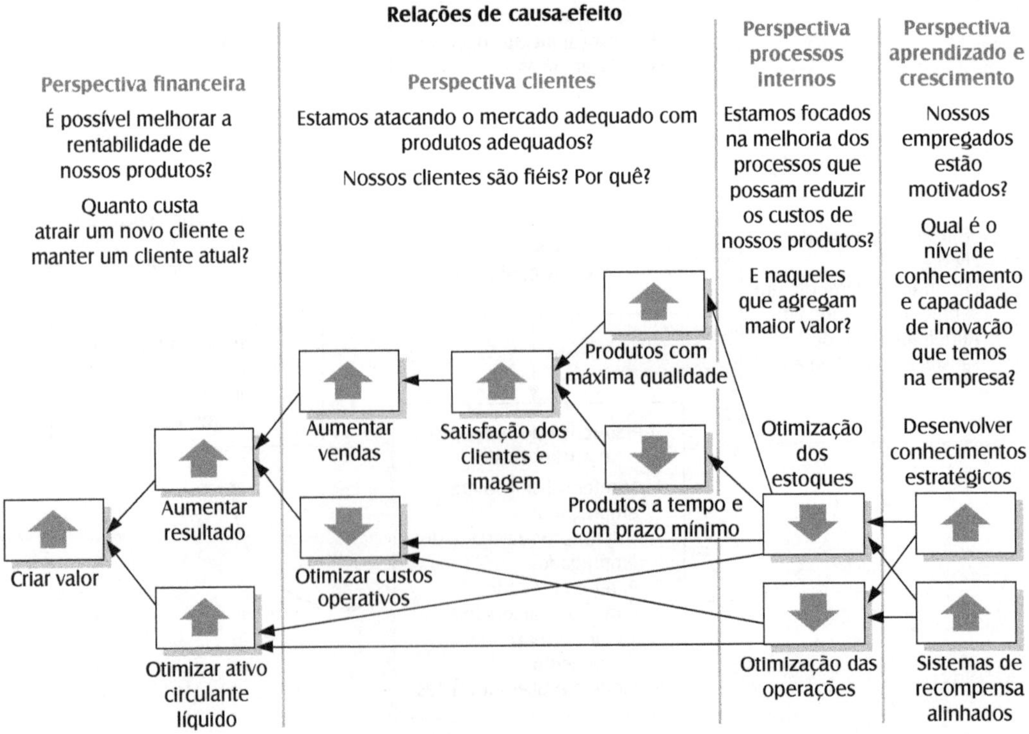

Figura 10.10 Relação causal entre medidas

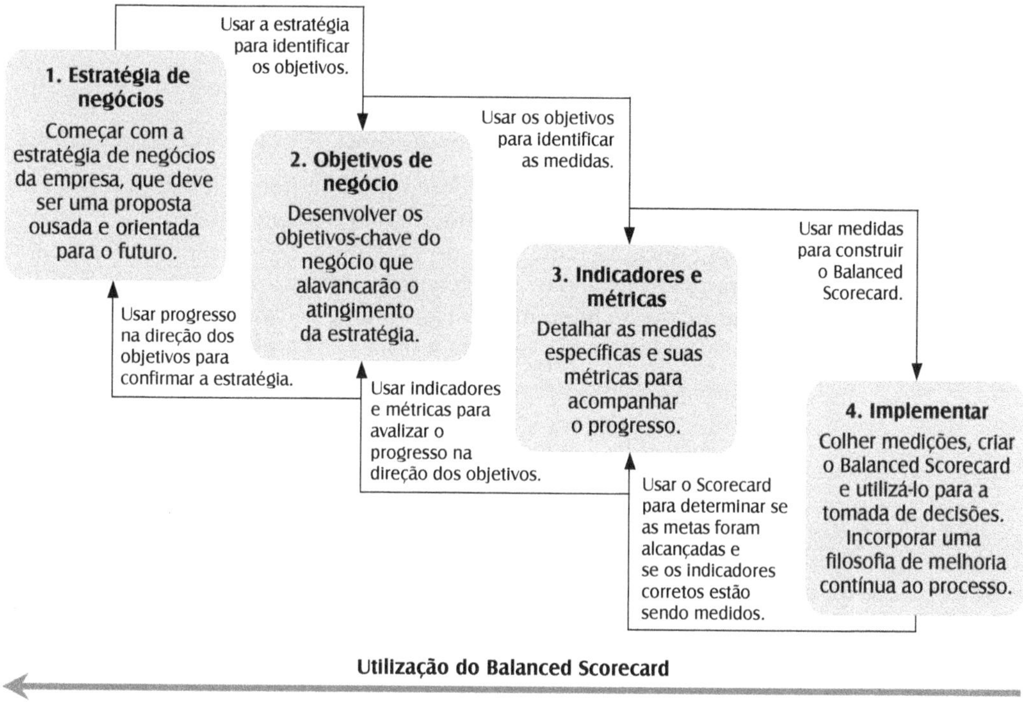
Usar a estratégia para identificar os objetivos.
1. Estratégia de negócios
Começar com a estratégia de negócios da empresa, que deve ser uma proposta ousada e orientada para o futuro.
2. Objetivos de negócio
Desenvolver os objetivos-chave do negócio que alavancarão o atingimento da estratégia.
Usar os objetivos para identificar as medidas.
3. Indicadores e métricas
Detalhar as medidas específicas e suas métricas para acompanhar o progresso.
Usar medidas para construir o Balanced Scorecard.
4. Implementar
Colher medições, criar o Balanced Scorecard e utilizá-lo para a tomada de decisões. Incorporar uma filosofia de melhoria contínua ao processo.
Usar progresso na direção dos objetivos para confirmar a estratégia.
Usar indicadores e métricas para avalizar o progresso na direção dos objetivos.
Usar o Scorecard para determinar se as metas foram alcançadas e se os indicadores corretos estão sendo medidos.
Utilização do Balanced Scorecard

Figura 10.11 Etapas de implantação do BSC

pectiva financeira em que a empresa deve atender seus acionistas em seus objetivos. Isso (efeito) só será possível se a empresa satisfizer seus clientes (causa) em suas necessidades e seus desejos (perspectiva do cliente). Para atender aos objetivos dos clientes (efeito), a empresa deve focar melhoria em seus processos internos (causa). Por fim, essa melhoria (efeito) só irá acontecer se houver infra-estrutura necessária e colaboradores motivados para tal (causa). A Figura 10.10 ilustra essa relação causal entre medidas nas quatro perspectivas.

Para uma efetiva implementação do modelo de Balanced Scorecard, vale a pena relembrar os seguintes passos:

1. Estabelecer estratégias para a empresa. Este é o ponto de partida. Sem estratégia não há uma direção a seguir, e se torna desnecessário mensurar o desempenho.
2. Usar as estratégias para identificar os objetivos, que deverão estar alinhados com as estratégias.
3. Usar os objetivos para identificar as medidas de desempenho.
4. Colocar o BSC em prática — colher medições e utilizá-las para a tomada de decisões. Incorporar ao processo uma filosofia de melhoria contínua.
5. Retroalimentar o processo:

– Usar o Balanced Scorecard para determinar se as metas foram alcançadas e se os indicadores corretos estão sendo medidos.
– Usar indicadores e métricas para abalizar o progresso na direção dos objetivos.
– Usar o progresso em direção aos objetivos para confirmar a estratégia.

Uma vez escolhidas e definidas as medidas de desempenho, sugere-se elaborar uma ficha de detalhe para cada uma, como mostra a Figura 10.15, na página 215.

Dessa forma, todos na organização têm o mesmo entendimento do que significa cada medida escolhida, isto é, como são calculadas, sua descrição, em que perspectiva do BSC se encontram, a que objetivo estratégico se referem, a periodicidade do cálculo, a fonte de dados e o responsável pelos cálculos. Tudo isso pode estar na intranet da empresa e acessível a todos para consulta.

Caso de um hotel internacional

Esse hotel pertence a uma rede internacional de hotéis de alto nível voltada a executivos e lazer. O objetivo dessa rede é prover serviços excepcionais aos hóspedes, oportunidades de crescimento aos colaboradores e retornos atrativos aos acionistas e proprietários, criando valor significativo por meio da construção das suas marcas e crescimento dos seus negócios. Seus quatro pilares estão representados na figura a seguir.

Figura 10.12 Quatro pilares

As estratégias do hotel, tendo por base esses quatro pilares, são as seguintes:

- Satisfação do colaborador: contribuir para a valiosa força de trabalho e valioso ambiente de trabalho no hotel. A satisfação dos colaboradores é o meio pelo qual o hotel atinge grandes resultados.
- Satisfação do hóspede: melhorar continuamente a satisfação do hóspede, oferecendo produtos e serviços desenvolvidos com base em profundo conhecimento do cliente.

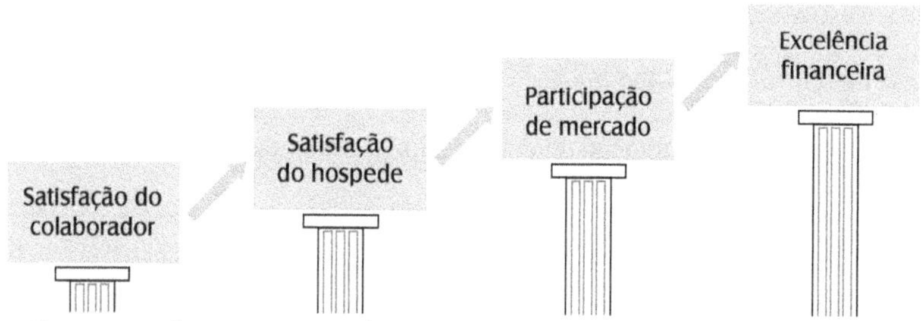

Figura 10.13 Os quatro pilares em uma relação causal

- Participação de mercado: realizar com sucesso estratégias competitivas para conseguir participação de mercado.
- Excelência financeira: proporcionar retornos saudáveis contínuos aos acionistas e proprietários, concentrando-se na maximização do fluxo de caixa e resultado econômico.

Essas estratégias se apresentam em uma relação causal fazendo os colaboradores satisfeitos se dedicarem a entender e conhecer cada vez mais as necessidades dos hóspedes. Isso resulta em clientes satisfeitos com produtos e serviços, os quais continuarão fiéis ao hotel e indicarão novos clientes, aumentando a participação no mercado. Como conseqüência, o volume incremental de receita resultará em melhores retornos aos acionistas e proprietários, fato que pode ser observado na figura abaixo[1].

Assim, o mapa estratégico do Balanced Scorecard do hotel pode ser representado da seguinte maneira:

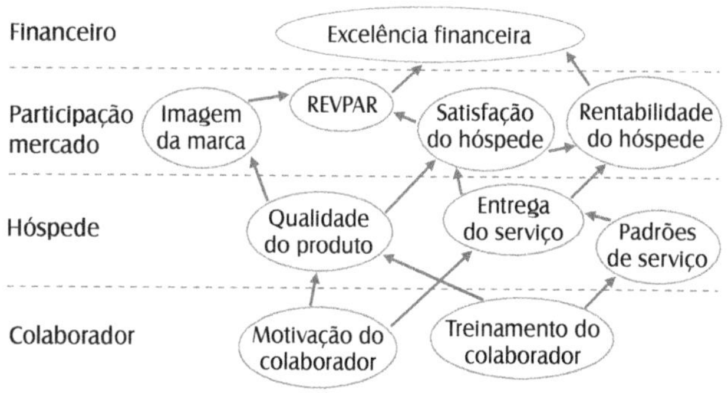

Figura 10.14 Balanced Scorecard do hotel

Para alcançar cada um dos objetivos estabelecidos nas quatro perspectivas citadas acima, o hotel estabeleceu algumas medidas de desempenho. Veja o quadro a seguir.

[1] Desde o começo da década de 1990, as redes hoteleiras não possuem mais a propriedade física dos hotéis e o foco passou a ser a gestão deles. Os investidores constroem o hotel, instalam os equipamentos e entregam a uma rede para gerenciar (exemplo: rede Blue Tree no Brasil, Marriott, Sheraton, Hyatt e Hilton). Há diversos modos de remuneração, como o recebimento de uma parcela do lucro (variável) e um valor fixo ou percentual sobre a receita do hotel.

Satisfação do colaborador

Medida: pesquisa de opinião do colaborador.
Indicador: atingir 80% de satisfação.
Iniciativas: desenvolver medida de rotação de colaboradores, plano de carreira para todos os níveis e treinamento de liderança e trabalho em equipe.

Satisfação do hóspede

Medida: pesquisa de satisfação do hóspede.
Indicador: atingir 92% de satisfação.
Iniciativas: reforçar o serviço nas áreas de contato com o hóspede, renovar os padrões dos produtos nas áreas como *fitness center, business center, room service* etc., incrementar o programa de recompensa (*rewards*) dos hóspedes do hotel.

Participação de mercado

Medida: relatório mensal de participação de mercado e REVPAR.
Indicador: 120 + pontos no índice.
Iniciativas: realinhar a estratégia de marketing, desenvolver área interna de inteligência de mercado, revisar o programa de *yield management* do hotel.

Excelência financeira

Medida: relatório financeiro mensal.
Indicador: 40% mais de resultado operacional.
Iniciativas: aumentar uso dos estabelecimentos comerciais na área interna do hotel, estabelecer programa de redução de desperdícios.

10.6 Análise crítica dos modelos de mensuração de desempenho identificados

Modelo ValueReporting (da PricewaterhouseCoopers)

Esse modelo tem o mérito de solucionar a lacuna existente entre o modelo de relatório financeiro atual (fortemente concentrado em medidas financeiras e históricas) e as demandas de investidores para mais informações sobre as perspectivas futuras e a saúde da empresa. Proporciona maior transparência com relação ao mercado em que a empresa atua, seus objetivos, como ela irá criar valor, bem como seu desempenho financeiro.

Esse modelo é muito mais uma proposta de governança corporativa para melhorar a relação entre a administração da empresa com seus acionistas, investidores e interessados em geral. É no fundo um modelo aprimorado de um relatório corporativo, no qual são adicionadas informações baseadas em valor, em vez de propriamente um modelo de mensuração de desempenho. Não se consegue observar o alinhamento das medidas com os objetivos e estratégias da empresa.

Ficha de detalhamento da medida

MEDIDA	Produção *per capita*		
PERSPECTIVA	Processos internos	OBJETIVO ESTRATÉGICO	Aumentar a produtividade
DESCRIÇÃO	Medir a relação entre a produção e a mão-de-obra empregada	FÓRMULA DE CÁLCULO	Produção total / Número total de empregados
UNIDADE DE MEDIDA	ton./empregado	PERIODICIDADE	Mensal
FONTE DE DADOS	Departamento de produção Produção total Departamento de recursos humanos Número total de empregados	CRITÉRIO DE ACOMPANHAMENTO	Status
RESPONSÁVEL PELO RESPONSÁVEL	Ferreira	OBSERVAÇÕES	Considerar todos os empregados, inclusive os das áreas administrativas

Figura 10.15 Ficha de detalhamento da medida

Modelo da KPMG

O modelo dessa consultoria consegue colocar em um mesmo molde de mensuração áreas de desempenho consideradas tradicionais, como a financeira, a operacional, cliente e colaboradores, e áreas chamadas emergentes, críticas para o sucesso da empresa.

Duas preocupações surgem na análise desse modelo. A primeira é como transformar as necessidades de mensuração das áreas de desempenho emergentes em medidas palpáveis e factíveis para monitorar os resultados. Mesmo que consigamos ultrapassar esse obstáculo, a preocupação seguinte é entender como as medidas tradicionais se integram em uma relação de causa-efeito com as medidas emergentes, de maneira que o 'negócio hoje' (medidas tradicionais) sirva de base para a 'construção do amanhã' (medidas emergentes).

Modelo que foca os recursos intangíveis

Reconhecer que os recursos intangíveis de uma empresa contribuem para a criação de valor é algo com que todos concordam. O mérito do senhor Edvinsson e do professor Lev está em construir um enfoque para esse tema, que está longe de ter uma solução. O professor Lev tem uma preocupação mais contábil de como medir os ativos intangíveis da empresa, registrar esses valores e mostrar nos balanços, de modo a diminuir a diferença entre o valor da empresa no mercado e seu valor registrado contabilmente.

O Intellectual Capital tem um viés muito forte no capital intelectual como contribuição ao valor da empresa, como se fosse essa a única contribuição significativa. O modelo trabalha com um conjunto de medidas genéricas que não são consistentes com a estratégia da empresa, chamado de IC index. Este índice mede o capital intelectual e seus componentes e por meio dele é possível comparar mudanças no IC com mudanças no valor de mercado da empresa. Esse modelo relega a segundo plano outras medidas não financeiras que não estão ligadas ao capital intelectual da empresa; além disso, o cálculo do IC index segue uma metodologia sofisticada. O desenvolvimento de medidas de IC deve considerar a relevância, que só será atingida relacionando as medidas à estratégia da empresa, e não a medidas genéricas.[2]

Modelo de VBM/EVA

De acordo com Mankins & Armour (2001), o mérito do VBM é relacionar a estratégia às finanças, possibilitando que os gestores entendam os direcionadores de valor em seus negócios e identifiquem novas e diferentes estratégias para criar ainda mais valor. Ele fornece uma linguagem comum para discutir a criação de valor dentro da empresa. Do ponto de vista estritamente financeiro, não se pode discutir que o objetivo da empresa é maximizar o valor do acionista. A grande crítica, porém, é que existem outros objetivos estratégicos na empresa a serem considerados, que atendem aos interesses e às necessidades de outros interessados e têm a mesma relevância do objetivo financeiro (representando o grupo dos acionistas).

O cálculo do valor do acionista/da empresa é extremamente complexo, a começar pela determinação de todos os elementos que criam valor econômico sob a métrica do fluxo de caixa descontado, sejam tangíveis ou intangíveis. Permanece a dificuldade de calcular os componentes do custo de capital, em especial o custo do capital próprio.

Os direcionadores de valor podem ser vistos como requisitos funcionais, na linguagem do projeto axiomático (*o que* deve ser feito). Não há preocupação nesse modelo, porém, com *como* deve ser feito para atender aos direcionadores (seriam os parâmetros do projeto axiomático. Veja Capítulo 11). Portanto, não existe uma relação evidente de causa-efeito.

Modelos PF (Performance Prism) e BSC (Balanced Scorecard)

Esses modelos são semelhantes na forma e no conceito. No conceito, ambos têm o propósito de medir e gerenciar a execução da estratégia da empresa, consideram perspectivas financeiras e não-financeiras, e os dois resultaram da insatisfação com as medidas de desempenho tradicionais. Quanto à forma, apesar de os autores do Performance Prism advogarem uma tridimensionalidade de seu modelo, eles são similares. A perspectiva de aptidões está presente no BSC, como a perspectiva de inovação e crescimento; a de processos é a mesma

[2] O IC index e sua marca pertencem a uma terceira empresa, Intellectual Capital Services (www.intcap.com).

nos dois modelos; as estratégias são o ponto inicial que dispara o BSC, embora apareça como perspectiva separada no PF.

O modelo PF leva em consta outros interessados, o que o BSC não faz, pois considera somente acionistas e clientes. Outra diferença: o PF considera as contribuições dos interessados (quinta perspectiva), em oposição à perspectiva de satisfação dos interessados. A empresa normalmente aplica medidas para monitorar a satisfação dos acionistas (crescimento do preço da ação, retorno sobre investimento etc.), dos clientes (pontualidade na entrega, qualidade etc.), mas não se preocupa em acompanhar o que deseja dos interessados. Por exemplo, capital, compromisso de longo prazo etc. dos acionistas; negócios repetitivos, lealdade etc. dos clientes.

Enquanto no BSC se observam o balanceamento e a integração das medidas de desempenho nas diversas perspectivas em uma relação de causa e efeito, o mesmo não pode ser dito do modelo PF. Os casos de aplicação desse modelo na DHL e London Youth narrados por Neely et al no artigo "The performance prism in practice", de 2003, demonstram isso. Quanto ao BSC, há um enfoque maior no nível sênior da empresa, com pouco envolvimento e aderência do pessoal mais operacional. Isso pode ser constatado em uma implementação realizada no Chemical Bank, nos Estados Unidos (Klein & Kaplan, 1999), na qual os níveis inferiores da empresa não sabiam como aplicar o BSC. A dificuldade está em traduzir e alinhar os objetivos estratégicos às medidas de desempenho operacionais.

Outra crítica é feita por Marshall Meyer (2003), para quem o BSC não faz distinção entre o desempenho que se quer medir (fluxo de caixa e viabilidade de longo prazo) e o que se pode medir (satisfação do cliente, fluxo de caixa presente). Meyer propõe uma técnica de mensuração chamada de análise de rentabilidade, que se baseia em atividade como solução parcial (ABPA — Activity-Based Profitability Analysis) e na metodologia de custeio baseado em atividades.

Resumo

Todos os seis modelos de mensuração identificados agregam valor, na medida em que abordam aspectos diversos de desempenho e fornecem perspectivas singulares de desempenho de uma empresa, seja mediante maior transparência das informações corporativas ao público externo, seja adentrando em áreas emergentes (construção do amanhã), seja ainda focando no capital intelectual da empresa, ou mais no financeiro, ou desdobrando a visão e os objetivos da empresa em várias perspectivas. Não existe um único modo ou a melhor maneira de enxergar o desempenho da empresa. A razão disso é que o desempenho de um negócio é, por si só, um conceito multifacetado.

Exercícios

1. Continuando o exercício do Capítulo 1, imagine-se na posição do gerente da loja de *fast-food* e elabore um sistema para avaliar o desempenho dela.
2. Entre os modelos de desempenho apresentados neste capítulo, quais se assemelham com os de sua empresa? Aponte as características comuns entre os dois modelos e as principais diferenças.

3. Das medidas de desempenho listadas a seguir, indique qual está associada com as perspectivas financeira, cliente, processo interno e aprendizagem e inovação.
   - Tempo de desenvolvimento de produto.
   - Taxa de rotação de pessoal.
   - Taxa de defeito dos produtos entregues.
   - Fluxo de caixa.
   - Horas de treinamento.
   - Tempo de ciclo de fabricação.
   - Defeitos dos produtos recebidos.
   - Lucro sobre vendas.
   - Custo médio por fatura.
   - Tempo de introdução do produto no mercado (*time-to-market*).
   - Dias de afastamento dos empregados.
   - Produtos entregues no prazo combinado.

4. As metas e os objetivos determinados pela alta gerência da empresa ZMIC são descritos a seguir. Cada objetivo deve estar acompanhado de uma ou mais medidas para monitorar o progresso em relação ao atendimento das metas. Identifique duas medidas de desempenho para cada objetivo da ZMIC e indique as respectivas fórmulas de cálculo.
   a. Manter a saúde financeira da empresa
      - Manter saldo suficiente em caixa para assegurar a sobrevivência financeira.
      - Atingir crescimento consistente em vendas e lucro.
      - Fornecer excelente retorno aos acionistas.
   b. Fornecer excelente serviço aos clientes
      - Oferecer produtos que atendam às necessidades dos clientes.
      - Atender às necessidades dos clientes de forma contínua.
      - Atender às exigências de qualidade dos clientes.
      - Ser o fornecedor preferencial dos clientes.
   c. Estar entre os líderes da indústria em inovação de produto e processo
      - Introduzir novos produtos no mercado antes da concorrência.
      - Liderar a concorrência em inovação de processo de produção.
   d. Desenvolver e manter o estado da arte em processos de produção
      - Exceder na eficiência da manufatura.
      - Desenhar produtos com eficiência e rapidez.
      - Atender aos cronogramas de introdução de produtos.

CAPÍTULO 11

Uma proposta de um novo modelo de mensuração de desempenho

Ao final deste capítulo, você:

- *Deverá ter entendido o que é a abordagem do projeto axiomático para a construção de qualquer tipo de projeto.*
- *Deverá ter adquirido conhecimentos a respeito da manufatura enxuta e suas vantagens.*
- *Deverá ter entendido como se elabora um modelo de mensuração de desempenho, no caso específico deste capítulo, voltado para um projeto de manufatura enxuta.*
- *Deverá ter entendido como os objetivos estratégicos da organização são decompostos no modelo para níveis inferiores da organização.*

No Capítulo 10, apresentamos e analisamos seis exemplos de modelos de mensuração de desempenho. Neste capítulo, desenvolveremos a proposta de um novo modelo de mensuração de desempenho, que alinhe as medidas de desempenho, aos objetivos estratégicos da empresa. Vamos trabalhar em um ambiente de manufatura enxuta e alinhar as medidas desse sistema de manufatura aos objetivos da empresa.

Na Figura 11.1, pode-se ver um *gap* entre os objetivos estratégicos da empresa e as medidas de desempenho, fazendo com que as informações produzidas nos sistemas de mensuração de desempenho sejam irrelevantes para os tomadores de decisão. Pelo fato de a empresa não ter uma estratégia de manufatura definida que fundamente seu sistema de manufatura escolhido, a decomposição desse sistema em requisitos funcionais e parâmetros de projeto não se dá de forma coerente e numa relação causal.

Nos níveis operacionais da empresa, muitas vezes são as medidas de desempenho que direcionam o comportamento dos colaboradores, uma vez que eles procuram fazer as medidas parecerem melhores. Elas acabam ditando os requisitos funcionais do sistema de manufatura e estão desconectadas dos objetivos da empresa. Para que o sistema de men-

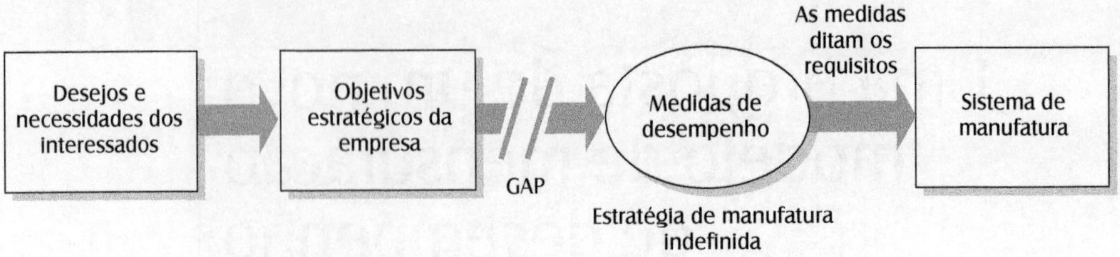

Figura 11.1 Desalinhamento das medidas em relação aos objetivos da empresa

suração esteja alinhado com os objetivos da empresa, a decomposição desse sistema deve refletir a decomposição dos objetivos estratégicos, e só então medidas de desempenho são associadas aos requisitos funcionais, em uma relação de causa e efeito. Um problema decorrente é como desenhar esse sistema de manufatura de modo a atender os objetivos estratégicos da empresa.

11.1 Abordagem do projeto axiomático

Antes de iniciar a apresentação do modelo proposto de mensuração de desempenho que visa fechar o *gap* existente entre os objetivos da empresa, as medidas de desempenho e o desenvolvimento de um sistema de manufatura enxuta, é necessário falar sobre a abordagem utilizada para essa finalidade, denominada projeto axiomático (*axiomatic design*) e sobre alguns conceitos de manufatura enxuta. Essa abordagem será usada também para desenvolver medidas de desempenho que estejam alinhadas com os objetivos estratégicos da empresa.

A abordagem do projeto axiomático constitui-se basicamente de axiomas, teoremas, corolários e suas aplicações, no sentido de estabelecer quais bases e princípios podem ser considerados bons para um projeto. O criador dessa abordagem é o professor Nam P. Suh. Os principais conceitos e fundamentos por ele desenvolvidos podem ser encontrados em duas de suas obras: *The principles of design* (1990) e *Axiomatic design: advances and applications* (2001).

Suh (2001) define desenho ou projeto como uma influência recíproca entre o que queremos atingir e como procuramos fazer isso. Uma abordagem de projeto deve começar com uma afirmação explícita do 'que queremos atingir' e terminar com uma descrição de 'como iremos atingir'. Uma vez que entendemos as necessidades dos clientes, esse entendimento precisa ser transformado em um conjunto mínimo de especificações, definidas como requisitos funcionais, que descrevem 'o que queremos atingir' para satisfazer a essas necessidades; 'como iremos atingir' estará presente sob a forma de parâmetros de projeto.

Os objetivos do projeto colocam-se no domínio funcional (isto é, dos requisitos funcionais), e as soluções encontradas são geradas no domínio físico (dos parâmetros de projeto). As interações entre esses dois domínios independentes, entre o 'que' e o 'como', acontecem dentro de uma estrutura hierárquica de projeto em um processo denominado ziguezague. Suh (1990) afirma que tudo que fazemos em um projeto tem natureza hierárquica. As decisões devem ser tomadas em ordem de importância, decompondo-se o problema em uma hierarquia.

O projeto axiomático é feito de domínios: o domínio dos clientes ou interessados, o funcional e o físico, conforme ilustrado na Figura 11.2. O conceito de domínios cria linhas demarcatórias entre as diferentes atividades do projeto e serve como importante fundação do projeto. O domínio dos clientes ou interessados é caracterizado pelas necessidades ou atributos que eles procuram em um produto, processo ou em sistemas. No domínio funcional, as necessidades dos clientes são especificadas em termos de requisitos funcionais (indicados pela sigla FR, do inglês *functional requirements*). Os FRs são um conjunto de requisitos independentes que caracterizam as necessidades funcionais de um produto (ou sistema). Para satisfazer aos FRs são especificados os parâmetros de projeto (indicados pela sigla DPs, do inglês *design parameters*). Os DPs são as variáveis físicas que caracterizam o projeto e satisfazem aos FRs. Esse é o domínio físico.

Esses dois domínios relacionam-se um com o outro em um processo contínuo de busca e proposição de soluções, fazendo com que ocorra a decomposição em níveis hierárquicos subseqüentes da estrutura. Do domínio funcional passa-se ao domínio físico, satisfazendo aos requisitos funcionais, e então volta-se ao domínio funcional no nível inferior. A decomposição consiste em ziguezague entre os domínios, ou seja, iniciar no domínio funcional (do 'que') criando os FRs. Em seguida, ir para o domínio físico (do 'como') para conceitualizar um projeto e determinar os parâmetros de projeto (DP) correspondentes que satisfaçam os respectivos FRs de mesmo nível.

Deve-se então retornar do domínio físico para o funcional do próximo nível inferior, criando os FRs desse nível que coletivamente satisfazem aos FRs do nível superior. Retorna-

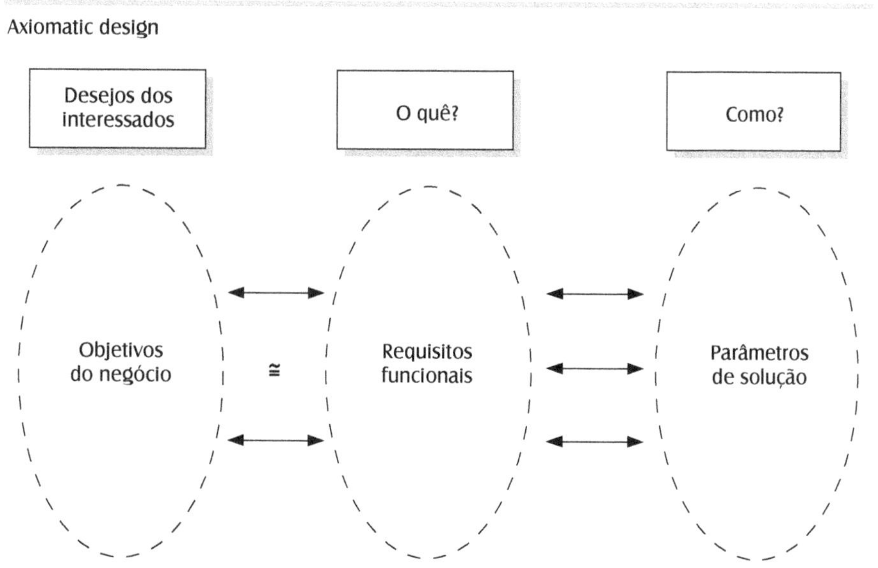

Figura 11.2 Arquitetura do projeto axiomático

se ao domínio físico para encontrar os DPs que conceitualizem um projeto nesse nível, que satisfaçam aos respectivos FRs. Esse processo de decomposição, ou de ziguezague, é perseguido até que o FR seja satisfeito sem mais decomposição e o respectivo parâmetro de projeto seja implementado sem detalhamentos posteriores.

A Figura 11.3 ilustra esse ziguezague no qual, a partir do FR no domínio funcional, passa-se ao domínio físico para determinar o DP correspondente. Retorna-se ao domínio funcional para criar FR1 e FR2 no nível inferior que satisfaçam a FR. Volta-se ao domínio físico para encontrar DP1 e DP2 que satisfaçam a FR1 e FR2, respectivamente.

No nível mais alto, o projetista desenvolve o conceito do projeto com base no conhecimento disponível. Nesse momento, ele desenvolve a intenção do projeto. Mediante o processo de decomposição, no qual os vetores FRs e DPs, são desdobrados ao nível mais baixo dos FRs e dos DPs, o projetista transforma sua intenção expressa na matriz de desenho do mais alto nível em detalhes de desenho realizáveis encontrados nas matrizes de desenho de nível mais baixo. Em cada nível de decomposição, as decisões de projeto devem ser consistentes com as decisões de projeto do nível superior já realizadas.

Para assegurar-se de que foram tomadas as decisões corretas de projeto, deve-se escrever a equação do projeto embaixo de cada nível de decomposição. O processo de mapeamento entre os domínios pode ser expresso matematicamente em termos dos vetores característicos que definem os objetivos e as soluções do projeto. Em qualquer nível da hierarquia do projeto, o conjunto de requisitos funcionais que define os objetivos específicos constitui o vetor FR no domínio funcional. De forma similar, o conjunto de parâmetros de desenho no domínio físico escolhido para satisfazer aos FRs constitui o vetor DP. Os FRs e os DPs são conectados por meio de matrizes de projeto em que um vetor dos FRs pode ser relacionado com seu respectivo vetor dos DP. A relação entre esses dois vetores pode ser expressa pela equação:

$$\{FR\} = [A]\{DP\}$$

onde {FR} = vetor de requisitos funcionais; {DP} = vetor de parâmetros de projeto; e [A] = matriz de projeto.

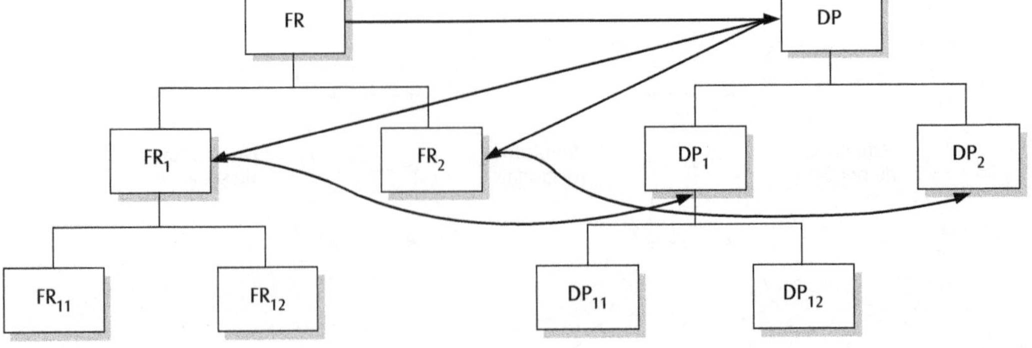

Figura 11.3 Processo de decomposição em ziguezague

A matriz de projeto [A] apresenta o seguinte formato para um projeto que tenha, por exemplo, três FRs e três DPs:

$$\begin{pmatrix} A11 & A12 & A13 \\ A21 & A22 & A23 \\ A31 & A32 & A33 \end{pmatrix}$$

Cada elemento Aij da matriz refere-se a um componente do vetor FR para um dado componente do vetor DP. Existem dois casos especiais de matriz de projeto: *uncoupled* (representado por uma matriz diagonal) ou *decoupled* (matriz de projeto triangular). Na matriz diagonal, todo Aij = 0, exceto quando i = j. Logo, a matriz de projeto [A] seria assim: (Veja a equação do projeto a seguir.)

$$\begin{pmatrix} A11 & 0 & 0 \\ 0 & A22 & 0 \\ 0 & 0 & A33 \end{pmatrix}$$

A matriz de projeto [A] triangular é representada deste modo:

$$\begin{pmatrix} A11 & 0 & 0 \\ A21 & A22 & 0 \\ A31 & A32 & A33 \end{pmatrix}$$

Outra maneira de representar a matriz acima é:

$$\begin{pmatrix} X & 0 & 0 \\ X & X & 0 \\ X & X & X \end{pmatrix}$$

Os elementos binários da matriz de projeto, expressos como X e 0, indicam presença ou ausência de uma relação entre um DP e seu respectivo FR. O X deve estar sempre presente ao longo da diagonal, significando que cada DP afeta seu respectivo FR (por exemplo, A11 = X indica que DP1 afeta FR1). O X no A21 indica que DP1 afeta também FR2. A informação da matriz de projeto também pode ser representada graficamente, conforme se vê a seguir. Uma seta de um DP para um FR indica a presença de um elemento X não-diagonal na matriz de projeto, como é o caso dos elementos A21, A31 e A32. Uma linha contínua de um DP para um FR indica a presença de um elemento X diagonal na matriz de projeto, como é o caso dos elementos A11, A22 e A33.

O caso mais simples de projeto ocorre quando todos os elementos não-diagonais são iguais a zero. Nesse caso, a equação (no formato de um projeto com três FRs e três DPs) seria expressa por:

$$\begin{Bmatrix} FR1 \\ FR2 \\ FR3 \end{Bmatrix} \equiv \begin{bmatrix} A11 & 0 & 0 \\ 0 & A22 & 0 \\ 0 & 0 & A33 \end{bmatrix} \begin{Bmatrix} DP1 \\ DP2 \\ DP3 \end{Bmatrix}$$

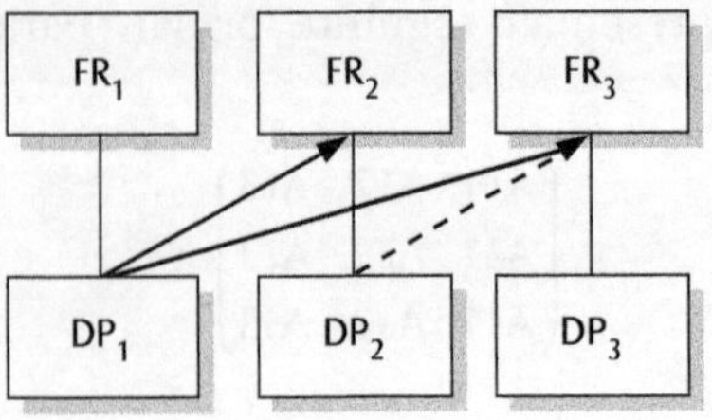

Figura 11.4 Influência dos DPs nos FRs

Essa equação representa a matriz cujos elementos diagonais são os únicos diferentes de zero. Um projeto representado por essa matriz e por essa equação satisfaz ao axioma de independência, pois a independência de FR é assegurada quando os DPs são alterados. Cada um dos FRs pode ser satisfeito independentemente por meio de um DP. Essa matriz é denominada *uncoupled*.

A outra situação é a da matriz triangular, ou *decoupled*, em que a equação de projeto (no formato de um projeto com três FRs e três DPs) é definida por:

$$\begin{Bmatrix} FR1 \\ FR2 \\ FR3 \end{Bmatrix} \equiv \begin{bmatrix} A11 & 0 & 0 \\ A21 & A22 & 0 \\ A31 & A32 & A33 \end{bmatrix} \begin{Bmatrix} DP1 \\ DP2 \\ DP3 \end{Bmatrix}$$

A independência dos FRs pode ser garantida se e somente se os DPs são determinados em uma seqüência apropriada, ou seja, a seqüência de alteração dos DPs é determinante para garantir a independência dos FRs. Por exemplo, se DP1 for alterado, pode-se satisfazer a FR1. Embora se possa satisfazer ou afetar os FR seguintes (FR2 ... FRk), os parâmetros de projeto DP2 ... DPk podem ser ajustados seqüencialmente sem que se altere o valor dos FR anteriores. O que não pode ocorrer, de forma nenhuma, é dado DP satisfazer aos FR anteriores; assim, DP3 pode satisfazer a FR3 e afetar os FR seguintes, mas não pode afetar FR2 ou FR1. Essa situação viola o axioma da independência. A matriz, nessa situação, seria denominada *coupled*, ou matriz cheia, e seria constituída de elementos diferentes de zero. A equação de projeto seria a seguinte:

$$\begin{Bmatrix} FR1 \\ FR2 \\ FR3 \end{Bmatrix} \equiv \begin{bmatrix} A11 & A12 & A13 \\ A21 & A22 & A23 \\ A31 & A32 & A33 \end{bmatrix} \begin{Bmatrix} DP1 \\ DP2 \\ DP3 \end{Bmatrix}$$

Por fim, vamos abordar o axioma da independência, que norteia a abordagem axiomática e é identificado por Suh no exame dos elementos comuns, sempre presentes em bons projetos. Um axioma é uma premissa evidente que se admite como verdadeira sem exigência de demonstração ou, ainda, uma verdade auto-evidente.

O axioma da independência estabelece que a independência dos requisitos funcionais FR deve ser sempre mantida, sendo os FRs definidos como o conjunto mínimo de requisitos independentes que caracterizam os objetivos do projeto. Isso significa dizer que, quando existem dois ou mais FRs, a solução do projeto deve ser tal que cada um deles seja satisfeito sem afetar os outros FRs. Um conjunto correto de DPs deve ser escolhido para satisfazer aos FRs e manter sua independência. Esse axioma exige que as funções do projeto sejam independentes umas das outras, e não das partes físicas. A independência, portanto, é funcional, e não física.

11.2 Alguns conceitos de manufatura enxuta

A manufatura enxuta, ou produção enxuta, é também conhecida pela expressão da qual se originou na Toyota nos idos de 1960–1970, por seu mentor, Taichi Ohno: Toyota Production System (TPS). São três os pressupostos centrais da produção enxuta defendidos-por Ohno: Kanban (produção sincronizada); Muda (eliminação de desperdícios) e Kaizen (melhoramento contínuo). No tocante à Muda, existem sete tipos de desperdício de manufatura: produção superior à demanda; trabalho em excesso nos estoques em processo e de produtos acabados; refugo, reparos e rejeitos; movimento desnecessário; processamento em excesso; tempo de espera; e transporte desnecessário.

A manufatura enxuta visa à eliminação de desperdício em toda e qualquer área da produção, incluindo relações com cliente, desenho de produto, rede de fornecedores e administração da fábrica. Seu objetivo é incorporar menos esforço humano, menos inventário, menos tempo de desenvolvimento de produto e utilizar menos espaço para responder rapidamente às demandas do cliente com produtos de qualidade de maneira mais eficiente e econômica possível.

São características desse sistema de manufatura: estabelecimento de um fluxo contínuo de operações; eliminação de operações desnecessárias; formação de equipes de trabalho interfuncionais para aproximar a área de projeto da área de fabricação; busca da melhoria contínua; maior aproximação com os clientes e fornecedores; e redução substancial dos recursos (capital, mão-de-obra e espaço) para o desenvolvimento da produção e distribuição dos produtos. Outras características da produção enxuta, extraídas da leitura de Woomack et al (1992), são listadas a seguir. Em todas essas características está a preocupação em reduzir os custos da manufatura e a burocracia da empresa.

- Ênfase na velocidade e na flexibilidade para atender aos desejos dos consumidores.
- Defeitos passam a ser corrigidos no ato e buscam-se suas causas-raiz.
- Equipamentos de alta velocidade e repetibilidade (característicos da produção em massa) são substituídos por outros de maior flexibilidade, de menor porte e mais baratos.
- Valorização dos operadores para tomada de decisões e da comunicação horizontal na fábrica em contraposição à comunicação hierarquizada e ditada de cima para baixo.
- Demanda puxada a partir da venda efetivada ao cliente.
- Obsessão em reduzir constantemente os estoques e os custos associados a sua manutenção.

Nas Tabelas 11.1 e 11.2 a seguir aparecem de forma resumida as diferenças mais significativas entre a manufatura tradicional e a enxuta. A primeira é extraída do artigo de Houshmand & Jamshidnezhad (2002), no qual os autores comparam a manufatura enxuta com outros sistemas de produção. A segunda abrange aspectos não abordados por esses autores.

Torna-se crítica para a sobrevivência das empresas a capacidade de adaptação dos sistemas de manufatura às condições ambientais dinâmicas do mercado. O sistema de manufatura tradicional não está adequadamente projetado para acompanhar essas mudanças, manter a competitividade da empresa e assegurar sua sobrevivência em longo prazo. A manufatura enxuta pode fornecer respostas mais adequadas às necessidades dos clientes e às pressões decorrentes da globalização e da modificação do mercado consumidor. Dados extraídos da literatura mostram que a manufatura enxuta apresenta melhores níveis de produtividade, baixo nível de defeitos, menor utilização do espaço de fabricação, maior giro de estoque, melhor qualidade, mais flexibilidade em atender às alterações do pedido original, maior velocidade das entregas, entregas mais confiáveis e menor custo que o da manufatura tradicional.

Tabela 11.1 Diferenças entre produção artesanal, produção em massa e produção enxuta

Item	Produção artesanal	Produção em massa	Manufatura enxuta
Mão-de-obra	Altamente especializada	Não especializada	Multiespecializada
Produto	Customizado	Alto volume de produtos homogêneos	Alto volume, com ampla variedade
Empresa	Descentralizada	Integração vertical e/ou divisões descentralizadas	Trabalho em equipe
Volume de produção	Baixo	Alto	Alto
Custo unitário	Alto	Baixo	Baixo
Máquinas/ferramentas	Simples, flexíveis	Máquinas com um único propósito	Automatizadas e flexíveis
Objetivo último	Especificação do cliente	Bom, suficiente	Perfeição
Flexibilidade	Alta	Baixa	Alta
Giro estoque	Menor que 7	Menor que 7	Superior a 10
Inspeção	100%	Amostragem	100% na fonte
Programação	Pedido do cliente	Previsão — empurrar	Pedido cliente — puxar
Tempo de produção	Longo	Longo	Curto
Tamanho do lote	Pequeno	Grande, com fila	Pequeno — fluxo contínuo
Layout	Processo	Produto	Produto e/ou célula

Tabela 11.2 Diferenças entre manufatura tradicional e manufatura enxuta

Item	Manufatura tradicional	Manufatura enxuta
Flexibilidade em oferecer maior variedade e resposta a mudanças de volume e mix	Baixa	Alta
Velocidade no desenvolvimento de novos produtos e das entregas	Baixa	Alta
Velocidade das entregas	Mais devagar	Mais rápida
Lead time da produção	Elevado	Curto
Custo indireto de fabricação	Alto	Mais baixo
Layout da fábrica	Por processo	Por produto e por célula
Tamanho do lote e mix	Grande e baixo mix	Baixo volume e maior variedade
Problemas de qualidade	Freqüentes	Raros
Custo da função qualidade	Alto	Baixo
Adaptabilidade em adequar novos produtos na fábrica	Baixa e com alto custo	Alta e com baixo custo
Dimensionamento de máquinas e espaço desses recursos	Superdimensionado	Otimização do uso
Confiabilidade de entrega aos clientes no prazo	Possíveis faltas de produtos	*On time delivery*
Lead time do fornecedor	Menos ágil	Mais ágil
Nível de estoques	Em excesso e com implicações em custos	Menor nível e menores custos

Várias são as maneiras que a manufatura enxuta utiliza para conseguir esses resultados: relacionamento mais estreito com os fornecedores, poucos e confiáveis, integrando-os em seus projetos desde o início; maior poder aos colaboradores para tomar decisões que afetam seu trabalho; menores níveis de hierarquia na empresa e cultura permanente de eliminação de desperdícios.

11.3 Definição do modelo de negócio da empresa e seus objetivos estratégicos

Como estabelecer os objetivos estratégicos de uma empresa? Uma das maneiras é transformar os desejos e as necessidades dos interessados em seus objetivos estratégicos. Esses objetivos devem estar desenhados no modelo de negócio (*business model*) da empresa. Para efeito do modelo de desempenho deste capítulo, o modelo de negócio pode ser visualizado da seguinte maneira:

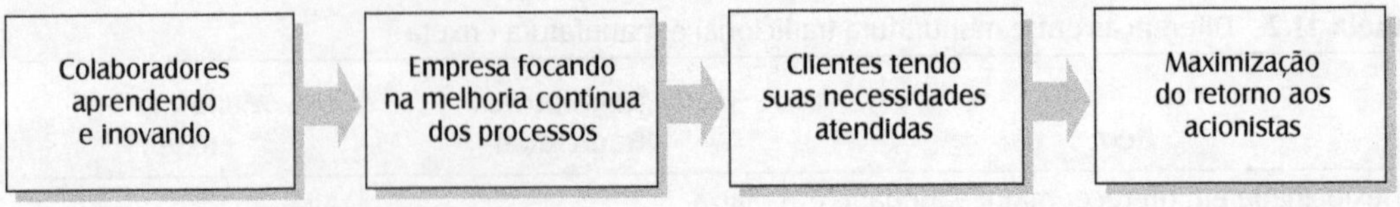

Figura 11.5 Modelo de negócio proposto

Esse modelo de negócio é visto como um conjunto causal de relacionamentos. Une a satisfação dos colaboradores à melhoria contínua da empresa em que trabalham, passando pela satisfação dos clientes e, por último, para o desempenho financeiro. Ao fazer isso, a administração pode enxergar como uma mudança na satisfação dos colaboradores irá afetar, ao longo da cadeia de causa-efeito, o desempenho financeiro da empresa.

Começando do lado direito, o objetivo final é maximizar o retorno do investimento dos acionistas. Isso é resultado de clientes satisfeitos e atendidos em suas necessidades e expectativas. Clientes satisfeitos vêm de marketing efetivo, de produtos com qualidade, rapidez de resposta às suas necessidades, flexibilidade em alterar seus pedidos quando necessário, confiabilidade na entrega dos produtos e preço justo, entre outros aspectos. A empresa dá aos clientes a informação de que necessitam para tomar a decisão sobre a compra dos produtos e compará-los com os das empresas concorrentes.

Um sistema de manufatura deve ser desenhado para oferecer ao mesmo tempo todas essas possibilidades aos clientes, ao menor custo possível. A empresa, enquanto entidade viva, necessita que seus processos sejam permanentemente racionalizados, enxutos e com desperdício mínimo, refletindo assim um clima de melhoria contínua. Por fim, o foco na melhoria contínua vem como resultado das aptidões, competências e habilidades dos colaboradores, que anseiam por um ambiente de trabalho que lhes dê possibilidade de aprendizagem e crescimento.

Os objetivos estratégicos extraídos desse modelo de negócio devem:

- satisfazer os colaboradores da empresa em seus anseios de aprendizagem e crescimento;
- voltar-se para a própria empresa, refletindo um clima de melhoria contínua de seus processos;
- satisfazer o cliente, refletindo suas necessidades;
- ter objetivo financeiro que reflita as necessidades dos acionistas e da administração da empresa (maximização do retorno do investimento).

11.4 Lógica do modelo de mensuração de desempenho proposto

Um modelo de mensuração de desempenho que alinhe as medidas de desempenho com os objetivos estratégicos da organização e com a estratégia de manufatura é apresentado a seguir. O objetivo final desse modelo é manter a empresa competitiva, agregar valor aos produtos e ampliar a satisfação dos clientes.

Como se pode ver no modelo de negócio a seguir, vários objetivos estratégicos, além do financeiro, devem ter igual importância na criação de valor da empresa e, portanto, as medidas de desempenho devem refletir esses aspectos financeiros e não-financeiros e estar alinhadas com os objetivos estratégicos. Transformar a estratégia em sistema de mensuração e implementá-la é a chave para atingir os objetivos estratégicos. A Figura 11.6 ilustra a lógica do modelo de mensuração de desempenho proposto neste capítulo.

Os interessados da empresa manifestam seus desejos e suas necessidades, que se transformam nos objetivos estratégicos da empresa. Esses objetivos, em uma relação de causa e efeito, formam o modelo de negócio da empresa, que é a maneira como será criado um valor econômico sustentável no ambiente competitivo atual. Desse modelo deriva a estratégia de manufatura, que embasa o sistema de manufatura enxuta. Esse sistema, por sua vez, permite realizar as dimensões competitivas simultaneamente, sem conflito, criando vantagens diferenciais, e, assim, atender aos objetivos estratégicos do modelo de negócio.

A decomposição desse projeto de sistema de manufatura reflete a decomposição desses objetivos estratégicos em requisitos funcionais (objetivos; 'que') e parâmetros de projeto (soluções; 'como') necessários para realizá-los. Medidas de desempenho são en-

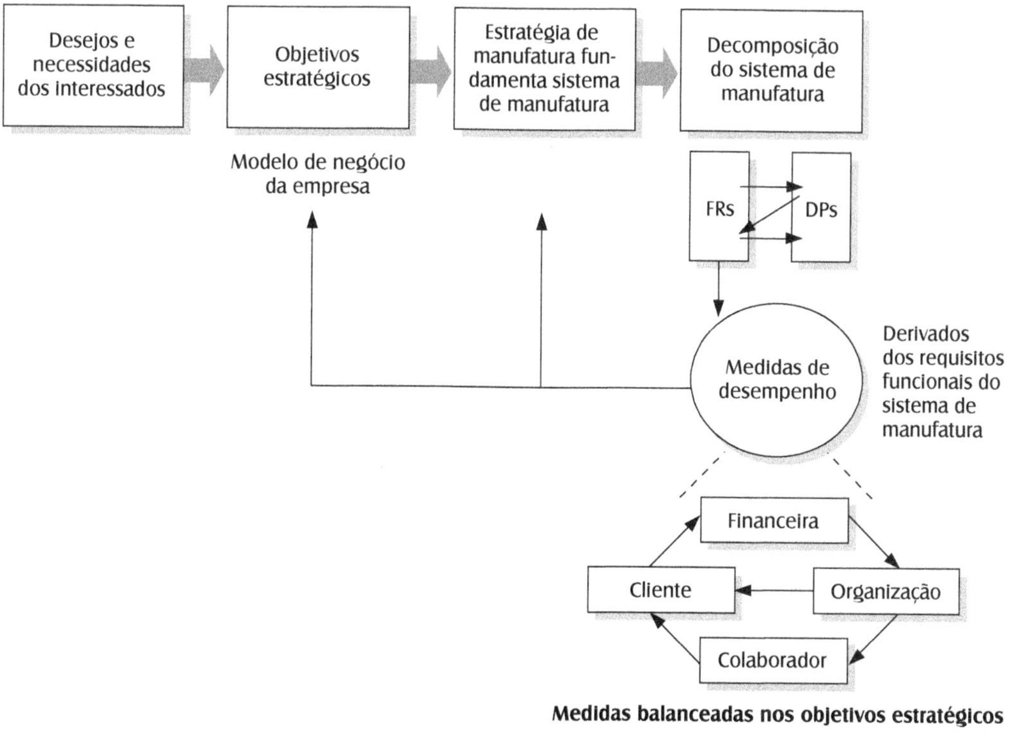

Figura 11.6 Lógica do modelo proposto de mensuração de desempenho

tão associadas aos requisitos funcionais e alinhadas ao sistema de manufatura, em uma relação de causa e efeito. Dessa forma, asseguram que os objetivos estratégicos são atingidos, fechando o *gap* existente nos modelos de mensuração de desempenho entre os objetivos e as medidas.

O alinhamento das medidas de desempenho ao sistema de manufatura assegura que elas mantenham o balanceamento nos quatro objetivos do modelo de negócio, fazendo com que os colaboradores entendam os vínculos entre essas medidas. Desse modo, um aumento na satisfação dos colaboradores irá afetar positivamente a satisfação dos clientes e o desempenho financeiro da empresa, melhorando o processo de tomada de decisão.

Para o desenvolvimento do modelo de mensuração de desempenho aqui proposto, foram analisados os seis exemplos de modelo apresentados no capítulo anterior. No entanto, o presente modelo apresenta algumas diferenças em relação a esses outros modelos.

A exemplo do ValueReporting, este modelo proporciona maior transparência em relação aos objetivos da empresa, a como ela irá criar valor, bem como a seu desempenho financeiro. No entanto, diferencia-se dela ao alinhar as medidas com os objetivos e as estratégias da empresa.

Diferentemente do modelo da KPMG, as medidas tradicionais integram-se em uma relação de causa-efeito com as necessidades das áreas ditas emergentes. O modelo de negócio deriva dos objetivos estratégicos da empresa que, por sua vez, refletem os desejos e necessidades dos interessados (*stakeholders*). Além disso, as medidas de mensuração facilitam a implementação da estratégia da empresa.

O modelo proposto, além de contemplar vários aspectos dos componentes do capital intelectual do modelo focado em intangíveis, não privilegia apenas um fator ou objetivo estratégico que contribua significativamente para a criação do valor da empresa. Ao contrário, contempla um conjunto de objetivos, em uma relação de causa e efeito, todos de igual importância.

Propõe-se, neste modelo, a troca do objetivo financeiro dos modelos VBM/EVA — maximização da riqueza do acionista — por outro mais fácil de mensurar — maximização do retorno do investimento do acionista. É custoso e difícil acompanhar o valor da empresa, especialmente quando ela não tem ações transacionadas em bolsa de valores. Em contrapartida o cálculo do retorno do investimento é mais simples. O modelo proposto não se preocupa apenas com os direcionadores de valor (que representam os requisitos funcionais), mas também em como atender a esses direcionadores, que são os parâmetros de projeto.

A possibilidade de trabalhar com vários interessados, prerrogativa do Performance Prism, é considerada no domínio dos interessados (na abordagem do projeto axiomático, base estrutural do modelo sugerido), no qual colocam suas necessidades, que se transformam nos objetivos estratégicos da empresa. No modelo proposto, apenas os acionistas, clientes e colaboradores são considerados.

Por fim, a preocupação do modelo proposto é traduzir e alinhar os objetivos estratégicos às medidas de mensuração operacionais, no caso, aos níveis hierárquicos inferiores da empresa. À medida que se decompõe o projeto de sistema de manufatura, mais níveis hierárquicos são envolvidos no modelo. O enfoque do Balanced Scorecard está mais voltado para o nível sênior da empresa.

Percebe-se claramente que esse modelo de mensuração de desempenho responde às seguintes perguntas, fundamentais para qualquer modelo:

- *Por que* a empresa está medindo? Para se assegurar de que os objetivos estratégicos formulados em seu modelo de negócio estão sendo cumpridos.
- *O que* a empresa necessita medir? Os resultados que espera alcançar, isto é, a decomposição desses objetivos em requisitos funcionais do sistema de manufatura.
- *Como* a empresa irá fazer para atingir os resultados? Por meio dos parâmetros de projeto necessários para realizar esses objetivos. São as relações de causa e efeito entre determinantes (ações) e resultados.

11.5 Decomposição do sistema de manufatura enxuta

A decomposição do sistema de manufatura reflete a decomposição dos objetivos estratégicos em requisitos funcionais (objetivos; 'que') e parâmetros de projeto (soluções; 'como') necessários para realizá-los. A metodologia do projeto axiomático inicia-se com o domínio dos clientes ou interessados, pelo entendimento de suas necessidades e seus desejos. Essas necessidades transformaram-se em quatro objetivos estratégicos contidos no modelo de negócio da empresa. Relembrando, esses objetivos são os seguintes:

- Satisfazer os colaboradores da empresa em seus anseios de aprendizagem e crescimento.
- Voltar-se para a própria empresa, refletindo um clima de melhoria contínua em seus processos.
- Satisfazer o cliente, refletindo suas necessidades.
- Ter um objetivo financeiro que reflita as necessidades dos acionistas e da administração da empresa (maximização do retorno do investimento).

O passo seguinte é passar ao domínio funcional, no qual esses objetivos são especificados em termos de requisitos funcionais. Isso significa determinar os requisitos funcionais de mais alto nível da estrutura hierárquica no domínio funcional. Para o modelo proposto foram definidos os seguintes FRs de mais alto nível.

- FR1: propiciar aprendizado e crescimento aos colaboradores.
- FR2: melhorar continuamente os processos organizacionais.
- FR3: satisfazer aos clientes externos nos compromissos assumidos, gerando fidelização.
- FR4: incrementar o ROI.

Mapeamento dos requisitos funcionais para o domínio físico

Após a definição dos requisitos funcionais de mais alto nível, deve-se proceder ao mapeamento no domínio físico dos parâmetros de projeto que satisfaçam os quatro FRs nesse nível hierárquico. Os DPs são os seguintes:

- DP1: desenvolvimento de habilidades e satisfação dos colaboradores.
- DP2: foco nos processos organizacionais que satisfaçam aos clientes e atinjam o retorno financeiro.
- DP3: produtos e serviços que maximizem a satisfação dos clientes.
- DP4: foco no aumento da lucratividade e na minimização dos investimentos.

O desenvolvimento de habilidades, aptidões e conhecimento dos colaboradores são condição essencial para deixá-los bastante motivados a realizar as mudanças necessárias na empresa. Assim, o DP1 propicia o aprendizado e o crescimento dos colaboradores (FR1). Essas aptidões e conhecimentos possibilitam aos colaboradores escrutinar os processos organizacionais em busca de desperdícios, melhorando-os continuamente (FR2). Funcionários satisfeitos e motivados atendem melhor os clientes externos (FR3) e buscam contribuir para a geração de mais lucro para a empresa (FR4).

Com inúmeros processos correndo dentro de uma empresa, é vital focar prioritariamente aqueles que satisfaçam os clientes e atinjam o retorno financeiro. Dessa maneira, o foco DP2 influencia diretamente o FR2, possibilitando satisfazer os clientes (FR3) e incrementar o ROI (FR4).

Oferecer produtos e serviços que satisfaçam os clientes (DP3) gera sua fidelização (FR3) e aumenta o retorno aos acionistas (FR4). A decomposição do FR3 é feita levando-se em consideração as cinco dimensões competitivas descritas no Capítulo 3. São essas dimensões que trarão diferenciais competitivos — qualidade, confiabilidade, velocidade, flexibilidade e custo — para satisfazer os clientes.

Por fim, o foco no aumento da lucratividade e a minimização dos investimentos (DP4) possibilitarão incrementar o ROI (FR4). Para não comprometer o FR4, a empresa terá de manter essas dimensões competitivas em um nível de custo adequado. Isso será verificado na decomposição do terceiro nível.

Tendo sido determinado o conjunto dos FRs e dos DPs para esse nível, deve-se escrever a equação e a matriz de projeto e verificar se atendem ao axioma de independência. A equação seria a seguinte:

$$\begin{Bmatrix} FR1 \\ FR2 \\ FR3 \\ FR4 \end{Bmatrix} \equiv \begin{bmatrix} A11 & 0 & 0 & 0 \\ A21 & A22 & 0 & 0 \\ A31 & A32 & A33 & 0 \\ A41 & A42 & A43 & A44 \end{bmatrix} \begin{Bmatrix} DP1 \\ DP2 \\ DP3 \\ DP4 \end{Bmatrix} \quad (1.1)$$

A matriz do projeto que reflete a Equação 1.1 será apresentada, daqui em diante, na forma gráfica, para efeito de melhor visualização e entendimento.

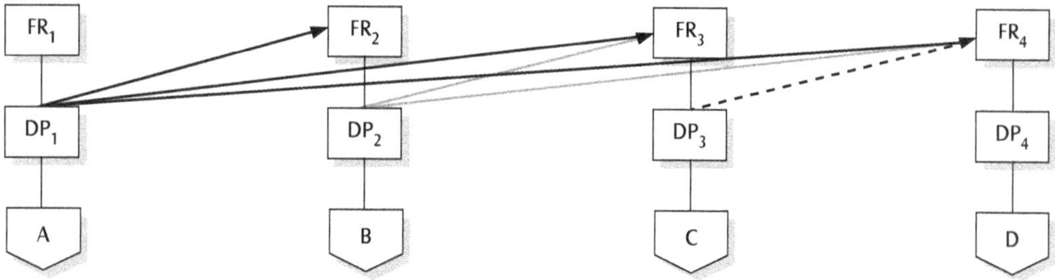

Figura 11.7 Matriz de projeto do primeiro nível hierárquico

Uma linha contínua de um DP para um FR indica a solução específica para o respectivo requisito ou objetivo, enquanto uma flecha de um DP para um FR indica um forte impacto ou influência de uma solução em outro requisito posterior. Cada elemento Aij da matriz refere-se a um componente do vetor FR para dado componente do vetor DP. A matriz acima é triangular, tratando-se de um projeto *decoupled*, no qual a seqüência de alteração dos DPs é determinante para garantir a independência dos FRs. Se a seqüência dos FRs e respectivos DPs fosse outra, por exemplo, DP3 satisfazendo aos FRs anteriores (FR1 e FR2), a matriz do projeto, nesse nível, seria completamente diferente; o projeto seria *coupled*, e portanto feriria o axioma da independência.

As medidas de desempenho associadas aos FRs desse nível hierárquico aparecem listadas a seguir.

Tabela 11.3 Medidas de desempenho do primeiro nível hierárquico

Requisitos funcionais	Medidas de desempenho
FR1: propiciar aprendizado e crescimento dos colaboradores	Não foi associada uma medida a esse FR por ser de caráter não-determinístico
FR2: melhorar continuamente os processos organizacionais	Idem
FR3: satisfazer aos clientes externos nos compromissos assumidos	Pesquisa periódica de satisfação dos clientes
FR4: incrementar o ROI	% ROI retorno sobre o investimento

Estabelecimento do segundo nível da estrutura hierárquica: decomposição dos FRs pelo processo de ziguezague, partindo novamente do domínio físico para o funcional, e determinação dos respectivos DPs

O mais alto nível hierárquico fornece informação suficiente sobre o projeto, em nível conceitual, para saber se ele será bem-sucedido quando totalmente implementado. Para completar o projeto, mais detalhes precisam ser desenvolvidos, mediante a decomposição dos FRs e DPs. Isso é o processo de ziguezague (mencionado na última seção deste capítulo), ou seja, retornar do domínio físico ao domínio funcional, caso não se possa implementar o parâmetro de projeto (DP) sem maiores detalhamentos. À medida que se decompõe o nível mais alto, as decisões de projeto de nível inferior devem ser consistentes com as intenções do projeto de nível superior. Formam-se assim hierarquias dos FRs e dos DPs que são uma representação da arquitetura do projeto.

Nesse segundo nível da estrutura, pode-se visualizar a formação de quatro ramos, originados respectivamente por FR1, FR2, FR3 e FR4. Cada ramo exercerá influências distintas nesse modelo, devendo, portanto ser nalisados separadamente.

Decomposição do FR1: propiciar aprendizado e crescimento dos colaboradores

A decomposição do FR1 para o segundo nível do domínio funcional foi definida como:

- FR11: manter os colaboradores satisfeitos.
- FR12: aumentar a produtividade dos colaboradores.
- FR13: reter os talentos.

Procede-se agora à definição dos correspondentes parâmetros de projeto, os quais representam uma decomposição de DP1 e são definidos como:

- DP11: clima organizacional propício a mudanças, via programa de sugestões, trabalho em equipe e *empowerment*.
- DP12: tecnologia de informação aprimorada fornecendo informações úteis e precisas.
- DP13: incentivos aos colaboradores alinhados com os objetivos da empresa.

Para manter os colaboradores satisfeitos (FR11), eles esperam um clima organizacional propício a mudanças (DP11), que ocorrerá mediante programas de sugestões, trabalho em equipe e *empowerment*. Esse clima organizacional influi positivamente na produtividade dos colaboradores (FR12) e também motiva os talentos da empresa a continuar empregando seus esforços para mudá-la (FR13).

Não há dúvida quanto ao auxílio que a tecnologia de informação traz para a empresa, coletando e fornecendo informações *on-line* e em tempo real para as pessoas tomarem decisões e gerenciarem melhor suas atividades. A tecnologia de informação aprimorada propicia aumento de produtividade dos colaboradores (FR12) e ajuda a reter os talentos (FR13), uma vez que eles têm em mãos todos os dados necessários para mudar a empresa.

Por fim, incentivos alinhados com os objetivos da empresa estão pautados na premissa de que os melhores colaboradores darão o melhor de seus esforços para obter maior retorno financeiro pessoal e, portanto, esse parâmetro (DP13) possibilita reter os talentos (FR13). A equação do projeto fica desta maneira:

$$\begin{Bmatrix} FR11 \\ FR12 \\ FR13 \end{Bmatrix} \equiv \begin{bmatrix} A11 & 0 & 0 \\ A21 & A22 & 0 \\ A31 & A32 & A33 \end{bmatrix} \begin{Bmatrix} DP11 \\ DP12 \\ DP13 \end{Bmatrix} \quad (1.2)$$

A matriz do projeto [A] que reflete a Equação 1.2 tem a seguinte representação, caracterizando um projeto *decoupled*:

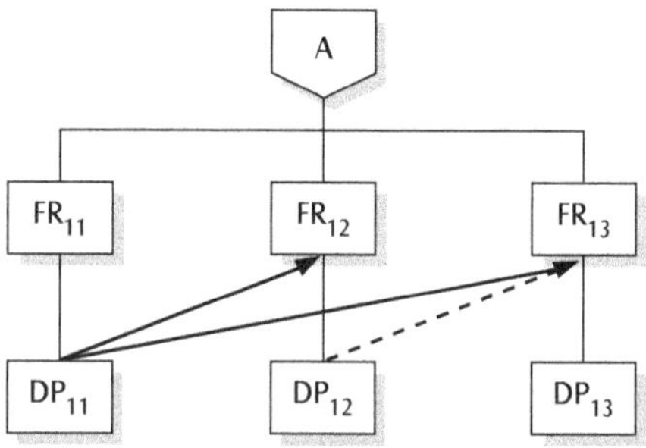

Figura 11.8 Matriz de projeto da decomposição do FR1

As medidas de desempenho associadas aos FRs desse nível hierárquico ficam assim:

Tabela 11.4 Medidas de desempenho da decomposição do FR1

Requisitos funcionais	Medidas de desempenho
FR11: manter os colaboradores satisfeitos	Pesquisa periódica de satisfação dos colaboradores
FR12: aumentar a produtividade dos colaboradores	Vendas por colaborador
FR13: reter os talentos	% *turnover* dos colaboradores

Decomposição do FR2: melhorar continuamente os processos organizacionais

A decomposição do FR2 para o segundo nível do domínio funcional foi definida como:

- FR21: garantir produtos sem defeitos.
- FR22: reduzir tempo de resposta aos clientes.
- FR23: manter sob controle os custos dos processos organizacionais.

Os correspondentes parâmetros de projeto, os quais representam uma decomposição de DP2, são os seguintes:

- DP21: controle estreito dos processos internos.
- DP22: processos de produção eficientes, confiáveis, sem defeito e flexíveis, que possam responder aos pedidos dos clientes.
- DP23: uso da metodologia do custeio baseada em atividades (ABC) para medir custo dos processos.

Controle estreito dos processos significa manter disciplina rigorosa sobre tudo o que ocorre, além de integrá-los internamente e externa com fornecedores e clientes. Essa disciplina abrange também qualidade, inventários, horizontes de planejamento e programação. Um dos pré-requisitos indispensáveis para as empresas de classe mundial é ter controle e disciplina sobre seus processos. Dessa forma, manter controle estreito dos processos (DP21) possibilita garantir produtos sem defeitos (FR21), ao mesmo tempo que reduz o tempo de resposta (FR22) e permite monitorar os custos dos processos (FR23).

Ter processos de produção eficientes, confiáveis, sem defeito e flexíveis (DP22) sem dúvida irá garantir pronta resposta às solicitações dos clientes (FR22), além de ajudar a reduzir os custos dos processos (FR23), que de outra maneira trariam muitos desperdícios para a empresa.

Como podemos manter os custos dos processos sob controle (FR23) se não conseguimos mensurar corretamente? Por meio da metodologia do custeio baseado em atividades (DP23). A equação do projeto fica assim representada:

$$\begin{Bmatrix} FR21 \\ FR22 \\ FR23 \end{Bmatrix} \equiv \begin{bmatrix} A11 & 0 & 0 \\ A21 & A22 & 0 \\ A31 & A32 & A33 \end{bmatrix} \begin{Bmatrix} DP21 \\ DP22 \\ DP23 \end{Bmatrix} \quad (1.3)$$

A matriz do projeto [B] que reflete a Equação 1.3 é apresentada no gráfico a seguir, caracterizando um projeto *decoupled*:

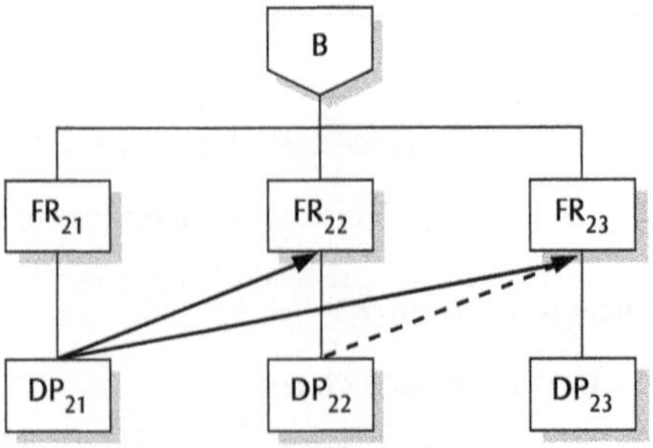

Figura 11.9 Matriz de projeto da decomposição do FR2

As medidas de desempenho desse ramo de decomposição são as seguintes:

Tabela 11.5 Medidas de desempenho da decomposição do FR2

Requisitos funcionais	Medidas de desempenho
FR21: garantir produtos sem defeitos	Rendimento de primeira passagem
FR22: reduzir tempo de resposta aos clientes	Eficiência do *throughput*
FR23: manter sob controle os custos dos processos organizacionais	% custo dos processo internos/ valor das vendas líquidas

Decomposição do FR3: satisfazer aos clientes externos nos compromissos assumidos

Para uma empresa diferenciar-se das concorrentes, tem de lançar mão de vantagens competitivas para satisfazer ao cliente e garantir sua fidelização. As cinco dimensões competitivas descritas no Capítulo 4 deste livro são as que proporcionam esses diferenciais competitivos. A decomposição do FR3 (satisfazer aos clientes externos nos compromissos assumidos, gerando fidelização) é feita levando em consideração as dimensões competitivas. Essas dimensões se entrelaçam de tal maneira que se torna difícil determinar qual precede qual. No entanto, para efeito deste projeto, uma seqüência de dimensão competitiva que parece lógica na decomposição do FR3 poderia ser:

- FR31: entregar produtos conforme **qualidade** compromissada.
- FR32: assegurar **confiabilidade** para permitir entrega no prazo estipulado.
- FR33: assegurar **velocidade** para atender clientes quanto a freqüência de entregas.
- FR34: assegurar **flexibilidade** para acomodar troca de mix/entrega/quantidade dos produtos existentes.
- FR35: reduzir **custo** de material.

Os parâmetros correspondentes, que representam uma decomposição do DP3, são os seguintes:

- DP31: *built-in quality*.
- DP32: disponibilidade do equipamento a todo o momento.
- DP33: lotes pequenos de transferência na compra e na produção.
- DP34: células de manufatura aliadas a máquinas móveis e reconfiguráveis.
- DP35: preço meta necessário e acordado com fornecedores.

No *built-in quality* DP31, os gerentes constroem a qualidade, isto é, os defeitos são corrigidos no ato, e suas causas, buscadas e solucionadas, permitindo entregar produtos com qualidade (FR31). O aumento da qualidade diminui retrabalho, refugo e perdas no processo, além de aumentar a eficiência da máquina, assegurando assim a confiabilidade do processo (FR32). O *built-in quality* reduz o tempo entre a geração e a identificação dos defeitos em operações posteriores, aumentando a velocidade (FR33) e permitindo a flexibilidade (FR34). Por fim, por corrigir os defeitos no ato e não esperar a inspeção de todo o lote quando produzido, esse parâmetro possibilita reduzir o custo do material (FR35).

Ter disponibilidade de equipamento (DP32) a todo o momento parece ser a solução mais apropriada para assegurar a confiabilidade de entrega ao cliente no prazo estipulado (FR32). Se aceitamos que a confiabilidade precede a velocidade e permite que o fluxo seja acelerado (FR33), ela acaba ajudando também na flexibilidade (entendida como a capacidade de acomodar as trocas de mix de produtos existentes, o prazo de entrega e/ou de quantidade no menor tempo possível). DP32 possibilita, então, FR33 e FR34.

Lotes pequenos de transferência na compra e na produção (DP33) — em vez de lotes grandes de produção e/ou de transferência, que só atrasam a velocidade do fluxo — asseguram a velocidade necessária para atender os clientes nas freqüências de entregas solicitadas (FR33) e também possibilitam flexibilidade (FR34).

Células de manufatura (DP34), conforme discutido anteriormente, permitem que a empresa tenha flexibilidade suficiente para acomodar a troca de mix de produtos e os prazos de entrega dos produtos (FR34). Quanto à flexibilidade para alterar quantidades, a empresa lança mão de máquinas móveis e reconfiguráveis.

O estabelecimento de um preço meta acordado com o fornecedor (DP35) está sujeito ao preço final que o mercado/cliente estará disposto a pagar pelo produto. E esse preço final está, por sua vez, condicionado ao custo que o material terá na composição desse preço. Quanto menor esse custo, maior poderá ser a vantagem competitiva da empresa, pois ela poderá repassar parte desse ganho, baixando o preço final ao cliente (FR35). A equação do projeto fica assim representada:

$$\begin{Bmatrix} FR31 \\ FR32 \\ FR33 \\ FR34 \\ FR35 \end{Bmatrix} \equiv \begin{bmatrix} A11 & 0 & 0 & 0 & 0 \\ A21 & A22 & 0 & 0 & 0 \\ A31 & A32 & A33 & 0 & 0 \\ A41 & A42 & A43 & A44 & 0 \\ A51 & 0 & 0 & 0 & A55 \end{bmatrix} \begin{Bmatrix} DP31 \\ DP32 \\ DP33 \\ DP34 \\ DP35 \end{Bmatrix} \quad (1.4)$$

A matriz desse projeto [C] que reflete a Equação 1.4 seria dada pelo gráfico a seguir, caracterizando a matriz triangular de um projeto *decoupled*:

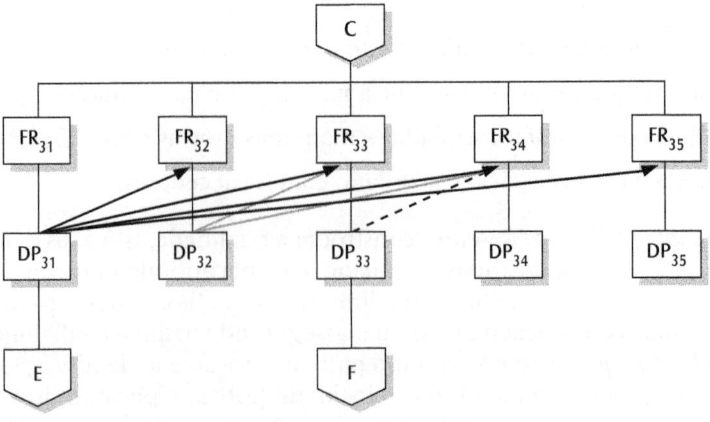

Figura 11.10 Matriz de projeto da decomposição do FR3

As medidas de desempenho desse ramo de decomposição são as seguintes:

Tabela 11.6 Medidas de desempenho da decomposição do FR3

Requisitos funcionais	Medidas de desempenho
FR31: entregar produtos conforme qualidade compromissada	% reclamação de clientes
FR32: assegurar confiabilidade para permitir entrega no prazo	% OTIF *on time in full*
FR33: assegurar velocidade para atender clientes quanto à freqüência de entregas	Freqüência de entrega
FR34: assegurar flexibilidade para acomodar troca de de mix/ entrega/quantidade	% troca de mix/entrega/ quantidade
FR35: reduzir custo de material	Evolução do custo de materiais

Decomposição do requisito funcional FR4: incrementar o ROI

A decomposição do requisito funcional FR4 (incrementar o ROI) leva em consideração a fórmula para seu cálculo: (Receita de vendas — Custos de manufatura)/Investimento.

Os requisitos funcionais determinados no segundo nível do domínio funcional foram assim definidos:

- FR41: aumentar as vendas.
- FR42: minimizar o custo de manufatura.
- FR43: minimizar o nível de investimento.

Os parâmetros de projeto correspondentes representam uma decomposição do DP4 (foco no aumento da lucratividade e minimização dos investimentos) no domínio físico, sendo definidos por:

- DP41: valor percebido pelo cliente.
- DP42: custo-meta da manufatura.
- DP43: utilização mais adequada dos ativos.

Os dois primeiros parâmetros de projeto lidam com o aumento da lucratividade, enquanto o terceiro lida com o tema investimento. O valor percebido pelo cliente (DP41) ocorrerá por meio de produtos e serviços que maximizem sua satisfação. Isso cria fidelização e aumenta as vendas (FR41). Em raciocínio análogo, desenvolvido por Calarge & Lima (2001), a partir do ponto em que se maximiza a satisfação do cliente, são menores as alterações de produtos e é melhor o direcionamento dos recursos produtivos focados no cliente. Essa situação também possibilita otimização na utilização da capacidade produtiva, propiciando adequação dos investimentos que serão feitos para atender o cliente no que ele deseja e quando necessita. Dessa forma, segundo os autores, os produtos que maximizam a satisfação do cliente (DP41) afetam também o custo da manufatura (FR42) e o nível de investimento (FR43).

O estabelecimento de um custo-meta de manufatura DP42 definido pelas condições do mercado possibilita minimizar o custo da manufatura (FR42) e o nível de investimento (FR43), já que os produtos só serão produzidos quando esse custo for igual ou menor ao custo-meta. Por fim, a utilização mais adequada dos ativos (DP43) afeta diretamente o nível de investimento (FR43). A equação do projeto fica desta maneira:

$$\begin{Bmatrix} FR41 \\ FR42 \\ FR43 \end{Bmatrix} \equiv \begin{bmatrix} A11 & 0 & 0 \\ A21 & A22 & 0 \\ A31 & A32 & A33 \end{bmatrix} \begin{Bmatrix} DP41 \\ DP42 \\ DP43 \end{Bmatrix} \quad (1.5)$$

A matriz do projeto [D] que reflete a Equação 1.5 apresenta-se de forma triangular, isto é, *decoupled*, como se vê a seguir:

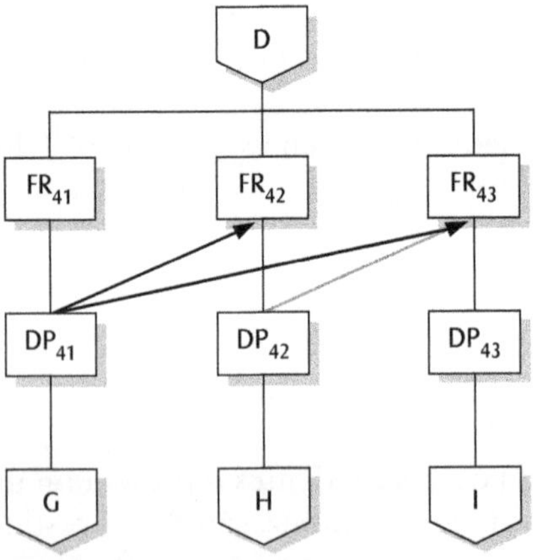

Figura 11.11 Matriz de projeto da decomposição do FR4

As medidas de desempenho desse ramo de decomposição são as seguintes:

Tabela 11.7 Medidas de desempenho da decomposição do FR4

Requisitos funcionais	Medidas de desempenho
FR41: aumentar as vendas	Evolução do valor das vendas
FR42: minimizar custo de manufatura	% custo de manufatura/valor das vendas
FR43: minimizar nível de investimento	% valor do investimento/valor das vendas

Estabelecimento do terceiro nível da estrutura hierárquica: decomposição de FR31, FR33, FR41, FR42 e FR43 pelo processo de ziguezague indo do domínio físico ao funcional novamente e determinação dos respectivos DPs

Note-se que os FRs e DPs do segundo nível que não forem mencionados a seguir não necessitam de decomposição, uma vez que podem ser implementados da maneira como que se encontram.

Ramo do objetivo estratégico de satisfazer os clientes

Decomposição do FR31: entregar produtos conforme qualidade compromissada

Este requisito funcional pode ser decomposto no domínio funcional, levando em consideração o correspondente parâmetro de projeto DP31 (*built-in quality*), definindo-se os seguintes requisitos funcionais de terceiro nível:

- FR311: reduzir os defeitos dos produtos recebidos.
- FR312: eliminar os defeitos de produção.

Um dos preceitos da manufatura enxuta é trabalhar com poucos fornecedores de confiança (DP311). Isso permite tê-los lado a lado com a empresa, conhecer seus requisitos e suas necessidades, fazê-los ser a extensão da empresa e assim reduzir os defeitos dos produtos recebidos (FR311). Trabalhar com poucos fornecedores confiáveis contribui também para a eliminação dos defeitos de produção (FR312), que podem resultar dos defeitos dos fornecedores.

A adoção do sistema *andon*[1] permite corrigir o problema no momento em que surge (DP312), resultando diretamente na eliminação dos defeitos de produção (FR312).

Os correspondentes parâmetros de projeto, que representam uma decomposição de DP31 (*built-in quality*), são os seguintes:

- DP311: parceira com fornecedores de confiança.
- DP312: adoção do sistema *andon*.

A equação do projeto fica desta maneira:

$$\begin{Bmatrix} FR311 \\ FR312 \end{Bmatrix} \equiv \begin{bmatrix} A11 & 0 \\ A21 & A22 \end{bmatrix} \begin{Bmatrix} DP311 \\ DP312 \end{Bmatrix} \quad (1.6)$$

[1] *Andon* é a palavra japonesa para 'lanterna', que serve para descrever a situação das linhas de produção por meio de uma placa luminosa. Essa placa alerta os supervisores sobre qualquer problema. Quando o trabalhador puxa a corda, acende-se uma luz na placa indicando qual a estação de trabalho com problema e o tipo de problema. O supervisor toma as ações corretivas imediatamente, evitando que o problema se mantenha na linha de produção, bem como ataca a causa-raiz para evitar que ocorra novamente. Esse sistema permite aos trabalhadores manter os padrões de qualidade.

A matriz do projeto [E] que reflete a Equação 1.6 é representada graficamente desta forma:

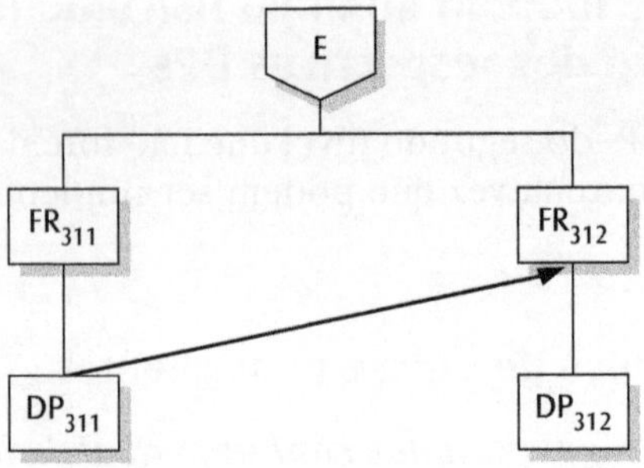

Figura 11.12 Matriz de projeto da decomposição do FR31

As medidas de desempenho desse ramo de decomposição são as seguintes:

Tabela 11.8 Medidas de desempenho da decomposição do FR31

Requisitos funcionais	Medidas de desempenho
FR311: reduzir os defeitos dos produtos recebidos	% defeitos externos
FR312: eliminar os defeitos de produção	% defeitos gerados internamente

Decomposição do FR33: assegurar velocidade para atender clientes quanto à freqüência de entregas

Este requisito funcional pode ser decomposto no domínio funcional no terceiro nível como:

- FR331: nivelar a demanda para a produção.
- FR332: receber material dos fornecedores com maior freqüência.

Uma programação de produção nivelada para a fábrica (FR331) se faz com a adoção de uma técnica denominada *heijunka* (DP331), em que o volume e as diferentes especificações são distribuídos de modo uniforme e o mais constante possível ao longo de um período de produção, como um dia ou uma semana. Isso ajuda a minimizar o efeito 'chicote', isto é, a incerteza de demanda para os fornecedores dos níveis inferiores na cadeia de suprimento. Com a redução dessa incerteza, os fornecedores conseguem programar melhor sua produção e fazer entregas mais freqüentes (FR332).

Trabalhar estreitamente com os fornecedores, estendendo-lhes a prática do JIT (*just-in-time*) e os cartões *kanban* (DP332), possibilita entregar às empresas o material na freqüência solicitada (FR332).

Os correspondentes parâmetros de projeto, que representam uma decomposição de DP33 (lotes pequenos de transferência na compra e na produção), são os seguintes:

- DP331: adoção da técnica de *heijunka*.
- DP332: extensão da prática do JIT e do *kanban* aos fornecedores.

A equação do projeto fica desta maneira:

$$\begin{Bmatrix} FR331 \\ FR332 \end{Bmatrix} \equiv \begin{bmatrix} A11 & 0 \\ A21 & A22 \end{bmatrix} \begin{Bmatrix} DP331 \\ DP332 \end{Bmatrix} \quad (1.7)$$

A representação gráfica dessa matriz [F], que reflete a Equação 1.7, fica desta forma:

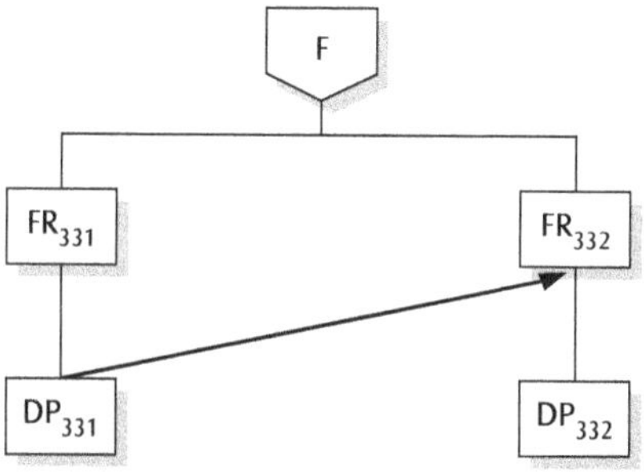

Figura 11.13 Matriz de projeto da decomposição do FR33

As medidas de desempenho desse ramo de decomposição são as seguintes:

Tabela 11.9 Medidas de desempenho da decomposição do FR33

Requisitos funcionais	Medidas de desempenho
FR331: nivelar demanda para produção	Variabilidade de demanda dos clientes
FR332: receber material dos fornecedores com maior freqüência	Freqüência de recebimentos

Ramo do objetivo de maximizar o ROI

Decomposição do FR41: aumentar as vendas

A receita de vendas é obtida mediante a simples multiplicação do preço de venda pelo volume dos produtos vendidos. Seguindo essa lógica, a decomposição do FR41 é feita considerando-se o parâmetro de projeto definido DP41 (valor percebido pelo cliente):

- FR411: vender produtos com o mais alto preço aceitável pelo cliente.
- FR412: aumentar volume de venda.

Seus DPs correspondentes são:

- DP411: diferenciação dos produtos.
- DP412: espectro mais amplo de uso dos produtos.

Uma maneira de aumentar a receita de venda é vender produtos ao mais alto preço aceitável (FR411). Essa é a razão que justifica diferenciar os produtos de modo a contemplar as propostas de valor do cliente na busca de suas necessidades (DP411). A diferenciação do produto também aumenta o volume de vendas (FR412), porque clientes satisfeitos repetirão suas compras.

Para aumentar o volume de vendas (FR412), a empresa deve buscar ações (como modificações no desenho e/ou na funcionalidade) que façam com que os produtos tenham um espectro mais amplo de uso ou aplicação; que tenham, enfim, maior aceitação pelos clientes (DP412). A equação do projeto é representada desta maneira:

$$\begin{Bmatrix} FR411 \\ FR412 \end{Bmatrix} \equiv \begin{bmatrix} A11 & 0 \\ A21 & A22 \end{bmatrix} \begin{Bmatrix} DP411 \\ DP412 \end{Bmatrix} \quad (1.8)$$

A representação gráfica dessa matriz [G] que reflete a Equação 1.8 fica assim:

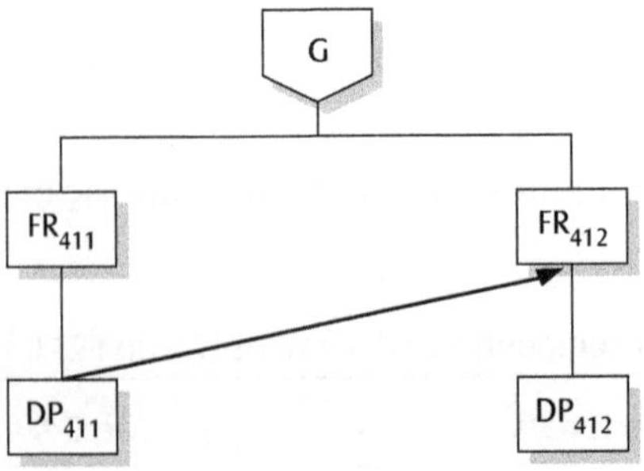

Figura 11.14 Matriz de projeto da decomposição do FR41

Veja a seguir as medidas de desempenho desse ramo de decomposição.

Tabela 11.10 Medidas de desempenho da decomposição do FR41

Requisitos funcionais	Medidas de desempenho
FR411: vender produtos com o mais alto preço aceitável pelo cliente	Evolução do preço médio de vendas
FR412: aumentar volume de vendas	% aumento do volume de vendas

Decomposição do FR42: minimizar custo de manufatura

Excetuando os custos de mão-de-obra direta e de material adquirido (este já tratado no requisito funcional FR35 e o respectivo parâmetro de projeto DP35), os demais custos de manufatura provêm de custos indiretos, como supervisão, manutenção e custos administrativos da fábrica. A proposta na decomposição do FR42 é encontrar quais custos indiretos podem ser reduzidos considerando o parâmetro de projeto definido DP42 (custo-meta da manufatura).

Para obter as vantagens competitivas e assim satisfazer os clientes, a empresa utiliza as cinco dimensões competitivas descritas no segundo nível da estrutura hierárquica no ramo de satisfação do cliente (FR31 a FR35). Para ser consistente, ela precisa manter em nível adequado os custos associados a essas cinco dimensões competitivas. Isso se traduz nos seguintes requisitos funcionais:

- FR421: minimizar o custo de não-conformidade e/ou desperdício (relacionado à dimensão qualidade).
- FR422: minimizar o custo de manutenção (relacionado à dimensão confiabilidade).
- FR423: minimizar o custo de movimentação e manuseio (relacionado à dimensão velocidade).
- FR424: minimizar o custo de *setup* (relacionado à dimensão flexibilidade).
- FR425: minimizar o custo administrativo da manufatura (relacionado à dimensão custo).

Seus correspondentes parâmetros de projeto, que representam uma decomposição do DP42, são:

- DP421: adoção de técnicas de eliminação de desperdícios, como 5W (os cinco porquês) ou PDCA (do inglês *plan do check act*).
- DP422: adoção de TPM (do inglês *total productive maintenance*).
- DP423: melhor arranjo físico das máquinas em células ou linhas de montagem.
- DP424: uso de técnicas de redução do tempo de *setup*.
- DP425: adoção da abordagem de *rethinking*.

Técnicas como 5W ou PDCA (DP421) permitem descobrir as causas-raiz das não-conformidades ou dos desperdícios e, assim, minimizar os custos relativos à qualidade (FR421). O aumento da qualidade melhora a eficiência da máquina, contribuindo para reduzir os custos de manutenção (FR422) e aumentar a velocidade. Este aumento de velocidade reduz os custos de movimentação e manuseio (FR423) e permite maior flexibilidade (FR424). Por fim, essas técnicas também ajudam a combater os desperdícios e evitar a não-conformidade das áreas administrativas da fábrica (FR425).

A adoção do TPM permite que o próprio operador tenha capacidade suficiente para realizar a manutenção de sua própria máquina ou equipamento de forma preventiva, sem necessidade de parar a linha. Isso minimiza sensivelmente o custo de manutenção (FR 422).

A confiabilidade faz com que o fluxo seja mais acelerado, além de ajudar na flexibilidade e na redução da burocracia administrativa. Dessa maneira, a redução de seus respectivos custos será uma decorrência, atendendo a FR423, FR424 e FR425.

O melhor arranjo físico das máquinas (DP423) satisfaz à redução dos custos de movimentação e manuseio (FR423), afeta o custo do *setup* (FR424), pois assim as máquinas estarão mais próximas, e minimiza o custo indireto (FR425). Técnicas de redução do tempo de *setup* (DP424) afetam diretamente seu custo (FR424), pois, ao fazê-lo em menor tempo, o custo de *setup* será minimizado, e isso demandará menor custo administrativo (FR425).

O custo administrativo abrange as áreas de suporte da manufatura, como pessoal da engenharia, controle de qualidade, almoxarifado, contabilidade, gerência etc. Para minimizar esse custo (FR425), o parâmetro de projeto é adoção da abordagem de *rethinking* (DP425), que proporciona mudanças duradouras na estrutura básica do custo administrativo da fábrica. De acordo com Tomasko (1994), o *rethinking* mostra como fazer mudanças essenciais à estrutura organizacional, caso interesse que os programas de melhoria possam vir a ter um impacto duradouro. Consiste de três passos: *resizing* — redimensionar as coisas certas; *reshaping* — constituir o tipo de estrutura organizacional; e *rethinking* — repensar as práticas gerenciais, de modo que resultem em novo aprendizado.

A equação do projeto fica assim representada:

$$\begin{Bmatrix} FR421 \\ FR422 \\ FR423 \\ FR424 \\ FR425 \end{Bmatrix} \equiv \begin{bmatrix} A11 & 0 & 0 & 0 & 0 \\ A21 & A22 & 0 & 0 & 0 \\ A31 & A32 & A33 & 0 & 0 \\ A41 & A42 & A43 & A44 & 0 \\ A51 & A52 & A53 & A54 & A55 \end{bmatrix} \begin{Bmatrix} DP421 \\ DP422 \\ DP423 \\ DP424 \\ DP425 \end{Bmatrix} \quad (1.9)$$

A matriz deste ramo [H] que reflete a Equação 1.9 caracterizaria uma matriz triangular de um projeto *decoupled*:

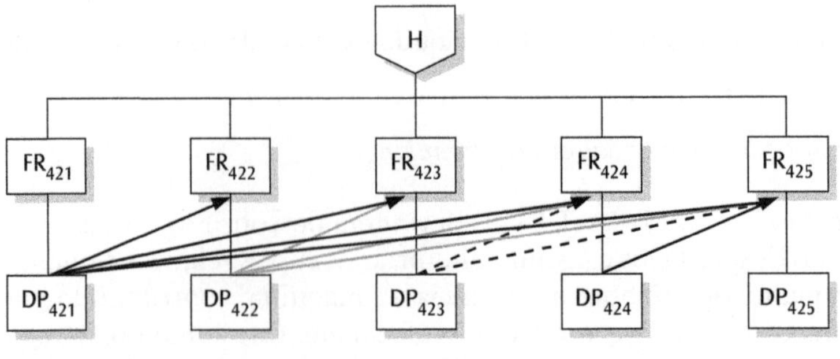

Figura 11.15 Matriz de projeto da decomposição do FR42

Veja a seguir as medidas de desempenho deste ramo de decomposição.

Tabela 11.11 Medidas de desempenho da decomposição do FR42

Requisitos funcionais	Medidas de desempenho
FR421: minimizar custos de não-conformidade e/ou desperdício	Valor de muda economizado
FR422: minimizar custos de manutenção	% horas de parada de máquina/total de horas trabalhadas
FR423: minimizar custos de movimentação e manuseio	Evolução do custo por unidade da atividade de manuseio e movimentação
FR424: minimizar custo de *setup*	Tempo de redução de troca de máquina
FR425: minimizar custo administrativo da manufatura	% custo administrativo de manufatura

Decomposição do FR43: minimizar nível de investimento

Por fim, para incrementar o ROI, a empresa deve minimizar o valor do investimento (o denominador da fórmula do ROI), uma vez que os dois componentes do numerador (aumentar a receita de vendas e diminuir o custo de manufatura) já foram abordados e decompostos anteriormente. A decomposição do FR43 é feita considerando-se o parâmetro de projeto definido DP43 (utilização mais adequada dos ativos):

- FR431: aumentar giro de estoque.
- FR432: otimizar uso do espaço físico.

Indo do domínio funcional ao domínio físico mediante ziguezague, decompõem-se os correspondentes parâmetros de projeto que satisfaçam aos dois requisitos funcionais acima:

- DP431: operação com baixos níveis de inventário.
- DP432: máquinas mais bem dimensionadas.

A ênfase na operação com baixos níveis de inventário (de matéria-prima a processo e acabados), um dos preceitos da manufatura enxuta, permite aumentar o giro dos estoques (FR431), além de demandar menor espaço físico para estocagem (FR432). A ênfase em máquinas dimensionadas adequadamente para a demanda e que ainda possam ser adaptáveis às alterações da demanda sem dúvida otimiza o uso do espaço físico (FR432). A equação do projeto é representada desta forma:

$$\begin{Bmatrix} FR431 \\ FR432 \end{Bmatrix} \equiv \begin{bmatrix} A11 & 0 \\ A21 & A22 \end{bmatrix} \begin{Bmatrix} DP431 \\ DP432 \end{Bmatrix} \quad (1.10)$$

A matriz do projeto [I] que reflete a Equação 1.10 é dada por:

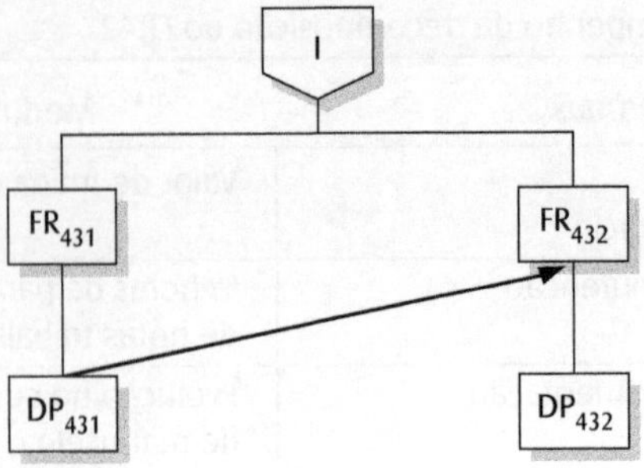

Figura 11.16 Matriz de projeto da decomposição do FR43

As medidas de desempenho desse ramo de decomposição são as seguintes:

Tabela 11.12 Medidas de desempenho da decomposição do FR43

Requisitos funcionais	Medidas de desempenho
FR431: aumentar giro de estoque	Giro de estoque
FR432: otimizar uso do espaço físico	Utilização de espaço na fábrica

Estrutura hierárquica geral do projeto do sistema de manufatura enxuta e matriz consolidada do projeto

Efetuando-se sistematicamente os procedimentos de decomposição dos domínios funcional e físico em várias matrizes de projeto e ramos, é possível visualizar a estrutura hierárquica geral de todo o projeto do sistema de manufatura enxuta. Ele é composto de 31 requisitos funcionais e igual número de parâmetros de projeto, desdobrados em três níveis hierárquicos e relacionados em dez matrizes de projeto.

Uma finalidade dessa estrutura hierárquica geral está na simplificação e compreensão do projeto como um todo, mostrando as relações entre os FRs e os DPs e como estes últimos influenciam os primeiros em cada matriz individual do projeto, em cada nível hierárquico. A Tabela 11.12 mostra a decomposição do projeto do sistema de manufatura que reflete os FRs e DPs necessários em um ambiente de manufatura enxuta. A cada requisito foi associada uma medida de desempenho (com exceção de dois requisitos do primeiro nível), que estão inter-relacionadas e balanceadas de tal forma que o sistema de manufatura enxuta se encontre alinhado com os objetivos da empresa.

Os relacionamentos estabelecidos entre parâmetros de projeto e requisitos funcionais, caracterizados pelas diversas matrizes de projeto, indicam de maneira clara quais seriam as melhores escolhas dos DPs para atender os FRs. A análise das matrizes de projeto em cada nível hierárquico permite a confirmação da escolha do DP mais adequado no atendimento de cada FR.

Por fim, é mostrada a seguir a matriz consolidada de projeto, que tem duplo objetivo:

1. Verificar a consistência do projeto no que se refere a caracterizar-se como projeto *coupled*, *decoupled* ou *uncoupled*.

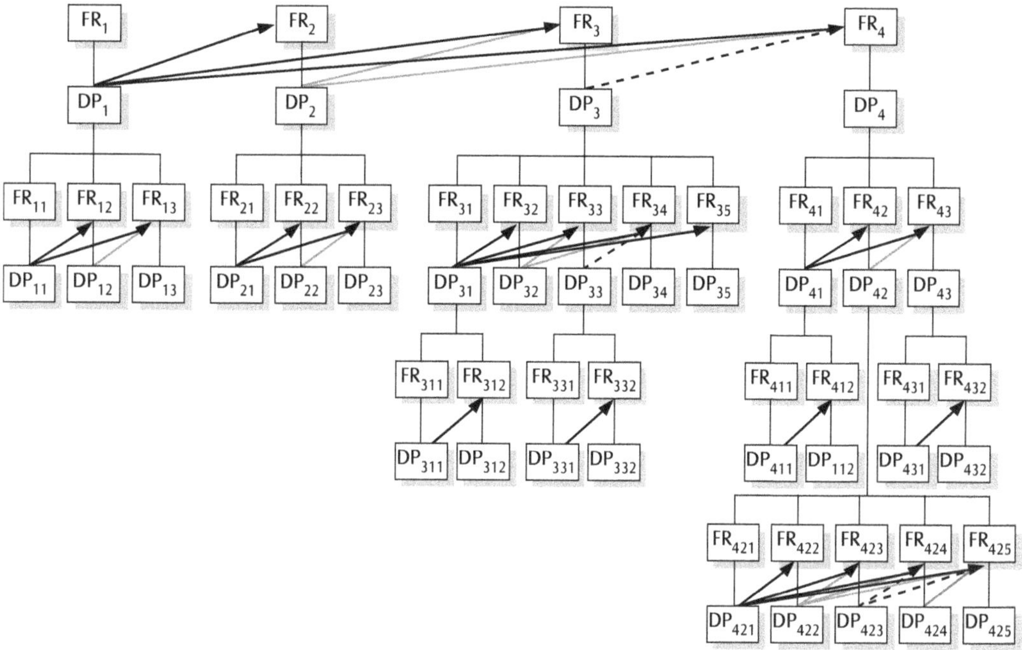

Figura 11.17 Estrutura hierárquica geral do projeto

Para satisfazer ao axioma da independência, todas as matrizes individuais se caracterizaram de forma triangular como *uncoupled* ou *decoupled*. Dessa maneira, a matriz consolidada, para manter a coerência das matrizes individuais que a formam, também se caracteriza como triangular e é uma matriz *decoupled*. O que não pode ocorrer em nenhuma circunstância é os DPs influenciarem os FRs acima da linha diagonal, o que caracterizaria uma matriz *coupled*, violando assim o axioma de independência. Nessa matriz de projeto triangular, pode-se contemplar de maneira conjunta as matrizes individuais estabelecidas em cada nível hierárquico, analisando-se influências diagonais e transversais. (Veja a Figura 11.18, que representa a matriz consolidada.)

2. Confirmar as relações de causa e efeito dos requisitos funcionais do projeto e os parâmetros correspondentes.

A matriz contempla de maneira conjunta as matrizes individuais em seu mais baixo nível hierárquico, permitindo analisar, dessa forma, como os requisitos funcionais de determinado objetivo estratégico satisfazem aos requisitos do nível superior do mesmo objetivo e/ou os requisitos dos outros objetivos.

Assim, os parâmetros de projeto podem exercer influência em seus respectivos requisitos funcionais (isto é, de suas matrizes individuais), bem como dos requisitos de outras matrizes de projeto e/ou de outros objetivos estratégicos, mesmo que esses requisitos estejam em nível hierárquico inferior. Isso é evidenciado pelas relações dos DPs com os FRs marcadas por X. Fazendo-se uma analogia, é como se fosse um sistema de 'torneiras', no qual o projetista tem uma seqüência de ações (ou parâmetros de projeto) a serem tomadas (ou tor-

Parâmetros de projeto																							
		11	12	13	21	22	23	311	312	32	331	332	34	35	411	412	421	422	423	424	425	431	432
R	11	X																					
E	12	X	X																				
Q	13	X	X	X																			
U	21	X	X	X	X																		
I	22	X	X	X	X	X																	
S	23	X	X	X	X	X	X																
I	311				X	X		X															
T	312				X	X		X	X														
O	32				X	X		X	X	X													
S	331				X	X					X												
	332				X			X			X	X											
F	34				X	X					X		X										
U	35							X	X	X				X									
N	411														X								
C	412							X		X	X	X	X	X	X	X							
I	421								X				X		X	X	X						
O	422							X	X				X		X	X	X	X					
N	423										X				X	X	X	X	X				
A	424												X		X	X	X	X	X	X			
I	425														X	X	X	X	X	X	X		
S	431							X		X	X	X	X									X	
	432							X		X		X	X									X	X

Figura 11.18 Matriz consolidada do projeto

neiras para fechar) em uma ordem de prioridade e importância para resolver uma dada situação (ou atender a um requisito funcional).

Exemplificando: o requisito funcional FR23 — manter sob controle os custos dos processos organizacionais — é satisfeito prioritariamente pelo parâmetro de projeto DP23 — uso da metodologia do custeio baseado em atividades para medir custo dos processos. Outros parâmetros dessa matriz individual do objetivo estratégico da empresa, DP21 e DP22, também ajudam a manter sob controle os custos dos processos. Olhando a matriz consolidada, observa-se que outros parâmetros de projeto do objetivo estratégico dos colaboradores, como DP11, DP12 e DP13, também exercem influência no requisito FR23, porém em menor escala de importância e ordem em relação a DP21 e DP22.

O fato de as medidas estarem associadas aos requisitos leva naturalmente a um balanceamento e integração das medidas nos quatro objetivos e, por fim, ao alinhamento da mensuração de desempenho ao sistema de manufatura e aos objetivos estratégicos do modelo de negócio da empresa. (Veja a Figura 11.19.)

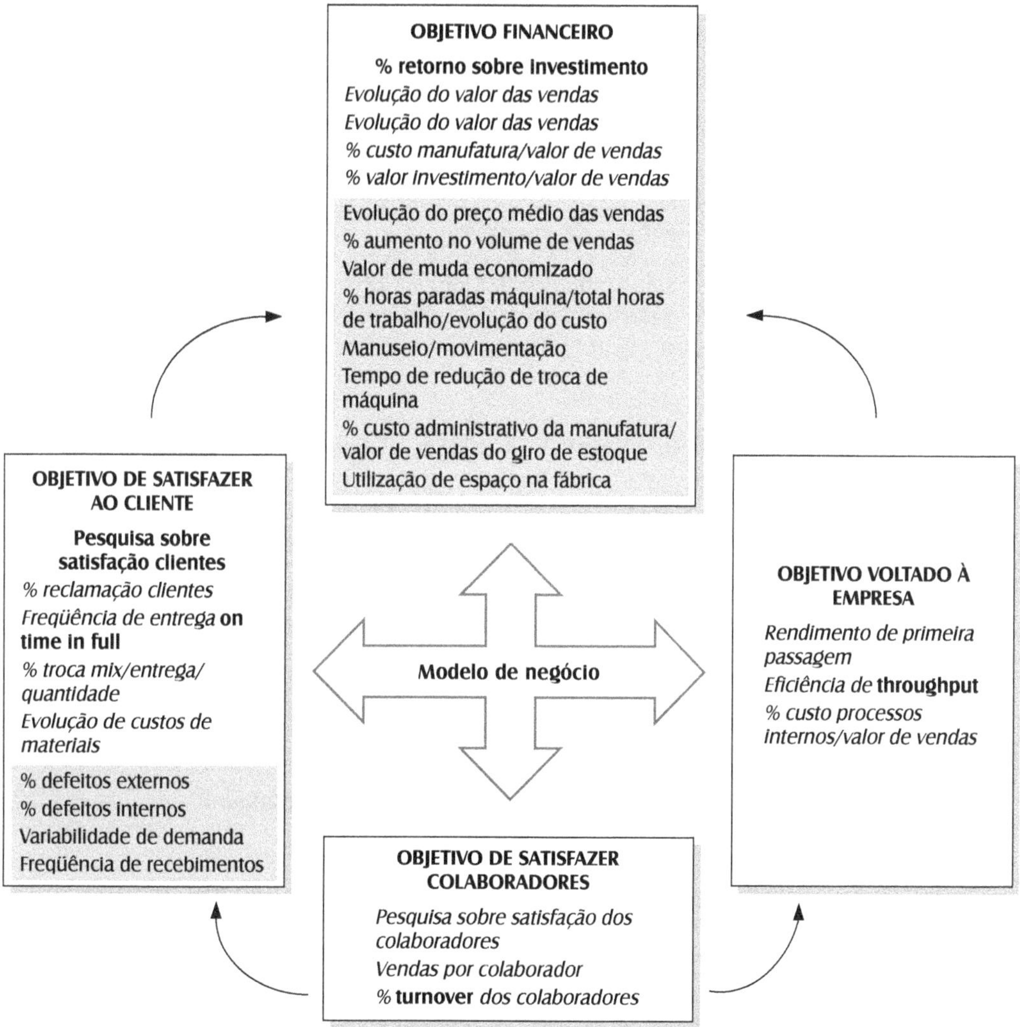

Figura 11.19 Balanceamento das medidas de desempenho nos objetivos estratégicos. Nessa figura, as medidas relativas ao primeiro nível da empresa estão representadas pelo negrito; as relativas ao nível intermediário, pelo itálico; e as do nível operacional, pelo fundo cinza.

Um comentário final deve ser feito a respeito da não-utilização do axioma da informação. O projeto proposto de sistema de manufatura enxuta aqui apresentado se preocupou fundamentalmente em satisfazer ao axioma da independência, ao verificar sua consistência. Em cada nível de decomposição do projeto, a matriz deveria ser diagonal ou triangular, caracterizando-se assim uma matriz de projeto *uncoupled* ou *decoupled*.

Quanto ao axioma da informação, não é possível sua utilização, porque não se consegue calcular de antemão o volume de informação necessário para satisfazer ao projeto. A escolha do melhor projeto com o menor nível de informação é feita comparando-se a faixa do projeto com a faixa do sistema. Não se procurou definir a faixa de projeto para satisfazer a cada um dos FRs porque isso dependerá das expectativas de cada projetista ao aplicar este modelo. E a faixa do sistema só é passível de verificação quando ocorrem os resultados na prática do sistema de manufatura.

Balanceamento das medidas de desempenho nos quatro objetivos estratégicos do modelo de negócio

A Figura 11.19 ilustra esse balanceamento. Podem ser observadas as inter-relações entre as medidas de desempenho nos quatro objetivos estratégicos e compreender como as ações tomadas no âmbito da manufatura enxuta influenciam o desempenho da empresa.

Relacionamento dos determinantes (parâmetros de projeto) e dos resultados (requisitos funcionais)

Vale lembrar que, no modelo de negócio da empresa, quatro objetivos estratégicos foram definidos, e eles refletem as necessidades dos interessados. Esses objetivos expressam necessidades de quatro grupos de interessados: acionistas, cliente, empresa interna e seus colaboradores. O relacionamento dos determinantes e dos resultados dentro de cada objetivo podem ser resumidos da seguinte forma:

Tabela 11.13 Relacionamento entre determinantes e resultados

Determinantes	Resultados
Objetivo: satisfazer os colaboradores	
Desenvolvimento dos colaboradores (DP1)	Propiciar aprendizado e crescimento aos colaboradores (FR1)
Clima organizacional propício a mudanças (DP11)	Manter colaboradores satisfeitos (FR11)
Tecnologia de informação aprimorada (DP12)	Aumentar a produtividade dos colaboradores (FR12)
Incentivos aos colaboradores (DP13)	Reter os talentos (FR13)
Objetivo voltado à empresa interna	
Foco nos processos organizacionais (DP2)	Melhorar continuamente os processos organizacionais (FR2)
Controle estreito dos processos internos (DP21)	Garantir produtos sem defeitos (FR21)
Processos de produção eficientes e confiáveis (DP22)	Reduzir tempo de resposta aos clientes (FR22)
Uso da metodologia do ABC (DP23)	Manter sob controle os custos dos processos (FR23)

(continuação)

Determinantes	Resultados
Objetivo: satisfazer o cliente	
Produtos e serviços que maximizam satisfação (DP3)	Satisfazer os clientes nos compromissos (FR3)
Built-in quality (DP31)	Entregar produtos conforme qualidade compromissada (FR31)
Disponibilidade do equipamento (DP32)	Assegurar confiabilidade (FR32)
Lotes pequenos de transferência (DP33)	Assegurar velocidade para atender os clientes (FR33)
Células de manufatura (DP34)	Assegurar flexibilidade (FR34)
Preço-meta em concordância com fornecedores (DP35)	Reduzir custo de material (FR35)
Parceira com fornecedores de confiança (DP311)	Reduzir os defeitos dos produtos recebidos (FR311)
Adoção do sistema *andon* (DP312)	Eliminar os defeitos de produção (FR312)
Adoção da técnica de *heijunka* (DP331)	Nivelar a demanda para a produção (FR331)
Extensão da prática do JIT e do *kanban* (DP332)	Receber material com maior freqüência (FR332)
Objetivo financeiro	
Desenho do sistema de manufatura (DP4)	Incrementar ROI (FR4)
Valor percebido pelo cliente (DP41)	Aumentar as vendas (FR41)
Custo-meta da manufatura (DP42)	Minimizar custo de manufatura (FR42)
Utilização mais adequada dos ativos (DP43)	Minimizar nível de investimento (FR43)
Diferenciação dos produtos (DP411)	Vender produtos com o mais alto preço (FR411)
Espectro mais amplo de uso dos produtos (DP412)	Aumentar volume de venda (FR412)
Técnicas de eliminação de desperdícios (DP421)	Minimizar custos de não-conformidade (FR421)
Adoção de TPM (DP422)	Minimizar custos de manutenção (FR422)
Melhor arranjo físico das máquinas (DP423)	Minimizar custos de movimentação e manuseio (FR423)
Técnicas de redução do tempo de *setup* (DP424)	Minimizar custo de *setup* (FR424)
Adoção da abordagem de *rethinking* (DP425)	Minimizar custo administrativo da manufatura (FR425)
Operação com baixos níveis de inventário (DP431)	Aumentar giro de estoque (FR431)
Máquinas mais bem dimensionadas (DP432)	Otimizar uso do espaço físico (FR432)

Relação de todas as medidas de desempenho identificadas no modelo de mensuração de desempenho

Todas as medidas de desempenho associadas aos requisitos funcionais nos quatro objetivos estratégicos são mostradas a seguir.

Quadro 11.1 Relação das medidas de desempenho

Objetivo: satisfazer os colaboradores
Pesquisa periódica de satisfação dos colaboradores (associada ao FR11)
Vendas por colaborador (idem FR12)
% *turnover* dos colaboradores (associada ao FR13)
Não foi associada uma medida de desempenho ao FR1 (propiciar aprendizado e crescimento aos colaboradores)
Objetivo voltado à empresa interna
Rendimento de primeira passagem (associada ao FR21)
Eficiência do *throughput* (associada ao FR22)
% custo dos processos internos/valor das vendas líquidas (idem FR23)
Não foi associada uma medida de desempenho ao FR2 (melhorar continuamente os processos organizacionais)
Objetivo: satisfazer o cliente
Pesquisa periódica de satisfação (associada ao FR3)
Note-se que, opcionalmente, não haveria necessidade de associar uma medida de desempenho a esse requisito funcional de nível superior. Caso isso ocorra, a pesquisa de satisfação atenderia adequadamente ao requisito de satisfazer os clientes nos compromissos assumidos.
% reclamação de clientes (associada ao FR 31)
% OTIF *on time in full* (associada ao FR32)
Freqüência de entrega (associada ao FR33)
% troca de mix/entrega/quantidade (idem FR34)
Evolução dos custos dos materiais (idem FR35)
% defeitos externos (idem FR311)
% defeitos gerados internamente (idem FR312)
Variabilidade de demanda dos clientes (idem FR331)
Freqüência de recebimentos (idem FR332)
Objetivo financeiro
% ROI retorno sobre investimento (associada ao FR4)
Evolução do valor das vendas (associada ao FR41)
% custo de manufatura/valor das vendas líquidas (idem FR42)
% valor de investimento/valor das vendas líquidas (idem FR43)

(continuação)

Objetivo financeiro
Evolução do preço médio de vendas (idem FR411)
% aumento do volume de vendas (idem FR412)
Valor de muda economizado (idem FR421)
% horas de parada de máquina/total de horas trabalhadas (idem FR422)
Evolução do custo por unidade da atividade de manuseio e movimentação (idéia extraída do OMM *output measure methodology*) (associada ao FR423)
tempo de redução de troca de máquina (idem FR424)
% custo administrativo de manufatura/valor das vendas líquidas (idem FR425)
Giro de estoque (idem FR431)
Utilização de espaço na fábrica (idem FR432)

11.6 Definição e forma de cálculo das medidas de desempenho

Nesta seção, são definidas todas as medidas de desempenho demonstradas e suas fórmulas de cálculo.

Medidas do objetivo dos colaboradores

Pesquisa periódica de satisfação dos colaboradores

Definição: mede a satisfação dos colaboradores em relação ao aprendizado e crescimento que a empresa lhes tem propiciado. Quanto maior o nível de satisfação, mais motivados e produtivos estarão para realizar as mudanças na empresa, de modo a torná-la cada vez mais competitiva.

Forma de cálculo: a ser definida na pesquisa.

Percentual de *turnover* dos colaboradores

Definição: mede a rotatividade dos colaboradores relativamente a suas demissões. Quanto menor esse percentual, mais satisfeitos com a empresa estarão os colaboradores considerados talento, e menos motivos terão para abandoná-la.

Forma de cálculo: número de colaboradores demitidos dividido pelo número total de colaboradores. O cálculo pode ser feito de forma mensal e cumulativa.

Vendas por colaborador

Definição: mede a produtividade dos colaboradores como reflexo do aprimoramento e melhoria da tecnologia de informação para tomarem as decisões mais corretamente e melhor gerenciarem suas atividades.

Forma de cálculo: número de vendas líquidas (sem impostos sobre vendas) dividido pelo número total de colaboradores. O cálculo pode ser feito mensalmente, monitorando-se uma tendência ao longo de um período maior (um ou dois anos), ou cumulativamente, comparando-se o valor do ano corrente com o dos anos anteriores.

Medidas de desempenho do objetivo da empresa interna

Rendimento de primeira passagem

Definição: mede a porcentagem de total de itens que passam em todos os estágios de produção sem reparo, retrabalho ou defeito. Quanto melhor for esse rendimento, melhor será a confiabilidade do processo produtivo em fazer as entregas aos clientes no prazo e na quantidade solicitados.

Forma de cálculo: rendimento do primeiro estágio vezes o rendimento do segundo estágio vezes o rendimento dos estágios 3, 4..., e assim sucessivamente, onde: rendimento da primeira passagem em cada estágio produtivo = total de itens sem defeito dividido pelo total de itens processados.

Eficiência do *troughput*

Definição: conforme visto anteriormente, *throughput* é o tempo gasto para converter a matéria-prima em produto acabado com toda a ineficiência (tempo parado em estoque + tempo de espera por mercadoria etc.) e seu despacho a partir do momento em que entra o pedido do cliente. Mede a velocidade que a peça leva para mover-se ao longo de todo um processo ou um fluxo de valor.

Forma de cálculo: tempo de processamento da peça dividido pelo tempo do *throughput.*

Percentual de custo dos processos internos/valor das vendas líquidas

Definição: mede a evolução relativa do custo dos processos de produção em relação às vendas líquidas (sem impostos sobre vendas). Quanto menor for esse percentual, mais controle a manufatura terá sobre seus processos produtivos. Em épocas de venda crescente, o custo dos processos poderá subir, porém, se bem controlado, em proporção menor que o aumento da venda; em épocas de recessão, o custo dos processos deverá cair proporcionalmente mais que as vendas.

Forma de cálculo: total do custo dos processos de produção dividido pelo valor de vendas líquidas. O cálculo pode ser feito mensal ou cumulativamente. Como já foi visto, deve-se utilizar a metodologia de custeio baseado em atividades para calcular os custos dos processos.

Medidas de desempenho do objetivo do cliente

Pesquisa periódica de satisfação dos clientes

Definição: mede a satisfação dos clientes nos compromissos assumidos em relação às cinco dimensões competitivas. Quanto maior for o nível de satisfação, mais fidelizados estarão os clientes e, conseqüentemente, ocorrerá um aumento das vendas.

Forma de cálculo: a ser definida na pesquisa.

Percentual de reclamação de clientes

Definição: mede a satisfação dos clientes com relação à qualidade dos produtos recebidos. Quanto menor for o nível de reclamação, mais satisfeitos estarão e, conseqüentemente, ocorrerá aumento das vendas.

Forma de cálculo: número de itens defeituosos dividido pelo total de itens entregues ao cliente, medido em ppm (partes por milhão). Este cálculo poderá ser feito por mês, trimestre e acumulado no ano.

Percentual de OTIF (*on time in full* ou pedidos entregues a tempo e total)

Definição: mede a eficácia do processo de produção em atender à programação do cliente, isto é, atender aos pedidos entregues no tempo e na quantidade solicitada. Contrariamente à medida anterior, quanto maior for esse percentual, melhor: a empresa torna-se cada vez mais confiável.

Forma de cálculo: número de pedidos entregues fora do prazo combinado e/ou da quantidade solicitada dividido pelo total de pedidos despachados no mês, no trimestre ou acumulados no ano.

Freqüência de entrega

Definição: mede a freqüência com que os produtos são despachados aos clientes. Quanto maior for essa freqüência, melhor será o giro dos estoques da empresa. Para que isso seja possível, os materiais devem mover-se mais rapidamente dentro dela. Essa medida representa a quantidade média de entregas por dia aos diversos clientes.

Forma de cálculo: total de entregas efetuadas aos clientes dividido pelo número de dias do período a que se referem as entregas. Assim, essa medida pode ser mensal ou trimestral. Esse cálculo pode ser feito pelo total de clientes da empresa ou individualizado por cliente.

Percentual de troca de entrega/mix/quantidade

Definição: mede a rapidez com que a empresa muda a variedade dos produtos existentes em um período (mix), a quantidade e/ou as datas de entrega assumidas. Quanto maior a flexibilidade da manufatura, mais ela terá condições de atender os pedidos do cliente a tempo e no total (OTIF).

Forma de cálculo: número de variações ou alterações dividido pelo número de itens programados originalmente. Esse cálculo pode ser feito pelo total de clientes da empresa ou individualizado por cliente.

Evolução dos custos dos materiais em relação à evolução do preço de vendas

Definição: mede como os custos dos materiais crescem ao longo do tempo (como reflexo dos preços-meta negociados com os fornecedores) proporcionalmente à evolução do preço de vendas. Quanto mais esse fator estiver abaixo de 1, melhor será para a empresa.

Forma de cálculo: o cálculo deve ser feito para cada linha de produto cujo material seja utilizado: percentual de evolução do custo do material dividido pelo percentual de evolução do preço de vendas. Este último percentual pode ser obtido da perspectiva financeira. Se qualquer um dos percentuais de evolução for negativo, o cálculo será prejudicado.

Percentual de defeitos externos

Definição: mede a qualidade dos produtos recebidos dos fornecedores. A manutenção de um estreito relacionamento com os fornecedores e a transferência de conhecimento a eles permitirão receber material com alta qualidade. Isso acarreta um efeito incremental na qualidade interna e na produtividade, por ocorrerem menos retrabalhos e reparos.

Forma de cálculo: número de itens defeituosos dividido pelo total de itens recebidos dos fornecedores, medido em ppm (partes por milhão). Esse cálculo pode ser feito em base mensal, trimestral ou anual.

Percentual de defeitos gerados internamente

Definição: mede a qualidade dos produtos fabricados pela empresa. Um bom controle de seu processo produtivo, aliado a uma alta qualidade dos produtos recebidos, reduz o nível de defeitos internos. Isso causa efeito positivo na satisfação dos clientes, no tocante à qualidade dos produtos. Um foco na construção da qualidade (*built-in quality*) é requisito para uma efetiva manufatura enxuta, em vez de confiar em um processo de inspeção formal.

Forma de cálculo: número de produtos que falham na primeira inspeção dividido pelo total de produtos fabricados. Esse cálculo pode ser feito em base mensal, trimestral ou anual.

Variabilidade da demanda dos clientes

Definição: a estabilidade de demanda dos clientes possibilita maior confiabilidade e freqüência de entrega. Clientes que mudam constantemente seus volumes de demanda criam distúrbios ao longo do fluxo de valor, exigindo ajustes nos materiais, mão-de-obra e outros recursos, o que prejudica a produtividade e a qualidade.

Forma de cálculo: número de variações ou alterações dividido pelo número de itens programados originalmente. Esse cálculo pode ser feito pelo total de clientes da empresa ou individualizado por cliente.

Freqüência de recebimentos

Definição: mede a freqüência com que os produtos são recebidos dos fornecedores. Quanto maior for essa freqüência, mais rápido os materiais se moverão dentro das plantas (eficiência do *throughput*). Essa medida representa a quantidade média de recebimentos por dia dos diversos fornecedores.

Forma de cálculo: total de entregas recebidas dos fornecedores dividido pelo número de dias do período a que se referem. Esse cálculo pode ser mensal ou trimestral; pode ser feito pelo total de fornecedores da empresa ou individualizado por fornecedor.

Medidas de desempenho do objetivo financeiro

Evolução do valor das vendas

Definição: mede a rapidez com que o negócio como um todo cresce em relação ao período anterior e ao longo de um período de vários anos.

Forma de cálculo: duas maneiras possíveis:

- Em valor absoluto. Valor desse período (mês, trimestre ou ano) deduzido de igual período do(s) ano(s) anterior(es).
- Em valor percentual. (Valor desse período (mês, trimestre ou ano) deduzido de igual período dos anos anteriores, dividido pelo valor de igual período do(s) ano(s) passado(s)) menos 1[2].

Percentual de custo de manufatura/valor das vendas líquidas

Definição: mede a evolução relativa do custo de manufatura em relação às vendas líquidas (sem impostos sobre vendas). Quanto menor for esse percentual, mais controle a manufatura terá sobre seus custos. Em épocas de venda crescente, o custo de manufatura subirá, porém em proporção menor que o aumento da venda; em épocas de recessão, o custo de manufatura deverá cair proporcionalmente mais que as vendas.

[2] Em alguns períodos, o cálculo ou o percentual poderá ser negativo; o que conta é a evolução ao longo do tempo.

Forma de cálculo: total do custo de manufatura (entendido como o somatório dos custo de material mais mão-de-obra direta mais custos indiretos de manufatura) dividido pelo valor de vendas líquidas. O cálculo pode ser feito de forma mensal ou cumulativa.

Percentual de valor de investimento/valor das vendas líquidas

Definição: racionalização do valor dos investimentos, decorrente de economia no uso do espaço físico da fábrica e melhor utilização dos estoques. Quanto menor for esse percentual, maior será o retorno sobre o investimento (ROI). Analogamente à medida anterior, em épocas de venda crescente, o valor do investimento deverá subir, porém em proporção menor que o aumento da venda; em épocas de recessão, o valor do investimento deverá cair proporcionalmente mais que as vendas.

Forma de cálculo: total do valor do investimento (entendido como valor dos estoques mais o valor do espaço físico) dividido pelo valor de vendas líquidas. O cálculo pode ser feito de mensal ou cumulativamente.

Evolução do preço médio de vendas

Definição: mede como o preço de vendas cresce ao longo do tempo, como reflexo da diferenciação do produto para o cliente.

Forma de cálculo: o cálculo deve ser feito para cada linha de produto:

- Em valor absoluto. Valor desse período (mês, trimestre ou ano) deduzido de igual período do(s) ano(s) anterior(es).
- Em valor percentual. Valor desse período (mês, trimestre ou ano) dividido pelo valor de igual período do(s) ano(s) passado(s) igual à evolução do valor das vendas 1. Em alguns períodos, o cálculo ou o percentual poderá ser negativo; o que conta é a evolução ao longo do tempo.

Evolução do volume de vendas

Definição: mede como o volume de vendas cresce ao longo do tempo, como reflexo do espectro mais amplo do uso dos produtos.

Forma de cálculo: o cálculo deve ser feito para cada linha de produto:

- Em valor absoluto. Valor desse período (mês, trimestre ou ano) deduzido de igual período do(s) ano(s) anterior(es).
- Em valor percentual. Valor desse período (mês, trimestre ou ano) dividido pelo valor de igual período do(s) ano(s) passado(s) igual à evolução do valor das venda 1. Em alguns períodos, o cálculo ou o percentual poderá ser negativo; o que conta é a evolução ao longo do tempo.

Valor de muda economizado

Definição: é a materialização em bases financeiras dos projetos de melhoria implementados. Mede o acúmulo do resultado ou benefício financeiro que os projetos de melhoria trazem para a empresa.

Forma de cálculo: somatório dos valores de benefício financeiro de cada projeto, independentemente do tempo que demorará sua implementação. O cálculo pode ser feito mensal ou cumulativamente.

Percentual de horas de parada de máquina/total de horas trabalhadas

Definição: mede o comportamento das horas paradas de máquina proporcionalmente ao total de horas trabalhadas de máquina. Quanto menor for esse percentual, menor será o custo de manutenção da fábrica.

Forma de cálculo: total de horas paradas de máquina dividido pelo total de horas trabalhadas de máquina. O cálculo pode ser feito mensal ou cumulativamente.

Comportamento do custo por unidade da atividade de manuseio e movimentação

Definição: mede como o custo da atividade de manuseio e movimentação por unidade de consumo se comporta ao longo do tempo como reflexo do melhor arranjo físico das máquinas. Este arranjo permitirá movimentar em tempo menor uma mesma quantidade de peças ou lotes menores de transferência de cada vez. Assim, quanto menor for o custo por movimentação ao longo do tempo, melhor será para a fábrica.

Forma de cálculo: a unidade de consumo seria determinar quantas peças podem ser manuseadas e movimentadas em cada operação. Exemplificando, digamos 10 mil peças, em média, a cada manuseio e movimentação pela fábrica. Por fim, o custo por unidade de movimentação é calculado dividindo o custo dessas atividades (determinado utilizando a metodologia do custeio baseado em atividades) pelo total de manuseio/movimentações.

O cálculo pode ser feito mensalmente, monitorando-se uma tendência ao longo de um período maior (um ou dois anos), ou cumulativamente, comparando-se o valor do ano corrente com o de anos anteriores.

Tempo de redução de trocas de máquinas (*setup*)

Definição: alguns dos projetos de melhoria podem relacionar-se com a redução do tempo das trocas ou *setup* de máquinas. O resultado desses projetos é expresso no tempo de redução de trocas de máquinas para ganhar flexibilidade e velocidade.

Forma de cálculo: somatório da redução dos tempos nas trocas de máquinas antes e depois das alterações. Esse tempo pode ser pontual e cumulativo.

Percentual de custo administrativo de manufatura/valor das vendas líquidas

Definição: mede a evolução do custo administrativo de manufatura proporcionalmente às vendas líquidas. Quanto menor for esse percentual, melhor será o controle da fábrica sobre seu custo administrativo.

Forma de cálculo: total do custo administrativo (entendido como as áreas de suporte da manufatura) dividido pelo valor de vendas líquidas. O cálculo pode ser feito mensal ou cumulativamente.

Giro de estoque

Definição: mede a rapidez com que o estoque total (matéria-prima, em processo e acabados) gira em relação às vendas. Quanto mais estável for o processo de produção, quanto menor for o *throughput time*, e o material fluir mais rapidamente, maior será o giro de estoque, menor será o capital de giro empregado e, conseqüentemente, maior será a geração de caixa para a empresa.

Forma de cálculo: custo das vendas anualizado (sem incluir despesas administrativas e comercias) dividido pelo estoque total. O valor desse estoque pode ser o do momento, a média do ano ou do final do ano. Alternativamente, poderá ser calculado o número de dias em estoque de matéria-prima, em processo e acabados, em vez do giro, nos casos em que for difícil obter o valor do custo de vendas. Assim, basta dividir o número de unidades em estoque pelo respectivo número de unidades de saída: consumo de matéria-prima; produção realizada ou venda efetivada. Terá impacto no fluxo de caixa da empresa e a valorização será feita subtraindo o valor do estoque do período atual do valor do período anterior (mês e acumulado). Se essa diferença for negativa, a empresa estará obtendo sucesso em reduzir o capital empregado no estoque e gerando mais caixa.

Utilização de espaço

Definição: economia na utilização de espaço decorrente das modificações provocadas pela manufatura enxuta em relação à situação anterior. A economia acontecerá no espaço físico da fábrica: menor espaço utilizado para as máquinas, equipamentos, almoxarifado e inventário de matéria-prima, produtos acabados e em processo na fábrica. Essa economia de espaço poderá acarretar uma redução de custo (caso a empresa pague aluguel pelo espaço), um ganho adicional (se ela conseguir alugar esse espaço de terceiros) ou um incremento nos negócios (no caso de a empresa ter aumento das vendas e não precisar alugar espaço adicional).

Forma de cálculo: o espaço anteriormente utilizado menos o espaço atualmente utilizado. O ideal é que se calcule essa diferença mês a mês, acumulada no trimestre e/ou no ano. A valorização dessa medida será feita multiplicando-se a economia de espaço pelo valor do metro quadrado. Outra maneira é calcular o número de unidades (ou qualquer outra unidade) produzidas dividido pela área do espaço (em metros quadrados) de manufatura e estocagem. Sua valorização será feita multiplicando-se a redução desse fator (da situação atual em relação à situação anterior) pelo valor de uma unidade produzida por metro quadrado.

Resumo

Neste capítulo foi apresentada uma proposta de modelo de mensuração de desempenho que visa fechar o *gap* existente nos sistemas de mensuração de desempenho entre os objetivos da empresa e as medidas de desempenho. Essa proposta parte de um modelo de negócio da empresa; desse modelo deriva a estratégia de manufatura que irá embasar o projeto do sistema de manufatura enxuta. Este sistema é decomposto em vários níveis para refletir a decomposição dos objetivos estratégicos em requisitos funcionais e parâmetros de projeto. Cada nível de decomposição se refere a um nível hierárquico da empresa. Por fim, medidas de desempenho são alinhadas ao sistema de manufatura, assegurando-se que elas mantenham o balanceamento nos quatro objetivos do modelo de negócio.

CAPÍTULO 12

Aplicação prática do modelo em uma empresa brasileira

Ao final deste capítulo, você:

- *Terá conhecido a realidade de uma empresa nacional que aplicou os conceitos da manufatura enxuta em sua produção.*
- *Terá entendido como essa empresa melhorou seu desempenho fabril após a introdução da manufatura enxuta.*
- *Terá visto a validação do modelo proposto no capítulo anterior na prática, isto é, o resultado mostra o balanceamento das medidas de desempenho e a vinculação entre elas nas relações de causa e efeito.*

A escolha por uma empresa industrial do setor de munição deve-se ao fato de ela já ter iniciado a produção enxuta em meados de 2000, o que permite comparar os resultados atuais com os anteriores. Este capítulo está dividido em duas partes: a primeira trata da empresa, do produto (cartucho de munição) e da área de aplicação prática na CBC. A segunda parte é a mais significativa do estudo de caso, porque nela se procura validar o modelo proposto no capítulo anterior, isto é, se a estrutura do projeto de manufatura enxuta, com sua decomposição e a correlação das medidas de desempenho entre os diversos níveis, se verifica na prática.

Você verá que várias expressões em inglês serão utilizadas ao longo deste capítulo, por serem de uso e prática correntes.

12.1 Sobre a empresa

Fundada em 1926 por imigrantes italianos com o nome Fábrica Nacional de Cartuchos e Munições, teve, em 1936, seu controle acionário assumido pela Remington Arms e

ICI. Em 1979 a razão social mudou para a atual e a partir de então 70% da empresa passou para as mãos dos diretores e 30% para a Imbel Indústria de Material Bélico do Brasil. Finalmente, em 1989, as ações dos diretores passaram para o Grupo Arbi (nacional) e até hoje essa composição acionária se mantém.

A CBC é hoje uma das mais importantes fábricas de armas e munições do mundo, ocupa uma extensa área de cerca de 1.800.000 m^2, localizada no município de Ribeirão Pires, em São Paulo e emprega mil funcionários que utilizam as mais modernas tecnologias disponíveis no setor. Outra fábrica menor se localiza em São Leopoldo, no Rio Grande do Sul. Conta com ampla gama de produtos para uso civil, policial e militar, incluindo cartuchos de fogo central e cartuchos de fogo circular para armas curtas e longas, cartuchos para armas não raiadas, munições de médio calibre, cartuchos de uso industrial, componentes de munições, pólvora, espingardas e rifles. Seus produtos atendem às normas internacionais e são homologados pelas Forças Armadas do Brasil e pelos principais bancos de prova europeus. Exporta 70% de toda a sua produção para mais de 65 países e sua produtividade atual está abaixo de 2,8 homens-horas para cada mil cartuchos. É certificada desde janeiro de 2000 pela ISO 9001, ano em que iniciou o sistema de manufatura enxuta.

Os objetivos da empresa são expressos da seguinte maneira:

- Oferecer produtos e serviços de qualidade, competitivos internacionalmente e suportados por uma logística eficiente para atender às expectativas dos clientes.
- Assegurar a melhoria contínua dos processos da empresa.
- Motivar os funcionários a participarem ativamente, mediante treinamento e desenvolvimento profissional.
- Garantir o lucro ao acionista para assegurar o investimento a longo prazo.

12.2 Sobre o produto cartucho

Um cartucho é composto, normalmente, de quatro partes: estojo, espoleta com mistura iniciadora, pólvora e projétil. Ao acionar o gatilho da arma, seu percussor esmaga com violência a mistura iniciadora. Esta, ao ser detonada, produz chamas de alto poder calorífico que passam por orifícios existentes no fundo do alojamento da espoleta e dão início à combustão dos grãos de pólvora. Como o cartucho está confinado na câmara da arma e a única saída livre é o cano, a pressão desenvolvida pelos gases acaba por impelir o projétil por essa saída: o cano da arma. A bala é impulsionada pela ação dos gases resultantes da queima da pólvora. Ao atravessar o cano da arma, devido ao raiamento nele existente, adquire a rotação necessária para sua estabilização no deslocamento até o alvo.

Quando a percussão ocorre em uma espoleta colocada no centro da cabeça do estojo, o cartucho é denominado fogo central. No entanto, quando a mistura iniciadora fica contida no bordo interno da cabeça do cartucho, constituindo um verdadeiro anel, o cartucho é de fogo circular. Nesse caso, a mistura e a pólvora estão em contato direto, e o esmagamento da mistura é feito pela pancada do percussor da arma que, assim, comprime o bordo da cabeça do estojo contra a câmara da arma.

A descrição do produto cartucho feita aqui tem a finalidade de facilitar o entendimento do processo de fabricação na próxima seção.

12.3 Área de aplicação prática na empresa

Por conveniência da empresa, o sistema de manufatura enxuta iniciou-se na fábrica de cartuchos de fogo central no segundo semestre de 2000 por iniciativa do diretor industrial, com a ajuda de uma consultoria norte-americana formada por ex-profissionais da Toyota. Até o momento, essa experiência está restrita ao fogo central e há planos de estendê-la à fábrica do Sul do país. Com a manufatura enxuta, essa fábrica aumentou sua produção de 620 mil cartuchos/dia entre 1999 e 2000 para 740 mil no segundo semestre de 2002. Como essa fábrica produz cartuchos de diversos calibres e, portanto, com complexidades distintas, esse indicador poderia não ser considerado correto. No entanto, seu mix de produtos (calibres) tem se mantido relativamente padrão ao longo do tempo. A diretoria industrial decidiu então aplicar o modelo na fábrica como um todo, e não em uma família específica do fogo central, até por uma questão de facilidade de obtenção dos dados, porque todas as suas estatísticas internas não tratam por família, e sim todo o fogo central.

O processo de fabricação de um cartucho de fogo central é relativamente simples e consiste de três fases, como mostra a Figura 12.1.

- *Operação bordo (BMV):* operação que consiste em estirar o 'copo' de latão fornecido pela fábrica de copos e deixá-lo no formato de 'estojo', com a gravação do calibre do estojo.
- *Operação torno/capsular:* operação que consiste em inserir no estojo uma espoleta, além de fazer um friso nele. Essa junção espoleta/estojo é impermeabilizada com produtos especiais para perfeita estanqueidade.
- *Operação carregar:* operação que consiste em adicionar ao estojo espoletado a pólvora e inserir o projétil de chumbo no estojo carregado com pólvora.

Cabe mencionar que a CBC tem produção própria do copo de latão a partir de bobinas fornecidas pela Eluma, da espoleta, do projétil feito de chumbo e da pólvora. Todas essas 'fábricas' são tratadas como fornecedores independentes do fogo central e não foram objeto de pesquisa para efeitos deste modelo. Conforme dito anteriormente, não há nenhuma intenção de aplicar a manufatura enxuta nessas fábricas.

12.4 Mapas dos fluxos de valor

O mapa do fluxo de valor do estado antes da manufatura enxuta da CBC pode ser vista na Figura 12.2 e segue a mesma simbologia utilizada em *Aprendendo a enxergar*, de Rother

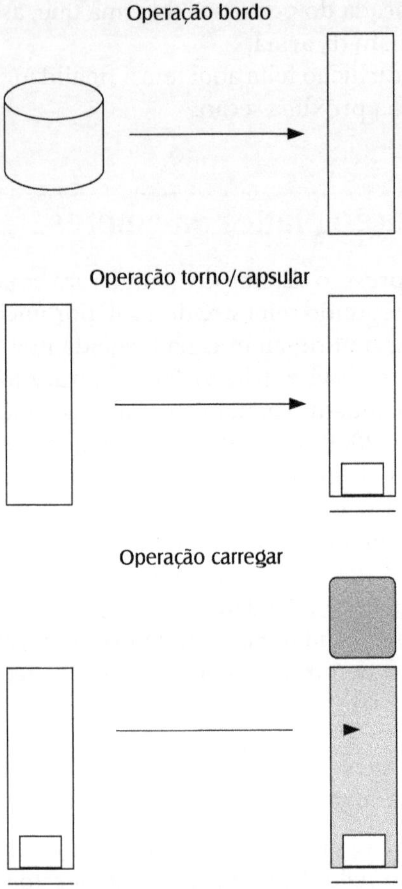

Figura 12.1 Processo de fabricação do cartucho de fogo central

& Shook (1999). A operação antes da manufatura enxuta era típica de produção em massa com as seguintes características:

- sistema de produção empurrada baseada em previsão mensal;
- o PCP recebe previsão do pessoal de vendas por produto, consolida, processa e envia um programa mensal para cada processo de manufatura do fogo central, as 'fábricas' internas e a Eluma, determinando o que deve ser produzido e quando (os fluxos de informação são representados por uma linha estreita);
- o PCP também envia uma programação diária de entrega para a expedição;
- cada processo de fabricação opera como ilha isolada de montagem;
- manufatura em lote (*batch*) com longo tempo de troca (*change over*);
- lógica do processo é difícil de enxergar à frente e atrás;

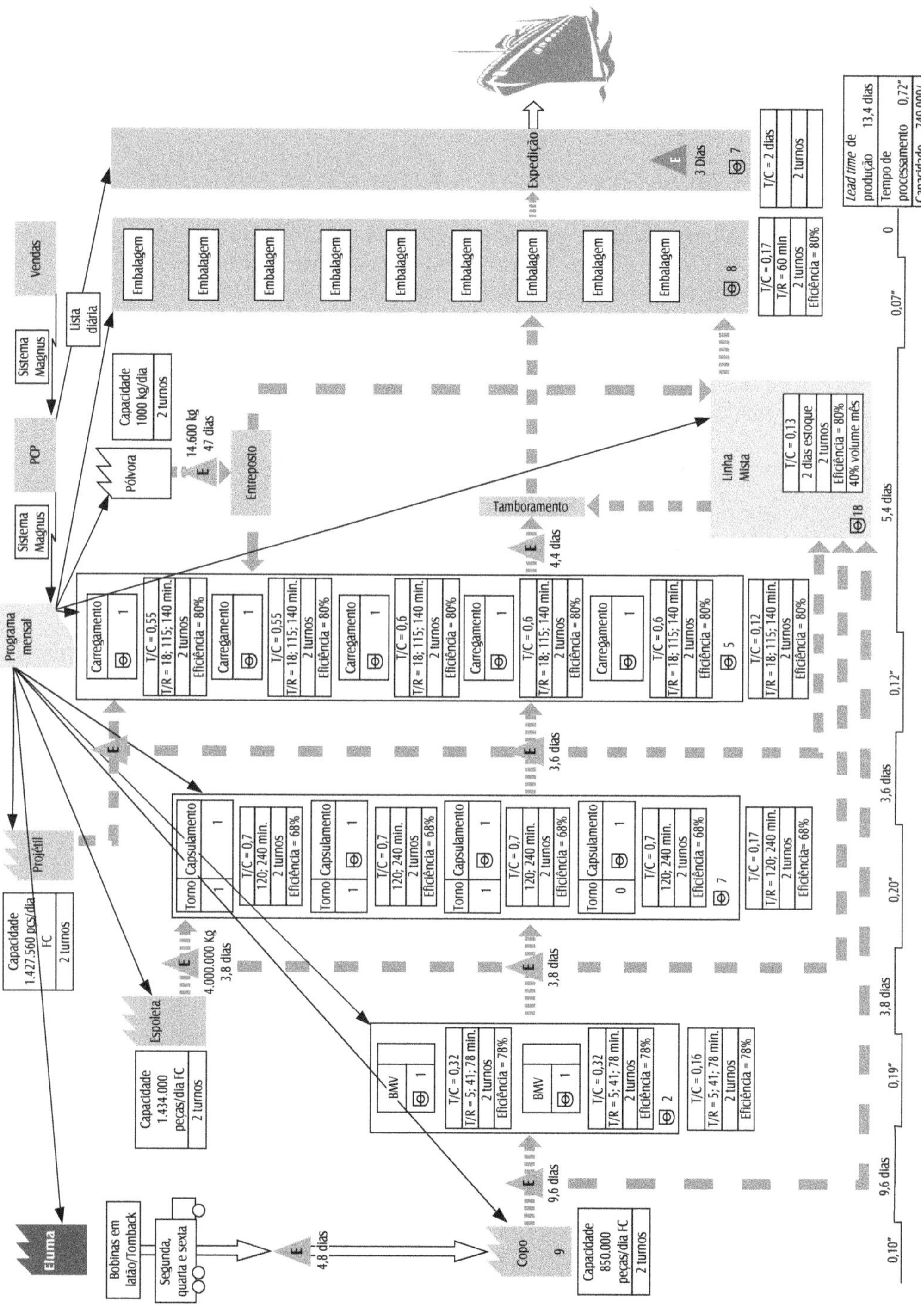

Figura 12.2 Mapa do fluxo de valor do estado antes da manufatura enxuta

- níveis elevados de estoque de produtos acabados, em processo e matéria-prima;
- qualidade no final do processo com ação limitada para a solução de problemas e alto nível de refugo;
- dificuldade em identificar áreas de melhoria.

O ícone de mapeamento do movimento de material empurrado é representado por uma seta. Cada um dos processos de manufatura e as 'fábricas' produzem de acordo com a programação mensal, de modo que a transferência de material de um processo para o seguinte ocorre mediante o processo de empurrar. Na ponta esquerda do mapa, o fornecedor de latão (Eluma) recebe a programação, também mensal, e entrega as bobinas três vezes por semana.

O fluxo de material é desenhado da esquerda para a direita na seqüência das etapas dos processos, e não de acordo com o *layout* físico da planta. No fogo central há quatro processos no fluxo de manufatura do cartucho, que ocorrem na seguinte ordem:

- Operação bordo (BMV)
- Operação torno/capsular
- Operação carregar
- Operação embalagem

Para indicar um processo, é utilizada a simbologia de uma caixa de processo e, dentro dela, representa-se o número de funcionários para operar o processo. Uma caixa de dados é desenhada embaixo de cada caixa de processo para coletar dados importantes a respeito do processo, sendo mais comuns: o T/C (tempo de ciclo; o tempo, em segundos, que leva da saída de um componente e a do seguinte, no mesmo processo); o T/R (tempo de troca; o tempo que leva para mudar a produção de um tipo de produto para outro), a eficiência com que se opera o processo e a quantidade de turnos por dia. Nas caixas de dados das operações de bordo, torno/capsular e carregar existem dois ou três registros de T/R. Esses dados significam os tempos médios das famílias de produto mais representativas.

Outro ícone importante é o triângulo com uma letra E, que significa o lugar onde o estoque se acumula. Esse ícone mostra a localização e a quantidade de estoque em dias parados.

Falta agora determinar no mapa a linha do tempo embaixo das caixas de processo e dos triângulos de estoque para registrar o *lead time* total da produção, isto é, o tempo que leva para uma peça percorrer todo o caminho, começando com sua chegada como matéria-prima até a liberação para o cliente. Na linha de tempo da CBC não foi considerado quanto tempo o material embalado fica parado aguardando a expedição com base em dois argumentos:

- Normalmente o pedido do cliente é composto de várias famílias de produtos e essas famílias não são produzidas simultaneamente.
- O prazo solicitado pelo cliente é relativamente flexível para que toda a produção atinja o prazo solicitado.

Ao adicionar o *lead time* em cada processo e em cada triângulo do estoque no fluxo de material, pode-se chegar a uma boa estimativa do *lead time* total da produção na CBC. O tempo de cada processo é mostrado na parte baixa da linha do tempo, enquanto o tempo de estoque em dias é mostrado na parte de cima. Na CBC, o *lead time* total é de 22,4 dias. Se somarmos o tempo de 15 dias em que permanece na expedição, o tempo total sobe para 37,4 dias.

Na CBC, o *lead time* de um processo é o mesmo que seu tempo de ciclo (T/C). Em outros casos, o tempo para uma peça mover-se ao longo do processo é maior que o tempo de ciclo. A diferença é desperdício, ou tempo que não agrega valor. O tempo de estoque também é considerado desperdício. Na CBC, o tempo de processamento ou tempo total de agregação de valor é de somente 78 segundos, embora o cartucho leve 22,4 dias para percorrer toda a fábrica de fogo central, ou 37,4 dias, se considerarmos até o despacho. Obviamente, quanto menor for o *lead time* total da produção, menor será o tempo entre pagar pela matéria-prima e receber pelo produto acabado (também chamado de ciclo financeiro), e maior será o número de giros do estoque.

Segundo Rother & Shook (1999), o mapa do fluxo de valor difere de uma tradicional ferramenta visual usada em análise de operações: o *layout* das instalações. O mapa do fluxo de valor torna a confusão e a multiplicidade de eventos mostrados no layout da planta compreensíveis a partir da perspectiva do fluxo de valor do produto e de seus clientes

Os objetivos perseguidos pela CBC quando da adoção do sistema de manufatura enxuta foram e continuam sendo os seguintes:

- Aumentar a capacidade da planta para incrementar as vendas e a rentabilidade por meio de melhorias:
  - na capacidade das máquinas;
  - na produtividade da mão-de-obra;
  - no fluxo de informação e de material.
- Reduzir as despesas operacionais mediante:
  - redução dos estoques;
  - aumento da disponibilidade das máquinas;
  - economia no espaço da planta.
- Aumentar a participação de mercado, respondendo mais rapidamente às necessidades dos clientes.
- Prover condições e aptidões para reduzir custos e eliminar desperdícios continuamente.

Consultando o mapa do fluxo de valor após a introdução da manufatura enxuta (Figura 12.3), percebe-se que muitos acontecimentos mudaram, e para melhor. Os processos de fabricação foram adaptados para maquinários progressivos de múltiplas operações, equipados por controladores lógicos programados, que asseguram a interferência mínima de mão-de-obra, altos volumes de produção e consistência absoluta na qualidade. As características da nova operação são apresentadas a seguir:

- O sistema puxa, produzindo o que é demandado.
- O PCP recebe a demanda dos clientes por produto, utiliza uma técnica de nivelamento da produção (*heijunka*) para programá-la e envia uma programação diária para a embalagem, e não mais para a expedição.
- A embalagem inicia o processo de puxar, demandando material do estágio anterior.
- Executa-se manufatura em pequenos lotes (*batch*), com curto tempo de troca (*change over*).
- Torna-se fácil enxergar à frente e atrás no processo de produção, por meio de controle visual.
- São mantidos baixos níveis de estoque de produtos acabados, em processo e de matéria-prima.
- A qualidade é construída durante o processo, e não no final, permitindo a imediata solução de problemas.
- O fluxo de material não segue adiante até que o problema esteja resolvido.
- O sistema é flexível e pode ajustar-se às mudanças do cliente.
- O sistema permite a melhoria contínua.

As características da nova operação na CBC refletem bastante as características de um fluxo enxuto de valor, preconizadas por Shook & Rother (1999). O propósito de um fluxo enxuto de valor, segundo esses autores, é ligar todos os processos — desde o consumidor final até a matéria-prima — em um fluxo regular sem retorno que gere o menor *lead time*, a mais alta qualidade e o custo mais baixo. Algumas dessas características são as seguintes:

- Produzir de acordo com o tempo *takt*. Esse tempo é a freqüência com que se deve produzir uma peça ou produto; baseia-se no ritmo das vendas e é calculado dividindo-se o tempo disponível de trabalho (em segundos) por turno pelo volume da demanda do cliente (em unidades) por turno.
- Desenvolver um fluxo contínuo onde for possível. Isso significa produzir uma peça de cada vez, e cada item é passado imediatamente de um estágio do processo para o seguinte.
- Onde isso não for possível e fabricar em lotes for necessário, usar 'supermercados'. Um processo posterior, denominado de 'cliente', vai ao supermercado e retira o que precisa e quando precisa por meio de um *kanban* de 'retirada'. Essa é a maneira de disparar a produção de peças ao processo anterior, denominado 'fornecedor', mediante *kanban* de 'produção'.
  O novo mapa de fluxo de valor da CBC ainda está longe de uma situação ideal de fluxo contínuo, pois contém supermercados em cada processo de fabricação e também suas fábricas internas, porém mantém o método de puxar. No caso das fábricas

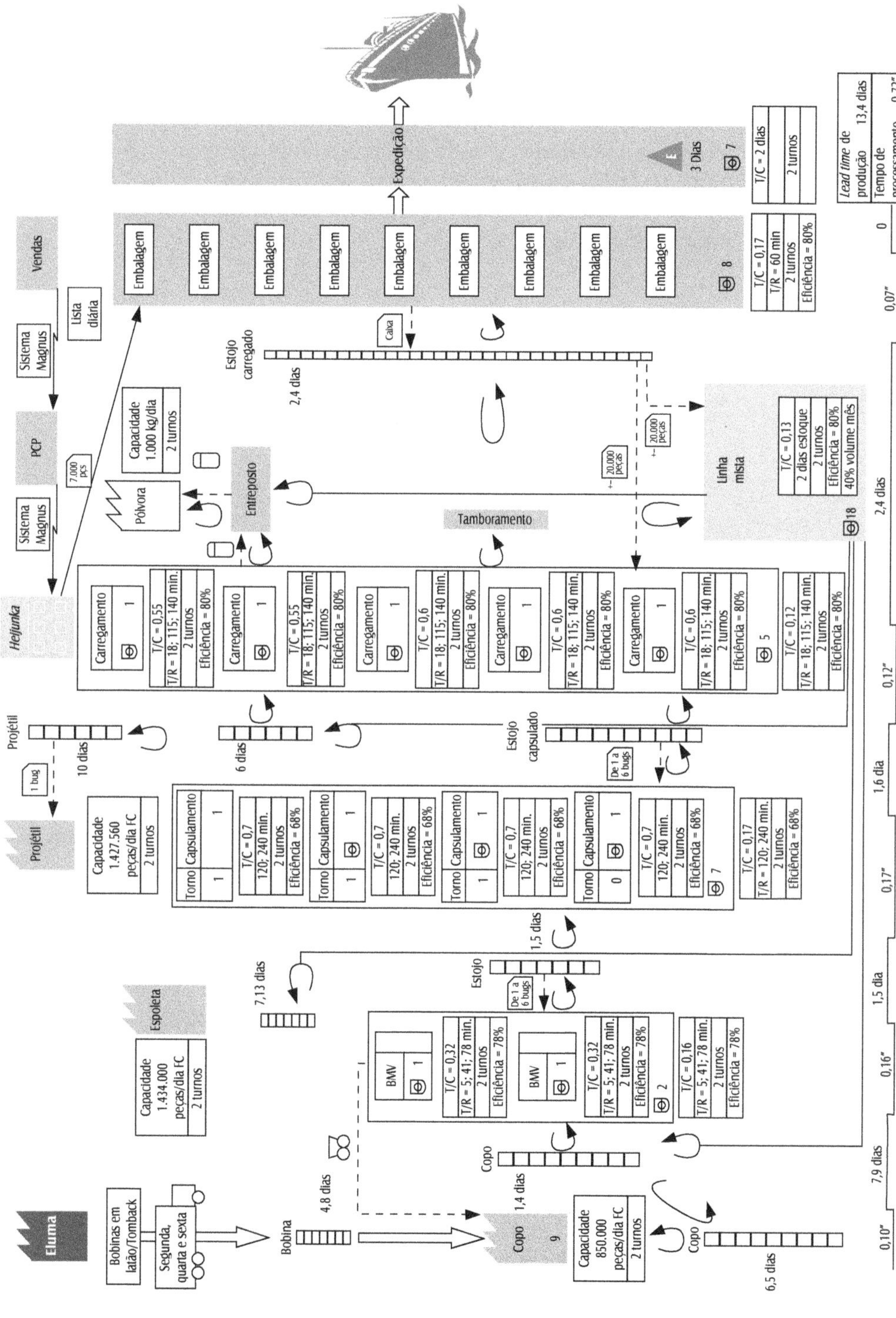

Figura 12.3 Mapa do fluxo de valor do estado depois da manufatura enxuta

internas, a distância do fogo central justifica o supermercado. Nos processos internos, eles ainda não são confiáveis para se ligarem diretamente a um fluxo contínuo. Note-se que, para chegar ao novo *lead time* total da produção, não foi computado o tempo de supermercado que as fábricas internas mantêm, a exemplo do que foi feito no fluxo anterior.

O ícone do supermercado é aberto no lado esquerdo, de frente para o processo fornecedor. Na fábrica, localiza-se próximo ao processo de fornecimento. O ícone da puxada física representa o acionamento dos *kanbans* de retirada e de produção. Os dois ícones representados na figura a seguir:

Figura 12.4 Ícones de supermercado e de puxada física

- Programar o ponto do processo puxador quando é utilizado o sistema puxado com supermercado. Esse ponto define o ritmo para todos os processos anteriores e as transferências de materiais do processo puxador até os produtos acabados devem ocorrer em um fluxo contínuo. Nenhum supermercado ou puxadas posteriores ao processo puxador devem existir.

  Na CBC, o objetivo era produzir para a expedição. Preferiu-se assim montar diretamente para a expedição, fazendo o controle da produção (*heijunka*), programando a embalagem mediante uma listagem diária, conforme a Figura 12.5. Caso a demanda dos clientes se alterasse imprevisivelmente, seria possível optar por um supermercado na embalagem.

- Nivelar o mix de produção, distribuindo a produção dos diferentes produtos de maneira uniforme no processo puxador ao longo do tempo. Quanto mais se con-

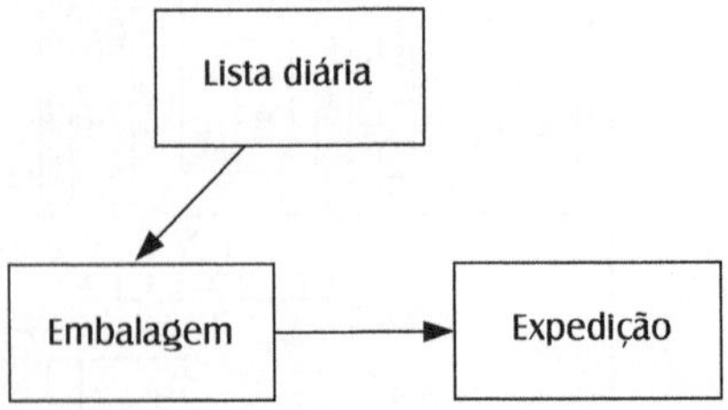

Figura 12.5 Processo puxador da CBC

seguir nivelar o mix de produto no processo puxador, mais apta a empresa estará para responder às diferentes solicitações dos clientes com pequeno *lead time*. Na CBC, esse trabalho é feito pelo pessoal de programação, conforme o método de *heijunka*.

Quais as melhorias conseguidas até agora na CBC com o novo fluxo de valor?

A Tabela 12.1 a seguir, comparando o estado anterior e o atual, mostra as melhorias obtidas.

Tabela 12.1 Comparativo do estado anterior e estado atual na CBC

	Bordo (BMV)	Torno	Carregar	Linha mista	Expedição	Tempo total
Antes	9,6 dias	3,8 dias	3,6 dias	5,4 dias	15 dias	37,4 dias
Agora	7,9 dias	1,5 dia	1,6 dia	2,4 dias	3 dias	16,4 dias

Os resultados obtidos até o momento são significativos. O prazo total foi reduzido em mais de 50%, de 37,4 dias para 16,4 dias, sendo que a expedição contribuiu com a maior parte. O tempo de 3 dias é o tempo médio para aguardar e carregar um contêiner ou caminhão, mas antes os cartuchos ficavam à espera do pedido dos clientes.

O tempo de processamento, ou tempo de agregação de valor, que era de 78 segundos, foi reduzido para 72 segundos por cartucho. Metade dessa redução foi obtida na operação bordo e metade na operação torno/capsular, devido à melhoria nas respectivas eficiências. Por fim, outra melhoria significativa foi o aumento da capacidade da fábrica de fogo central, que saltou de 620.000 para 740.000 peças/dia, um aumento de 20%.

12.5 Resultados advindos da aplicação do modelo e comparação com a situação anterior

Esta seção destina-se a validar, mediante a aplicação prática na CBC, a coerência e robustez do modelo de mensuração de desempenho desenvolvido no capítulo anterior, testando o alinhamento das medidas de desempenho propostas por meio de correlações dessas medidas entre os diversos níveis hierárquicos do projeto de sistema de manufatura enxuta.

As medidas de desempenho foram aplicadas na CBC para mensurar os resultados alcançados com a manufatura enxuta e comparar com o período anterior de produção em massa. A empresa não utiliza muitas das medidas do modelo para monitorar seu desempenho e/ou não acompanha regularmente seus indicadores; fez cálculos apenas para efeito deste trabalho. Assim, das 29 medidas propostas neste modelo, a empresa tem registro ou conseguiu obter o resultado de 22 delas (faltando as medidas associadas aos FRs3, 4, 11, 23, 43, 421 e 423). Dessas 22 medidas, a empresa acompanha mensalmente doze e possui apenas dois registros estáticos das restantes: antes do TPS e depois do TPS. Este último fato prejudica parcialmente o uso da correlação estatística (R^2) para verificar o grau de correlação entre os indicadores. Além desta correlação, foi utilizada a regressão múltipla quando duas ou mais variáveis influenciavam outra variável resultante. Algumas correlações entre indicadores não puderam ser feitas quando apenas um indicador tinha registro mensal e outro, registro estático.

Todas as medidas que impliquem valor monetário ao longo do tempo foram deflacionadas, tendo o primeiro trimestre de 2000 como base 100. Relembrando o que foi dito anteriormente, o início da manufatura enxuta ocorreu a partir do segundo semestre de 2000, evidenciando se ela de fato impactou os indicadores da empresa.

As medidas de desempenho e seus respectivos indicadores são mostrados na Figura 12.6, indo do nível hierárquico mais alto para o inferior.[1]

Comecemos pelas medidas do objetivo dos colaboradores. Veja a figura que representa a matriz desse objetivo.

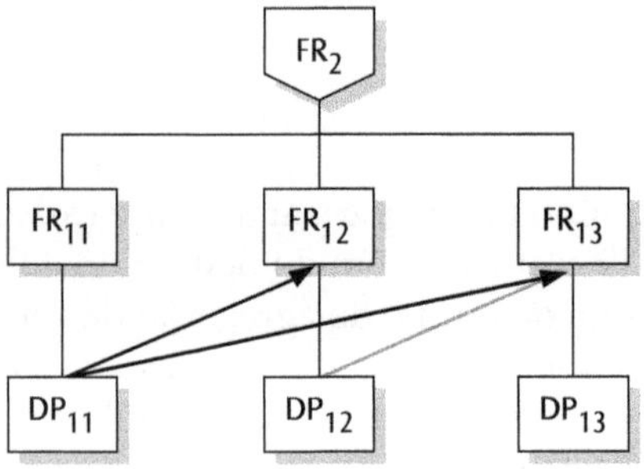

Figura 12.6 Matriz do FR1

A CBC não dispõe de pesquisa interna para avaliar a satisfação de seus colaboradores (FR11), porém possui outra medida alternativa, que é a produtividade (Tabela 12.2).

Tabela 12.2 Produtividade dos colaboradores da CBC

Produtividade — horas pagas/mil cartuchos											
2000				2001				2002			
1º trim.	2º trim.	3º trim.	4º trim.	1º trim.	2º trim.	3º trim.	4º trim.	1º trim.	2º trim.	3º trim.	4º trim.
2,6	2,0	2,0	2,1	2,3	2,1	2,1	2,0	1,9	1,9	1,9	1,9

Nos demais requisitos (FR12 e FR13), a empresa tem registro das medidas de desempenho sugeridas neste trabalho, que são vendas por colaborador (Figura 12.7) e percentual de *turnover* (Tabela 12.3), respectivamente.

[1] A medida evolução do custo dos materiais foi substituída pela CBC por uma mais abrangente: evolução do custo dos produtos, por já possuir acompanhamento periódico.

Tabela 12.3 Percentual de *turnover* dos colaboradores da CBC

Percentual de *turnover* dos colaboradores											
2000				2001				2002			
1º trim.	2º trim.	3º trim.	4º trim.	1º trim.	2º trim.	3º trim.	4º trim.	1º trim.	2º trim.	3º trim.	4º trim.
0,0	0,8	1,6	0,0	0,0	0,6	0,6	1,1	0,8	0,5	1,2	0,0

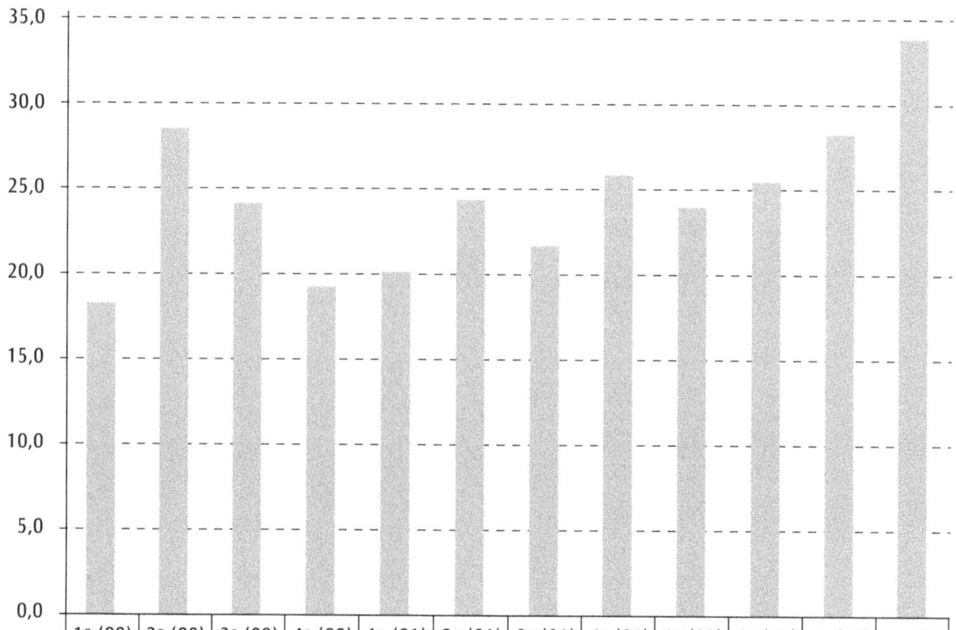

1º (00)	2º (00)	3º (00)	4º (00)	1º (01)	2º (01)	3º (01)	4º (01)	1º (02)	2º (02)	3º (02)	4º (02)
18,6	28,4	24,0	19,3	20,1	24,3	22,0	26,1	23,9	25,4	27,9	33,3

1º (00)

Figura 12.7 Indicador vendas por colaborador

Nas medidas da Tabela 12.2, a empresa colheu bons resultados entre seus colaboradores. Sua produtividade evoluiu de 2,1 horas para 1,9 hora paga por mil cartuchos. Uma evolução mais significativa ocorreu nas vendas por colaborador. No entanto, o percentual de *turnover* dos colaboradores tem se mostrado muito errático ao longo do tempo.

A seguir, serão apresentadas as medidas de desempenho do objetivo da empresa. Veja a Figura 12.8, que representa a matriz desse objetivo.

Se bem conduzidas na empresa, essas medidas poderão possibilitar a realização de outros requisitos funcionais de ramos distintos da estrutura hierárquica. No modelo desenvolvido, três medidas de segundo nível permitiriam confirmar se o requisito funcional FR2 — melhorar continuamente os processos organizacionais — seria atendido. Isso não poderá ser verificado totalmente na CBC, pois ela não mantém registro da medida associada ao FR23 — percentual do custo dos processos —, por não utilizar a metodologia de custeio baseado em atividades. No entanto, outras duas medidas sugeridas no modelo serão mostradas.

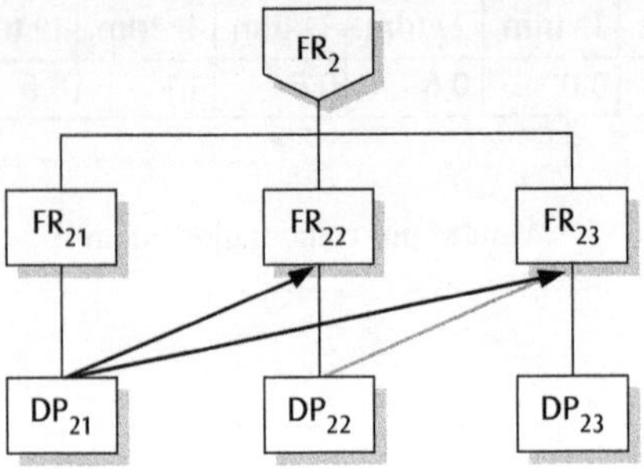

Figura 12.8 Matriz do FR2

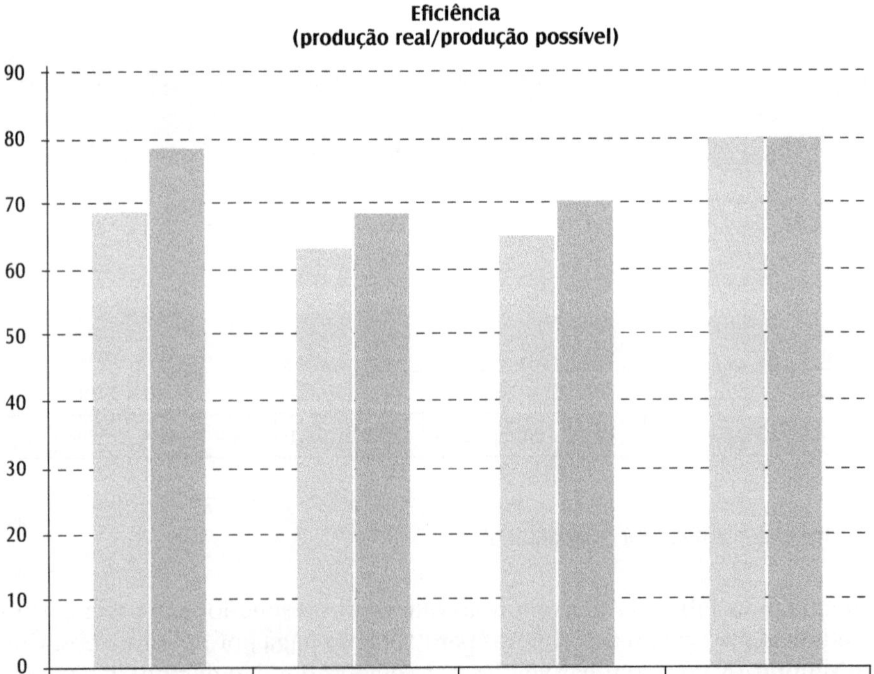

	BMV	Capsular	Carregar	Embalagem
Antes do TPS	68	63	65	80
Depois do TPS	78	68	70	80

Antes do TPS   Depois do TPS

Figura 12.9 Indicador eficiência

***Rendimento de primeira passagem* (associado ao FR21):** quanto melhor for este rendimento, melhor será a qualidade do produto. A empresa melhorou esse indicador em todas as suas fases de produção. No entanto, deixa a desejar, dado o nível de eficiência, que está ainda baixo, conforme se vê na Figura 12.9. O parâmetro de projeto, controle estreito dos processos internos (DP21), além de atuar positivamente no FR21, pode influenciar também outros requisitos. Na CBC, os baixos níveis de eficiência irão prejudicar o indicador porcentagem de reclamação de clientes (FR31), conforme será comentado adiante.

***Eficiência de* throughput (associado ao FR22):** quanto melhor for este indicador, mais velozmente a peça se moverá ao longo de todo um processo ou um fluxo de valor, e melhor será seu processo produtivo. O parâmetro DP22, processos de produção eficientes, influencia diretamente o *throughput*, ao reduzir seu tempo de 37,4 para 16,4 dias, conforme mostra a Figura 12.10. Esse parâmetro possibilita a realização dos requisitos FR 32, 431 e 432, atendendo aos pedidos dos clientes nos prazos solicitados (FR32 — veja os comentários na página 160), fazendo girar mais rapidamente os estoques (FR431) e ocupando menos espaço na fábrica (FR432 — veja os comentários adiante).

Quanto às medidas de desempenho do objetivo satisfazer os clientes (veja a Figura 12.11 da matriz desse objetivo), analisaremos como os requisitos funcionais de nível inferior satisfazem aos requisitos do nível superior do mesmo objetivo e/ou são influenciados pelos requisitos

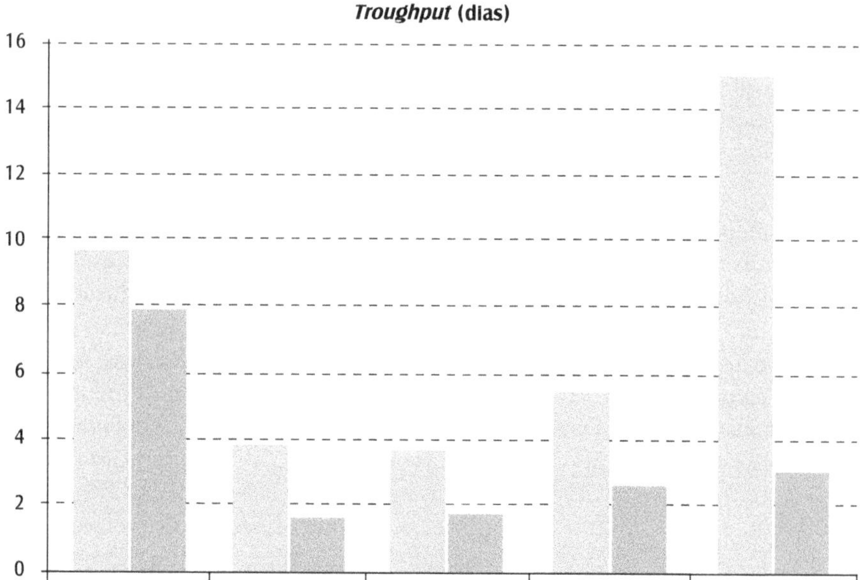

	Bordo	Torno	Carregar	L. Mista	Exped.
Antes do TPS	**9,6**	**3,8**	**3,6**	**5,4**	**15,0**
Depois do TPS	**7,9**	**1,5**	**1,6**	**2,5**	**3,0**

Antes do TPS   Depois do TPS

Figura 12.10 Indicador *throughput*

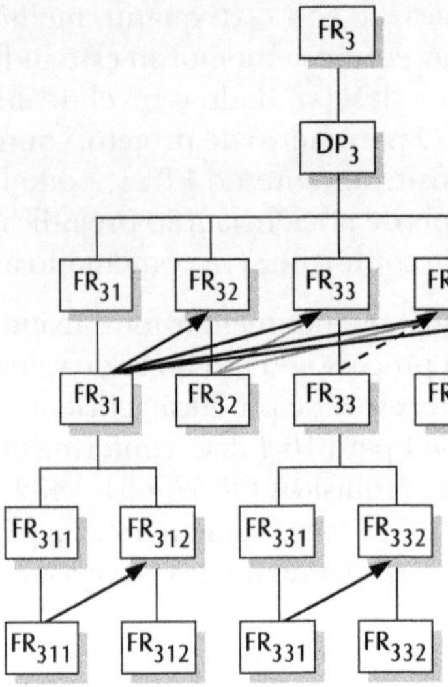

Figura 12.11 Matriz do FR3

dos outros objetivos. Infelizmente, não foi possível testar a influência dos FRs 31 a 35 sobre o nível superior FR3 porque a CBC não dispõe de registro de sua medida (satisfação dos clientes).

Contudo, vamos analisar diversas correlações estatísticas entre as medidas do terceiro nível e as deste nível que influenciam as do segundo nível. Comecemos pela influência dos FR311 e FR312 no FR31.

***Percentual de reclamação de clientes* (associado ao FR31):** embora o valor absoluto das reclamações seja baixo, o nível de reclamação refletiu alguma volatilidade. Veja a Figura 12.12.

O nível de defeitos internos (associado ao FR312) não tem mostrado recuo de seu patamar baixo, enquanto o nível de defeitos externos apresenta significativa melhoria (FR311) (veja adiante). O indicador defeitos internos tem alguma influência no indicador reclamação de clientes, apresentando uma correlação estatística de R^2 igual a 0,17, enquanto o indicador defeitos externos não apresenta correlação (R^2 inferior a 0,01). A melhoria desse indicador não influenciou o indicador reclamação de clientes. A análise de regressão múltipla mostra um R^2 de 0,18 e uma correlação nula da variável defeito externo com o eixo Y (reclamação de clientes). Uma possível explicação para isso é a forma como a CBC calcula o indicador reclamação, que é número de reclamações dividido pelo volume de produção em peças. Esse cálculo é diferente do apresentado no Capítulo 11, Seção 11.6, em que a quantidade de itens defeituosos é dividida pelo total de itens entregues ao cliente. Essa forma de cálculo diferente pode distorcer as correlações dos indicadores de defeitos com o indicador reclamação de clientes.

Uma pergunta que pode ser colocada aqui é: se o sistema de corda *andom* (DP312) existe e é utilizado na CBC, por que então não consegue reduzir o nível de defeitos? A razão para isso é a influência do DP21, controle estreito de seus processos, que está comprometendo a reclamação de clientes. O indicador associado ao FR21 tem evoluído, mas ainda tem um longo caminho a percorrer. Do lado positivo, há a influência do DP22, porém

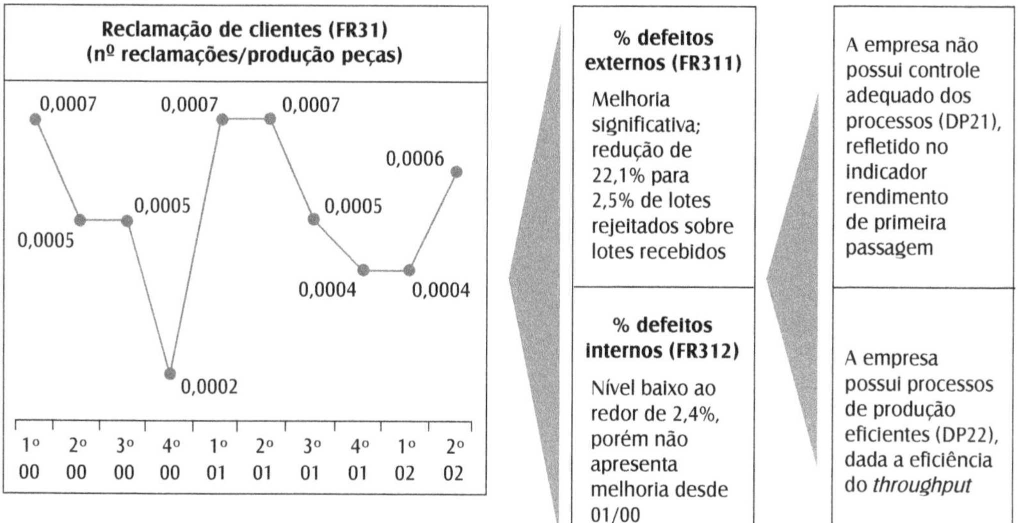
Reclamação de clientes (FR31)
(nº reclamações/produção peças)
0,0007
0,0005
0,0005
0,0002
0,0007
0,0007
0,0005
0,0004
0,0004
0,0006
1º 00
2º 00
3º 00
4º 00
1º 01
2º 01
3º 01
4º 01
1º 02
2º 02
% defeitos externos (FR311)
Melhoria significativa; redução de 22,1% para 2,5% de lotes rejeitados sobre lotes recebidos
% defeitos internos (FR312)
Nível baixo ao redor de 2,4%, porém não apresenta melhoria desde 01/00
A empresa não possui controle adequado dos processos (DP21), refletido no indicador rendimento de primeira passagem
A empresa possui processos de produção eficientes (DP22), dada a eficiência do *throughput*

Fonte: CBC.

Figura 12.12 Influência dos requisitos de nível inferior sobre FR31

em menor escala. Esse é outro ponto a favor do modelo proposto: sua capacidade crítica. O processo de validação do modelo permite-nos fazer algumas críticas do que ocorre neste estudo de caso.

***Percentual de defeitos externos* (associado ao FR311):** a empresa teve significativa melhoria desde o segundo semestre de 2000, alcançando 0,9% de rejeição sobre cada lote recebido de fornecedores. Isso é influência direta de seu parâmetro de projeto, parceria com fornecedores de confiança, e em menor grau dos DP21 e DP22. (Veja a Figura 12.13 a seguir.)

***Percentual de defeitos gerados internamente* (associado ao FR312):** é um indicador que não mostra nenhuma melhoria desde o início de 2000. Conforme foi dito anteriormente, o sistema de corda *andom* está em funcionamento, porém se pode especular que a empresa não tem sido capaz de eliminar as causas-raiz de forma definitiva. A CBC tem ainda um longo caminho a percorrer, controlando mais estreitamente seus processos internos. (Veja a Figura 12.14.)

Outra correlação calculada nesse ramo da árvore é a influência do indicador defeitos externos (FR311) no indicador defeitos internos (FR312). Essa correlação inexiste, com R^2 inferior a 0,01. Era de esperar que a melhoria dos defeitos externos fosse melhorar o nível dos defeitos internos, o que não ocorreu. A explicação está na influência de um parâmetro de projeto de outro ramo da estrutura hierárquica, o DP21. O nível de eficiência da produção está ainda baixo e inibe a influência do FR311 sobre o FR312.

A próxima correlação a ser calculada é a influência do FR311 e do FR312 sobre o FR32.

***OTIF (on time in full)* (associado ao FR32):** mede o percentual de atendimento dos pedidos nos compromissos assumidos. Esse indicador mostra uma evolução consistente desde o início de

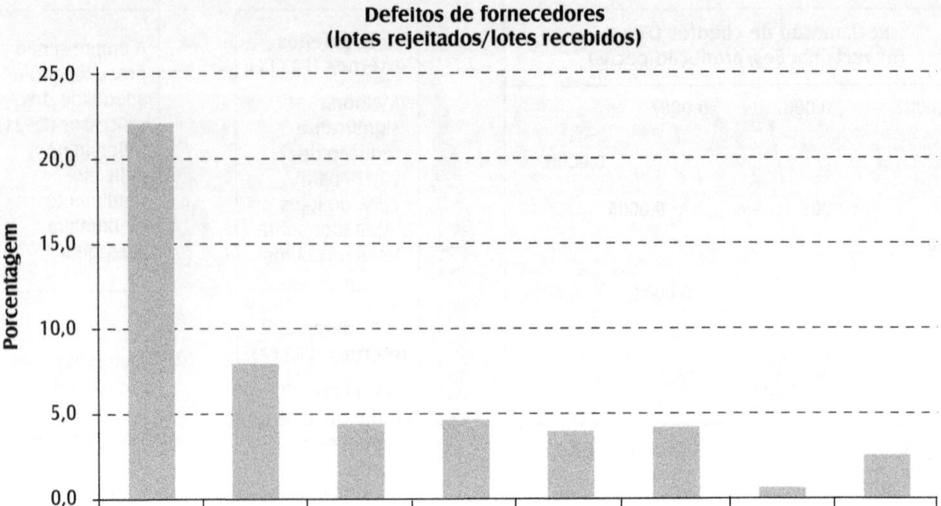

3º (00)	4º (00)	1º (01)	2º (01)	3º (01)	4º (01)	1º (02)	2º (02)
22,1	7,9	4,4	4,7	3,8	4,2	0,9	2,5

Evolução

Figura 12.13 Indicador defeitos externos

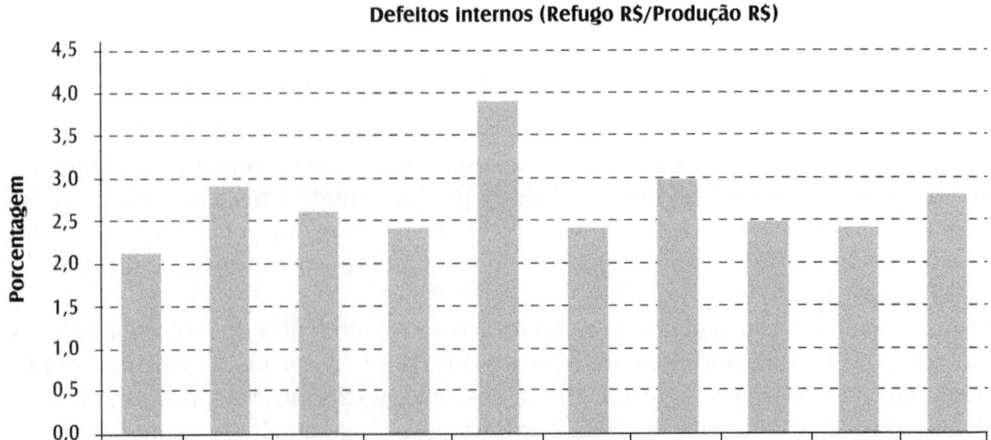

1º (00)	2º (00)	3º (00)	4º (00)	1º (01)	2º (01)	3º (01)	4º (01)	1º (02)	2º (02)
2,1	2,9	2,6	2,4	3,9	2,4	2,5	2,0	2,3	2,8

Evolução

Figura 12.14 Indicador defeitos internos

2001, atingindo 87% dos pedidos atendidos no segundo trimestre de 2002. Essa melhoria é explicada pelo seu parâmetro de projeto (DP32), disponibilidade de equipamentos e também pela forte influência dos indicadores defeitos internos e defeitos externos. Isso é confirmado na correlação estatística em que o primeiro indicador apresenta R^2 de 0,75, enquanto o segundo tem R^2 de 0,23. Aplicada a regressão múltipla dos indicadores de defeitos contra o OTIF confirma-se uma alta correlação R^2 de 0,79, mostrando a influência sobre o indicador OTIF (veja a Figura 12.15), embora o indicador FR31 tenha baixa correlação com FR32 (0,1) devido à maneira como é calculado na CBC. Por fim, esse indicador também sofre influência positiva do parâmetro anterior DP22.

***Freqüência de entrega* (associado ao FR33)**: a CBC não mantém registro fiel nem rotineiro dessa medida. De qualquer maneira, conseguiu obter uma pequena melhoria, saindo de uma entrega a cada três dias (0,3) antes da manufatura enxuta, passando para uma entrega diária (1,0). Essa melhoria é reflexo de seu respectivo parâmetro, lotes pequenos de transferência e da melhoria dos indicadores variabilidade de demanda (FR331) e freqüência de recebimentos (FR332), conforme se evidencia adiante. Estatisticamente, a influência desses dois indicadores sobre a freqüência de entrega não pode ser provada porque há apenas registros estáticos da situação antes e após o TPS. (Veja a Figura 12.16.)

***Variabilidade da demanda* (associado ao FR331)**: antes da introdução da manufatura enxuta, a CBC fazia uma programação mensal e exigia um período fixo de previsão, com que o cliente tinha de se comprometer. Com a adoção do *heijunka* a partir de novembro de 2000, a empresa evoluiu para a programação diária e, mais recentemente, para a programação horária. Isso significa que qualquer solicitação do cliente pode ser reprogramada com defasagem de

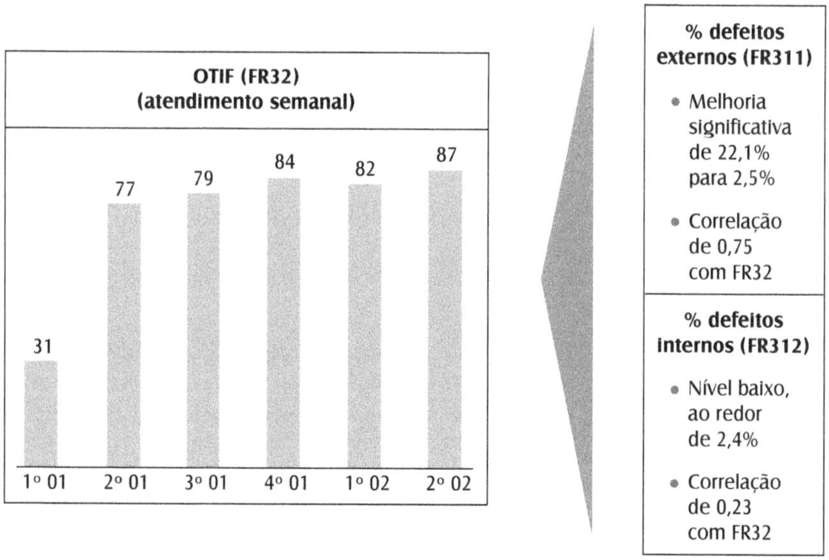

Figura 12.15 Influência dos requisitos de nível inferior sobre FR32

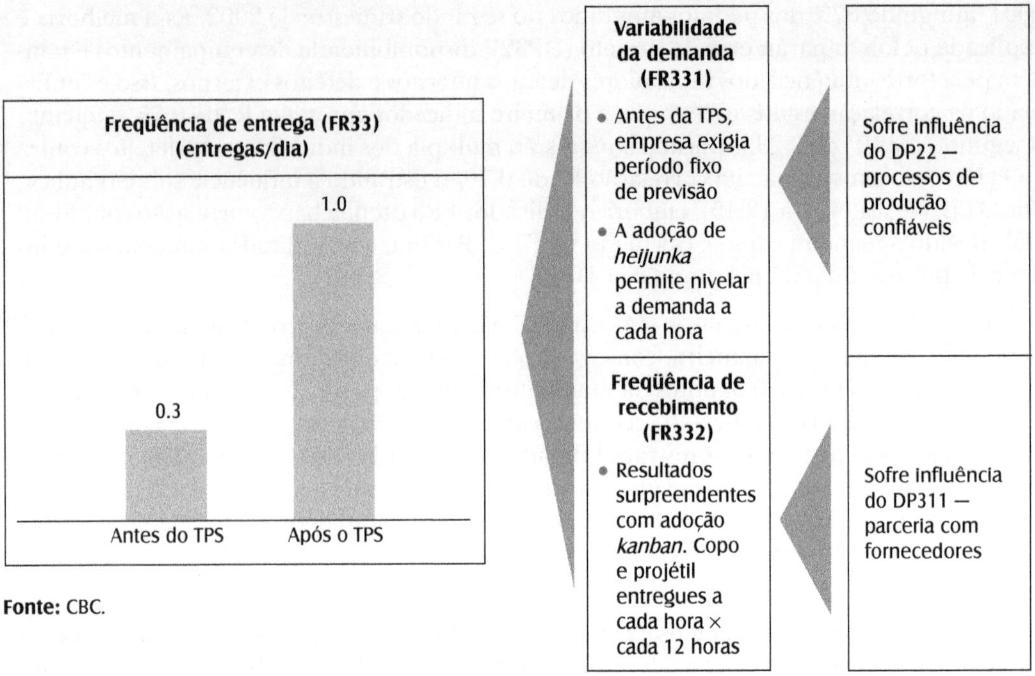
Freqüência de entrega (FR33) (entregas/dia)
1.0
0.3
Antes do TPS
Após o TPS
Variabilidade da demanda (FR331)
• Antes da TPS, empresa exigia período fixo de previsão
• A adoção de heijunka permite nivelar a demanda a cada hora
Freqüência de recebimento (FR332)
• Resultados surpreendentes com adoção kanban. Copo e projétil entregues a cada hora × cada 12 horas
Sofre influência do DP22 — processos de produção confiáveis
Sofre influência do DP311 — parceria com fornecedores

Fonte: CBC.

Figura 12.16 Influência dos requisitos de nível inferior sobre FR33

apenas uma hora. Essa melhoria no nivelamento da produção é reflexo dos processos de produção confiáveis da empresa (DP22) que fizeram reduzir o tempo de *throughput*.

***Freqüência de recebimentos* (associado ao FR332):** a empresa obteve resultados surpreendentes ao introduzir cartões *kanban* para puxar a demanda de seus fornecedores internos, e isso ajuda a freqüência de entrega aos clientes. Antes do TPS, recebia a cada 12 horas (casos do copo e projétil) ou a cada 6 horas (iniciadores). Com o TPS, melhorou a freqüência de recebimentos, passando a receber a cada hora, com exceção da central de distribuição CDI (a cada 2 horas) e embalagem (a cada 120 horas). Na pólvora e embalagem, a freqüência se manteve estável antes e depois do TPS. Para que os cartões *kanban* sejam introduzidos com sucesso entre os fornecedores, é imprescindível que a empresa tenha parceria com fornecedores confiáveis (DP311). (Veja a Figura 12.17.)

***Percentual de troca de mix/entrega/quantidade* (associado ao FR34):** para cada dois itens de pedido solicitados pelo cliente, a CBC tem flexibilidade para alterar um dele no mix, no volume ou no prazo de entrega. Antes do TPS, não havia nenhuma flexibilidade. O desempenho desse requisito é resultado de seu parâmetro, células de manufatura. Além disso, esse requisito sofre influência positiva do indicador variabilidade de demanda (FR331), embora não possa ser provada estatisticamente essa correlação. Conforme visto na Figura 12.16, a melhoria no nivelamento da produção é reflexo dos processos de produção confiáveis (DP22). (Veja a Figura 12.18.)

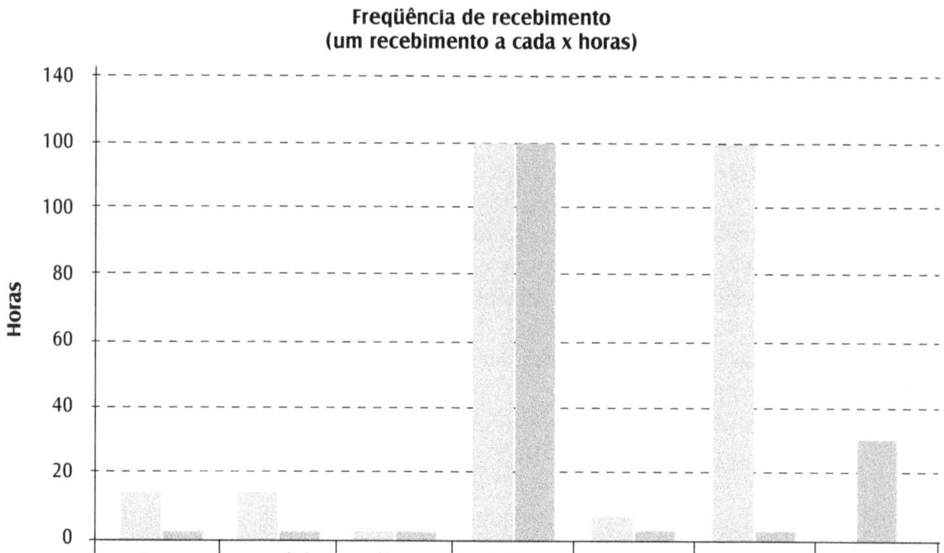

	Copo	Projétil	Pólvora	Embalagem	Iniciadores	Ferramentas	CDI
Antes do TPS	12	12	1	120	6	120	0
Depois do TPS	1	1	1	120	1	1	2

Figura 12.17 Indicador freqüência de recebimentos

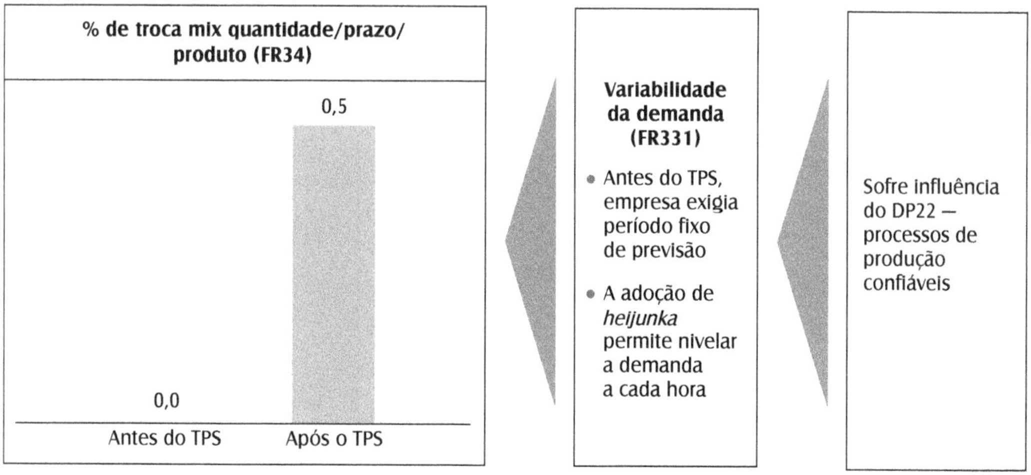

Fonte: CBC.

Figura 12.18 Influência dos requisitos de nível inferior sobre FR34

***Evolução do custo dos materiais* (associado ao FR35)**: a empresa dispõe de medida mais abrangente, que é a evolução do custo médio do cartucho do fogo central. Esse custo considera, além do custo dos materiais, os custos de mão-de-obra direta e os custos indiretos de fabricação. Passados três anos, o custo médio tem mostrado tendência de queda, embora tivesse havido um repique no último trimestre de 2002. Isso é resultado do melhor desempenho das demais dimensões competitivas da CBC: qualidade, confiabilidade e velocidade.

No que toca à dimensão qualidade, essa influência é verdadeira apenas no indicador defeitos internos (FR312), que apresenta correlação estatística R^2 de 0,56, enquanto o indicador defeitos externos (FR311) não tem nenhuma correlação com R^2 de 0,006. No entanto, a regressão múltipla desses dois indicadores de defeito contra custos dos materiais mostra uma razoável correlação R^2 de 0,57. A correlação do FR31 com FR35 é baixa (0,1) também pela forma como é calculada pela CBC.

A dimensão confiabilidade também tem forte influência no custo dos materiais, comprovada na correlação do indicador OTIF (FR32) com R^2 de 0,54. A análise de regressão múltipla desses três indicadores (FR 311, 312 e 32) mostra uma forte correlação R^2 de 0,72 com a evolução do custo dos materiais (variável dependente). Isso significa que 72% da evolução do custo dos materiais é explicada pelos indicadores defeitos internos, defeitos externos e OTIF.

Quanto à dimensão competitiva velocidade, infelizmente a correlação do indicador freqüência de entrega (FR33) não pode ser verificada porque contém apenas registros estáticos. (Veja a Figura 12.19.)

Quanto às medidas de desempenho do objetivo satisfazer os acionistas (veja a Figura 12.20 da matriz desse objetivo), analisaremos como os requisitos funcionais de nível inferior

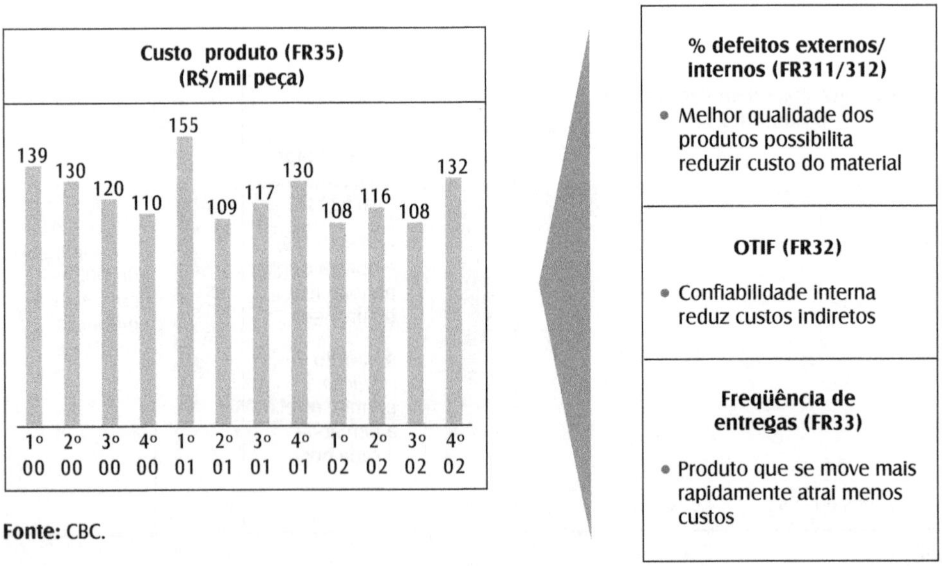

Fonte: CBC.

Figura 12.19 Influência dos requisitos de nível inferior sobre o FR35

satisfazem aos requisitos do nível superior do mesmo objetivo e/ou são influenciados pelos requisitos dos outros objetivos. Aqui também não foi possível testar a influência dos FR41 a FR43 sobre o nível superior FR4, porque a CBC não dispõe de registro da sua medida (percentual de ROI). A empresa carece de registros das medidas dos FRs 43, 421 e 423, o que pode comprometer parcialmente a análise dessa perspectiva.

***Evolução do valor das vendas* (associado ao FR41):** a CBC atingiu um pico mensal no segundo trimestre de 2000, caiu ao seu ponto mais baixo no primeiro trimestre de 2001 e vem apresentando um crescimento consistente desde então. Esse incremento é reflexo dos requisitos funcionais de nível inferior, da venda de produtos com o mais alto preço (FR411) e do aumento do volume de vendas (FR412). Isso pode ser confirmado em seus respectivos indicadores: evolução do preço médio de vendas e evolução do volume de vendas (veja adiante). Ambos os indicadores, evolução do preço e evolução do volume de vendas, têm individualmente forte influência no indicador evolução do valor de vendas, apresentando uma correlação estatística de R^2 de 0,55 e 0,73, respectivamente. A análise de regressão múltipla confirma a forte influência conjunta desses dois indicadores no indicador valor das vendas, com R^2 de 0,96. (Veja Figura 12.21.)

***Evolução do preço médio de vendas* (associado ao FR411):** este requisito não sofre influência de nenhum outro, seja deste objetivo, seja dos objetivos anteriores. A CBC tem sido capaz de oferecer produtos com diferenciação, principalmente no mercado externo, o que tem contribuído para que o preço médio das vendas apresente discreta evolução. (Veja Figura 12.22.)

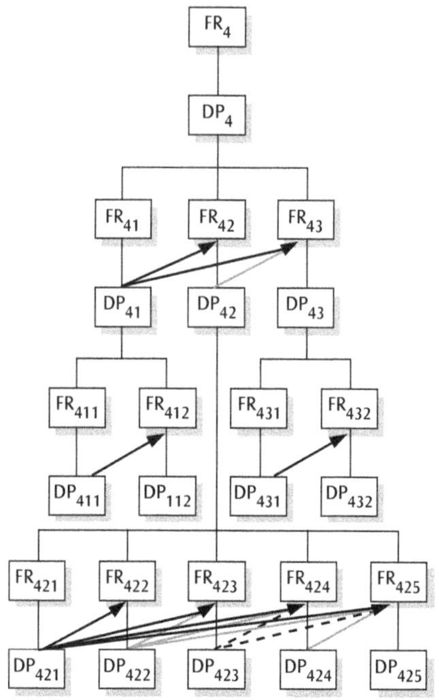

Figura 12.20 Matriz do FR4

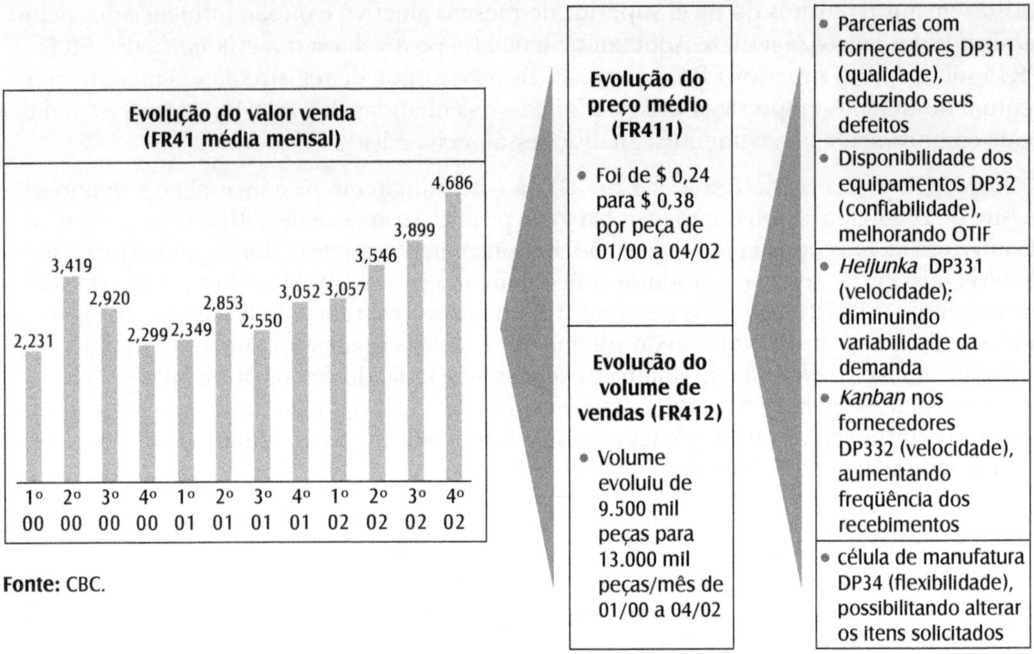

Figura 12.21 Influência dos requisitos de nível inferior sobre o FR41

***Evolução do volume de vendas* (associado ao FR412):** o desempenho deste indicador é resultado de seu parâmetro de projeto, espectro mais amplo de uso dos produtos, e também sofre influência de parâmetros de outros ramos do projeto, como parcerias com fornecedores (DP311), que melhoram a qualidade; disponibilidade dos equipamentos (DP32), que melhora a confiabilidade; adoção de *heijunka* e *kanban* (DP331 e DP332), que aumenta a velocidade; e células de manufatura (DP34), possibilitando alterar os itens solicitados. (Veja Figura 12.23.)

***Percentual de custo da manufatura/valor das vendas líquidas* (associado ao FR42):** a empresa vem sistematicamente reduzindo a parcela do custo da manufatura proporcionalmente ao valor das vendas. Esse bom desempenho é influenciado pelos requisitos funcionais de nível inferior desse ramo: minimização dos custos de manufatura (FR422), dos custos de *setup* (FR424) e do custo administrativo de manufatura (FR425). Todos os três indicadores apresentam reduções significativas. Infelizmente essas influências não podem ser comprovadas por estatística, pelo fato de haver apenas registros estáticos. No entanto, a análise visual dos resultados demonstra a relação de causa e efeito. (Veja a Figura 12.24.)

Outra possível correlação é o bom desempenho do FR42 ser influenciado pelo FR41 e pelos seus requisitos de nível inferior FR411 e FR412. O indicador evolução do valor de vendas (FR41) tem boa influência no indicador custo de manufatura sobre as vendas (FR42), comprovado pela correlação estatística R^2 de 0,59. O mesmo acontece com os requisitos de nível inferior FR411 e FR412, cuja regressão múltipla contra o indicador custo

Evolução do preço médio (R$/peça)

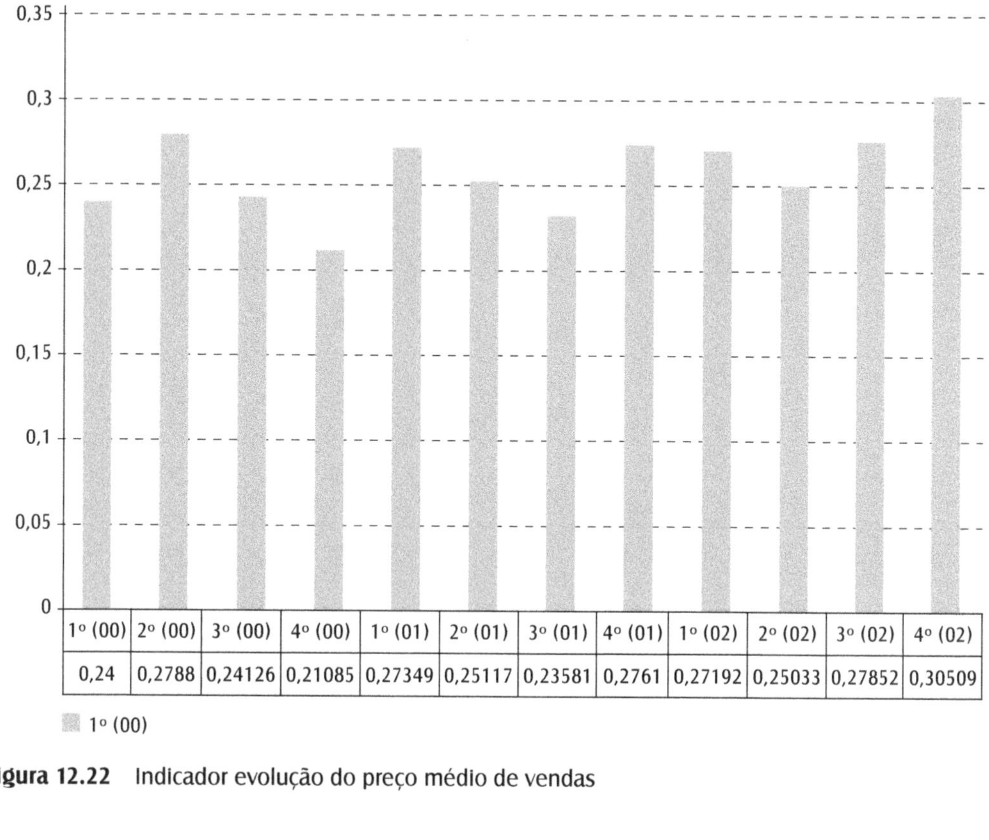

1º (00)	2º (00)	3º (00)	4º (00)	1º (01)	2º (01)	3º (01)	4º (01)	1º (02)	2º (02)	3º (02)	4º (02)
0,24	0,2788	0,24126	0,21085	0,27349	0,25117	0,23581	0,2761	0,27192	0,25033	0,27852	0,30509

1º (00)

Figura 12.22 Indicador evolução do preço médio de vendas

de manufatura sobre as vendas mostra um R^2 de 0,61, muito próximo de 0,59. Individualmente, apresentam correlação R^2 de 0,34 e 0,49, respectivamente.

Percentual de horas de parada de máquina/total de horas trabalhadas **(associado ao FR422):** a empresa tem adotado TPM após a introdução do TPS, obtendo uma significativa melhoria no percentual de parada de máquina. Foi de 44,9%, antes do TPS, para 19,81%, após o TPS (a empresa não tem registro periódico desse indicador). Essa melhoria foi influenciada pelo DP34, células de manufatura, e DP311, parceria com fornecedores de confiança. Apesar da melhora, o percentual de parada de máquina ainda é muito alto. Esse resultado mostra-se coerente quando se analisa a influência do DP312, adoção do sistema *andom*. Conforme discutido anteriormente, a empresa não tem sido capaz de eliminar as causas-raiz de forma definitiva, o que justifica que esse percentual ainda seja alto.

Tempo de redução troca de máquina **(associado ao FR424):** neste indicador, os resultados mostram boa evolução pela influência de seu parâmetro de projeto, uso de técnicas de redução do *setup* e dos parâmetros anteriores DP422, adoção do TPM e DP34, células de manufatura.

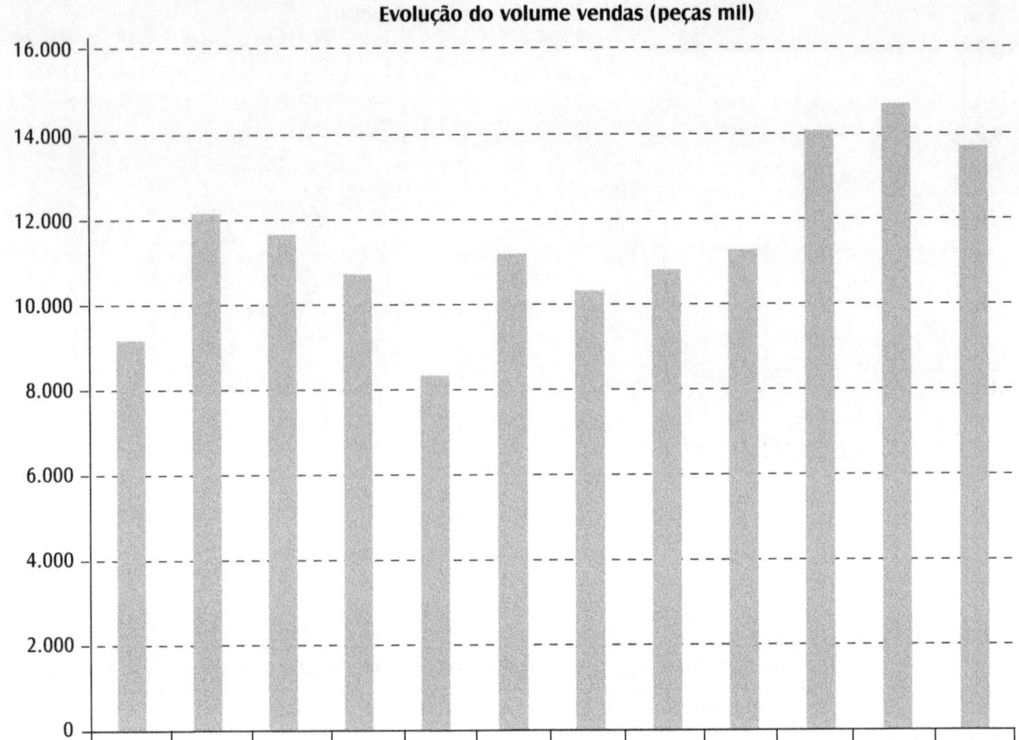

1º (00)	2º (00)	3º (00)	4º (00)	1º (01)	2º (01)	3º (01)	4º (01)	1º (02)	2º (02)	3º (02)	4º (02)
9145,33	12017,7	11876,3	10833	8362	11019	10574	10861,3	11183	14088	14736,7	13832,3

Figura 12.23 Indicador evolução do volume de vendas

Como no caso anterior, a empresa também não tem registro periódico desse indicador.

Percentual do custo administrativo sobre vendas líquidas **(associado ao FR425)**: este indicador é influenciado por DP422 e DP424 e contribui para a redução da burocracia administrativa, que já é baixa na CBC. O custo era de 0,69%, antes do TPS, e melhorou para 0,55%, após o TPS.

Valor percentual do investimento sobre vendas **(associado ao FR43)**: no cálculo do valor do investimento deve ser considerado o valor dos estoques e do ativo fixo (prédio, máquinas, equipamentos e instalações). Os demais itens, como contas a receber e contas a pagar, foram desconsiderados por não serem de controle da manufatura. Infelizmente, a empresa não dispõe desses valores específicos para a fábrica de cartuchos fogo central, somente registros da fábrica como um todo. Isso prejudica totalmente a análise quanto à influência dos requisitos funcionais de nível inferior, como o giro de estoques e a utilização do espaço no indicador valor percentual do investimento sobre vendas. Ambos os indicadores mostram uma evolução significativa, conforme será mostrado adiante. Veja Figura 12.26.

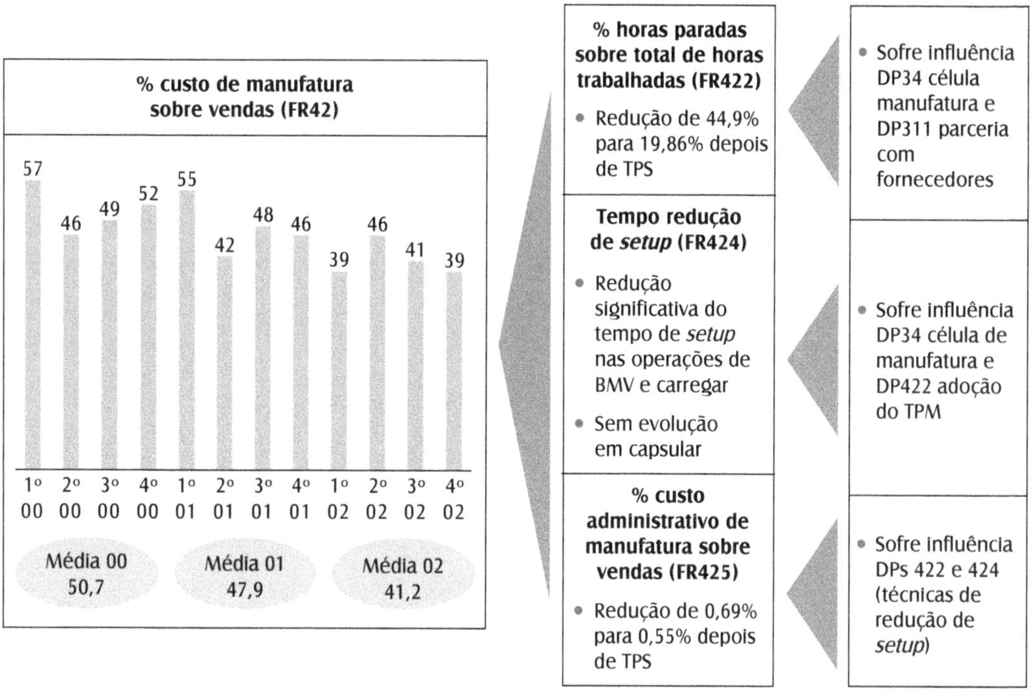

Figura 12.24 Influência dos requisitos de nível inferior sobre FR42

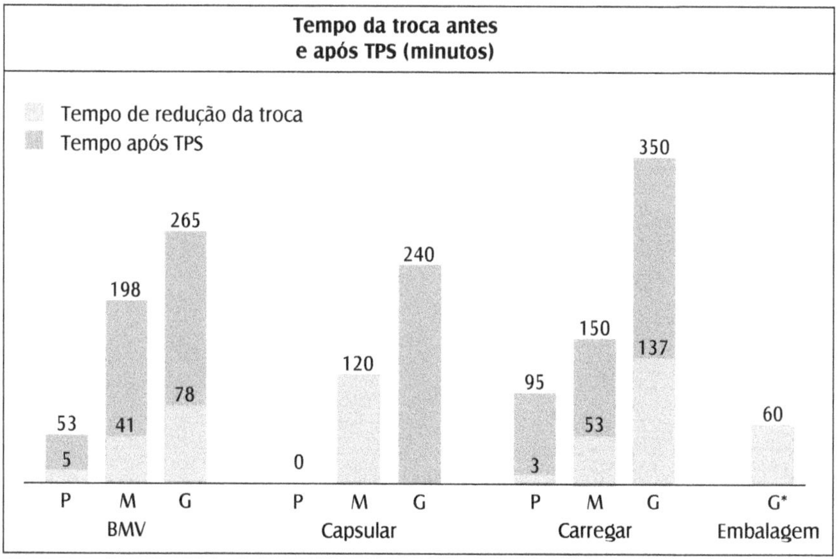

* As siglas P, M e G da figura representam, respectivamente, famílias de cartucho pequeno, médio e grande.

Figura 12.25 Indicador tempo de troca

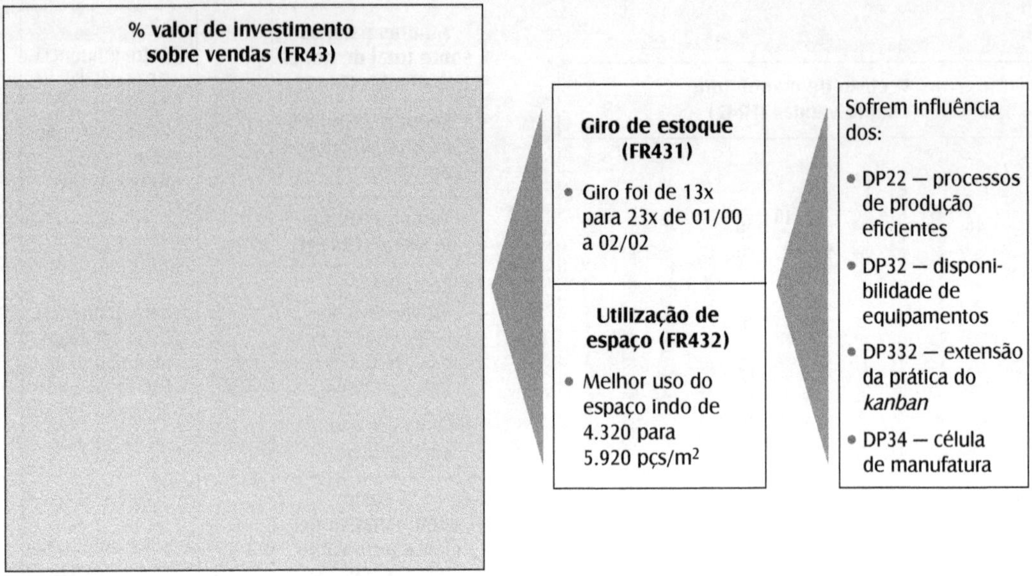

% valor de investimento sobre vendas (FR43)
Giro de estoque (FR431)
• Giro foi de 13x para 23x de 01/00 a 02/02
Utilização de espaço (FR432)
• Melhor uso do espaço indo de 4.320 para 5.920 pçs/m2
Sofrem influência dos:
• DP22 – processos de produção eficientes
• DP32 – disponibilidade de equipamentos
• DP332 – extensão da prática do *kanban*
• DP34 – célula de manufatura

Fonte: CBC.

Figura 12.26 Influência dos requisitos de nível inferior sobre o FR43

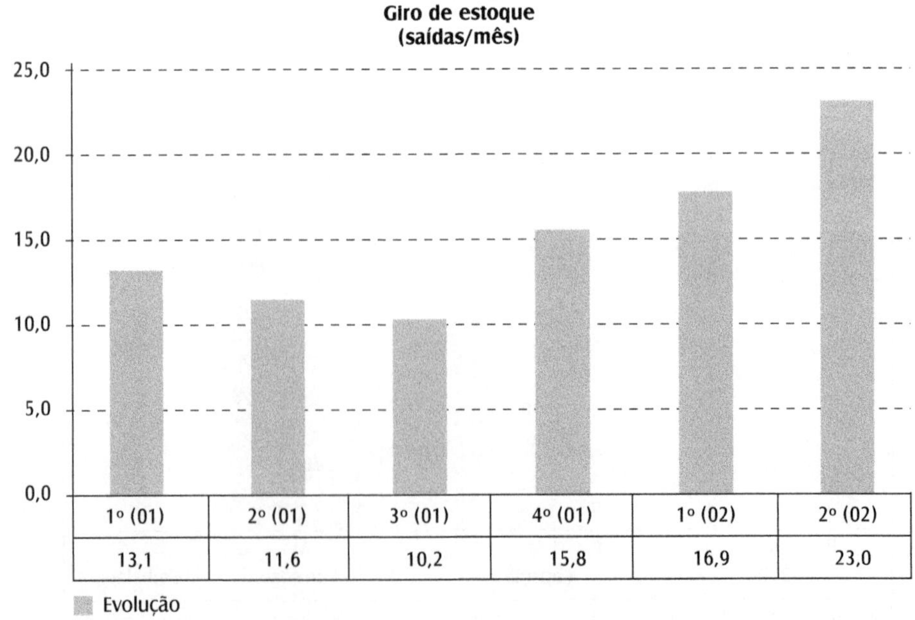

Figura 12.27 Indicador giro de estoque

Giro de estoque (associado ao FR431): o giro de estoque acompanhou o comportamento das vendas. Quando as vendas caíram no terceiro trimestre de 2001, o giro retrocedeu, mas a partir daí os estoques têm girado cada vez mais rapidamente, o que demonstra um benefício da manufatura enxuta. Esse requisito sofreu influência de seu parâmetro, operação com baixos níveis de inventário, bem como dos parâmetros anteriores, os DPs 22, 32, 332 e 34. Esse requisito influencia também o FR432, porém não pôde ser verificado estatisticamente, dado o tipo de registro desse indicador.

Ainda há muito a ser feito na CBC. O tamanho dos supermercados pode sofrer redução significativa, devido à confiabilidade nos processos ou ao melhor nivelamento da produção. Uma melhor integração com o fornecedor de bobinas de latão (Eluma) pode fazer com que as bobinas sejam solicitadas com base na utilização real e entregues diariamente no sistema do tipo *milk run* (coleta programada), mesmo que não sejam reduzidos os tamanhos dos lotes mínimos.

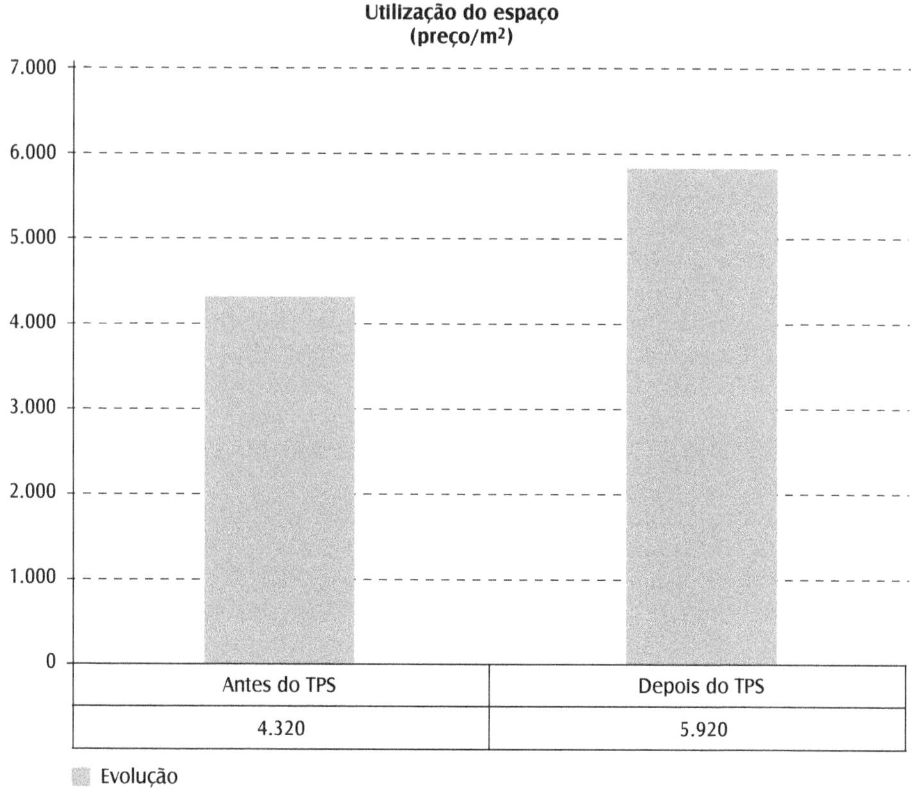

Figura 12.28 Indicador utilização de espaço

Utilização do espaço na fábrica **(associado ao FR432):** este é um indicador no qual a empresa apresentou significativa evolução. O espaço considerado aqui é a área do fogo central mais a da embalagem e a da expedição. A empresa não reduziu seu espaço total em metragem quadrada no novo fluxo de valor. No entanto, passou de um sistema de estocagem vertical para o de estocagem horizontal, e com isso otimizou seu espaço de armazenagem por metro quadrado, além de reduzir o custo operacional. Com a demanda puxada, passou a produzir mais (de 620.000 para 740.000 peças/dia) e a estocar mais de forma horizontal, quando antes se estocava verticalmente. Esse indicador também sofre influência positiva dos parâmetros de projeto anteriores, os DPs 22, 32, 332, 34 e 431. Veja Figura 12.28.

Resumo

Não há duvida de que a CBC melhorou substancialmente seu desempenho com a introdução da manufatura enxuta, e seus indicadores sustentam isso. Há muito ainda a ser melhorado na empresa: os registros de algumas medidas precisam ser sistematizados, outras medidas precisam ser instituídas, deve haver mais atenção no controle dos processos, a pesquisa de satisfação dos clientes e colaboradores deve ser realizada com alguma freqüência, deve haver maior integração com o fornecedor externo Eluma.

Confirmou-se, neste estudo de caso, o alinhamento de várias medidas de desempenho por meio de correlações estatísticas dessas medidas e a análise de regressão múltipla entre elas nos diversos níveis de desdobramento do projeto. O resultado dessas medidas do modelo aplicadas na CBC mostra o balanceamento das medidas e a vinculação entre elas nas relações de causa e efeito. Tudo isso pode ser confirmado nas quinze correlações estatísticas e nas sete análises de regressão realizadas, conforme descrito a seguir.

No ramo do FR3, objetivo de satisfazer o cliente, foram realizadas dez correlações estatísticas — entre os indicadores dos FRs 31, 32, 35, 311 e 312 — e cinco análises de regressão múltipla — a influência dos indicadores do FR311 e do FR312 no indicador do FR31, do FR32 e do FR35; dos indicadores dos FRs 311, 312, 32 no indicador do FR35 — dos indicadores do FR31 e do FR32 no indicador do FR35. No ramo do FR4, objetivo satisfazer os acionistas, foram realizadas cinco correlações estatísticas — entre os indicadores dos FRs 41, 42, 411 e 412 — e duas análises de regressão — influência dos indicadores do FR411 e do FR412 no indicador do FR21 e do FR42.

Em três análises (dos indicadores dos FRs 33, 34 e 42) não se conseguiu testar a influência dos indicadores de nível inferior, não porque sucumbiram à comprovação estatística, mas porque seus indicadores possuem apenas registros estáticos (FRs 33, 331, 332, 34, 422, 424 e 425). Em todas essas situações, a análise visual dos resultados das medidas mostra uma relação lógica de causa e efeito. Tudo isso corrobora a coerência e a robustez do modelo.

Três outras situações não puderam sequer ser analisadas (dos indicadores dos FRs 3, 4 e 43). Por serem indicadores de variáveis dependentes, e pelo fato de a empresa não ter registro de seus resultados, torna-se inviável testar a influência dos indicadores de nível inferior.

Bibliografia

ATKINSON, A.; BANKER, R. D.; KAPLAN, R. S.; YOUNG, S. M. *Management accounting*, 3. ed. Englewood Cliffs, New Jersey, Estados Unidos: Prentice Hall, 2001.

BRIGHAM, E. F.; GAPENSKI, L. C.; EHRHARDT, M. C. *Financial management*. Estados Unidos: Dryden Press, 1999.

CALARGE, F. A. *Uma proposta de um modelamento de gestão sistêmica da qualidade baseada na abordagem do Axiomatic Design*. Campinas: Faculdade de Engenharia Mecânica, Universidade Estadual de Campinas, 2000, p. 238. Tese (doutorado).

CHING, H. Y. *Gestão baseada em custeio por atividade*. São Paulo: Atlas, 2001.

________. *Gestão baseada em custeio por atividade aplicada no processo de maternidade de uma instituição hospitalar.* Dissertação de mestrado em ciências contábeis. PUC/São Paulo, 2000.

________. *Gestão de estoques na cadeia de logística integrada*. São Paulo: Atlas, 2001.

CONAGHAN, J. *Linking performance measures to strategy*. Disponível em: www.fpm.com. Acesso em agosto de 2005.

COOPER, R.; KAPLAN, R. S. *The design of cost management systems: text, cases, and readings*, 2. ed. Estados Unidos: Prentice Hall, 1992.

COPELAND, T.; KOLLER, T.; MURRIN, J. *Valuation: measuring and managing the value of companies*. Estados Unidos: John Wiley & Sons, 1996.

COPELAND, T. et al. *Avaliação de empresas, valuation: calculando e gerenciando o valor das empresas*, 3ª ed. São Paulo: Pearson Makron Books, 2002.

CORBETT, T. *Contabilidade de ganhos*. São Paulo: Nobel, 1997.

EDVINSSON, L.; MALONE, M. *Intellectual capital: realising your company's true value by measuring its hidden brainpower*. Nova York: Harper Collin's, 1997.

EDVINSSON, L. *Measuring intellectual capital at Skandia Group*, junho de 1993. Disponível em www.fpm.com. Acesso em agosto de 2005.

GARRISON, R. H.; NOREEN, E. W. *Contabilidade gerencial*, 9ª ed. Rio de Janeiro: LTC, 2001.

GARVIN, D. A. *Digital equipment corporation: the endpoint model (A)*. Harvard Business School. Reimpressão 9-688-59, 1997.

GARY, L. *How to think about performance measures now*. Harvard Management Update, reimpressão U0202A, fevereiro de 2002.

GROOVER, M. P. *Automation, production systems and computer integrated manufacturing*. Estados Unidos: Prentice Hall, 1987.

HAYES, R. H.; PISANO, G. P. "Beyond world class: the new manufacturing strategy", *Harvard Business Review*, jan./fev. de 1994, p. 77-86.

HERZ, R.H. *Reinventing performance measurement management and reporting*. Publicação da PriceWaterhouseCoopers Assurance and Business Advisory Services, 2000.

HILL, T. *Manufacturing strategy*. Estados Unidos: Irwin, 1994.

HORNGREN, C. T.; SUNDEM, G. L.; STRATTON, W. O. *Introduction to management accounting*. New Jersey: Prentice Hall, 2002.

HOUSHMAN, M.; JAMSHIDNEZHAD, B. "Conceptual design of lean production systems through an axiomatic design approach". Second International Conference on Axiomatic Design, Cambridge, Estados Unidos, junho de 2002.

HUTT, M. D; SPEH, J. W. *Business marketing management*. Estados Unidos: Dryden Press, 2000.

JOHNSTON, R.; CLARCK, G. *Administração de operações de serviço*. São Paulo: Atlas, 2002.

KAPLAN, R. S. "Yesterday's accounting undermines production", *Harvard Business Review*, jul./ago. de 1984, p. 95-102.

KAPLAN, R.; NORTON, D. "Using the balanced scorecard as a strategic menagement system". *Harvard Business Review*, jan./fev. de 1996, p. 75-85.

KAPLAN, R.; NORTON, D. *The balanced scorecard*. Boston: Harvard Business School Press, 1996.

KLEIN, N.; KAPLAN, R. *Chemical Bank: implementing the BSC*. Harvard Business School. Reimpressão 9-195-210,1999.

KOTLER, P. *Marketing para o século XXI*. São Paulo: Futura, 1999.

KPMG Consulting. *Achieving measurable performance improvement in a changing world.* Publicação da KPMG Assurance and Advisory Service Center, 2001.

MANKINS, M. C.; ARMOUR, E. "Back to the future", *Journal of Business Strategy*, jul./ago. 2001.

MARTINS, E. *Contabilidade de custos*. São Paulo: Atlas, 2003.

MEYER, Marshall. *Rethinking performance measurement: beyond the balanced scorecard*. Estados Unidos: Cambridge, 2002.

NASCIMENTO, Diogo T. Celulose S.A. In: Congresso Brasileiro de Gestão Estratégica de Custos, 5, 1998, Fortaleza. *Anais*. Fortaleza: Edição Sebrae/Ce, 1998, p. 349-370.

NEELY, A.; ADAMS, C. "Perspective on performance: the performance prism". Relatório produzido durante o projeto de pesquisa The Evolution of Business Performance Measurement Systems, 2002. Disponível em www.som.cranfield.ac.uk. Acesso em agosto de 2005.

NEELY, A.; ADAMS, C.; CROWE, P. "The performance prism in practice", 2003. Disponível em www.som.cranfield.ac.uk. Acesso em setembro de 2005.

NEELY, A.; ADAMS, C.; KENNERLEY, M. *The performance prism: the scorecard for measuring and managing business success*. Reino Unido: Prentice Hall, 2003.

ROTHER, M.; SHOOK, J. *Aprendendo a enxergar*. São Paulo: Lean Institute Brasil, 1999.

SHIELDS, M. D.; YOUNG, S. M. "Managing product life cycle costs: an organizational model". *Journal of Cost Management*. Outono, 1991, p. 39-51.

SKOGSTAD, E. "Using benchmarking metrics to uncover best practices." Disponível em www.apqc.org. Acesso em março de 2005.

STEWARD, S.; STEWART III, G.B. *The quest for value*. Nova York: Harper Collins, 1999.

SUH, N.P. *The principles of design*. Nova York: Oxford University Press, 1990.

________. *Axiomatic design: advances and appplications*. Nova York: Oxford University Press, 2001.

WOMACK, J.; JONES, D. *A mentalidade enxuta nas empresas*. Rio de Janeiro: Campus, 1998.

WOMACK, J.; JONES, D.; ROOS, D. *A máquina que mudou o mundo*. Rio de Janeiro: Editora Campus, 1992.

WILLIAMSON, A. "Target and Kaizen costing", *Manufacturing Engineer Maganize*, fevereiro de 1997.

Índice remissivo

D

N

O

P

Hong é doutor em engenharia pela Unicamp e mestre em ciências contábeis pela PUC/SP, com especialização em finanças pela CEAG/FGV. É bacharel em administração de empresas pela FGV/SP. Atualmente leciona as disciplinas de contabilidade e finanças (graduação e lato sensu) na Universidade Mackenzie e nos cursos de MBA executivo na BBS. Foi professor de MBA executivo do Ibmec e do BSP.

Trabalhou como executivo por mais de vinte anos em empresas como SP Alpargatas, Sabó e Editora Abril. Há mais de oito anos dirige sua empresa de consultoria com foco em operações, gestão financeira e gestão de custos. É autor de vários livros nas áreas de finanças, custos e contabilidade.